新淘宝
运营制胜

淘宝教育 总主编

易博 沈中焰 周颖新 代莉 邓贵 孙鼎 编著

電子工業出版社
Publishing House of Electronics Industry
北京·BEIJING

内 容 简 介

进入 21 世纪 20 年代，电子商务行业的发展也进入了新的阶段，平台管理日趋规范，人才培养更加严格。社会对于电商从业人才的要求也必然与时俱进。本书为阿里巴巴旗下的网络营销培训团队的作品，集合了平台官方的精英讲师，汇聚了平台官方的知识经验，是淘宝、天猫平台网店运营和商品推广的优质作品。本书包含 12 章，分别是"运营基础""网店开设""商品上架""行业分析""规划制定""流量获取""内容运营""营销工具""活动营销""客户管理""商品管理""发货管理"，内容囊括了网店运营、商品推广的方方面面，适合读者进行系统的学习，利于读者快速成长。

本书适合作为网络创业者和电子商务从业人员的手边参考用书，用于电子商务从业者就业、晋升、考核或其他学习目的。本书也可作为各个院校、培训机构的电子商务及相关专业的教材。

未经许可，不得以任何方式复制或抄袭本书之部分或全部内容。
版权所有，侵权必究。

图书在版编目（CIP）数据

新淘宝运营制胜 / 淘宝教育总主编；易博等编著. —北京：电子工业出版社，2022.5
ISBN 978-7-121-43117-3

Ⅰ. ①新… Ⅱ. ①淘… ②易… Ⅲ. ①电子商务－商业经营 Ⅳ. ①F713.365.2

中国版本图书馆 CIP 数据核字（2022）第 048164 号

责任编辑：林瑞和
印　　刷：三河市君旺印务有限公司
装　　订：三河市君旺印务有限公司
出版发行：电子工业出版社
　　　　　北京市海淀区万寿路 173 信箱　　邮编：100036
开　　本：787×1092　1/16　印张：31.75　字数：660.4 千字
版　　次：2022 年 5 月第 1 版
印　　次：2022 年 5 月第 1 次印刷
定　　价：108.00 元

凡所购买电子工业出版社图书有缺损问题，请向购买书店调换。若书店售缺，请与本社发行部联系，联系及邮购电话：(010) 88254888，88258888。
质量投诉请发邮件至 zlts@phei.com.cn，盗版侵权举报请发邮件至 dbqq@phei.com.cn。
本书咨询联系方式：(010) 51260888-819　faq@phei.com.cn。

本书编委会

主编
  黄 磊 阿里巴巴集团副总裁、淘宝教育总经理

副主编
  章 江 阿里巴巴集团淘宝教育淘宝宣教负责人

策划（按姓名拼音排序）
  夏 毅 阿里巴巴集团淘宝教育淘宝宣教书课一体 PM
  张 雷 阿里巴巴集团淘宝教育校企发展线教育培训专家

编委（按姓名拼音排序）
  代 莉 淘宝教育资深讲师
  邓 贵 淘宝教育资深讲师
  傅 伟 扬州工业职业技术学院副校长
  马冬梅 辽宁省交通高等专科学校教师
  荣 瑾 天津交通职业学院经管学院院长
  沈中焰 淘宝教育资深讲师
  孙 博 石家庄邮电职业技术学院系主任
  孙 鼎 淘宝教育资深讲师
  魏 颉 陕西能源职业技术学院教师
  薛永三 黑龙江农业经济职业学院信息工程系主任
  易 博 淘宝教育资深讲师
  张丽君 北京市对外贸易学校副校长
  周颖新 淘宝教育资深讲师

读者服务

微信扫码回复：43117

- 获取淘宝教育电商学习视频课程；
- 院校老师可获取本书配套PPT、单元测试题、习题等教辅资料；
- 加入"电商"读者交流群，与更多同道中人互动；
- 获取【百场业界大咖直播合集】（持续更新），仅需1元。

序

在阿里巴巴工作快 15 年了，经常有亲戚、朋友问我，该如何开一家淘宝店。

开淘宝店，可以是一家人的生计，可以是年轻人的一份事业，也可以是零售公司的线上转型，还可以是产业带上的商家们做大做强的战略。

每逢此时，我总不敢贸然回答，因为开淘宝店不是因为好玩，而是实现梦想的一条确定的道路。但我总不忘建议一句：你去淘宝教育的官网看一看吧。

从 2003 年淘宝网诞生至今已经过去了 19 年，中国网上零售额从几亿元变成了 13 万亿元，并依然保持着每年两位数以上的百分比增长速度。

各品类层出不穷的商机、可持续生长的店铺资产、投入产出比可控的经营，让开淘宝店本身变成了一门学问。

选品、设计、运营、内容、营销，编织出了电商运营的一张网，可大可小，大到世界 500 强，小到夫妻店，人人都可以选择一个触点并开启这门数字化的生意。

从过去的实践看，淘品牌、淘女郎、代运营机构、原产地农人、"李佳琦们"、新品牌……每一个环节里都有商家成为杀出的"黑马"，也有人创造了自己专属的新兴职业和岗位。但对于新入局者而言，越美好、越全面的体系，反而让人不知该从何开始。

今天，淘宝教育尝试梳理了这套武功和兵法，让你尽可能地用一本书学会做淘宝。

淘宝教育是阿里巴巴的电商培训部门，前身是 2006 年成立的"淘宝大学"。电商人熟知的淘大讲师，都是懂实操、有经验、乐于分享的淘宝卖家和天猫操盘手。本书集合了他们贡献的经验和萃取的规律，是他们用实践案例和淘宝教育一同搭建起来的制胜之路。

数据显示，截至 2021 年 9 月 30 日，阿里巴巴生态体系的全球年度活跃消费者约有 12.4 亿人，其中 9.53 亿人来自中国市场，2.85 亿人来自海外。这么多的消费者，吸引他们到来并留下的，正是千万名商家带来的世间宝贝。如何让这些宝贝跟消费者碰上面，需要淘宝平台不断地完善迭代，也需要我们商家不断地学习成长。

淘宝网有着旺盛的生命力,你可以在这本书里,找到电商基础、运营技巧、流程管理等"经营门道",从而让你的淘宝店脱颖而出。

因为看见,更加相信。新淘宝制胜,从阅读开始。

黄磊

前 言

电子商务已经深刻地影响了人们的生活方式，同时也催生出了众多与之相关的新职业和新岗位。电商运营就是其中之一。

我们知道，要想经营一个线下的门店，必须完成租店面、装修、进货、陈列、销售、盘点等一系列的工作，这些工作在店长的指挥下，由全店的所有员工共同努力完成，这样才可以令店铺正常运转。传统的线下生意是以物流和资金流的流动作为主线来串联整个店铺工作的，主要盘点的也是货物和资金两项重要数据。而线上网店的工作逻辑则是以信息流为主线进行串联的，信息流本质就是经营过程中产生的数据流，由于电子商务的交易完全信息化，因此网店的工作过程是通过数据进行解构的，比如：网店的利润=展现量×点击率×转化率×客单价−成本。经过数据解构以后，网店的每个岗位都要对对应的数据指标负责，比如展现量主要由推广部门负责，点击率主要由设计部门负责，转化率主要由内容策划部门和客服部门负责，客单价则主要由活动策划部门负责。而串联起这一整套工作流程，实现降本增效，最终达到利润提升的岗位是电商运营部门。运营可以是一个人，也可以是由运营主管带领下的运营团队，他（他们）要对全店的整体经营工作负责，可以类比为线下门店的店长。因此，电商运营是网店经营工作中最重要的岗位，也是覆盖知识面最广、技能要求最全面的岗位。

中国的电商运营研究从C2C平台兴起时就随之开始，并不断迭代升级，到今天已经涵盖了网店开设/设置/装修、产品规划/编辑/上传、行业/竞争商品/本店的数据分析、年度/季度/月度的计划制订、推广/投放/活动策略研究、图文/短视频/直播等内容渠道营销，以及客服管理、客户管理、仓储物流管理等电商运营工作的方方面面。一本好的电商运营书籍，就应该包含这些重要知识，并且是理论和实践相结合的。

本书以运营实践为基础，选择了目前所有电商平台中规则最全面、工具最多、玩法最复杂的淘宝（天猫）平台进行讲解，以信息流和工作过程两条线索对知识树进行梳理。

第1章主要讲解平台的规则、网店的类型、定位等知识。

第2、3章主要讲解网店的开设过程，包括开店流程、工具介绍、网店装修和设置、商品的主图、详情页、主图视频编辑以及上传等。

第 4、5 章主要讲解电商运营的思维、规划和策略。运营工作的主线是信息流，那么如何获取数据，需要获取哪些数据，如何分析数据，得出的结论会产出什么样的策略，如何通过策略让运营计划落地等，都可以从这些章节中获得答案。

第 6、7 章主要解决引流的问题，比如流量从哪里来，通过哪些优化的方式提升流量，如何高效获得付费流量，如何使用付费流量工具，都会在这些章节中进行解答。

第 8、9 章主要讲解营销工具和活动策划，比如如何通过活动策划来提升转化率和客单价，官方活动、平台大促、自有活动都有哪些，不同活动的规则是什么样的，参加活动需要满足什么样的条件、如何报名、如何策划，自有活动如何落地，都会在这些章节中进行详细讲解。

第 10、11、12 章主要讲解运营当中最主要的日常工作——客户、产品和物流的管理，比如如何解决好客户满意度的问题，如何保持良好的运营状态，这些管理工作会用到哪些管理工具、工作流程怎样、有哪些优化的技巧和方法，都会在这些章节中进行详细讲解。

本书是由淘宝教育认证讲师易博、周颖新、代莉、沈中焰、孙鼎、邓贵集体编写。具体的分工为：易博为编写组组长，负责梳理大纲、设计体例和全书统稿，并编写第 10、11、12 章；周颖新编写第 1、2、3 章；代莉编写第 4、5 章；沈中焰编写第 8、9 章；孙鼎编写第 6 章；邓贵编写第 7 章。

本书在编写过程中，参考和吸收了许多淘宝教育认证讲师、行业前辈、教育专家的宝贵经验，得到了阿里巴巴集团淘宝教育和其他业务线小二的大力支持，在此对这些帮助过我们的同人、师友表示衷心的感谢！

为了方便高校教学，本书还配有教学资料（包括教学大纲、教案、1200 多页教学 PPT、700 多道习题及答案），可通过封底说明获取。

电商运营的知识体系一直随着电商的发展进行着快速的迭代，相关的理论和实践方法也会随之发展变化，且因编者水平有限，书中难免出现错误和不当之处，敬请读者批评指正！

易博

2022 年 2 月

目 录

第1章 运营基础 1
1.1 开店准备 1
1.1.1 网店类型划分 1
1.1.2 开店资质要求 4
1.1.3 开店类型选择 5
1.2 基础规则介绍 6
1.2.1 淘宝网商家注册规则 6
1.2.2 支付宝与淘宝账号绑定规则 7
1.2.3 商品发布管理规则 7
1.2.4 网店名及其他信息规则 9
1.2.5 淘宝网客户行为规则 9
1.2.6 信用炒作与侵犯知识产权规则 11
1.3 运营定位 13
1.3.1 商品定位 13
1.3.2 人群定位 16
1.3.3 网店定位 18
1.4 本章小结 18

第2章 网店开设 19
2.1 开店流程 19
2.1.1 账号注册 19
2.1.2 个人开店认证 21
2.1.3 企业网店认证 23
2.1.4 天猫网店认证 27
2.2 后台介绍 34
2.2.1 商品管理 34
2.2.2 网店管理 37
2.2.3 物流管理常用功能 38
2.3 千牛工具介绍 38
2.3.1 千牛工具介绍及下载 39
2.3.2 接待中心了解与应用 40
2.3.3 消息中心介绍 42
2.3.4 工作台模块介绍 43
2.4 网店设置 44
2.4.1 网店基本设置 44
2.4.2 网店类目设置 47
2.4.3 运费模板设置 49
2.5 装修基础 50
2.5.1 网店装修的重要性 50
2.5.2 首页装修基础 51
2.5.3 网店装修逻辑 53
2.6 本章小结 54

第3章 商品上架 55
3.1 货源与选品分析 55
3.1.1 货源分析 55

3.1.2 选品分析	58	
3.2 图片空间管理	60	
3.2.1 了解图片空间	60	
3.2.2 图片空间的应用	61	
3.2.3 图片空间的管理	64	
3.3 商品主图制作	65	
3.3.1 主图的作用	65	
3.3.2 主图的制作技巧	66	
3.3.3 主图的常见问题	69	
3.4 商品详情页制作	70	
3.4.1 商品详情页的意义	70	
3.4.2 制作详情页的规范	71	
3.4.3 详情页的模块搭建	73	
3.4.4 详情页基础模块介绍	75	
3.5 商品主图视频制作	77	
3.5.1 主图视频规则	77	
3.5.2 主图视频类型及制作	78	
3.5.3 利用主图视频提升免费流量	80	
3.6 商品信息设置	81	
3.6.1 上传商品主图	81	
3.6.2 确认商品类目	82	
3.6.3 基础信息编辑	83	
3.6.4 销售信息填写	84	
3.6.5 支付信息编辑	85	
3.6.6 物流信息填写	85	
3.6.7 图文描述编辑	86	
3.6.8 上架时间选择	87	
3.6.9 发布商品	87	
3.7 淘宝助理的使用	87	
3.7.1 淘宝助理介绍	88	
3.7.2 商品创建	88	

3.7.3 商品信息批量编辑	93
3.7.4 商品信息导入导出	95
3.8 本章小结	96
第4章 行业分析	**97**
4.1 核心指标收集	97
4.1.1 核心指标简介	97
4.1.2 核心指标下载	101
4.2 行业趋势分析	105
4.2.1 行业数据构成	105
4.2.2 商家数据概况	107
4.2.3 行业趋势分析	108
4.3 行业客群分析	112
4.3.1 客群特征分析	112
4.3.2 客群特征透视	115
4.4 时间地域分析	117
4.4.1 时段数据分析	117
4.4.2 地域数据分析	119
4.4.3 时间、地域数据综合应用	120
4.5 竞争趋势分析	122
4.5.1 竞店设置	122
4.5.2 竞争店铺分析	125
4.6 本章小结	130
第5章 规划制定	**131**
5.1 网店策略制定	131
5.1.1 上新型网店策略	132
5.1.2 爆款型网店策略	135
5.1.3 活动型网店策略	137
5.1.4 网红型网店策略	139

5.2	网店目标制定		141
	5.2.1	销售额目标制定	141
	5.2.2	流量目标制定	144
5.3	网店商品规划		148
	5.3.1	商品营销规划	148
	5.3.2	商品结构布局	150
	5.3.3	商品卖点规划	152
5.4	商品生命周期		153
	5.4.1	商品生命周期概念	153
	5.4.2	商品生命周期策略	154
5.5	人群策略制定		158
	5.5.1	转化潜客策略	158
	5.5.2	运营新客策略	159
	5.5.3	运营老客策略	160
5.6	本章小结		161

第 6 章 流量获取 162

6.1	流量渠道分类		162
	6.1.1	平台流量分配原理	162
	6.1.2	流量渠道类型	164
	6.1.3	淘内免费流量渠道	164
	6.1.4	淘内付费流量渠道	166
	6.1.5	自主访问流量渠道	167
	6.1.6	其他流量渠道	168
6.2	手淘搜索流量		168
	6.2.1	手淘搜索流量考核指标	168
	6.2.2	搜索流量与关键词的关系	171
	6.2.3	搜索流量与标签的关系	171
	6.2.4	商品标题优化	172
6.3	手淘推荐流量		173
	6.3.1	手淘推荐流量原理	173

	6.3.2	手淘推荐流量考核指标	174
	6.3.3	短视频推荐入池	175
	6.3.4	鹿班素材推荐入池	177
6.4	直通车原理及设置		178
	6.4.1	直通车广告投放	178
	6.4.2	直通车推广计划分类	180
	6.4.3	直通车计划建立	181
6.5	引力魔方原理及设置		185
	6.5.1	引力魔方广告投放原理	186
	6.5.2	引力魔方推广计划分类	186
	6.5.3	引力魔方计划建立	187
6.6	万相台原理及设置		191
	6.6.1	万相台广告投放原理	191
	6.6.2	万相台推广计划分类	192
	6.6.3	万相台推广计划建立	193
6.7	淘宝客原理及设置		194
	6.7.1	淘宝客广告投放原理	194
	6.7.2	淘宝客推广计划	195
	6.7.3	淘宝客计划建立	196
6.8	本章小结		197

第 7 章 内容运营 198

7.1	内容营销策略		198
	7.1.1	流量运营逻辑	199
	7.1.2	内容运营逻辑	199
7.2	订阅运营基础		205
	7.2.1	订阅基础知识	205
	7.2.2	订阅发布实操	216
	7.2.3	订阅数据查看	222
7.3	逛逛运营基础		226
	7.3.1	逛逛基础知识	226

7.3.2 逛逛发布实操	233	
7.3.3 逛逛数据查看	241	
7.4 直播运营基础	244	
7.4.1 直播基础知识	244	
7.4.2 直播实操	248	
7.4.3 直播数据查看	273	
7.5 本章小结	281	

第8章 营销工具 282

8.1 单品宝的使用	282
8.1.1 单品宝功能简介	282
8.1.2 单品宝活动设置	283
8.1.3 单品宝展示效果	286
8.1.4 单品宝活动修改	287
8.1.5 单品宝常见问题	288
8.2 店铺宝的使用	290
8.2.1 店铺宝功能简介	290
8.2.2 店铺宝活动设置	290
8.2.3 店铺宝赠品设置	296
8.2.4 店铺宝展示效果	296
8.2.5 店铺宝活动修改	297
8.2.6 店铺宝使用规则	298
8.2.7 店铺宝常见问题	299
8.3 搭配宝的使用	300
8.3.1 搭配宝功能简介	300
8.3.2 搭配宝活动设置	300
8.3.3 搭配宝展示效果	303
8.3.4 搭配宝活动修改	304
8.3.5 搭配宝常见问题	305
8.4 优惠券的使用	306
8.4.1 优惠券功能简介	306

8.4.2 优惠券活动设置	307
8.4.3 优惠券展示效果	312
8.4.4 优惠券活动修改	313
8.4.5 优惠券使用规则	314
8.4.6 优惠券常见问题	315
8.5 营销风险资损防控	315
8.5.1 营销风险资损防控简介	315
8.5.2 营销风险资损防控工具	316
8.5.3 营销效果与成本分析	321
8.5.4 风险消息推送渠道	322
8.5.5 平行满减规则	322
8.6 本章小结	324

第9章 活动营销 325

9.1 聚划算	325
9.1.1 聚划算简介	325
9.1.2 聚划算准入要求	326
9.1.3 聚划算收费标准	327
9.1.4 聚划算价格要求	329
9.1.5 聚划算管理规则	331
9.1.6 聚划算运营要点	333
9.2 淘金币	337
9.2.1 淘金币简介	337
9.2.2 淘金币活动入口	337
9.2.3 淘金币日常工具设置	338
9.2.4 淘金币招商要求	343
9.2.5 淘金币运营要点	345
9.3 天天特卖	348
9.3.1 天天特卖简介	348
9.3.2 天天特卖服务保障	348
9.3.3 天天特卖审核标准	349

9.3.4 天天特卖运营要点	350	
9.4 百亿补贴	354	
9.4.1 百亿补贴简介	354	
9.4.2 百亿补贴招商标准	355	
9.4.3 百亿补贴审核要求	357	
9.4.4 百亿补贴运营要点	357	
9.5 活动执行	359	
9.5.1 活动目的及主题确认	359	
9.5.2 活动类型及时间确认	360	
9.5.3 活动商品数据化选款	364	
9.5.4 活动策划和执行监控	366	
9.5.5 活动效果复盘	370	
9.6 本章小结	372	

第10章 客户管理 373

10.1 客户分层管理	373
10.1.1 客户分层的重要性	374
10.1.2 客户分层的方法	376
10.1.3 客户分层的维护	379
10.2 客户管理工具	381
10.2.1 客户运营平台的使用	382
10.2.2 淘宝群聊的使用	389
10.3 客户服务管理	394
10.3.1 客服工作概述	394
10.3.2 客服工作内容	394
10.3.3 客服基本素质	398
10.3.4 客服相关指标	400
10.4 AI客服工具	404
10.4.1 阿里店小蜜的介绍和开通	404
10.4.2 问答知识库配置	407
10.4.3 服务数据复盘	411

10.5 客户评价管理	415
10.5.1 评价基础知识	415
10.5.2 商品评价优化	417
10.5.3 店铺评价优化	421
10.6 客户售后处理	423
10.6.1 售后规则和流程	423
10.6.2 售后数据分析	427
10.6.3 售后服务优化	432
10.7 本章小结	435

第11章 商品管理 436

11.1 商品需求定位	436
11.1.1 商品需求收集	436
11.1.2 商品需求分析	440
11.1.3 商品需求测试	442
11.2 商品体验优化	442
11.2.1 商品体验概述	443
11.2.2 线上体验设计	444
11.2.3 线下体验设计	447
11.3 商品属性优化	451
11.3.1 基础属性优化	451
11.3.2 筛选属性优化	453
11.3.3 支付属性优化	458
11.4 商品包裹优化	458
11.4.1 包裹的重要性	458
11.4.2 包装材料的类型和来源	459
11.4.3 包裹的包装方法	463
11.5 本章小结	466

第12章 发货管理 467

12.1 发货工具介绍	467

XIII

12.1.1　菜鸟平台开通	467	
12.1.2　商家寄件流程	470	
12.1.3　运单管理	473	
12.2　发货和运单打印	475	
12.2.1　自主发货管理	475	
12.2.2　代发货管理	478	
12.2.3　面单打印	480	
12.3　异常物流跟踪	482	
12.3.1　网店物流状态监控	482
12.3.2　异常包裹数据采集	487
12.3.3　高风险包裹跟踪	489
12.4　物流关怀	490
12.4.1　日常物流关怀	490
12.4.2　异常物流关怀	492
12.5　本章小结	494

XIV

第 1 章

运营基础

网店运营是开店初期电商从业者需要学习的重要知识，掌握网店运营技巧能为开店打下良好的基础。开店初期应该做哪些准备、学习哪些开店知识、如何创建网店，都是电商从业者需要学习的。本章将介绍开店初期网店运营的重点知识。

学习目标：通过对本章的学习，了解淘系平台主营网店类型及开店资质要求，掌握平台开店前后的规则，学会网店定位法，能够拟定网店发展方向。

本章提要：
- 开店准备
- 基础规则介绍
- 运营定位

1.1　开店准备

商家可以利用独立企业商城网站（B2C）、个人网站、社群、论坛等平台来实现网上开店，但在大型电商交易平台上开店是很多商家的首选，因为这种方式可以争取到更多的流量和销售机会。目前，使用频率较高的大型电商交易平台有淘宝网（也可简称"淘宝"）、天猫、拼多多、京东商城等，其中销售占市场份额较大还是阿里巴巴旗下的几个平台，接下来我们以这些平台为例，详细介绍网店类型划分、开店资质要求及开店类型选择。

1.1.1　网店类型划分

阿里巴巴旗下的平台主要有淘宝网、天猫和 1688，接下来逐一讲解三个平台网店类型的不同。

1. 淘宝网网店

淘宝网网店分为个人网店与企业网店两种类型。个人网店的开店资质要求较低，只需提交个人信息及身份证信息,缴纳少量保证金即可开店。开店流程比较简单,非常适合新手操作。

企业网店的注册流程较为烦琐,需要提供营业执照、注册企业支付宝账号等,所缴纳的保证金数额也不同。

分别打开两种网店,在网店的资质位置可以看到,个人网店只显示保证金数额,而企业网店除显示保证金数额外,后面有一个"企"字的标识,在下方还有工商执照信息,这个标识可以给客户带来更多的信任感,有助于网店发展。个人网店与企业网店呈现的区别,如图1-1所示。

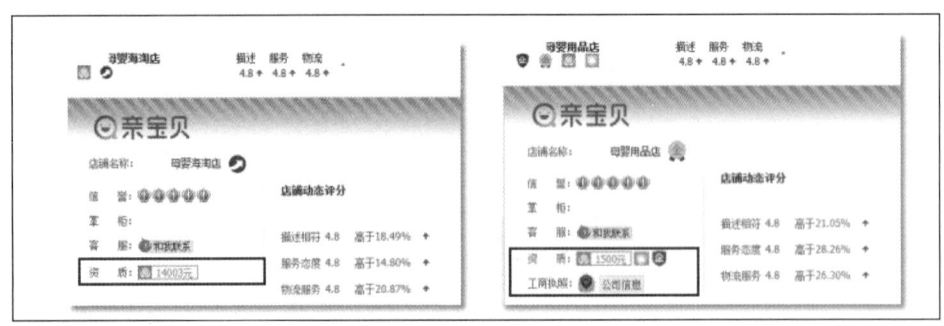

图1-1　个人网店与企业网店呈现的区别

2. 天猫网店

天猫网店主要分为天猫旗舰店、天猫专卖店和天猫直营店三种。下面对这三种网店分别进行介绍。

(1) 天猫旗舰店:天猫旗舰店是以商家自有品牌(注册商标或者正在注册商标)入驻申请开店的。旗舰店主要有两种类型:①只经营一个自有品牌的旗舰店;②经营多个自有品牌的旗舰店,所有品牌均属于同一个实际控制者,店铺所有者必须为品牌(商标)所有人或拥有天猫品牌旗舰店独家授权文件的企业(仅限天猫主动邀请入驻)。

(2) 天猫专卖店:商家持有品牌授权在天猫开设的网店。天猫专卖店主要有两种类型:①经营一个授权品牌的专卖店;②经营多个授权品牌且归于一个控制人的专卖店。

(3) 天猫直营店:经营天猫同一商品大类下的两个及以上品牌的网店。天猫直营店主要有三种类型:①经营两个及以上他人品牌的网店;②既经营他人品牌也经营自有品牌的网店;③经营两个及以上自有品牌的网店。同一商品大类只能申请一家网店。

三种不同天猫网店的名称比较,如图1-2所示。

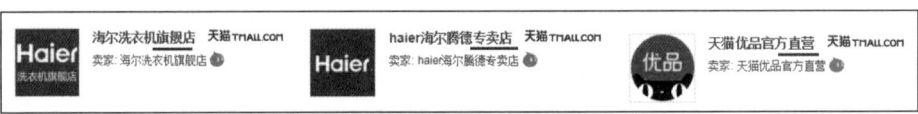

图1-2　三种不同天猫网店的名称比较

3. 1688 实力商家网店

实力商家是 1688 推出的全方位体现商家实力的全新服务，其目的是满足客户对品质货源的要求。实力商家网店需要经过严格的资质审核，需要为客户提供多样特色的保障服务，同时也享受 1688 提供的专属旺铺、专属图标、流量倾斜及专属服务等权益。

在 1688 平台，实力商家网店有官方旗舰店、品牌专营店、源头厂家和实力卖场 4 种类型。

其实这 4 种网店享受的权益相同，只是凸显的"实力"不同。例如，希望凸显生产加工能力，可报名源头厂家；希望塑造品牌形象，可报名官方旗舰店或品牌专营店。当然，不同网店类型要求提供的资质也不相同，具体如下。

（1）官方旗舰店：客户为拥有自有品牌（商标为 R 或 TM 状态），或有权利人独占性授权的阿里巴巴中国站网店。网店主体必须是品牌（商标）权利人或持有权利人出具的在阿里巴巴中国站使用实力商家服务的官方旗舰店独占性授权文件的客户。

（2）品牌专营店：客户为持他人品牌（商标为 R 或 TM 状态）授权文件的阿里巴巴中国站网店。品牌（商标）权利人出具的授权文件不得有地域限制。

（3）源头厂家：客户为具有一定生产加工规模的阿里巴巴中国站网店。网店主体的经营范围应包含生产、加工资质。

（4）实力卖场：客户为经营多个行业、多个品牌、多个工厂货源的组货批发商，为采购客户提供一站式的满足多种需求的服务商品的供应商。1688 实力商家网店的标志如图 1-3 所示。

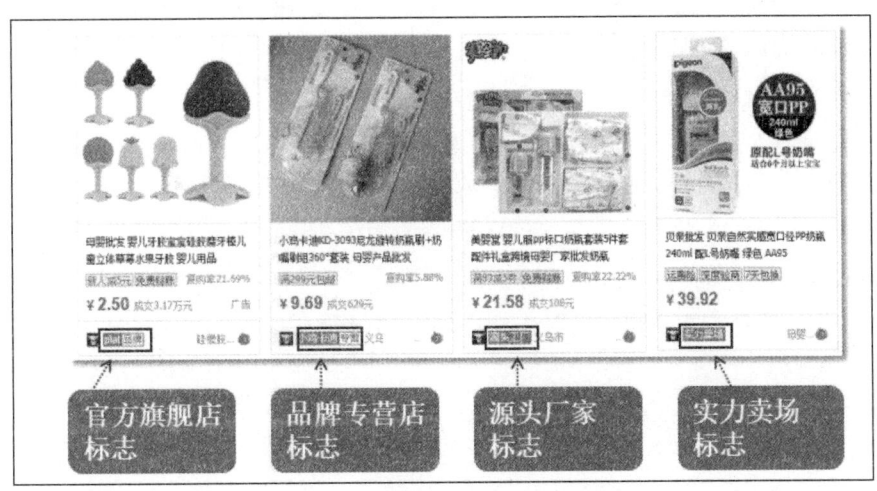

图 1-3 1688 实力商家网店标志

需要注意的是，实力商家开通时选择的网店类型经过审核后无法进行修改。

1.1.2 开店资质要求

不同类型网店的开店资质要求也大不相同，接下来简单介绍淘宝网网店、天猫网店、1688网店的开店资质要求。

1. 淘宝网网店资质要求

淘宝网个人开店首先需要注册淘宝网个人账号，在完成支付宝实名认证的同时与每个账号进行绑定，最后完成开店认证，流程非常简单。

企业开店要求企业注册一个淘宝企业账号，并绑定支付宝企业账号，企业网店需进行法人身份证及对公账号的认证，还要上传营业执照。

2. 天猫网店资质要求

根据天猫官方相关规定，入驻天猫时需要具备公司及商标才能申请天猫网店。

（1）公司方面：

①开店公司注册资本大于或等于100万元人民币。

②开店公司依法成立并持续经营一年及以上。

③开店公司需要具备一般纳税人资格。

（2）商标方面：商标为R状态，注册满两年及以上，并在最近一年内没有发生转让。

（3）除了上述条件，根据天猫官方的最新标准，不在天猫主动邀请的招商品牌名单中的品牌，也可以推荐优质品牌入驻天猫。

3. 1688网店资质要求

（1）1688网店开店要求，企业账户具有正规注册的营业执照，诚信通客户需要缴纳阿里巴巴诚信通服务费用，个人账户需要阿里巴巴公司委托第三方做认证，5~7个工作日认证通过后直接开通。

（2）1688实力商家网店注册要求如下。

源头厂家：个人账户需要阿里巴巴公司委托第三方做认证，5~7个工作日认证通过后直接开通。

官方旗舰店：拥有自有品牌（商标为R或TM状态）或拥有权利人独占性授权的企业诚信通会员。

品牌专营店：持他人品牌（商标为R或TM状态）授权文件的企业诚信通会员。

实力卖场：经营多个行业、多个品牌、多个工厂货源的组货批发商，为采购客户提供一站式的满足多种需求的服务商品的供应商。

1.1.3 开店类型选择

很多商家初次在网上开店,不知道该选择哪种类型的网店,接下来笔者介绍如何选择适合自己的网店类型。商家在选择开店时需考虑资金、货源、流量和发展4个维度,接下来通过这4个维度分析如何选择开店类型。

1. 资金

启动资金决定了开店的高度,当商家的启动资金较少时,建议商家选择淘宝网个人网店或淘宝网企业网店,因为注册开店都是免费的,只需缴纳一定的保证金。

如果启动资金较多,建议商家选择天猫网店,因为天猫网店保证金缴纳比较高,同时每年还需缴纳一定的技术服务费,但天猫网店流量也比较多,更有利于网店的发展。

2. 货源

在资金没有压力的情况下,需要考虑你的货源。如果是生产厂家,具有一定的生产能力,建议选择1688网店。1688网店属于批发型网店,货品销售量较大。如果货源为一手货源,不是生产厂家,但与厂家有直接合作,建议商家选择天猫网店或1688网店,这些类型的网店相对于淘宝网个人网店,给客户的信任感更高,更有助于商品销售。

3. 流量

平台对不同类型网店的流量分配也略有不同。在开设网店类目及商品条件一致的情况下,平台首先展示天猫网店商品,其次展示淘宝网企业网店商品,最后是淘宝网个人网店商品,原因在于,天猫网店主要以品牌、质量、服务为核心经营理念,可以给客户带来更多的信任,在商家入住平台的过程中,需要提供各种资质,审核更为严格。企业网店的流量高于个人网店也是同样的道理。

4. 发展

不同类型网店的发展方向也大不相同,如果是淘宝网个人网店,建议网店走个性化发展路线,换言之就是"千人千面",平台会根据当前客户的特征和需求,以及平时的搜索习惯、加购、收藏行为等因素,筛选和推荐符合客户预期的个性化商品,从而提高网店访客成交转化率。因此,在个人开店的前期要专注一点,明确网店的核心发展方向。

企业网店建议走规范化发展路线,网店需要向商品种类丰满、服务流程规范、线上线下为一体的方向发展,给客户专业感及信任感。

天猫网店建议以专业化、品牌化为核心发展,网店需要在某领域中具有一定的专业水平,可以给客户提供专业化的服务,同时形成自有品牌来加深客户对网店及商品的认知。

1.2 基础规则介绍

电商零售平台的规则分为基础规则、行业市场规则和营销活动规则三部分。行业市场规则与营销活动规则会在后文中详述，本节重点介绍基础规则。基础规则内容较多，包括淘宝网商家注册规则、支付宝与淘宝账号绑定规则、商品发布管理规则、网店名及其他信息规则、淘宝网客户行为规则、信用炒作与侵犯知识产权规则。

1.2.1 淘宝网商家注册规则

在成为淘宝网正式商家之前，需要阅读商家注册规则。

1. 注册流程

进入淘宝网主页，点击首页的"免费注册"选项，页面显示新会员注册页面，根据提示填写基本信息，包括会员名、密码、邮箱等信息。其中带"*"号的为必填项目。阅读页面下方的淘宝网服务协议和支付宝服务协议，若无异议，点击按钮同意服务条款并提交注册信息。注册会员需年满18周岁。

电子邮件确认激活步骤如下。

（1）淘宝网会发送一封确认邮件到你的注册邮箱。

（2）不要关闭启动账户的页面。如果没有收到确认邮件，可以在该页面更改电子邮件地址，具体情况可以查看"重新收取激活信"说明。

（3）登录注册时填写的邮箱，找到淘宝网发送的确认邮件。点击邮件中的确认链接，完成注册。

2. 会员名要求

淘宝会员名一经注册就不能更改。建议选择你喜欢并能牢记的，强烈推荐使用中文会员名。会员名由5~20个字符（包括小写字母、数字、下画线、中文）组成，一个汉字为两个字符。

建议填写后先点击"检查会员名"按钮，查看该会员名是否已经有人使用。检测后如果出现绿色提示"该会员名可用"，则可以选用此会员名；如果出现红色提示"该会员名不可使用"，则需要选择新的会员名。

如果想注销会员名，则该会员名必须无任何交易行为（如出价、购买、出售、投诉举报、评价等）。

注意 如果被注册的会员名无交易记录，并且超过一年的时间无登录行为，淘宝网有权收回该会员名。

3. 密码设置

密码由 6～16 个字符组成。

单独使用英文字母、数字或符号作为密码的安全性很低。为了保证安全，建议使用英文字母、数字、符号的组合密码。确认密码需要跟上面填写的密码完全一致。

4. 电子邮件的填写

请输入一个常用的电子邮件地址，因为你会经常使用到它。淘宝网会向这个邮箱发送确认邮件和所有交易的邮件。

因为淘宝会员的邮箱地址具有唯一性，所以注册时输入的邮箱地址必须是之前未注册过淘宝的。

5. 检验码

确认你的输入是在英文半角状态下的，只有在这个状态下输入校验码才有效。

1.2.2 支付宝与淘宝账号绑定规则

支付宝账号和淘宝账号只能进行一对一的绑定。淘宝账号若绑定了认证过的支付宝账号，则意味着其淘宝账号通过了支付宝认证。

一个身份证可以对多个支付宝账号进行认证，但是由相同身份证认证的支付宝账号只能选择其中一个与淘宝账号进行绑定。如果由某身份证认证过的支付宝账号已经绑定了某淘宝账号，那么其余由该相同身份证认证的支付宝账号将不能与任何淘宝账号绑定。

1.2.3 商品发布管理规则

淘宝网的商品发布管理规则如下。

1. 禁止和限制交易物品发布管理规则

禁止发布的货物包括毒品、发票、股票、债券、证券、彩票、政府文件、伪造品、黄色淫秽物品；含有反动、淫秽、种族或者宗教等其他法律禁止内容的出版物、文件、资料等；非法所得之物，易燃、易爆、有毒、有腐蚀性的化学物品，管制刀具，香烟等烟草制品，香烟形式出现的烟盒烟标等；任何侵犯他人知识产权的物品，药品，医疗器材，E-mail 地址列表；无注册的磁带或者光盘，共享软件。

限制发布的物品：文物、动物、植物、外币、地铁票、酒精饮料、集邮票品。

2. 重复铺货商品发布管理规则

同款商品不允许不同颜色、不同大小规格、附带不同的附赠品等分别发布；同款商品在通过更改价格、时间、数量、组合方式及其他发布形式进行多次发布时，属于重复铺货。

3. 商品价格或邮费不符的商品发布管理规则

商品价格或邮费不符主要包括两种形式：一是商品的价格和邮费违背市场规律和所属行业标准（包含但不限于如下情况："雪纺吊带衫"一口价1元，平邮100元）；二是商品的价格和描述价格严重不符（包含但不限于如下情况：商品发布一口价为1元，但是却在商品描述中标注商品为其他价格）。

4. 信用炒作商品发布管理规则

为了获得信用，在网店发布纯信息、免费、极低价商品、1元以下虚拟商品（不包括Q币、收费Q秀等其他正规虚拟类宝贝）、1元及1元以下服务类商品等，都属于炒作信息。

5. 广告商品发布管理规则

对于商品描述不详、无实际商品、仅提供发布者联系方式，以及非商品信息的商品（住宅类除外），淘宝网均将其判定为广告商品。

6. 乱用关键词商品发布管理规则

当卖家在商品名称中滥用品牌名称或与本商品无关的字眼时，淘宝网判定其相关商品为乱用关键词商品。

7. 放错类目/属性商品发布管理规则

当商品属性与发布商品所选择的属性或类目不一致，或将商品错误放置在淘宝网推荐的类目下时，淘宝网判定其为放错类目商品。

8. 标题、图片、描述等不一致商品发布管理规则

针对发表的商品标题、图片、描述等信息缺乏或者多种信息相互不一致的情况，淘宝网判定其为形式要件违规商品。

9. 处罚规则

在自然季度内，当违反商品发布管理规则累计满30件时将会被处罚限制交易一周，满60件时会被限制交易一个月，同时关闭其店铺并下架所有未出价商品。每一个自然季度将对未处于限权状态会员的累计数字进行清零；处于限权状态的会员限权到期，累计数字也会清零，重新累计。

1.2.4　网店名及其他信息规则

1. 网店起名规则

（1）别具一格，独具特色。网店的名字如果能体现出一种独立的品位和风格，会吸引浏览者的注意。

（2）简洁通俗，朗朗上口。店名要简洁明了，通俗易懂且读起来要响亮畅达。如果招牌用字生僻，就不容易被浏览者熟记。

（3）用一些符合审美观的字样。不要剑走偏锋，为引人注意而使用一些隐晦低俗、惹人反感的名字，这样的结果会适得其反。

2. 其他信息规则

（1）商品名称中尽量添加更多被搜索的关键词。

（2）商品的品牌、产地一个都不能少。把商品的品牌、产地一一罗列出来，不但会提高商品被搜索的概率，同时还可以提高商品的基本信用，让客户感觉很规范。

（3）少采用稀有的关键词，多用易记的普通文字。字数最多不能超过30个汉字，即60个字符。关键词不要放入太多，可以放2个或3个关键词。然后加上商品卖点、特点、优势、促销点等反映商品优势的信息即可。标题可以不用太注重语法问题，尽量简洁易懂即可，也不要写得花里胡哨。

（4）店名应与自己的经营商品相关。店名用字要符合自己所经营商品的特点，要选择一个让人从名字就能看出经营范围的店名。如果名字与商品无关，则很可能导致浏览者的反感。

（5）个人认证网店名称不得包含让客户混淆的词汇，包括但不限于"特许经营、特约经销、总经销、总代理、官方、代理、加盟、授权、直营"等（企业认证网店也不能使用），个人认证的网店名不得包含"经销"（通过企业认证并且工商亮照的网店才能使用）。另外"旗舰"与"专卖"是天猫的特有词，不得出现在除天猫以外的网店名中（企业认证网店也不能使用）。

1.2.5　淘宝网客户行为规则

1. A类违规行为

违规发布商品：指除发布禁止发布的商品外，其他违反《商品发布管理规则》的行为，包括但不限于放错类目、信用炒作商品、无图片或者图片不符、重复铺货、商城空挂商品（商城卖家在买家付款前且商品显示有足够库存的情况下，表示不能即时进行交易的行为）等。

炒作信用：指以增加会员积累信用为目的，以虚构交易事实为手段，企图或已实施足以影响他人会员积累信用的行为。

违规出价：在短时间内大量拍下商品且不付款等非正常出价行为，已经或可能扰乱网站交易秩序的行为。

付款未发货：指非商城卖家在买家付款后，被投诉以无货等理由拒绝即时发货，或在系统中操作发货实际却未发货的行为；商城、电器城卖家在买家付款后，被投诉在72小时内未完成发货的行为。

恶意评价：指评价人以本人或他人之名，以损害被评价人利益或谋求个人不正当利益为目的，通过夸大或捏造事实，对被评价人做出有违公序良俗或淘宝认为不当的评价；或以差评、中评对被评价人进行侮辱、诽谤、胁迫的行为。

网上描述不符：指买卖双方在淘宝网上成交后，买家收到的商品与卖家发布该商品信息时的描述不符，包括买家投诉卖家有可被客观证据证明的售假行为。

未履行承诺之服务：指淘宝介入后，由淘宝判定买家发起的退货退款理由成立，但卖家拒绝向买家或相关人返还商品价款及邮费（含投诉商品回邮邮费）的行为；或卖家拒绝履行其在加入淘宝特定的局部市场、平台或申请使用淘宝特定的技术服务时所承诺的服务；或卖家拒绝履行其在商品详情页面与买家使用阿里旺旺交流时，所承诺的物流服务、提供发票服务、退换货、包维修等售后服务。

违规注册：指会员通过软件或非法渠道，大批量恶意注册淘宝账号，扰乱淘宝秩序或加大网站系统平台负荷的行为。

违反消费者保障服务质量规定：指违反消费者保障系列相关规定的行为。

违反商城积分规定：指违反《淘宝商城积分规则》的行为。

违反商城店铺规范：指违反《淘宝商城商家店铺规则》的行为。

违反商城支付方式：指违反《商城商家销售行为规则》关于商城支付方式规定的行为。

违反商城发票规定：指违反《淘宝商城发票规则》的行为。

商城人气炒作：指违反《淘宝商城商家销售行为规则》，进行人气炒作的违规行为。

违反商城商品评论规定：指违反《商城商品评论发布规则》的行为。

违反淘宝其他协议、规定或其他违反法律、道德或公序良俗的行为：指违反淘宝其他协议、规定，或其他有违各项行政法规、地方性法规、国家政策、社会道德及公序良俗的行为。

2. B类违规行为

泄露他人信息：指有证据证明会员违反淘宝网关于发布信息的规定，未经允许发布、传递他人的隐私信息。

发布违法、违规商品或信息：指违反《淘宝禁售商品管理规范》《阿里旺旺使用规则》《社区发帖规则》或使用淘宝提供的其他信息沟通渠道，发布违法、违规商品或信息的行为。

侵犯他人知识产权：违反《淘宝禁售商品管理规范》等相关条款，或被权利主张人投诉且有证据证明违反《商标法》《著作权法》《专利法》等相关法律法规的行为。

欺诈：指以非法获利为目的，通过不正当手段侵犯会员财产权益的行为。盗用账户也是一种欺诈行为。

3．处罚措施

会员的违规行为将按照 A 类和 B 类分别扣分、累计和执行。

当会员因为 A 类违规行为而被扣分时，每累计 12 分，进行一次节点处罚，处罚措施为店铺屏蔽（包括淘宝站内所有搜索，首页导航，直通车、淘宝客、钻石展位、媒体广告等所有营销类服务）并公示警告（店铺通栏、商品通栏等）12 天。会员单次违规行为导致其 A 类违规行为总计超过 12 分或 12 分的整数倍时，如前一处罚节点未进行处罚的，累计合并处罚。会员在受 A 类处罚期间再次受到 A 类处罚的，新处罚措施将在上一处罚期满后开始执行。

当会员因为 B 类违规行为而被扣分时，扣分累计或单次分别达到（或超过）12 分、24 分、36 分、48 分时，淘宝将分别对会员做出如下处罚：①当扣分达到或超过 12 分但未达到 24 分时，会员将被同时处以店铺屏蔽商品及公示警告 7 天；②当扣分达到或超过 24 分但未达到 36 分时，会员将被同时处以店铺屏蔽所有功能及公示警告 14 天；③当扣分达到或超过 36 分但未达到 48 分时，会员将被处下架所有商品，同时处禁止发布商品、禁止发送站内信、禁止社区所有功能、关闭店铺及公示警告 21 天；④当扣分达到或超过 48 分时，会员将被处永久封号。会员在受 B 类处罚期间再次受到 B 类处罚的，新处罚措施将替代旧处罚措施立即执行，旧处罚措施不再执行。除永久封号外，需要同时满足以下三个条件，会员被执行的处罚措施才能解除：会员违规行为被纠正、会员所受处罚期间届满、处罚期间届满后会员参加线上考试并且合格。永久封号不能通过任何形式被再次恢复。

会员所扣分数将在每个自然年的年终（即每年 12 月 31 日）24 时被统一清零，但年终前已被永久封号的，不可被再次恢复。

1.2.6 信用炒作与侵犯知识产权规则

1．信用炒作

信用炒作一般指虚假交易，是指用户通过虚构或隐瞒交易事实、规避或恶意利用信用记录规则、干扰或妨害信用记录秩序等不正当方式获取虚假的商品销量、店铺评分、信用积分等不当利益，妨害买家权益的行为。

针对虚假交易，淘宝将对卖家的违规行为进行纠正，包括删除虚假交易产生的商品销量、网店评分、信用积分、商品评论；情节严重的，还将下架店铺内的所有商品。同时，淘宝将按照如下规定对卖家进行处理。

（1）卖家第一次或第二次发生虚假交易行为：若违规交易笔数未达 96 笔，则仅对卖家的违规行为进行纠正，不扣分；若违规交易笔数达 96 笔以上，则每次按一般违规行为扣 12 分。

（2）卖家第三次发生虚假交易行为：若违规交易笔数未达 96 笔，则每次按一般违规行为扣 12 分；若违规交易笔数达 96 笔以上，则视为情节严重，每次按一般违规行为扣 48 分。

（3）卖家第四次及以上发生虚假交易行为：不论笔数多少均视为情节严重，每次按一般违规行为扣 48 分。

（4）卖家短期内产生大规模虚假交易行为：不论次数和笔数均视为情节严重，每次按一般违规行为扣 48 分。

（5）若卖家发生以下任一情形的，按严重违规行为扣 48 分。

- 累计三次及以上被认定为"情节严重"的虚假交易行为。
- 违反上述第（4）项规定后，再次发生大量虚假交易行为。
- 存在手段恶劣、行为密集、规模庞大、后果严重、恶意对抗监管等特殊情节。
- 为他人提供虚假交易服务。

若卖家同时存在上述第（4）项和第（5）项情形，则优先执行第（5）项处罚。

淘宝对涉嫌虚假交易的商品，给予 30 天的单个商品淘宝网搜索降权。如果某商品发生多次虚假交易，则搜索降权时间滚动计算。

卖家应按照淘宝要求提供真实的、合法有效的申诉凭证，如卖家存在提供虚假凭证的情形，则视为一般违规行为。首次发生的，给予警告；再次发生及多次发生的，每次扣 6 分。

如果买家协助卖家进行虚假交易，淘宝将视情节严重程度采取关闭订单、新增订单不计销量和/或不开评价入口、删除违规交易产生的信用积分、信用积分清零、警告、身份验证、限制创建店铺、限制发送站内信、限制发布商品、限制网站登录、限制旺旺登录、限制买家行为、限制发起投诉、延长交易超时等处理措施。

2. 侵犯知识产权

侵犯知识产权，是指商家发生以下涉嫌违反《商标法》《著作权法》《专利法》等相关法律法规的行为。

1）出售假冒商品

出售假冒商品是指商家发生以下行为。

卖家出售假冒、盗版商品且情节特别严重的，每次扣 48 分；卖家出售假冒、盗版商品且情节严重的，每次扣 24 分。

卖家出售假冒、盗版商品的，每次扣 12 分。

卖家涉嫌出售假冒、盗版商品的，每件扣 2 分（三日内不超过 12 分）。

> **注意** 为了防止对公众造成不利影响，保护消费者权益，对涉嫌违反上述情形的卖家，淘宝视情节严重程度给予店铺监管的处罚。

2）不当使用他人权力

不当使用他人权利，是指用户发生以下行为，每次扣 2 分。

卖家在所发布的商品信息或所使用的店铺名、域名等中不当使用他人商标权、著作权等权利。

卖家出售商品涉嫌不当使用他人商标权、著作权、专利权等权利。

卖家所发布的商品信息或所使用的其他信息造成消费者混淆、误认或造成不正当竞争。

> **注意** 同一权利人在三天内对同一卖家的投诉被视为一次投诉。

1.3 运营定位

网上商品种类繁多，新商家应该如何选品？网店运营过程中如何定位？下面从商品定位、人群定位及网店定位三个方面进行阐述。

1.3.1 商品定位

商品定位要考虑人与货，人指商家，货指商品。

1. 以人选货

在开店初期选择销售商品时，可以先以商家喜好为中心。这里的"喜好"分为 3 种。

（1）"我"喜欢的。做任何事情都要从内心出发，选择喜欢的东西才能坚持下来。

（2）"我"擅长的。熟练、熟悉的商品更容易操作。

（3）"我"专业的。具有一定的专业领域知识，便于给客户提供专业服务或建议。

这里举例说明，如"我"喜欢吃零食，可以到淘宝网搜索休闲零食这一类商品，如图 1-4 和图 1-5 所示。

在搜索结果页中会显示很多与刚刚搜索关键词相关的商品，可以通过这些商品去看哪些是我们想要进行销售的商品，在选择的时候，也要有目的地进行区分选择。

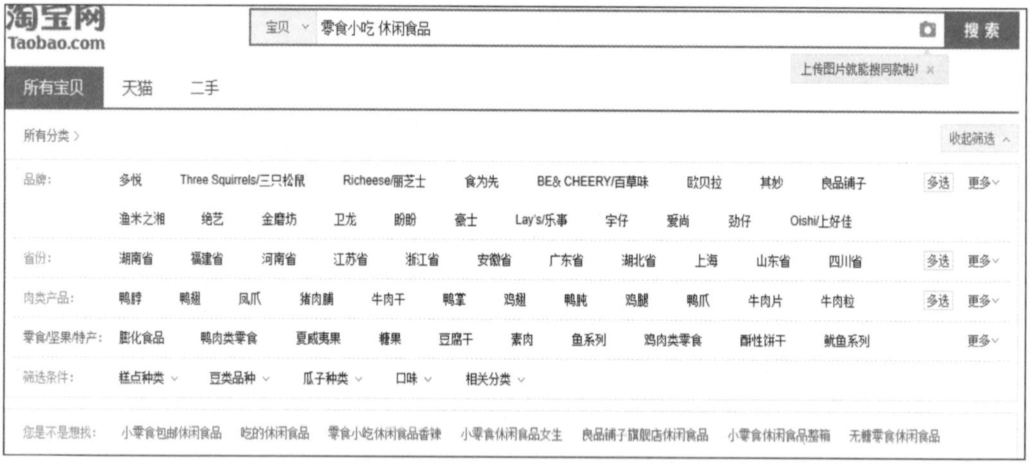

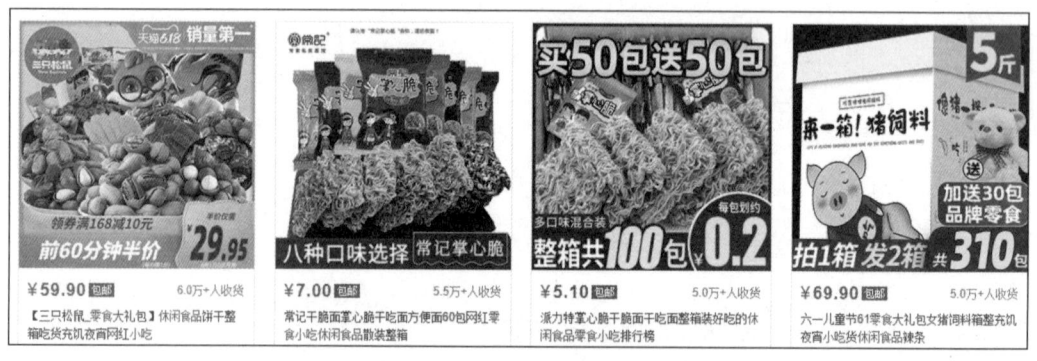

图 1-4 淘宝网搜索"零食小吃 休闲食品"

图 1-5 搜索"零食小吃 休闲食品"获得结果截图

2. 以货选品

在以货选品的过程中,经常会遇到热门的商品销量高、贵重的商品利润高、冷门的商品竞争小、低价的商品没利润 4 个问题。

遇到这些问题,主要是因为销量高的商品利润较低,有利润的商品销量少。我们可以通过后台的生意参谋进行数据分析,生意参谋搜索词的排行如图 1-6 所示。

通过搜索排行,选定行业类目进行查看,首先查看"飙升"关键词,通过"飙升"关键词中的"搜索增长幅度""搜索人气""点击人气""点击率""支付转化率"几个指标,来分析近期该类目下较为受欢迎的商品。

例如,某零食品牌,最近搜索增长幅度较高,搜索人气、点击人气、点击率都非常不错,但是支付转化率较低,转化率决定了商品销售量的基础,故针对这样的商品需要进行全方面分析,再决定是否选择。在“飙升”榜中可以看到另外一个关键词“怡达锅巴”，它的增长幅度也是较高的，搜索人气及点击率表现也都非常不错，重点是这个关键词的支付转化率非常高。接下来，针对这款商品进行重点分析，如图 1-7 所示。

搜索词	飙升排名	搜索增长幅度	搜索人气	点击人气	点击率	支付转化率	操作
国潮糕点	1	270,486.84%	46,626	16,791	51.23%	6.46%	搜索分析 人群分析
麻辣藕丁	2	177,984.62%	19,856	3,289	12.94%	7.10%	搜索分析 人群分析
冰糖山楂片	3	57,588.24%	22,795	5,491	22.25%	6.21%	搜索分析 人群分析
张国伟棒棒糖	4	12,166.67%	2,605	2,284	100.93%	13.51%	搜索分析 人群分析
金箭乌梅	5	10,882.61%	5,445	4,900	93.40%	4.26%	搜索分析 人群分析
鸡尾包	6	8,185.71%	2,255	1,210	56.46%	0.48%	搜索分析 人群分析
怡达锅巴	7	7,400.00%	2,302	836	18.25%	18.10%	搜索分析 人群分析
三只松鼠直播间	8	6,971.43%	2,048	1,126	35.50%	0.53%	搜索分析 人群分析
toffifee太妃...	9	5,900.00%	1,687	1,318	91.36%	8.30%	搜索分析 人群分析
ready q	10	5,832.50%	7,899	6,780	69.25%	3.17%	搜索分析 人群分析

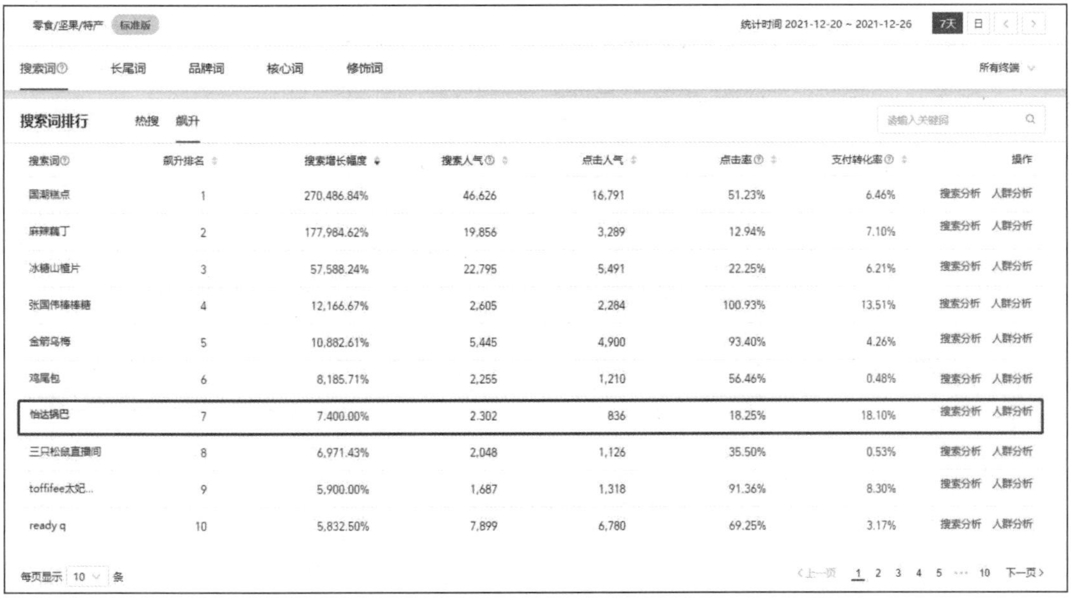

图 1-6　生意参谋搜索词排行

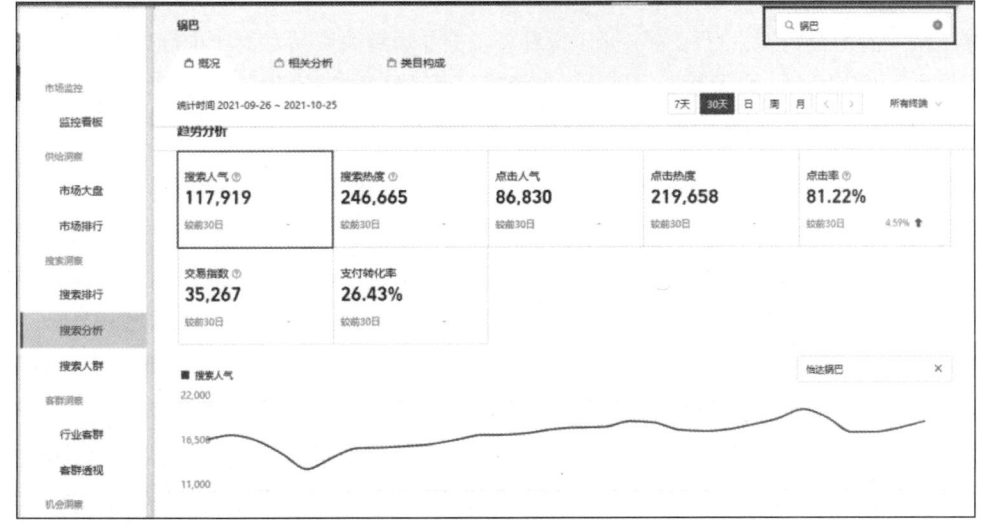

图 1-7　生意参谋搜索分析

“怡达锅巴”这个关键词带有品牌词，在搜索框中直接输入商品词“锅巴”，查看近 30 天的趋势分析指标，分析近期该商品各项指标变化。接下来选择“相关分析”选项卡，如图 1-8 所示。

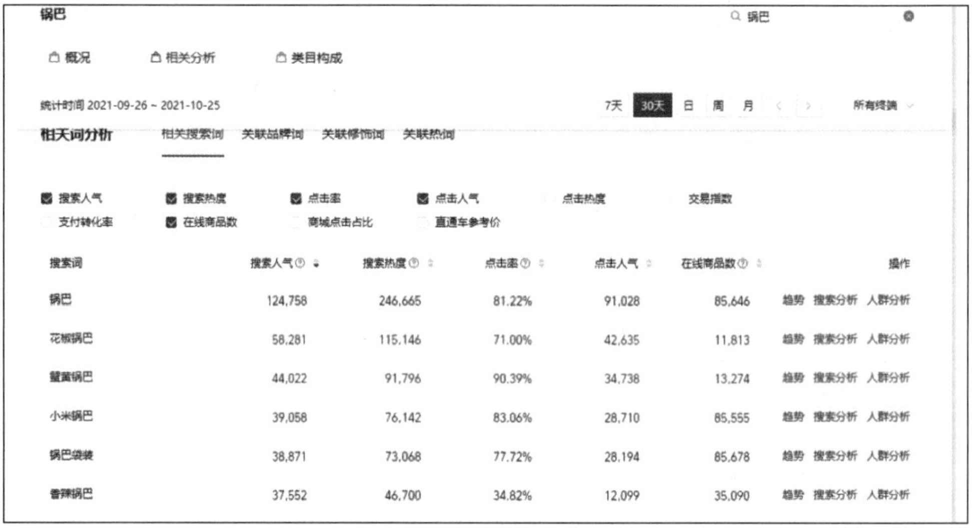

搜索词	搜索人气	搜索热度	点击率	点击人气	在线商品数	操作
锅巴	124,758	246,665	81.22%	91,028	85,646	趋势 搜索分析 人群分析
花椒锅巴	58,281	115,146	71.00%	42,635	11,813	趋势 搜索分析 人群分析
蟹黄锅巴	44,022	91,796	90.39%	34,738	13,274	趋势 搜索分析 人群分析
小米锅巴	39,058	76,142	83.06%	28,710	85,555	趋势 搜索分析 人群分析
锅巴袋装	38,871	73,068	77.72%	28,194	85,678	趋势 搜索分析 人群分析
香辣锅巴	37,552	46,700	34.82%	12,099	35,090	趋势 搜索分析 人群分析

图 1-8　生意参谋相关分析

在“相关分析”选项卡中，可以查看更多相关的关键词，从而进行分析。这里需要注意，在选择商品时，不是搜索人气或热度越高越好，因为人气越高竞争越大。在选择数据指标时，需要选择“在线商品数”选项，这样可以清楚地知道竞品数量。

接下来，到淘宝网搜索目标关键词，查看系统推荐的相关商品，再次进行分析，如查看商品销量、价格、网店类型、商品款式、属性、评价等，通过这些比较可以更好地做商品的前期定位。

1.3.2 人群定位

在为网店进行人群定位时，需要思考所卖的商品谁来使用，由谁来购买，如商品使用者为男性、女性、老年人、学生、婴幼儿或宠物等。不同的使用者，购买人群也是不同的。针对网店人群定位，需要分析客户性别、年龄、地域、职业及爱好等 5 点。

针对商品谁来用这一点，很好分析。下面重点分析商品由谁来买，这里需要进入生意参谋后台，通过查看访客分布对网店客户进行分析。

如图 1-9 所示，网店客户主要集中在广东省、山东省、江苏省等地，针对占比较高的客户所在地域，我们需要去了解这些地域人群的生活习惯及风土人情，这样更有利于商品后期推广。

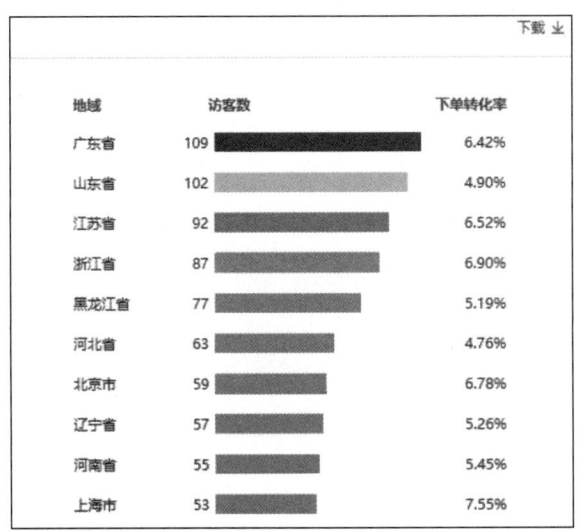

图 1-9 生意参谋访客分布

在特征分布中,首先查看"淘气值分布",淘气值越高,说明客户网购频率或金额越高。在"消费层级"中通过消费金额可以了解到,客户对该类目下的商品认可金额为多少,这有助于后期为商品进行定价。在"性别"中可以看出客户的男女比例,如果男性占比较高,则客户普遍重视商品品质。最后,看"店铺新老访客"的占比,如果老访客占比较高,说明商品回购率高;如果新访客占比高,则网店应多做促销活动,提高新客转化。生意参谋特征分布,如图 1-10 所示。

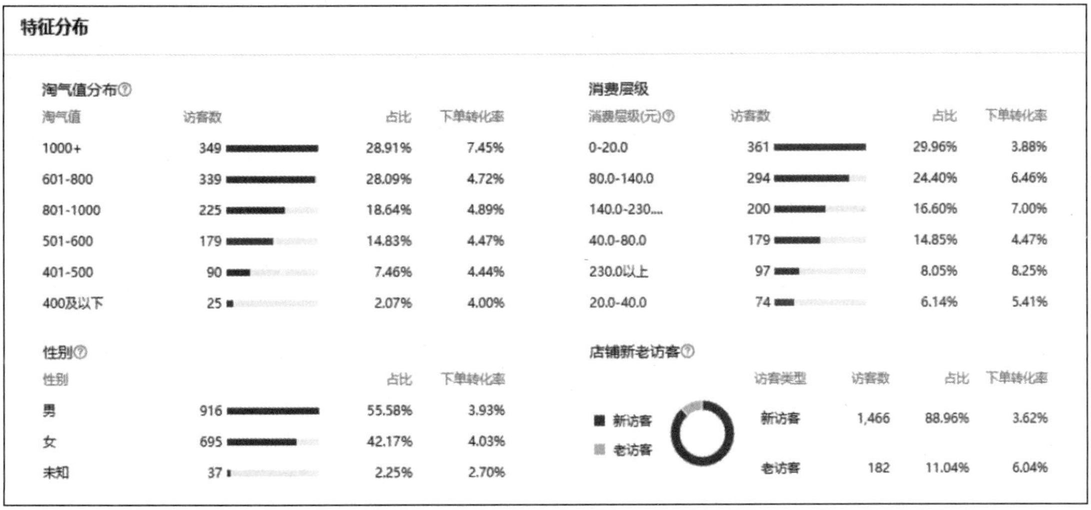

图 1-10 生意参谋特征分布

1.3.3 网店定位

网店定位的方法分为价格定位法、专业定位法、特性定位法、附加值定位法 4 种。

1. 价格定位法

价格定位法以价格作为出发点进行网店定位，是靠价格来打动和吸引客户的一种运营方式。策略是以低价引流，带动网店动销率。

2. 专业定位法

专业定位法以优质专业的服务作为出发点来进行定位，是通过自己的专业讲解和耐心接待来留住客户的一种运营方式。

3. 特性定位法

特性定位法是指挖掘商品特性，找出与同类商品的不同之处，从而进行差异化定位，深度挖掘客户需求。

4. 附加值定位法

附加值定位法主要以提升商品或服务在客户心中的价值进行定位，做到人无我有，人有我优。

1.4 本章小结

通过本章的学习，我们掌握了网店运营的基础知识，为开店打下了基础，做好了创建网店的准备。了解了淘系平台主营网店类型及开店资质要求、规则、网店定位方法，拟定了网店发展方向。

第 2 章

网店开设

网店开设是网店运营的前提，了解网店的基础设置和工具使用是重要的准备工作。在正式运营网店之前需要开通网店账号，并做好基础的设置工作，了解运营管理工具，并对网店进行基础装修。

学习目标：通过对本章的学习，掌握不同类型网店的开通流程、后台操作、千牛工具的使用，以及网店的基本设置和基础装修。

本章提要：
- 开店流程
- 后台介绍
- 千牛工具介绍
- 网店设置
- 装修基础

2.1 开店流程

在了解市场规则、分析行业数据，并找到货源之后，即可开设网店。开店基础操作分为账号注册和开店认证两部分。

2.1.1 账号注册

登录淘宝网首页，在页面右边栏目中可以看到登录、注册、开店 3 个按钮，点击"注册"按钮，如图 2-1 所示。

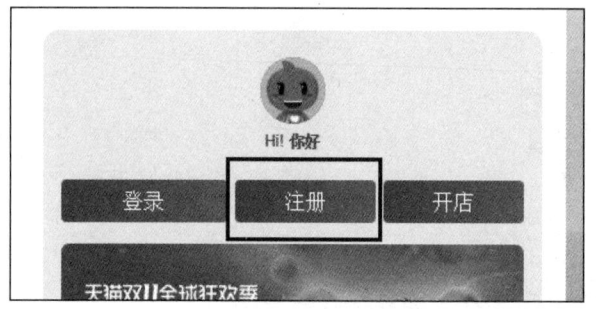

图 2-1　注册账号入口

进入"账号注册"页面，填写手机号码，输入验证码，勾选确认已阅读相关服务协议，点击"注册"按钮即可完成账号注册。如需注册企业账号，点击"切换成企业账号注册"选项，如图2-2 所示。

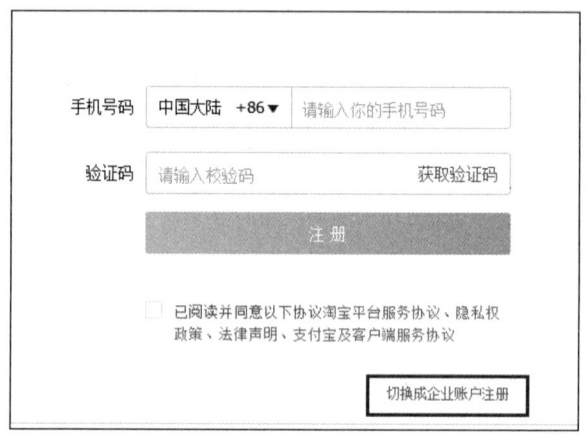

图 2-2　账号注册操作流程

在"企业注册"页面，填写会员名（账号名称，后期不可修改）、邮箱（从未注册过支付宝或淘宝的邮箱）、手机号码、登录密码等，同样要勾选确认已阅读相关服务协议，点击"注册"按钮，如图2-3 所示。

图 2-3 企业账号注册页面

2.1.2 个人开店认证

打开淘宝网主页,在注册账号的位置,点击"开店"按钮,如图 2-4 所示。

图 2-4 个人开店认证操作(一)

进入开店界面,在开店界面可以选择个人开店或企业开店,点击"个人开店"按钮,如图 2-5 所示。

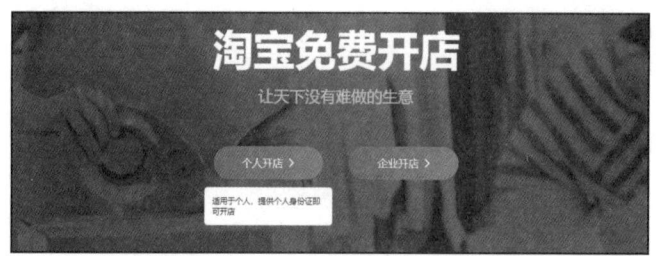

图 2-5 个人开店认证操作（二）

在选择个人开店后，如果未登录账号，则所见界面是未添加任何信息的页面，如图 2-6 所示。

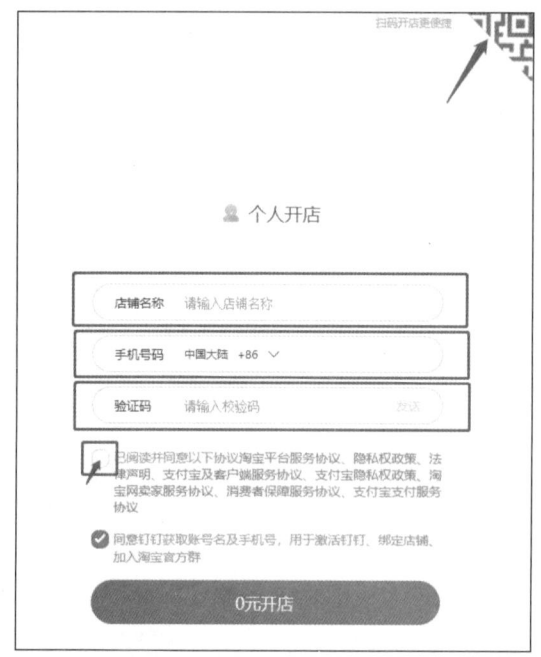

图 2-6 个人开店认证操作（三）

填写店铺名称、手机号码及验证码，勾选确认已阅读并同意相关协议，点击"0 元开店"按钮即可完成操作。如选择手机开店也可直接扫描右上方二维码，填写相关信息就可以完成操作。

无论以哪种途径填完信息、阅读并同意协议，点击"0 元开店"按钮，都会进入信息认证界面，可以通过扫描二维码，一次完成支付宝认证和实人认证。完善网店信息，填写真实有效的经营地址，能让后续的经营更安全。

淘宝个人开店认证操作非常简单，按照指示进行操作即可快速完成。开通企业支付宝账户分 3 步：注册、激活、验证。完成以上步骤后账户即可正常使用，如图 2-7 所示。

图 2-7　个人开店认证操作（四）

2.1.3　企业网店认证

1. 注册企业支付宝账户

企业账号注册完成后，需注册企业支付宝账户。提前准备一个从未注册过支付宝或淘宝的邮箱，登录支付宝商家中心，点击页面右上方的"注册支付宝"按钮，如图 2-8 所示。

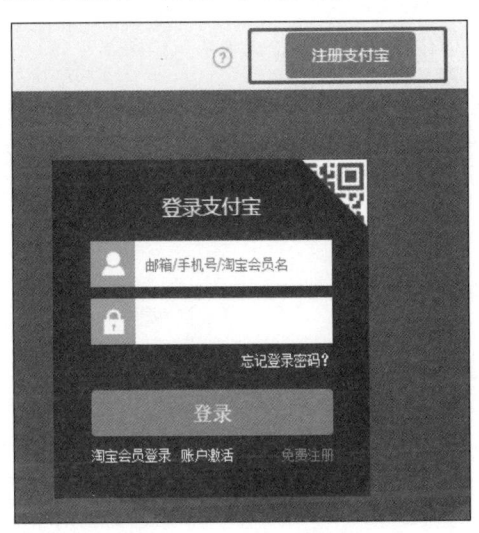

图 2-8　注册支付宝页面

根据页面提示完成账户注册，同意相关支付宝账户协议，如图 2-9 所示。

图 2-9　企业网店认证操作

进入企业账户注册页面，输入邮箱名作为后续企业账户使用的登录名，如图 2-10 所示。

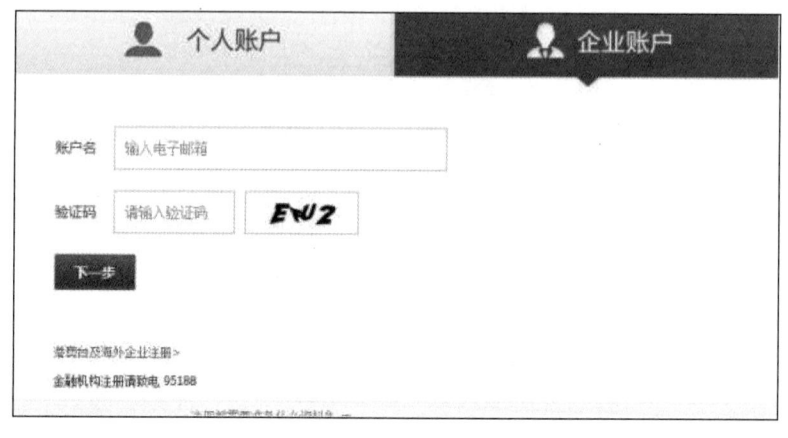

图 2-10　企业账户注册

注意　若提交后提示"不支持该邮箱"说明邮箱名中存在部分字符被拦截，请更换邮箱重新注册。

2．激活企业支付宝账户

登录注册的邮箱，查收支付宝发送的邮件，点击邮件里面的"继续注册"按钮，根据页面提示，设置好双密及安保问题，账户才算激活完成，如图2-11所示。

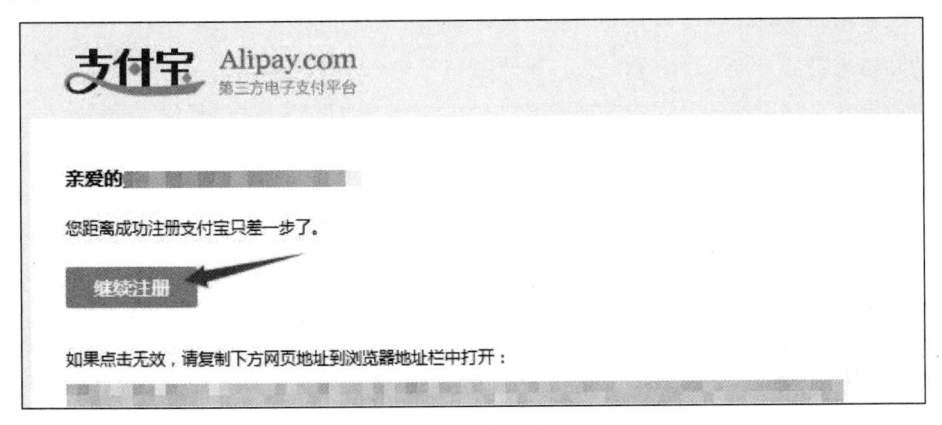

图2-11　激活企业支付宝账户邮件

注意　部分第三方邮箱可能会将邮件归入垃圾箱，请注意查找。

3．实名认证

（1）企业信息资料登记，使用激活完成的账号密码登录支付宝，点击"企业实名信息填写"按钮（如图2-12所示）进入认证环节。

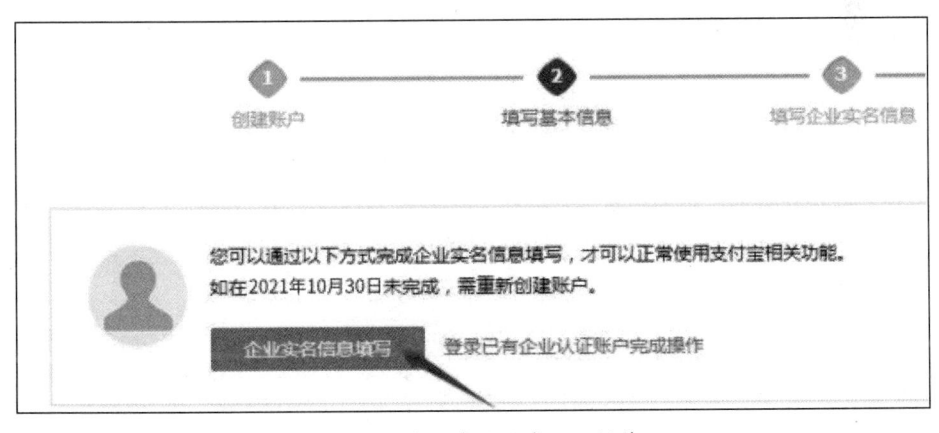

图2-12　企业实名信息认证操作

企业实名信息认证过程的注意事项如下。

①在填写商户名称时，请务必与营业执照上的商户名称保持一致，如不要将"网络"错填为

"网路","迅捷"错填为"讯捷","联通"错填为"连通"等。

②在填写社会信用代码（注册号）时，请务必与营业执照上的社会信用代码（注册号）保持一致，请勿将数字"0"错填为英文"O"，数字"1"错填为英文"I"等。

③若事业单位名称中包含有括号，如"浙江省XX医院（浙江省XX中心）"，同时对公银行账户名称与括号前或者括号中名称一致，则直接填写对公账户名称即可。

④可根据实际使用场景，同步选择开通支付宝的"当面付"功能进行线下收钱。

⑤填写好单位信息并提交后，24小时内会收到审核结果，在等待的过程中可在企业认证页面继续进行企业实名认证操作。

（2）企业实名认证，认证方式为系统综合判断，无法人工修改。企业实名认证方法有：法人代表人支付宝账密认证、法人代表人扫脸认证、对公银行账户打款认证，任意选择其中一种认证即可。

①法人代表人支付宝账密认证：点击"法人支付宝密码验证"选项，输入账号及密码进行认证。

②法人代表人扫脸认证：可以通过支付宝发送认证，也可以将二维码图片发送给法人代表人，使用法人代表人的支付宝打开服务提醒或者扫描二维码图片进行人脸认证。

③对公银行账户打款认证：按照页面提示，输入对公银行账户信息进行验证。

> **注意** 当法人代表人进行支付宝账户验证时若出现提示"账号存在风险，本次验证失败"，说明账户使用验证方式安全风险较高，为保证公司账户安全，请改为使用对公银行账户打款认证的方式。

对公银行账户打款认证时注意如下几点。

①使用认证资料中填写的对公银行账户进行打款，勿使用个人银行账户进行企业打款认证。

②使用境内银行卡认证。使用境外银行卡将存在认证失败风险，当使用网银操作时可使用打款认证信息页面复制功能，确保信息填写正确，务必核对信息。

③收款方开户信息"浙江网商银行股份有限公司"必须填写完整。

④在对公银行账户打款完成以后，勿再次打款至该账户，避免金额无法退回。

⑤当支付宝收到资金后，认证状态实时更新，验证成功后则资金会退回到支付宝账户；若打款后，对公银行账户收到退款，则说明认证失败。

打款不成功的原因一般为填写的收款方信息有误导致，可将打款的电子回单与待打款页面的收款方账户信息进行核对，填写正确信息再次打款，完成企业实名认证后，企业支付宝账户即可正常使用。

2.1.4 天猫网店认证

天猫网店认证相较于个人开店认证会较为烦琐，需准备的资料和资金比较多。针对天猫网店认证，这里会分为 4 步来进行讲解。

重点场景：在选择入驻类目、提交入驻资料时，注意每个类目审核标准和入驻标准不同，请正确选择，提交资料后，类目和品牌信息将无法修改，若发现品类填写错误，无法修改或撤销，只能等审核退回后超时作废。

1. 入驻天猫入口

进入天猫招商页面，点击页面中间的"立即入驻"按钮即可进入天猫开店流程，如图 2-13 所示。

图 2-13 天猫招商页面

2. 选择入驻类目、提交入驻资料

（1）选择网店类型/品牌/类目。根据经营情况，选择网店类型，填写品牌商标注册号，若商标注册号已被天猫录入，则直接选择对应的品牌即可。当遇到"请先补充品牌信息"提示时，点击"补充"按钮，补充完整品牌信息就可以，如图 2-14 所示。

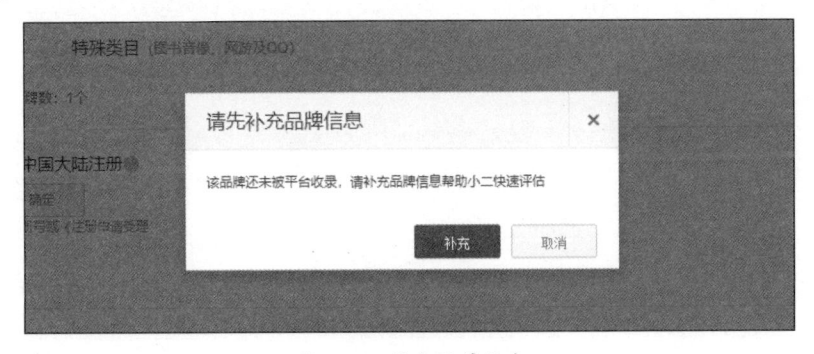

图 2-14 补充品牌信息

（2）填写品牌信息。根据实际情况填写品牌信息，左侧的选项卡内容要填写完整，如该选项卡内容未填写完整，标签会显示"待填写"，填写完成后将显示"已填写"，如图2-15所示。

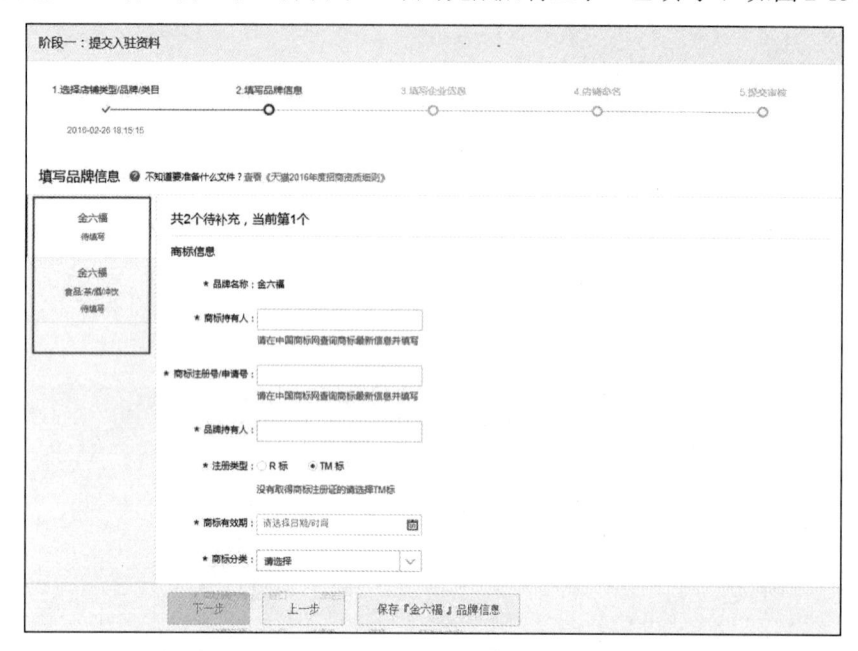

图 2-15 填写品牌信息

选项卡的内容填写完成后，点击"保存×××品牌信息"按钮，如图2-16所示。

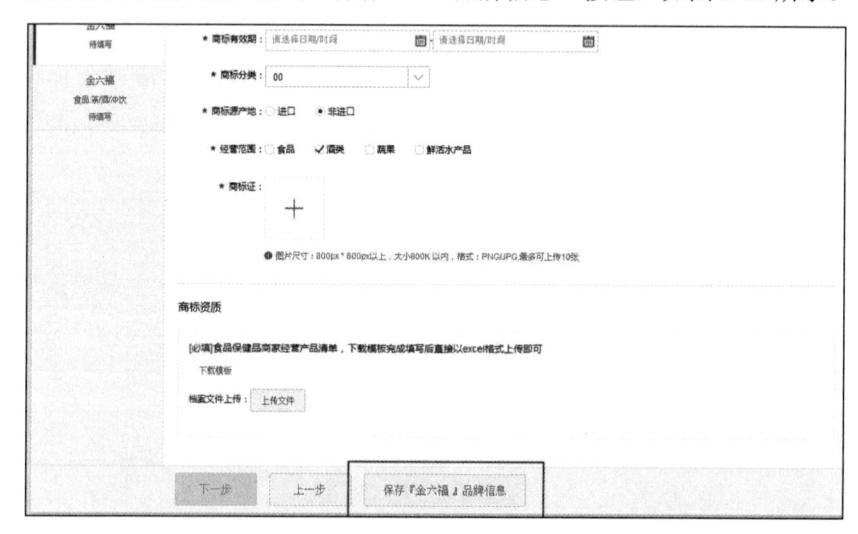

图 2-16 保存品牌信息

品牌信息填写并保存完成后，点击"下一步"按钮，若申请网店类型为旗舰店，且品牌授权方为国内公司，需邀请品牌授权方进入品牌企业工作台，在线完成品牌认领及授权，如图2-17所示。

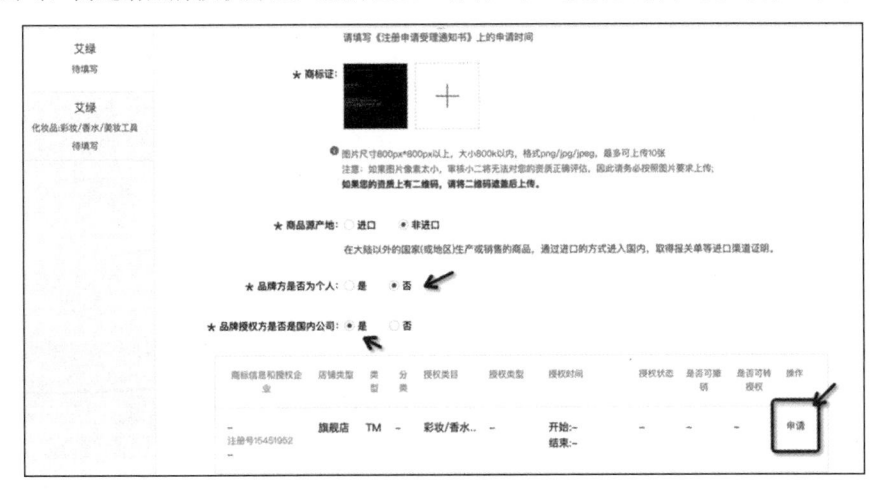

图 2-17　旗舰店申请

若申请旗舰店且品牌授权方为个人或非国内公司，须按照页面资质要求提示，上传有效的品牌授权书及相关资料，如图2-18所示。

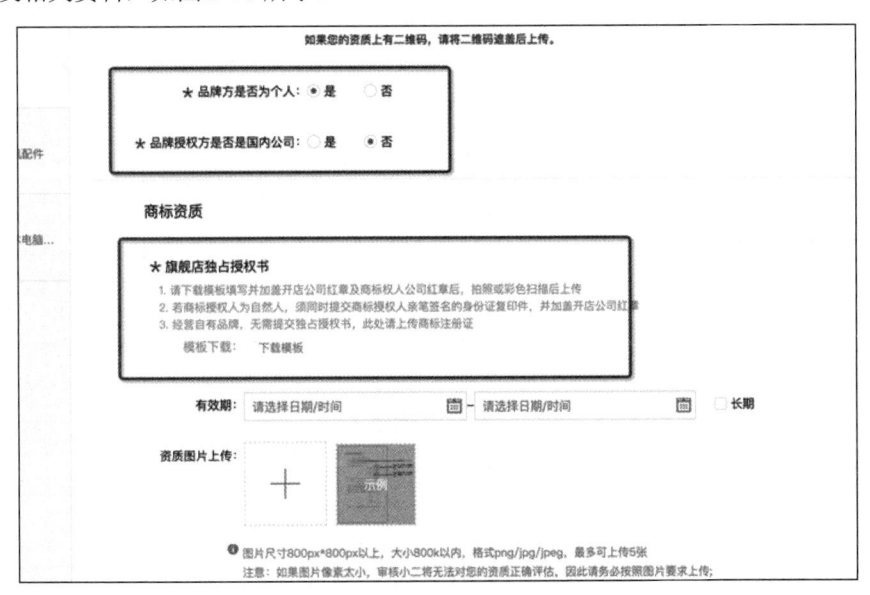

图 2-18　上传品牌授权及相关资料

若申请网店类型为专卖店，且品牌授权方为国内公司，可以选择以下两种授权认证方式。

线上授权：邀请商标权利人入驻品牌方企业工作台，在线完成品牌认领及线上授权，操作步骤与旗舰店线上授权流程相同，如图 2-19 所示。

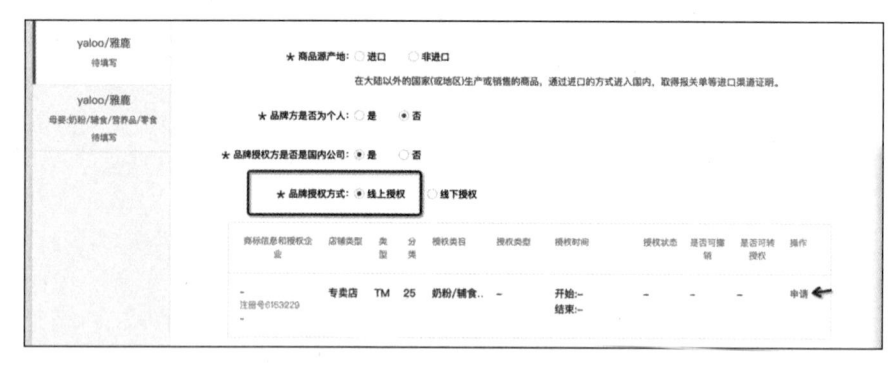

图 2-19 线上授权

线下授权：若无法获得线上授权，也可以选择线下授权的方式，按照页面提示，上传商标权利人出具的品牌授权书及相关资料。

（3）填写企业信息。根据实际情况填写企业信息，填写完成后，点击"下一步"按钮，如图 2-20 所示。

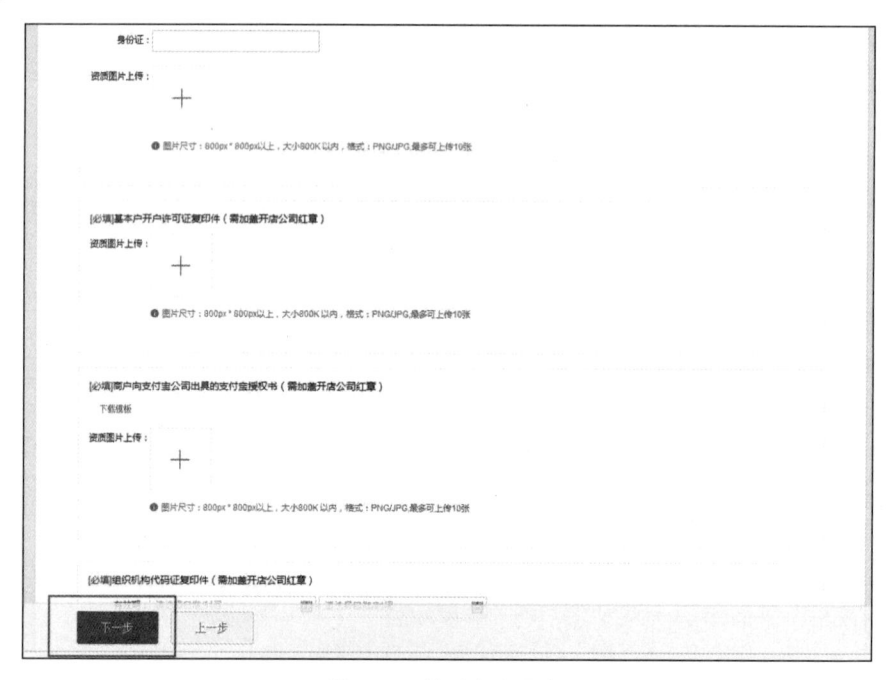

图 2-20 填写企业信息

(4)网店命名。填写网店名称中展现的关键词,并分别点击"选择店铺名"和"选择域名"右侧的下拉框,选择网店名称和网店域名,也可以在"店铺命名建议"栏目中填写期望的网店名称,完成后点击"下一步"按钮,如图 2-21 所示。

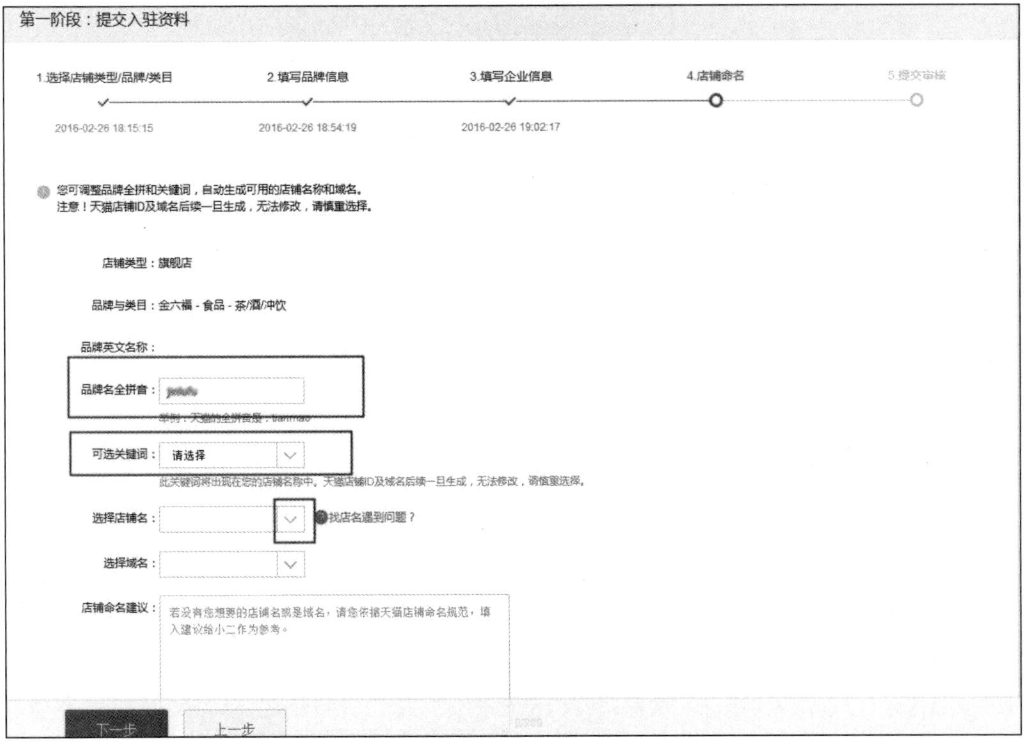

图 2-21 网店命名

3. 等待审核

申请资料提交成功后,请耐心等待系统审核,预计 7 天内完成审核。审核包括品牌评估和资质审核两个环节。

(1)品牌评估。除特殊类目外,入驻天猫需先进行品牌评估。在品牌评估期间,如提交的资料不符合要求则需要补充修改。系统会以邮件和短信的方式通知商家登录申请账号进行修改,登录等待审核页面后点击"前往修改"按钮,可按照提示完成修改并提交,商家要在 15 日内完成修改并重新提交信息,如图 2-22 所示,逾期会导致申请失败。如提交的品牌未能通过评估,可以更换品牌再次提交申请。注意,同一公司、同一品牌,90 天内仅能提交两次入驻申请。

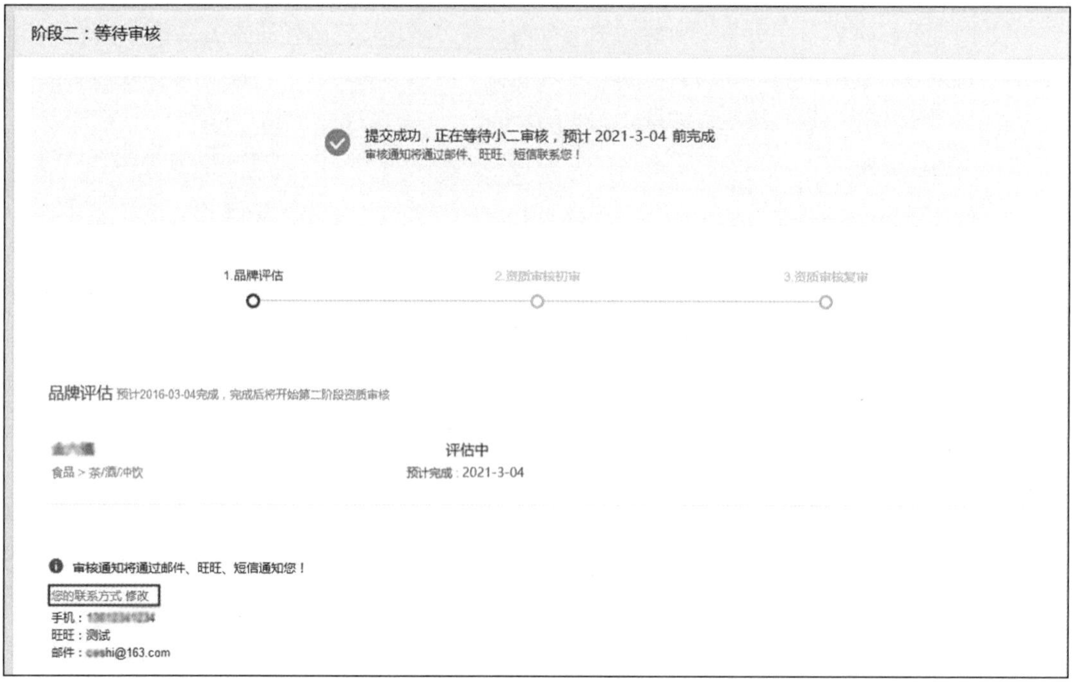

图 2-22　修改信息

（2）资质审核。资质审核分为初审和复审，审核期间如资料不符合要求，需要补充修改，系统会以邮件和短信的方式通知登录申请账号进行修改。登录等待审核页面后，点击"前往修改"按钮可按照提示完成修改并提交，商家需在 15 日内完成修改并重新提交信息，逾期会导致申请失败。

资质审核期间，可以在页面下方查看目前的审核状态，以及预计完成的时间。

初审、复审均通过后，可以继续完善网店信息、发布商品、操作网店上线。

4．完善网店信息

（1）激活商家账号并登录，设置密码，填写联系人手机、邮箱及支付宝账号，填写完成后点击"激活账号"按钮，激活商家账号，如图 2-23 所示。注意，审核通过后，商家要在 15 日内激活账号，逾期会导致申请失败。

图 2-23 激活账号

（2）完成开店前相关任务。

①激活账号后，登录商家账号，完成开店前相关任务。可以点击"前去完成"按钮，前往相关页面进行操作，操作完成后，点击"刷新状态"按钮查看进度，如图 2-24 所示。

图 2-24 完成开店前相关任务

②完成此项任务后，操作界面会显示"已完成"，商家要在 15 日内完成全部任务，逾期会导致申请失败。

③锁定保证金/缴纳年费。签署协议完成后，点击"马上锁定/缴纳"按钮，完成锁定保证金/缴纳年费的操作。商家要在 15 日内完成锁定保证金/年费缴纳操作，逾期会导致申请失败，如图 2-25 所示。

图 2-25　天猫网店认证操作

5．注意事项

（1）商家要确保支付宝账户内余额充足。

（2）商家要在 15 日内完成锁定/缴纳的操作，逾期会导致此次申请失败。

（3）商家要完成锁定保证金/缴纳年费操作 24 小时后才能发布商品。

2.2　后台介绍

网店后台操作主要包括商品管理、网店管理、物流管理 3 个方面，接下来分别针对这 3 个方面的常用功能进行介绍。

2.2.1　商品管理

在商品管理中，最常应用的功能为发布新宝贝、出售中的宝贝、仓库中的宝贝和体检中心。

1．发布新宝贝

发布新宝贝即发布新商品，首先选择类目，接着编辑基础信息、销售信息、图文描述、支付信息、物流信息、售后信息等，最后点击"发布商品"按钮即可完成操作。

2. 出售中的宝贝

出售中的宝贝是指正在出售中的商品，在该页面当中可见所有在线销售商品，可以通过输入商品标题、商品ID、商品编码，选择一级类目、店铺分类、宝贝类型等方法查阅相关商品，如图2-26所示。

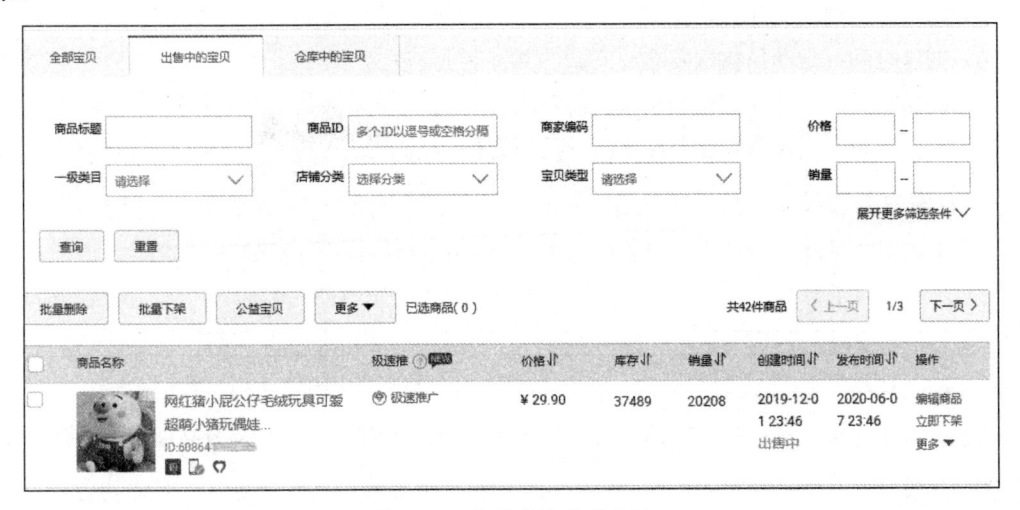

图 2-26　查看出售中的宝贝

商家可对出售中的宝贝进行单独或批量编辑，选择需要编辑的商品，可对商品名称、付费推广功能、商品价格、库存等信息进行修改，如图2-27所示。

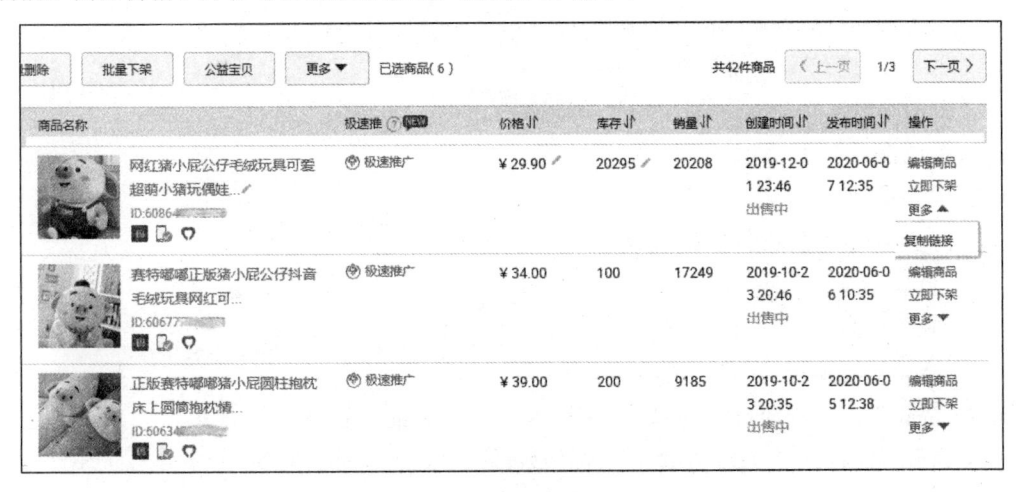

图 2-27　商品在线编辑

商品在线编辑页面包括的信息及说明如下。

（1）商品名称：可修改商品标题中关键词。

（2）极速推：是付费推广功能的快捷操作入口。

（3）价格：可修改商品出售价格。

（4）库存：可增加或减少商品库存。

（5）销量：是商品当前总销量。

（6）创建时间：是商品首次发布时间。

（7）发布时间：是7天内商品重新发布时间。

（8）操作：包括编辑商品、立即下架、复制链接等。

3．仓库中的宝贝

仓库中的宝贝是指在线但不可出售的商品。仓库中的宝贝也可以进行编辑修改，方法与出售中的宝贝一致。对于修改的商品，如有销售信息或评价，在修改商品名称、描述、价格等信息后，该商品销售信息及评价仍然保留。

4．体检中心

体验中心能够为网店提供健康检测，当网店出现违规扣分或者权限受限的情况，能够提供违规或受限的数据。同时，体检中心也能够为卖家提供网店和商品的优化建议，具体功能如下。

（1）店铺体检：查看网店经营情况。

（2）违规处理：查看违规商品信息。

（3）违规扣分：查看网店扣分情况。

（4）消息通知：查看系统消息提醒。

（5）恶意行为防控：恶意购买行为订单防控。

（6）商品合规工具：商品监控预警。

（7）品质提升工具：商品因品质问题预警。

（8）职业索赔联合治理：遏制职业索赔行为。

（9）综合优化：提供违规商品优化建议。

（10）资质体检：在特定场景下进行资质管理。

（11）知识产品市场：品牌和图片注册保护。

（12）行政司法体检：消费者投诉处理入口。

（13）滞销商品：查看90天无成交、无浏览、无编辑的商品。

（14）物流体检：进行物流数据评估及异常诊断。

2.2.2　网店管理

网店管理的常用功能有网店装修、图片空间、商品分类管理等。

1．网店装修

网店装修包括网店首页装修模块与详情页装修模块，其中网店首页装修模块又分为 PC 端首页基础装修模块和移动端首页基础装修模块。

1）PC 端首页基础装修模块

（1）网店招牌：客户进入网店后，首先能看到网店展现的第一个模块就是网店招牌，这里可以是商品的品牌信息。

（2）商品分类：可以自动推荐或者手动推荐商品，供客户进行查看。

（3）商品推荐：可以选择自动推荐或者手动推荐。商品推荐可以将更适合客户的商品展示给客户，这里也可以进行相对应的搭配。

（4）全屏、宽屏的图片：全屏展现可以更好地吸引客户关注，是以展现网店活动或者主推商品新信息为主的一种展现形式。

2）移动端首页基础装修模块

（1）单列图片模块：只支持上传一张图或者一个超链接，适合在做一些商品的大图时使用。

（2）双列图片模块：支持上传两张图片，两张图分两列展现，两张图可支持一个超链接，适用于商品分类展现、批量商品的展现等。

（3）猜你喜欢：该模块不需要装修，系统会根据客户的喜好来推荐商品。

（4）商品排行：展现网店销量前三位的商品，可以引导客户查看网店爆款。

（5）轮播图模块：可以自动轮流播放图片，最多支持 4 张，每张可以添加一个超链接，这样可以更好地引导客户查看商品。

3）详情页装修模块

（1）图片模块：修改详情页内图片内容，如替换、裁剪、复制、删除。

（2）文字模块：编辑详情页面中的文字内容，如替换、裁剪、复制、删除。

（3）视频模块：通过视频全方位展现商品，可让客户快速了解商品信息内容。

（4）动图模块：通过动图全方位展现商品，可让客户快速了解商品信息内容。

2．图片空间

图片空间又称为素材中心，网店在装修或上传商品过程中都离不开图片空间。

进入图片空间后台，会有图片空间功能分布显示，左侧显示的功能为素材类型，中间为素材文件夹，左侧下方是新建文件夹和图片回收站，上方右侧为主图测图、图片上传、新建文件夹等，如图 2-28 所示。

图 2-28　图片空间首页

3．商品分类管理

商品分类管理是网店管理中一个非常重要的项目，网店商品分类清楚，能够帮助客户迅速找到所需商品，大大提升网店转化率。商品分类清楚不仅方便客户购物，而且对于卖家日常管理商品也非常有利。

2.2.3　物流管理常用功能

物流管理主要依靠卖家日常发货管理、运费模板设置等功能应用，物流管理常用基础模块分为以下几种。

（1）我要寄快递：在线下进行寄单服务。
（2）发货：包括待发货宝贝、发货中的宝贝、发货的宝贝。
（3）物流管理：包括承诺达、货到付款、指定快递等。
（4）物流工具设置：包括设置运费模板、物流跟踪，以及地址等。

2.3　千牛工具介绍

千牛工具是卖家经营管理网店及接待客户必不可少的应用工具，针对千牛工具介绍将会分为 4 部分，包括：千牛工具介绍及下载、接待中心了解与应用、消息中心介绍和工作台模块介绍。

2.3.1 千牛工具介绍及下载

1. 千牛工具的作用

千牛工具的核心价值是什么呢？它是一站式全链路的工作平台，包括申请入住、网店运营、数据监控、售后退款等电商经营主营链路的所有操作；它拥有前沿商业媒体门户，聚焦商业场景，提供丰富权威的电商知识和数据解读，知识分享赋能商家；它具备全方位服务能力，整合优质服务商的能力，提供货源、金融服务、企业采购等经营场景全方位商业服务。

2. 千牛工具的使用场景

千牛工具包括申请入住、商品管理、订单管理、客服接待、营销管理、数据监测等多种使用场景，可以满足商家在日常运营网店时所有的需要，如图 2-29 所示。

图 2-29 千牛工具使用场景

3. 千牛工具的下载路径

进入淘宝网首页，在搜索栏中输入"千牛"，点击"搜索"按钮，在搜索栏下方会显示千牛工具，点击"查看更多"按钮，如图 2-30 所示，进入千牛工具下载页面，选择所需下载端口（PC端或移动端），点击"立即下载"按钮即可。

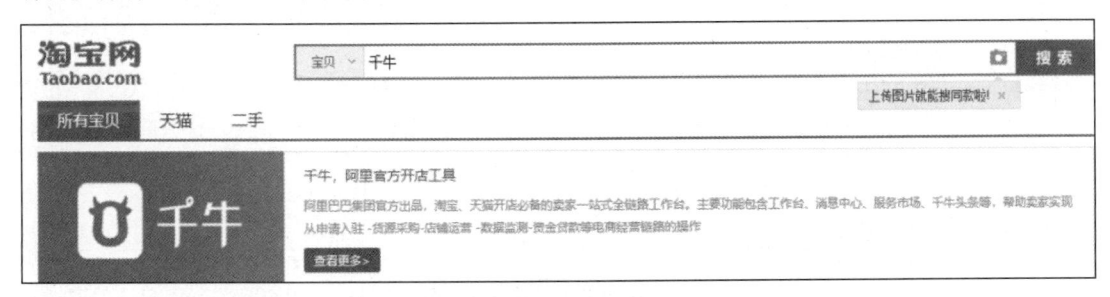

图 2-30 千牛工具下载页面

PC 端可使用账号或手机扫描二维码登录千牛工具。如果使用手机扫描二维码登录，需提前下载移动端千牛工具 APP，登录账号后才可进行扫描。

登录成功后可以看到千牛工具悬浮工作栏（如图 2-31 所示），在悬浮工作栏中，有五个功能显示，分别为工作状态、接待中心、消息中心、工作台和搜索。

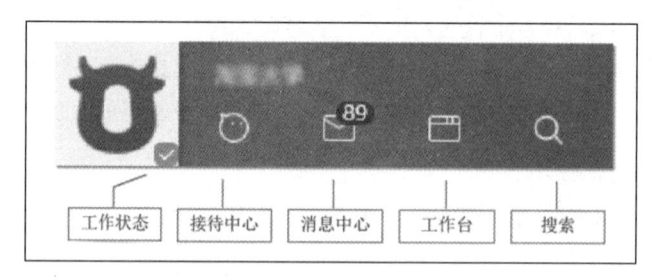

图 2-31　千牛工具悬浮工作栏

2.3.2　接待中心了解与应用

网店日常接待客户时，需要用到千牛工具的接待中心功能，如图 2-32 所示。接待中心的聊天窗口划分为 4 个区域，左边栏显示为正在联系状态区，中间栏上部分显示为聊天窗口区，下部分显示为输入窗口区，右边栏显示为客户信息订单状态区。

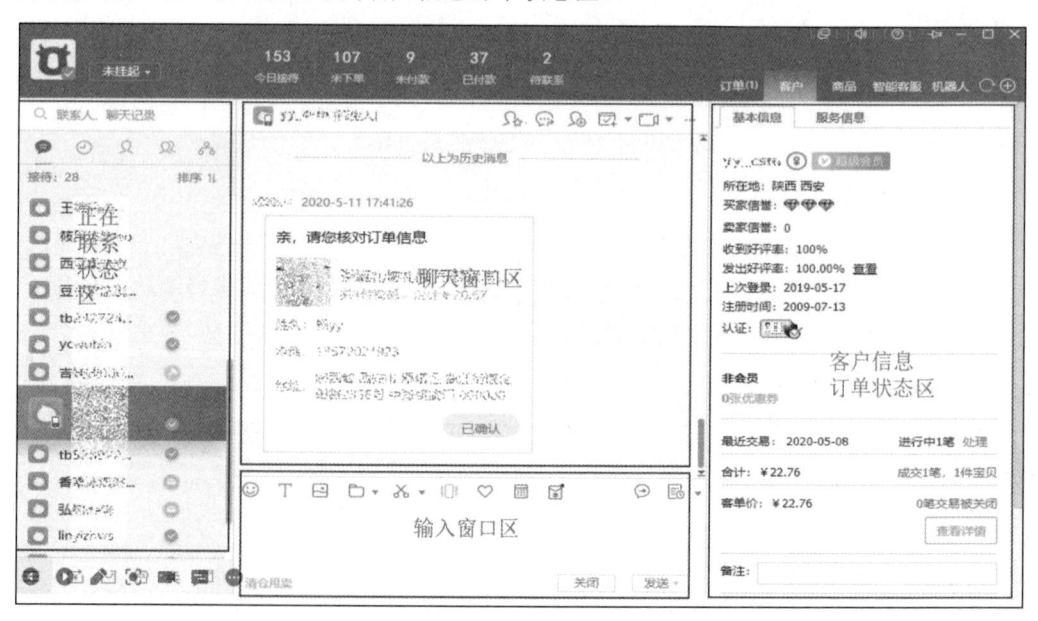

图 2-32　千年工具接待中心

(1) 正在联系状态区：显示所有与该账号沟通过的客户名称。

(2) 聊天窗口区：显示与客户所有沟通信息内容。

(3) 输入窗口区：输入与客户沟通信息区域。

(4) 客户信息订单状态区：显示客户个人信息及与客户在网店的订单信息。

聊天窗口区有一些常用功能分别如下。

(1) 加好友：主动与客户加为好友，有助于后期的客户营销。

(2) 表情：当与客户沟通时，多运用表情可以拉近与客户的距离，更好地完成接待。

(3) 文字：可以修改文字大小及颜色。

(4) 图片：沟通时如文字介绍讲解不清楚时，可通过图片来进行辅助讲解。

(5) 文件：传送文件信息内容。

(6) 截屏：快速截取客户所需信息，并以图片形式发送。

(7) 快捷短语：提前预设客户问题答案，快速提取发送，可大大提升沟通效率。

(8) 客户聊天记录：显示与客户所有聊天内容。

(9) 备注：给客户添加备注，有助于后期接待。

重点介绍一下快捷短语设置界面，如图2-33所示。

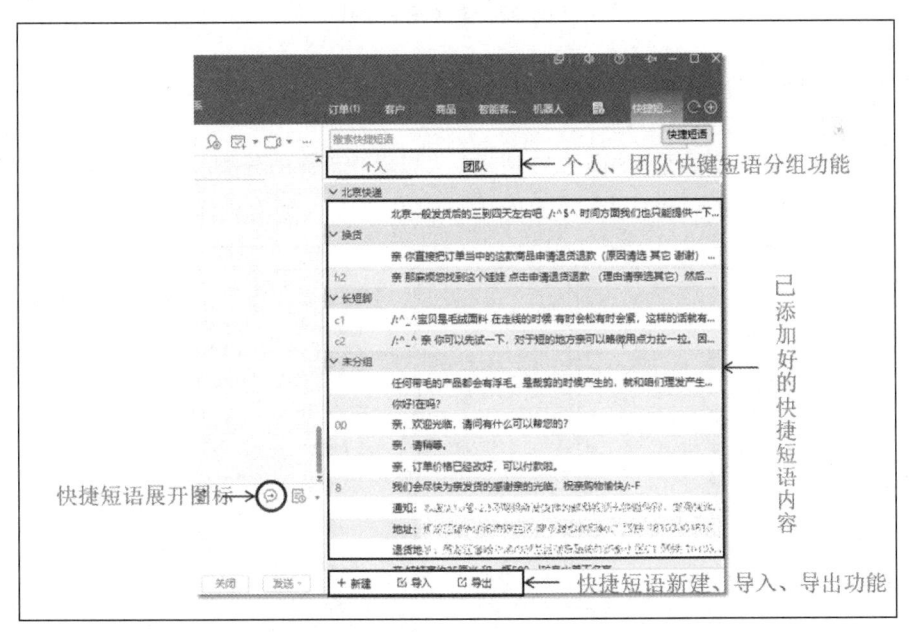

图2-33 快捷短语设置界面

点击快捷短语展开图标，快捷短语设置界面上方的"个人"指客服个人设置的快捷短语内容，

"团队"指客服团队所有人共同设置的快捷短语。界面下方区域显示已添加好的快捷短语内容，如需新增可点击下方"新建"或"导入"选项来添加快捷短语，如需分享快捷短语可点击"导出"选项。

针对聊天窗口的其他设置，可以通过聊天窗口左下角进入系统设置，在系统设置当中可以对状态、会话窗口、显示字体、提醒等系统功能一一进行设置，如图2-34所示。

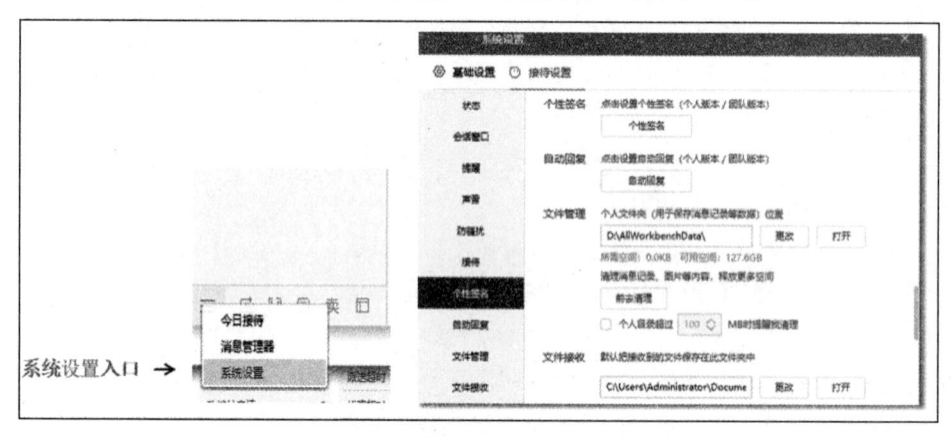

图2-34 系统设置操作

2.3.3 消息中心介绍

在千牛工具消息中心页面（如图2-35所示）可以看到消息的分类，如系统消息、行业消息和服务号消息，点击后会显示相关消息提示及消息来源，最后可以看到详情消息内容。

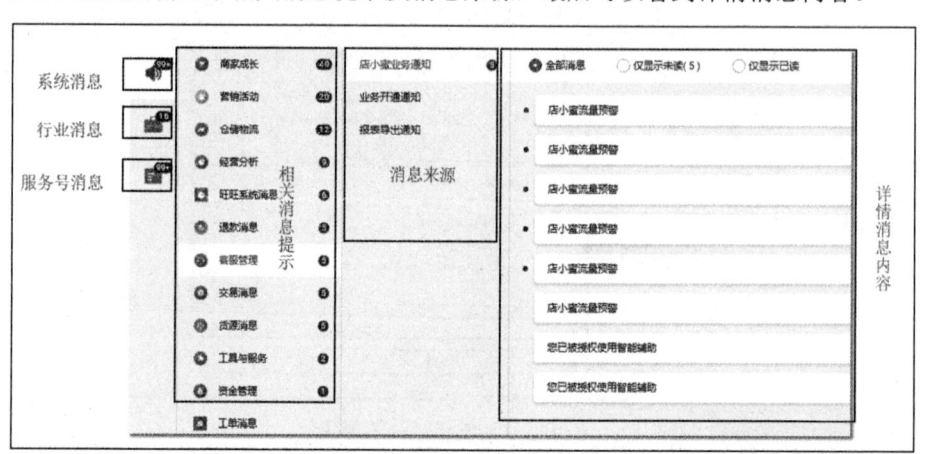

图2-35 消息中心页面

这里，介绍几个重要消息的内容。

（1）退款消息：包括新退款申请、售中退款即将超时、售后退款即将超时等消息。

（2）营销消息：包括营销活动邀约、淘金币、营销素材、审核消息通知等消息。

（3）商品消息：包括商品即将被处罚、商品被删除、商品已卖空、商品被小二下架等消息。

（4）仓储消息：包括物流诊断、异常包裹提醒、物流绩效提醒等消息。

（5）处罚及预警：包括处罚预警、政府协查、申诉提醒、处罚撤销、图片侵权、风险预警等消息。

（6）旺旺系统消息：包括退款退货、售后及维权、处罚及警告等消息。

2.3.4 工作台模块介绍

登录千牛工具，进入工作台可以看到工作台各个模块，如图 2-36 所示。工作台可以划分为以下几个区域。

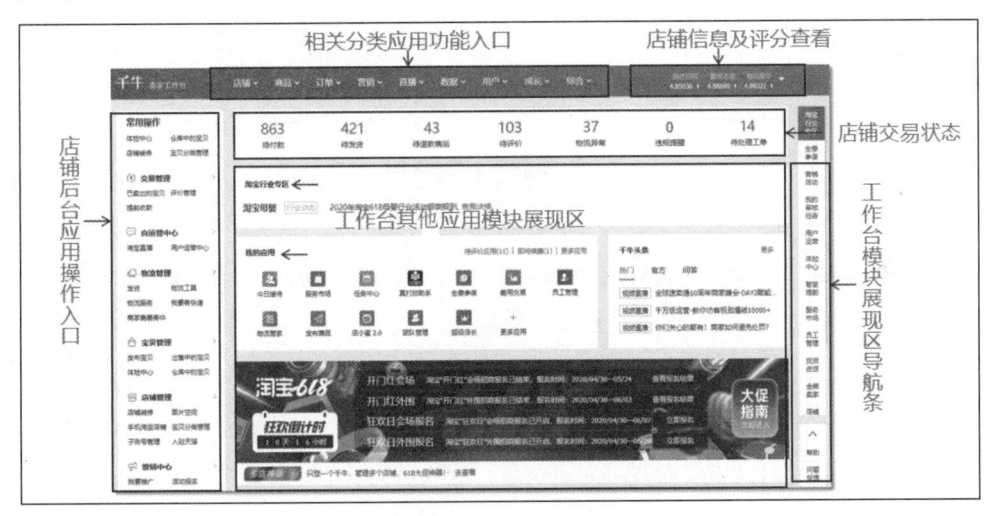

图 2-36 工作台界面

（1）店铺后台应用操作入口：是日常网店管理、商品管理、活动推广等操作入口。

（2）相关分类应用功能入口：工作台上方位置同样会有相关分类应用功能入口。

（3）店铺信息及评分查看：网店动态评分信息显示。

（4）店铺交易状态：网店订单交易信息显示。

（5）工作台其他应用模块展现区：可添加订购服务及后台相关服务插件。

（6）工作台模块展现区导航条：快速到达所需模块区域。

2.4 网店设置

对于新网店,应重点关注以下 3 个方面:网店基本设置、网店类目设置及运费模板设置。

2.4.1 网店基本设置

网店基本设置是开店后率先要完善的信息内容。需要设置的内容分别为:网店名称、网店标志、网店简介、经营地址、主要货源、网店介绍等。

1. 网店名称

无论是线上还是线下开店都需要有一个招牌,这个招牌就是网店名称。要给网店起一个好听易懂的名字。可以采用定位法来为网店起名,主要有商品定位法、地域定位法、材质定位法及风格定位法。

(1)商品定位法,指针对网店所销售商品起名的方法。例如"衣品天成"(如图 2-37 所示),通过网店名称,可以很直观地知道网店所销售商品为服装类目商品。通常还有××服装、××饰品、××化妆品等类似网店名称,这些都是以商品为基础进行起名的方法。

图 2-37 商品定位法

(2)地域定位法,指根据网店或商品所在地域起名的方法。例如"西安回坊白老八"(如图 2-38 所示),通过网店名称,可以了解到此家网店所销售商品为陕西特产。网店名中"西安"指地域,"回坊"指商品特色,"白老八"为识别名。地域定位法是非常适合销售具有地方特色商品的网店起名的一种方法。

图 2-38 地域定位法

（3）材质定位法，指根据销售商品的材质、属性、特点等自身带有的特性起名的方法。例如"纯棉时代"（如图 2-39 所示），通过网店名称可以了解到网店销售的商品均为纯棉制品，但纯棉制作的商品很多，所以网店不限品类，只取其材质。这就是以材质取名的方法。

图 2-39　材质定位法

（4）风格定位法，指围绕网店商品风格、款式、样式等起名的方法。例如"韩都衣舍"（如图 2-40 所示），网店名称中"韩都"两字直接体现商品风格为韩款，"衣舍"体现所售商品。这样的名字直接表明网店所销售商品为韩款服装。这就是以风格取名的方法。

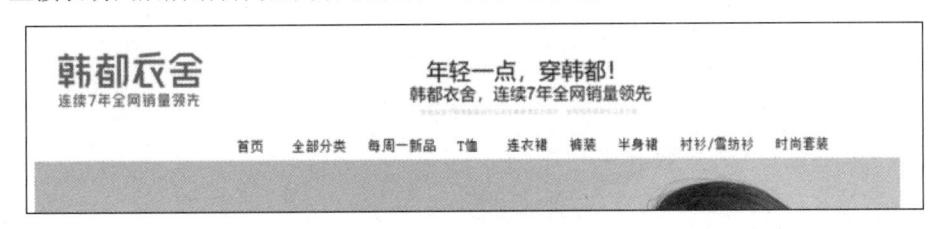

图 2-40　风格定位法

进入网店后台，依次点击"查找店铺→店铺信息→基础信息"，在"店铺名称"栏中填写网店名称，如图 2-41 所示。

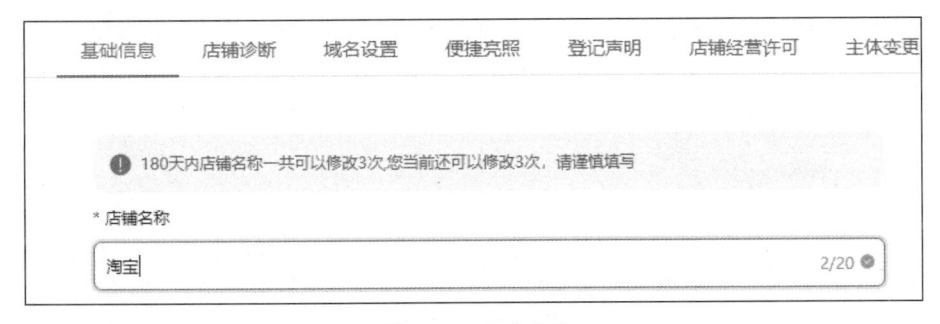

图 2-41　网店名称

注意　180 天内网店名称一共可以修改 3 次，如网店名称已存在则需进行修改（如图 2-42 所示）。网店名称最多可填写 20 个汉字。

图 2-42　网店名称错误提示

2. 网店标志

网店标志（简称"店标"）可以看成是网店的标志图，也可以称为"店铺标志"。客户通过网店搜索商品时，在搜索结果页中会有网店标志显示。网店标志可以与旺旺头像一致，也可单独设置。

网店标志设置方法为：依次点击"卖家中心→店铺管理"，在店铺基本设置页面上传或更换标志图片，如图 2-43 所示。

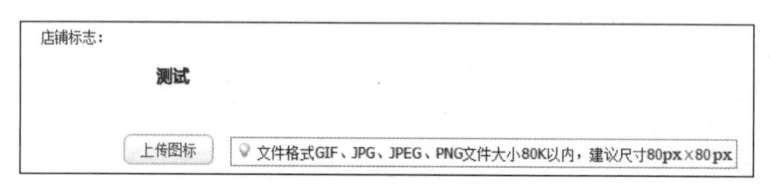

图 2-43　设置网店标志

网店标志上传图片的要求如下。

（1）文件格式：GIF、JPG、JPEG、PNG。

（2）文件大小：小于 80KB。

建议尺寸为 80px × 80px（若大于 100px×100px，店标会无法显示）。

3. 网店简介

网店简介也可以称为"店铺简介"，其中的关键词会加入搜索引擎中，因此建议大家在编辑网店简介时，尽量使用"掌柜签名/店铺动态/主营商品/其他修饰词"的格式。网店简介中可填写 1~128 个汉字，如图 2-44 所示。

图 2-44　店铺简介

下面具体介绍网店简介的主要信息及写法。

1）掌柜签名

掌柜签名要考虑网店销售的对象人群是小孩、青年，还是老年人。每个年龄段客户的需求和认知会导致他们对于这个网店的认知和理解有所不同。掌柜签名要符合目标客户的口味，同时还要带一点个性与特色，内容过于古板则没有看点。

2）店铺动态

店铺动态要填写最新的促销打折信息、节日活动信息及新品消息。比如，店铺近期有哪些商品在打折、什么节日送优惠券、几号上新款商品等。

3）主营商品

主营商品主要填写网店商品信息，比如女装、男装、箱包、鞋饰等就属于主营商品，可以加上主营商品的风格，如复古、潮流等词。淘宝系统也会根据网店成交商品的比例自动识别店铺主营商品。

4. 经营地址

经营地址为网店经营场所的地址。经营地址与商品地址不同，商品地址为商品发出地址，经营地址只有一个，商品地址可以有多个。

根据页面提示设置经营地址，如图2-45所示。

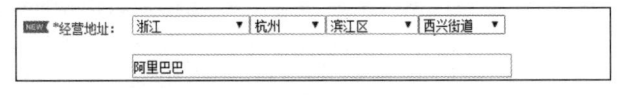

图2-45　经营地址设置页面

网店经营地址设置不成功的原因有以下几种。

（1）目前不支持设置境外地址，建议遵循当前页面的声明要求填写地址。经营地址作为行政机关和司法机关送达法律文件的地址，如果信息有误，需要承担由此带来的平台处罚、行政监管和司法诉讼风险。

（2）如填写经营地址提示不完整或者无法保存成功，请查看填写的地址是否只有三级地址，如地址是三级的，无法保存成功，需要更换地址。

5. 主营货源

主营货源根据网店货源实际情况进行编辑即可。

6. 网店介绍

网店介绍可对网店整体情况进行说明，也是宣传网店的一种方式。

2.4.2　网店类目设置

网店类目设置的目的主要是方便客户购物，通过网店类目可以让客户看到网店经营的商品的品类，让客户更容易找到所需商品，同时也方便商家对商品进行归类、管理。

1. 商品分类

（1）商品类别分类，当网店内包含多品类商品时，可以通过商品的类别划分类目，如上装、下装、裙装、外套等。

（2）使用场景分类，通过商品使用场景功能进行分类，如餐厅用品、客厅用品、卧室用品、厨房用品等。

（3）商品使用人群分类，不同商品使用人群也会有所不同，可以根据使用人群进行划分，如男款、女款、童款、中老年款等。

（4）商品使用季节分类，很多商品会受到季节性的限制，可以把这些商品按照季节进行分类，如冬装、夏装等。

（5）商品区间价格分类，不同商品的价格自然也会有所不同，可以把商品按照价格进行划分，如9.9~99元、100~199元等。当网店有商品正在做活动时，也可以按照商品的活动价格进行分类。

（6）网店上新分类，这种分类方法较为独特，需要网店有一定数量老客户且回购率较高，客户进店后可通过网店上新分类快速找到网店新品。

（7）网店活动分类，开店避免不了做活动，可以把商品根据活动名称或形式进行分类，如特价区、抢购区、清仓区等。

2. 网店类目设置操作步骤

（1）登录网店后台，找到"网店管理"选项，点击"商品分类管理"按钮，进入网店分类管理页面。

（2）进行分类编辑，新建分类可选择"添加手工分类"选项或"添加自动分类"选项，这里建议使用手工分类，可根据网店及商品情况进行分类，如图2-46所示。

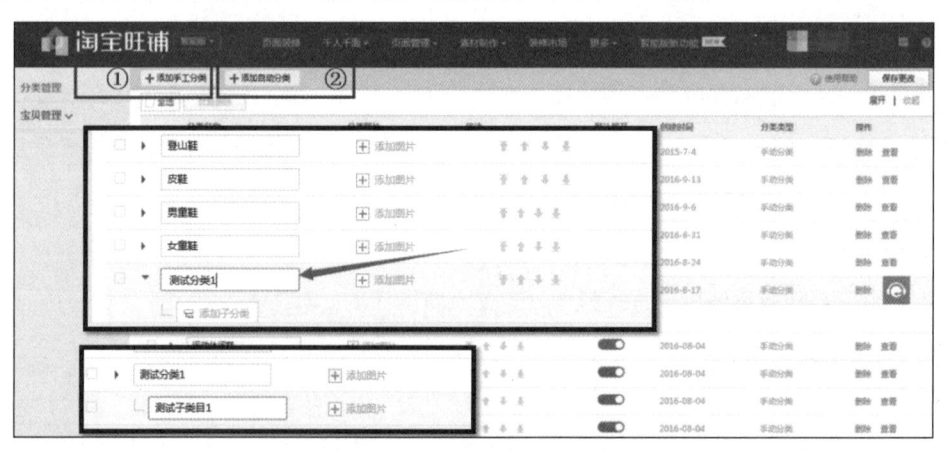

图2-46　网店类目设置操作

（3）添加分类，在新添加分类中填写分类名称，同时可以继续添加子分类，根据自己网店情况进行编辑即可，后期如该分类需要删除，要先删除分类中子分类才可以删除该分类，如图2-47所示。

图 2-47　删除分类操作

（4）编辑好分类后，一定要进行保存，才可更新到网店当中。

2.4.3　运费模板设置

运费模板是针对交易成交后，卖家需要频繁修改运费而推出的一种运费定价工具。通过运费模板，卖家可以解决不同地区的客户购买商品时运费差异化的问题，还可以解决同一客户在店内购买多件商品时的运费合并问题。通过运费模板，卖家可以发起客户在店内单次购买商品"满××元免运费"的优惠活动。

1．运费模板计算公式

（1）商品总重量≤首重：运费=首重的运费。

（2）首重<商品总重量<大件起运重量：运费=首重的运费+续重的重量×续重的单位运费。

（3）商品总重量≥大件起运重量：运费=总重量×大件起运的单位运费。

2．运费模板设置步骤

（1）登录网店后台，依次进入"卖家中心→物流管理→物流工具→运费模板设置→新增运费模板界面"。

（2）在新增运费模板界面中，首先根据商品或所使用快递对新模板命名，方便以后其他商品使用。

（3）设置商品地址，商品地址是指商品所在地，也就是商品的发货地址，而不是网店地址。

（4）选择发货时间，根据实际情况来选择。不要图快而选择最快、最短的发货时间，如果设置的发货时间过快，有可能会造成不必要的交易纠纷。

（5）选择是否包邮，如选择卖家承担运费，则运费为 0 元，不需要设置运费模板，这里选择自定义运费。

（6）选择计价方式，根据店内商品情况进行选择，如服装类商品大多按照件数进行计费；如食品、杂粮等商品，可能会按照重量计费；如家具、床品、沙发等体积较大的商品，可能会按照体积计费。

（7）选择运费方式，勾选快递后，首先选择"默认运费"选项，当没有指定区域的时候，运费将按照默认运费进行收取。接下来选择"为指定区域城市设置运费"选项，根据网店实际的情况进行添加，也可以与合作快递公司进行沟通，结合商品进行设置，设置好以后点击"保存"按钮即可。

2.5 装修基础

关于网店装修，需要了解以下 3 方面内容。

2.5.1 网店装修的重要性

首先，通过两家网店首页的装修图进行对比，如图 2-48 所示。

通过对比两家网店首页的装修情况可以发现两家网店视觉呈现效果完全不同。第一家网店（左图）看起来是很普通的一家小网店，第二家网店（右图）看起来则显得非常专业，客户大多会选择第二家网店进行购物。因此，让网店看起来更为专业，是网店装修的根本目的。

淘宝网店装修与实体网店装修有相同之处，都是让店铺变得更美、更吸引人。对于淘宝网店来讲，一个好的网店界面至关重要，而首页则是所有页面中的重中之重。一个好的首页，不仅能清晰地展示推广商品，还能为客户带来美的享受，从而增加客户的信任感，树立品牌的形象，为网店推广打下坚实的基础。

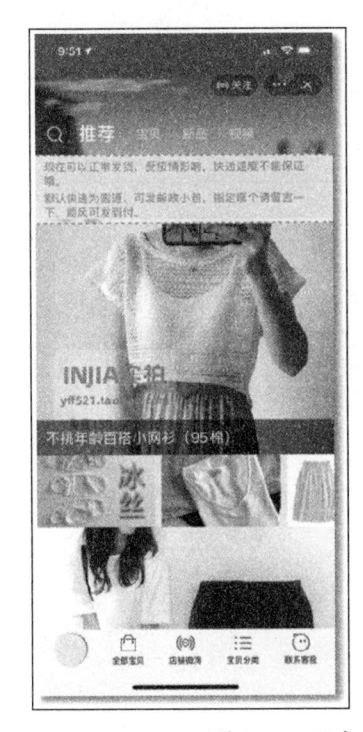

图 2-48　网店首页装修对比图

2.5.2　首页装修基础

1. 网店装修模板分类

（1）基础版。基础版可修改的内容与权限不大，变化受到限制，供初级卖家使用。

（2）智能版。智能版则能提供较大的自由装修空间，足够满足网店首页风格的实现。

（3）天猫版。天猫版则是为天猫网店提供的，功能与智能版类似。

2. 装修方式

1）套用模板

套用模板是直接从装修市场购买装修模板进行套用使用。首先了解一下模板的选择方法。在装修市场可以进行模板搜索或通过类目进行选择，同时需要选择是移动端网店装修还是 PC 端网店装修，如图 2-49 所示。

图 2-49　网店装修市场

在查找过程中，如果看到喜欢的或感兴趣的装修模板，可直接点击查看或进行试用。建议模板一定要试用一下，试用后才能确定这个模板是否满足需求，如果不适合可以换一个模板继续进行试用，直到满意为止。

在选择周期时，建议大家以季度为周期，如果以年为周期，那么网店装修风格全年变化不大；如果以季度为周期，商家可以根据季节或周期活动不同进行选择，给网店的老客户带来新鲜感，如图 2-50 所示。

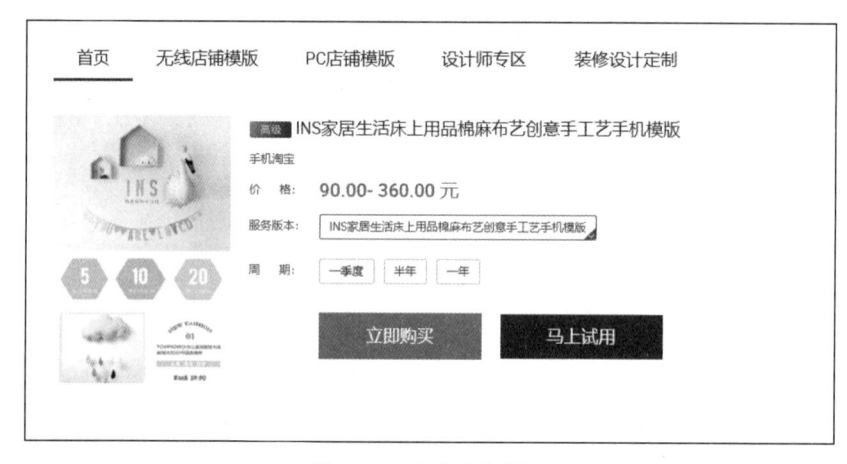

图 2-50　通用网店模板

2）个性化设计

个性化设计指淘宝设计师为网店专门定制装修模板。在个性化设计模板选择时，可以查找与网店相关的设计师案例模板，通过案例模板观察设计师的设计风格及能力。这里请大家一定要注意，在订购个性化装修模板前一定要与设计师进行沟通，把网店需求提供给设计师，设计师提供满意方案后再进行下单付款。

这两种常见的装修方式的优势与劣势主要表现在以下方面：套用模板是从市场上直接购买的，操作比较简单，但很难符合网店理想中的风格与效果，缺乏个性；个性化设计是由设计师专门为网店定制设计，整个过程较为复杂，需要与设计师不断沟通，但整体装修风格都是贴合网店和商品的，可以使网店风格更加突出，树立良好的品牌形象。

2.5.3 网店装修逻辑

在做网店装修之前，需进行架构布局。架构布局好比房屋装修，先进行房屋功能区划分，然后进行装饰。网店装修后台就有一个布局管理模块，专门用来做架构布局，如图 2-51 所示。

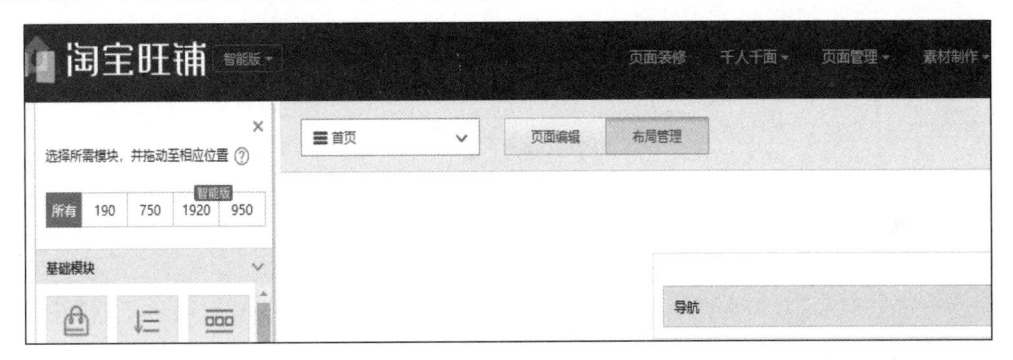

图 2-51 网店布局管理模块

架构布局可以把当前框架划分为 3 部分，分别为页头与首屏部分、页中部分及页尾与末屏部分，如图 2-52 所示。

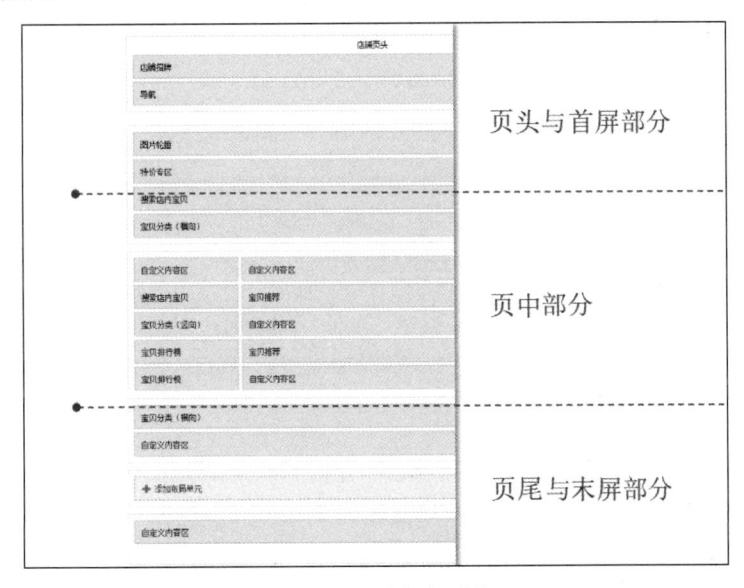

图 2-52 网店框架划分

1. 页头与首屏展现逻辑

在页头与首屏部分，建议添加网店招牌、导航、红包、优惠、主图商品轮播图及特价或活动商品等，这些信息放在页头，可以更好地吸引客户，提升网店停留时间及转化率。

2. 页中展现逻辑

页中部分主要以商品展现为主，建议添加网店热销商品、优质商品、新品等进行展示，同时在页中部分添加商品搜索功能，方便客户查看店内商品。

3. 页尾与末屏展示逻辑

在页尾与末屏部分重新划分、重新组合商品进行展示，能够更好地引导客户的需求，让客户在网店循环查看商品，不让流量流失。

2.6 本章小结

通过本章的学习，我们掌握了开通网店的过程，以及网店的基础设置，还掌握了千牛工具的使用和网店的基础装修方法。

第 3 章

商品上架

开通网店后,需要将销售的商品上传至网店并设置为可销售状态,整个过程称之为商品上架。将商品上架需要了解网店对商品的管理机制,如图文、视频的上传和存储规则,以及对商品类型、支付类型、物流类型的管理。

学习目标:通过对本章的学习,掌握商品上传前的选品、拍摄、图文短视频制作过程,掌握商品上传中的类目设置、信息编辑、支付设置和物流设置等,顺利完成商品的上传工作。

本章提要:
- 货源与选品分析
- 图片空间管理
- 商品主图制作
- 商品详情页制作
- 商品主图视频制作
- 商品信息设置
- 淘宝助理的使用

3.1 货源与选品分析

在销售商品的过程中,需要先了解货源和选品,本节将阐述相关方法。

3.1.1 货源分析

常见的 4 种货源渠道分别为网上采购、厂家货源、当地货源/批发市场和无货源淘宝店群。

1．网上采购

1）常见的货源平台

网上的货源渠道有很多，这里不一一讲解，常见的有 1688、慧聪网、衣联网等货源渠道，商家可根据自己的情况进行选择。

网上采购的好处在于款式全、货品多，选择的余地也很大，但如何在网上选到好的商品或找到真正的货源呢？这里以 1688 的选品为例讲解。

2）1688 选品

在查找货品时，首先注意查看 1688 商家是否加入诚信通，以及加入诚信通时间的长短，尽量选择加入诚信通时间较长的商家，这类商家经营网店时间较长，货品质量相对较好。

其次关注 1688 商家网店标识，如果有"牛头"标志，则表示这个商家是实力商家，和淘宝金牌卖家差不多。这是一个很重要的筛选因素，通过"牛头"标志，可以更快、更好地找到具有一定实力的商家，如图 3-1 所示。

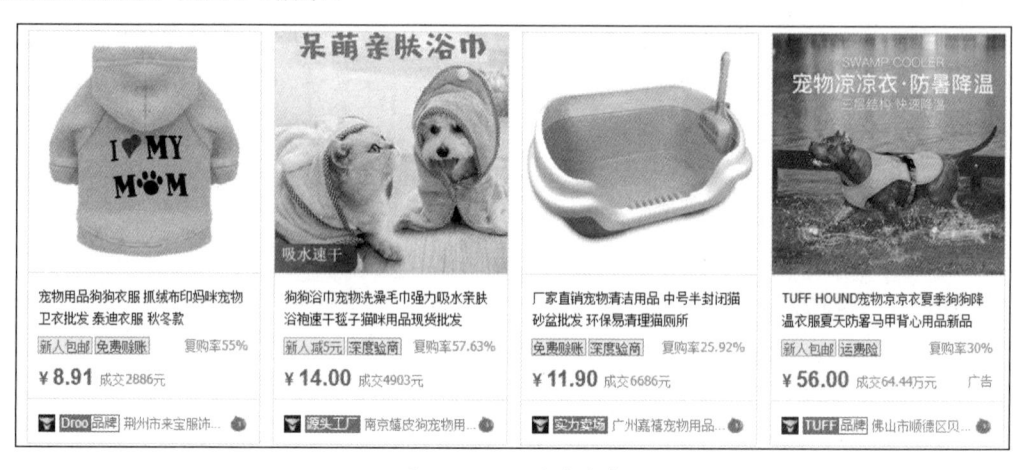

图 3-1 1688 实力商家

选择 1688 货源还需要用 4 个值进行对比，即回头率、货描、响应和发货，4 个值如图 3-2 所示。

这里重点解释"货描"，其指货品描述：重点看货描相符评价、相关品质、假货退款率、品质纠纷率、相关违规扣分等反馈指标。

图 3-2 中两家网店的 4 个值有高有低。

第一家网店的 4 个值均高于同行平均值，表示该网店商品是非常不错的。第二家网店的货描、响应为绿色（低于同行平均值），说明商品与描述有误差且商家的响应速度也较低。根据这两点，如果选择该店的货物，一定要详细询问好，且要有耐心等待对方的回复。

图 3-2　1688 货源的 4 个值

3）细化货源

在选择了某一个供应商之后，就要细化货源。细化货源分为 4 步。

（1）询问供应商是否提供商品原图。如果货源方能够提供一些商品图片，就不用商家花钱请人或者自己花精力再去拍摄商品图片了，可以省去不少麻烦，商家只需要将图片再加工一下就好了。

（2）了解供应商库存更新情况。因为 1688 的库存不是实时更新的，库存数有的不真实，最好咨询客服，尽量找库存充足的供货商。

（3）咨询代理加盟条件。针对退换货、发货、包装、售后等细节规则，很多公司都是不同的，一定要提前了解清楚。

（4）了解合作快递及运费。合作的快递最好为常见的快递，发货时间节点也要清楚，防止发货不及时，给网店带来差评。

2. 厂家货源

如果有实力直接从工厂拿货，那自然是非常好的，这样在商品成本、供货质量等方面都可以得到控制。当然，这个渠道只适合有经验的人。对于没有经验的新人，不建议轻易直接找工厂合作。

3. 当地货源/批发市场

到当地的大型批发市场去选货，这是寻找货源最简单、最常见的渠道。尤其在刚开店、销量不多时，在本地市场进货完全可以满足需求。服装商家可以去周围的大型服装批发市场实地考察并进货。

4. 无货源淘宝店群

如果筛选不到合适的货源，也可以考虑做无货源形式的淘宝网店。这样没有库存资金压力，风险小，只是纯粹的赚取商品差价，但其不同于前期淘宝店群的"粗暴采集"玩法，要求更精细化地去运作，在选品、标题、主图等各方面都要进行优化，所以对选品能力和执行力要求比较高，对于有空闲时间，对淘宝了解不深的初级商家而言，是一个很好的选择。

3.1.2 选品分析

选品是一个非常重要的过程，后期商品销量及网店动销率都与选品息息相关，这里给出5个选品维度，分别为市场需求、市场趋势、货源优势、利润空间和竞争度，下面详细讲解5个维度的选择方法。

1. 市场需求

因为不同货品在不同时期与不同地区的需求是变化的，所以在选品时，要关注货品当前的市场需求情况。

例如，在6、7月份，网上购买T恤、连衣裙的客户非常多，相关商品的销量也非常大；相反，棉服、羽绒服的商品销量几乎为0，因此在选品时一定要考虑好货品上架时间点和当前的市场需求。

2. 市场趋势

要想分析一款商品的流行趋势、销售趋势和网购趋势如何，可通过观察生意参谋搜索指数、搜索涨幅等情况来进行判断。

例如，女装类目下的相关商品有一些关键词涨幅比例较大，有些词降幅比例很大，这就说明下降的相关关键词的商品不再适合当前市场了，如图3-3所示。

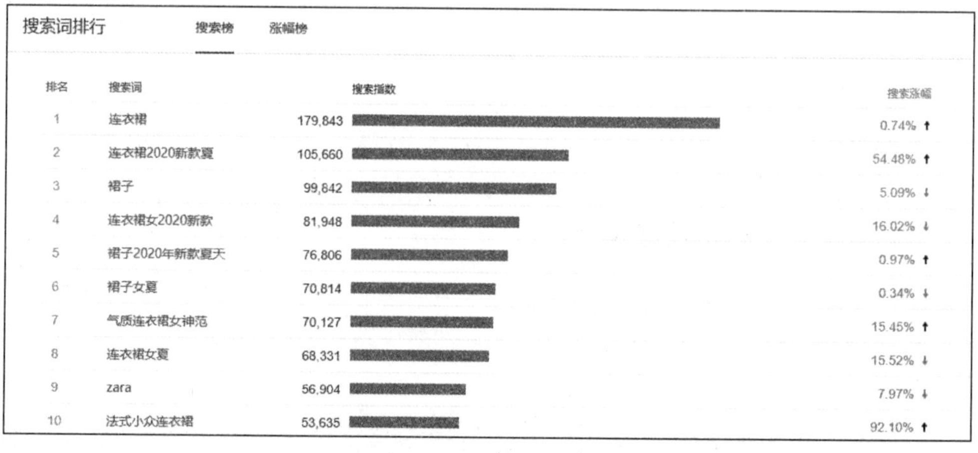

排名	搜索词	搜索指数	搜索涨幅
1	连衣裙	179,843	0.74% ↑
2	连衣裙2020新款夏	105,660	54.48% ↑
3	裙子	99,842	5.09% ↓
4	连衣裙女2020新款	81,948	16.02% ↑
5	裙子2020年新款夏天	76,806	0.97% ↑
6	裙子女夏	70,814	0.34% ↓
7	气质连衣裙女神范	70,127	15.45% ↑
8	连衣裙女夏	68,331	15.52% ↑
9	zara	56,904	7.97% ↓
10	法式小众连衣裙	53,635	92.10% ↑

图3-3 生意参谋搜索词排行

3．货源优势

选品还需要考虑自身是否有货源优势，比如初级商家，如果其所处的地区有成规模的产业带或体量大的批发市场，则可以考虑直接从市场上寻找现成的货源；在没有货源优势的情况下，再考虑从网上寻找货源。

4．利润空间

在选品过程中，一定要学会成本核算，只有知道利润空间，才能更好地运营商品。这里给出一套计算公式。

利润核算公式：

毛利=销售额–直接成本=销售额–（进货成本+物流成本+推广成本）

净利=毛利–间接成本 =毛利–（人工成本+退换货损失+管理费用+办公费用）

公式中的几个相关概念的说明如下。

1）直接成本

直接发生在此次销售上的成本，比如进货成本、物流成本、推广成本。

- 进货成本：包含商品成本、包装成本及货运成本等，其与进货渠道有直接关系。
- 物流成本：在电商销售成本中，物流成本占的比例还是比较大的。
- 推广成本：对于网店来说，常见的推广方式有站内营销和站外营销，每种方式都有免费的和付费的。

2）间接成本

不直接发生在本次销售中，但关系到网店是否盈利的成本，比如人工成本、退换货损失、管理费用、办公费用等。

- 人工成本：即人员工资、福利等，比如3个人的电商团队，其每月工资和福利的费用是可以计算的。
- 退换货损失：一般网店都要统计退换率，比如5%，即可计算退换货损失。
- 管理费用和办公费用：通常由财务部门提供。

5．竞争度

选品时一定要了解这款商品的竞争度。对于新店，如果选择竞争度较高的商品，它的运营成本相对来讲会比较高。竞争度可以通过路径"生意参谋→市场洞察→搜索分析"进行查看和分析，如图3-4所示。

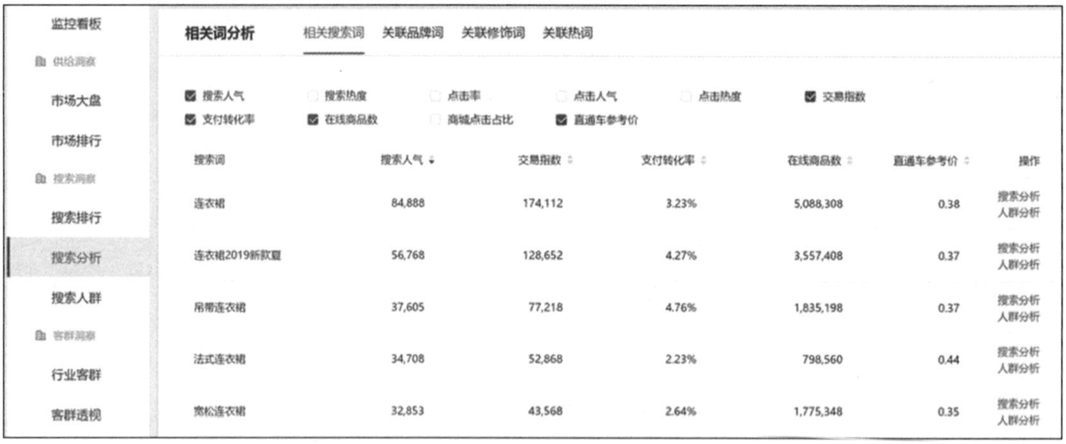

图 3-4　生意参谋搜索分析

竞争度计算公式：商品竞争度=7天搜索人气/在线商品数。

例如，"法式连衣裙"竞争度=34 708/798 560=0.043。

假设竞争度参考值为0.5，如果小于这个值，一般都是不建议做该商品的，竞争太厉害。

如果商品的竞争度符合指标，则再查看天猫点击占比，它代表品类竞争的难易程度。占比高代表在天猫的同类竞品多，天猫同类竞品多的市场竞争就更大。

3.2　图片空间管理

3.2.1　了解图片空间

1. 图片空间概念

图片空间（又称素材中心）是指淘宝网店商品图片、视频等素材上线的储存空间。图片空间是淘宝官方产品，具有三大优点：稳定、安全；管理方便，批量操作，价格便宜；商品详情页图片打开速度快，有利于提升成交量。

2. 使用注意事项

（1）淘宝网店的图片空间是不允许站外的超链接互通的。

（2）淘宝图片空间的使用是有限制要求的，只能用于不超过3个网店的使用。因此，不能盗取别的网店的图片，否则会受到处罚扣分。

（3）当图片空间的容量不足时，超过部分需要购买解决，否则不能上传。

（4）如果购买额外的空间但没有续交服务费，则后面不能再上传图片。

图片空间的功能十分强大，更能贴合商家的需求，比如图片直接插入功能、多图编辑功能等一系列强大的功能。

3.2.2 图片空间的应用

1. 进入图片空间

进入图片空间的 3 种方式如下。

- 通过淘宝旺铺上方"素材中心"选项进入图片空间。
- 通过淘宝旺铺左边栏的"素材"选项进入图片空间。
- 通过淘宝后台的店铺管理的"图片空间"选项进入图片空间。

2. 图片空间首页

进入图片空间默认的首页，首页布局可以划分为 3 个区域，如图 3-5 所示。

图 3-5　图片空间首页

左边区域是"文件夹树"，上方区域是"功能区"，中间区域是"文件夹&文件管理区域"。图片空间的功能主要集中在文件夹树和功能区两个区域。

3. 图片空间的功能

1）文件夹树功能

- 目录栏可滚动查看，默认展示三级目录。

- 固定悬浮文件夹，随时可新增操作。
- 固定悬浮回收站，方便操作整理。

（2）功能区功能

- 排序方式：提供 4 种不同的排序方式，如图 3-6 所示。

图 3-6　图片空间排序方式

- 筛选功能：提供 3 种不同的筛选条件，即"显示内容""审核状态""展示渠道"，可通过选择进行筛选，如图 3-7 所示。

图 3-7　图片空间筛选功能

- 搜索功能：搜索方式分为基础搜索和高级搜索。基础搜索通过搜索框按图片名、文件夹名、商品名搜索；高级搜索还支持按照更新（最后编辑）时间进行搜索，如图 3-8 所示。

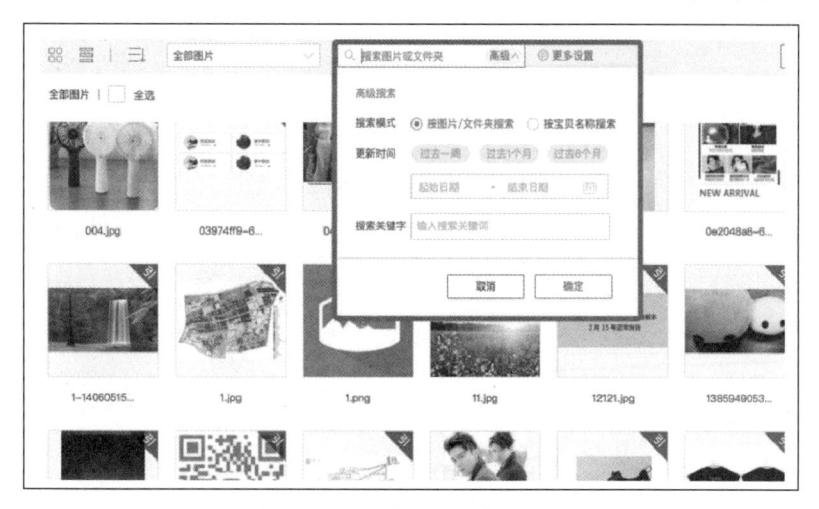

图 3-8 图片空间搜索功能

- 网店授权管理：授权其他网店可以引用本网店的图片，总计可授权 10 家网店。
- 水印设置：分为文字水印和图片水印。在水印设置区可对添加的水印进行调整。在预览区可以拖动水印位置，如图 3-9 所示。

注意　拖动的位置与实际位置略有差异。

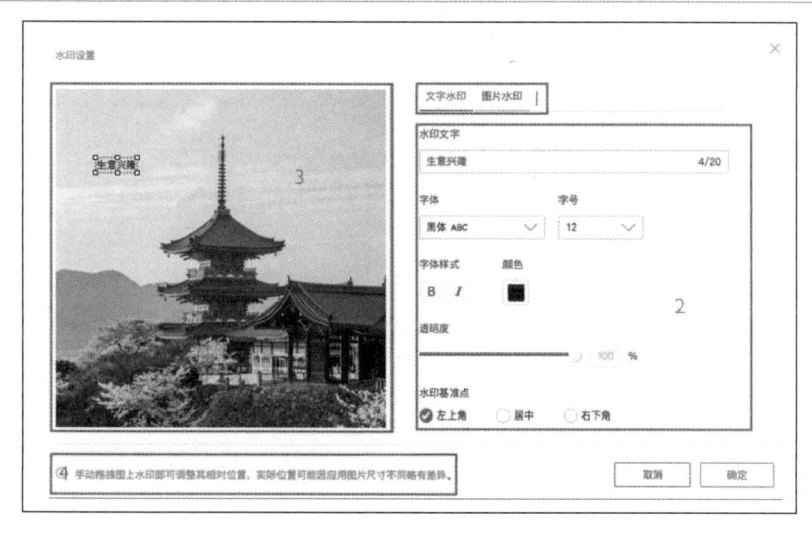

图 3-9 图片空间水印设置

- 上传到文件夹：可以指定上传到某一个文件夹，或者新建一个文件夹。
- 上传介绍：上传图片可直接添加水印；可快速设置图片宽度，但是可能造成失真；仅支持图片文件上传（如 JPG、GIF 和 PNG）。

3.2.3 图片空间的管理

图片空间管理主要分为单张图片管理与图片批量管理。

1. 单张图片管理

（1）单张图片管理功能：点击"引用"快速查看引用关系，这里提供了编辑、复制（复制链接、复制代码）、删除（强制删除）、替换（替换线上图片）、移动图片、适配手机、查看引用关系等功能。

（2）单张图片编辑：填写图片名称（不超过 50 个字），提供了基础编辑的功能，如裁剪、镜像、旋转等。

（3）单张图片引用查看：关于商品、网店装修等，查看被引用的网店名称和商品名称，可点击"跳转商品"按钮，快速查看。

2. 图片批量管理

（1）批量删除未引用的图片：商品中引用的图片不会被删除，该功能用于快速清理无用图片或选择强制删除选中的所有图片。

（2）批量复制图片：多图复制可以设置复制 URL 和代码的顺序，仅需拖曳即可。同样，多图复制也提供了复制超链接和复制代码的能力，如图 3-10 所示。

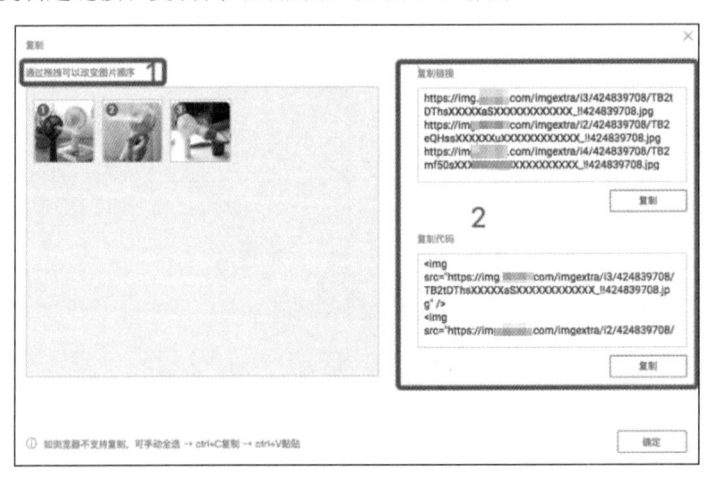

图 3-10　图片空间批量复制图片

3.3 商品主图制作

3.3.1 主图的作用

一款好的商品，它的销量如何，前期看的不是它的质量、价格，而是看它的商品主图是否能吸引客户。网上购物最大的特点就在于"卖图"，与商品相关的图中最重要的就是主图。

1. 主图的概念

主图是商品特写照片，起到展示商品的作用。主图的效果影响客户对商品的印象，主图上展现不出商品的优势，就容易流失客户。

2. 主图的组成

淘宝商品主图主要由五张组成，第一张图片也是默认展现在搜索结果页面的图片，被称之为首图，第二、三、四张叫做副图，第五张叫做白底图。如果是服装品类，第六张叫做宝贝长图，还会再加上一个主图视频，如图3-11所示。

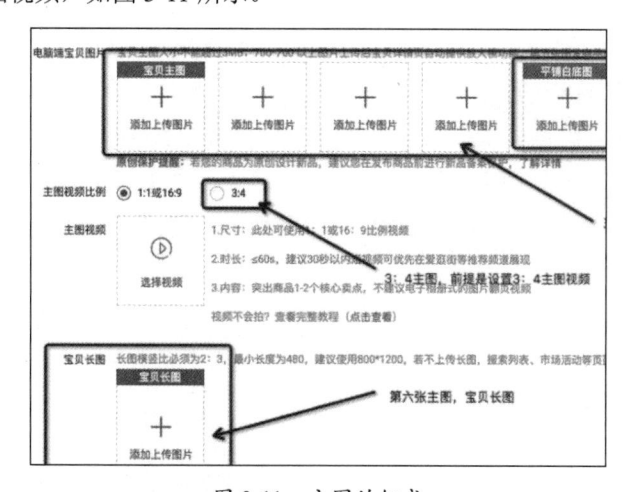

图3-11 主图的组成

3. 主图的作用

首图是五张图片中点击率最高的一张，并且要能突出主打的卖点，吸引客户注意，从而点击查看。其他四张图片主要展示商品的细节、颜色等，现在客户购物大多是利用零碎时间进行购买，去看商品详情页的人越来越少。因此，淘宝后四张图片其实就是详情页的一个缩影。

4. 主图制作要求

图片大小要求≤3MB，宽高无强制要求，展示效果自己把控。举个例子：700px×700px 的尺寸可以，750 px×1000 px 的尺寸也可以，但建议是"正方形"图片（即 1∶1 的宽高），上限五张（部分类目第五张要求上传白底图）。若图片宽高为 700 px×700 px 或以上的尺寸，详情页会自动提供放大镜功能，图片空间支持上传 GIF 格式的图片，但发布页、详情页均不支持使用和展示。

宝贝长图制作要求：宽度≥480px，宽高强制比例为 2∶3，宽高建议为 800 px×1200 px。部分类目开放上传入口，点击上传后提供剪裁工具，不用自己剪裁。宝贝长图可以更好地展示商品，将更多的商品信息传达给客户。

3.3.2 主图的制作技巧

在主图制作过程中，需要先进行思考，思考商品的市场定位、对手、主图的创意。

主图制作过程可采用 PCI 三步法：定位市场（Positioning）、明确对手（Competitor）和三种创新（Innovation）。

1. 定位市场：Positioning

如图 3-12 所示，手机充电线的市场竞争其实是非常激烈的，在搜索过程中可以看到淘宝上卖 20 元左右的价格，基本上都是两条。这里可以看到右边图中显示的某款苹果数据线上有一个"冰锌"功能，它的定位是手机边玩边充电都不会烫，价格只比正常市场价格贵一点，同样也是买一赠一。市场绝大部分的手机充电线没有这样的信息内容介绍，其他手机充电线可能也会有该功能，但是没有凸显出来，因此，该商家就获取到市场上一部分爱打游戏、边玩手机边充电的客户。通过主图的文案，客户直接进行选择，虽然其比其他商品贵一点，但是客户会认为这是他所需要的。这就是市场定位，把商品尽量与竞品区分开。

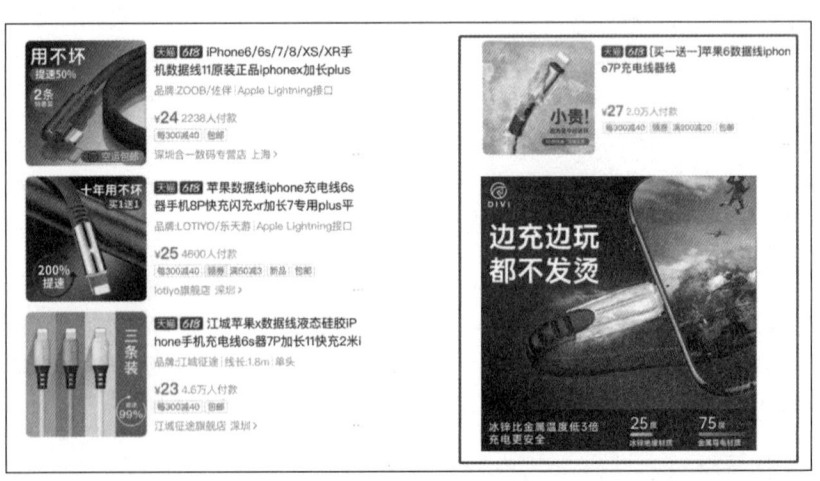

图 3-12 定位市场案例分析图

2. 明确对手：Competitor

明确对手，简单来说，价格相近、商品相似、人群一致、销量相近的商品，就是你的竞品，而竞品的拥有者就是你的对手。

例如，如图 3-13 所示，以下 4 个商品中，你能一眼看出哪两个商品互为竞品吗？

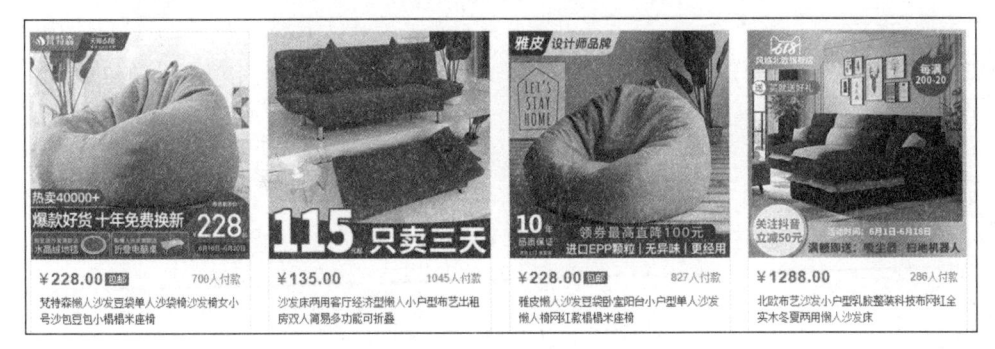

图 3-13 明确对手案例分析图

展示出来的商品有 4 款，这里不难发现，第一款和第三款商品属于明显的竞争关系。它们的款式、样式、价格都相差不多，销量也相差无几，这样的商品就可以算作竞品。

一旦明确了竞争对手，就要从不同的角度分析自身的商品与竞争商品有哪些不同，当商品完全一致的情况下，可不可以做到细致化的区分。

如图 3-14 所示，可以看到两款商品都是杂粮粥，但是我们发现，市场上普遍卖的都是以克为单位的杂粮粥，把多种杂粮放到一起供客户选择。通过细化分析发现，当前商品的分量可以支持 7 天食用，在此基础上把商品再仔细划分一下，划分为 7 日 7 种不同口味的杂粮粥，供客户进行选择。以袋装为基础，让客户一天打开一袋进行食用。这给客户提供更好的服务的同时，又使商品走出了不一样的差异化道路，依然是杂粮粥，但是服务更为精准一些。

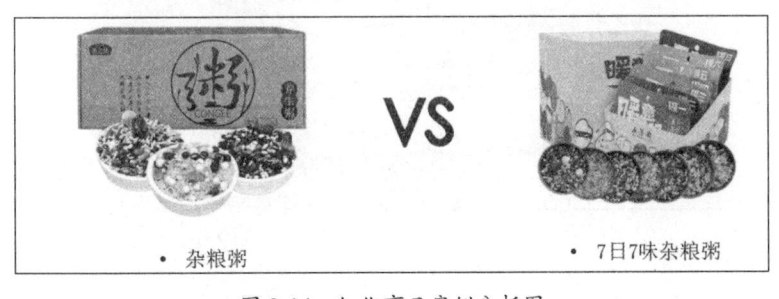

图 3-14 细化商品案例分析图

3．三种创新：Innovation

三种创新分别指商品图创新、文案创新和背景色创新。

商品图创新：商品图创新比较难，对商家能力的要求比较高，不建议初级商家进行创新，因为有一定难度，需要商家对商品、客户、人群有很深的了解，之后再去创新。

文案创新：针对不同市场和不同商品，客户关心的点是不一样的，在销售商品前一定要想好你需要什么样的客户，他们为什么要买你的商品，你的商品可以给他们带来什么。通过这三问，把得出来的答案添加到文案上。

背景色创新：在淘宝购物这个场景下，人是彻底的视觉性动物。

这是一个设计人员常用的调色盘，如图 3-15 所示，展示的是对比色的关系。在选择时尽量选择同色系来进行搭配，这样的视觉效果会让客户更为舒服。

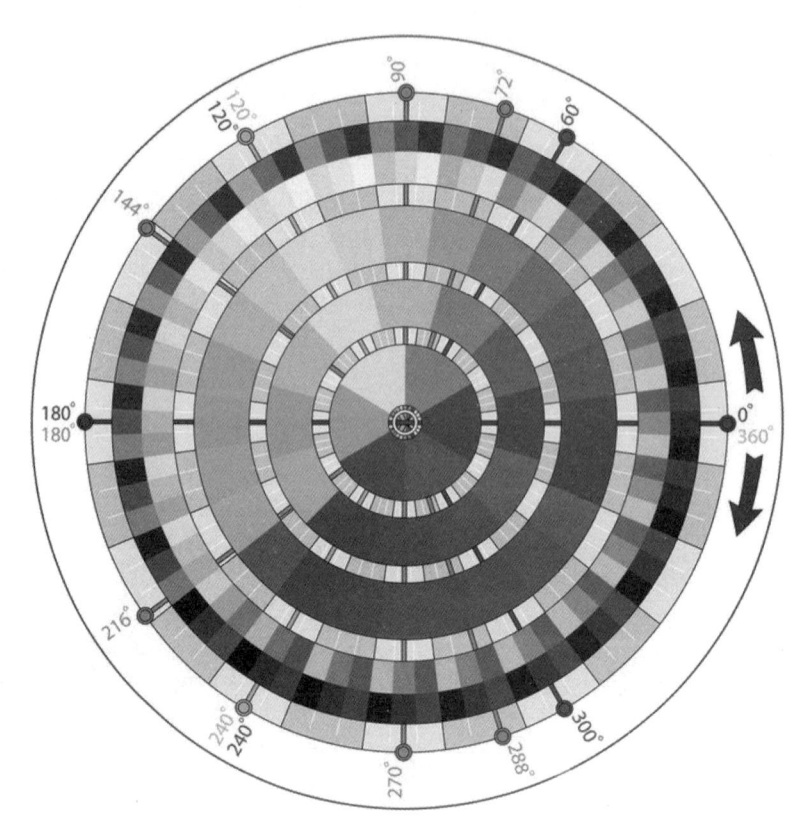

图 3-15　配色对比图

3.3.3 主图的常见问题

1. 主图尺寸问题

通常主图都使用电脑完成，尺寸为 800px×800 px 的主图，在 PC 端展示效果最佳，卖点文案、商品展示、LOGO、角标都感觉刚刚好。但当主图被传上去之后，通过手机看，尺寸就显得小了很多，如图 3-16 所示。

图 3-16　电脑与手机主图显示对比

因此，在制作主图时，一定要考虑该主图应用到移动端是否合适。

2. 主图信息问题

要避免主图信息超载，可以参考一秒原则：尽量要让客户在一秒钟之内，通过这张主图来接收他应该收到的有效信息。之所以强调一秒是因为客户一般都采用"快速滑动"手机屏幕的方式来浏览商品。在这种情况下，就要求网店运营者在设计主图上遵守"秒懂"原则。

3. 主图文案问题

如图 3-17 所示，在一秒钟内，客户能看懂这是什么商品吗？通过文案，能发现这是什么商品吗？

在此案例中，客户一秒钟内很难聚焦商品，通过左上角文字才明白商品是办公椅。如果主图设计抛弃了其核心目的"向客户传递有用的、有效的信息"，只剩下运营者的讨巧和卖弄，恐怕只能落得一个"点击惨淡，转化无门"的下场。

图 3-17　主图文案问题图

3.4　商品详情页制作

商品详情页的制作是销售商品过程中一个重要的环节，这里将商品详情页的制作分为 4 点进行讲解：①商品详情页的意义；②制作详情页的规范；③详情页的模块搭建；④详情页基础模块介绍。

3.4.1　商品详情页的意义

1. 商品详情页的概念

商品详情页是商品的展示区，能够进一步激发客户的购买欲望。

网购和实体店购物最大的不同之处就是，客户不能真实地接触商品，只能依靠商家展示的商品图片和已购买过的客户评论来猜测商品的质量，然后决定是否购买。因此，商家就需要在客户的关注点上下功夫。

2. 商品详情页的重要性

- 好的详情页可以让客户印象深刻，即使跳转，后期回来的可能性也很高。
- 详情页是一个能很好地展现公司实力的界面，让客户了解、信服公司实力。
- 在详情页上把本商品与其他商品进行关联展示，从而带动店内其他商品的销量，提高销售额。

- 能够很好地展示品牌。
- 有利于销售商品，详情页主要为所销售的商品而制作，可以称为商品的说明书，让更多人了解商品。

3.4.2 制作详情页的规范

1．常见错误

初级商家在制作详情页时常常会犯一些小错误而不自知。这些错误会影响商品销量，常见的错误有以下几点。

- 版面堆砌：使用过多重复模块进行排版，造成详情页版面重复性内容过多。
- 配色零乱冲突：制作详情页时会使用一些颜色，但有一些颜色搭配到一起会有冲突，会给页面造成非常凌乱的感觉。
- 字体过多：在详情页内添加过多字体或不同字号的文字内容，会让客户抓不到重点内容。
- 乱用素材：使用与商品介绍无关或不搭配的素材。

详情页的文字主要是用来解释、引导或承上启下的，字号建议使用大于 12 号的字，重点的部分可以加粗。尽量使用同色系、有深有浅的字体颜色来进行区别，不宜过于复杂，这样更方便客户阅读。

2．制作建议

1）文字不能干扰商品

在制作图片的过程中，需注意文字内容不要直接遮盖商品图片，如图 3-18 所示，否则画面会显得凌乱，既看不清商品又看不清文字。

图 3-18 文字不能干扰商品

2）文字信息要有主次

文字信息与图片信息要有主次，如图 3-19 所示，通过图片传递出多样女性、多种生活的信息，再配合文字能让客户更好地理解内容。

图 3-19　文字信息要有主次

3）文字图片化，尽量用图片表达

在设计过程中，可以通过图片传递的信息，尽量使用图片完成，这样有利于客户理解。如图 3-20 所示，这个面包机可以制做多种面包，用图片将这个信息展示出来，取代了文字说明。

图 3-20　文字图片化

4)文字不能破坏营造的意境

在图片有一定意境的时候,文字仅起到一个简单的铺垫或提示的作用,不要让文字过于醒目,进而破坏图片想表达的内容,如图 3-21 所示,文字只是陪衬,不会破坏图片营造的意境。

图 3-21 文字不能破坏图片营造的意境

5)文字团块化

在制作广告图时,如出现必须用文字来传递信息的时候,可以采用文字团块化的方法,即以文字信息为主、商品图片为辅的制作模式,如图 3-22 所示。

图 3-22 文字团块化

3.4.3 详情页的模块搭建

1. 详情页基本信息

在详情页的搭建过程中,要了解详情页里包含的基本信息。

- 商品展示类：色彩、细节、优点、卖点、包装、搭配、效果。
- 实力展示类：品牌、荣誉、资质、销量、生产、仓储。
- 吸引购买类：卖点打动、情感打动、商家评价、热销盛况。
- 交易说明类：购买、付款、收货、验货、退换货、保修。
- 促销说明类：热销商品、搭配商品、促销活动、优惠方式。

2. 详情页模块

详情页中包含的信息很多，可以将详情页拆分成 18 个模块，也不要盲目追求过长的商品描述，如果能在一两屏内完整传达主题，短小精悍的详情页更合适。18 个模块中究竟用到哪些，取决于商品是否需要这样的模块来进行层层递进。

通常可以看到的详情页信息传递模式如下。

首先是品牌形象模块。品牌形象展示过程包括哪些呢？绝大部分客户一进店看到的就是详情页的品牌形象模块。在该模块中，需要对品牌和网店做一定的概括性介绍，强化客户的第一印象，可参考图 3-23 所示的网店品牌推广图。

图 3-23 品牌形象模块

其次是活动推广模块。在活动推广模块中，图片要包含以下几种信息。

第一，活动推广模块中要有主题，为什么做这期活动，这期活动的主题是什么，如图 3-24 所示，能看到其主题是女神节。

第二，要呈现折扣、优惠券等信息，这样才是一个完整的活动推广模块。

再次是关联销售模块，在关联销售模块中可提供更多商品。这个模块的重要之处就是减少跳失率，增加访问深度，细化客户购物需求。

接下来是商品信息模块，以优化阅读并缩短页面长度为目的，如图 3-25 所示。

图 3-24 活动推广模块

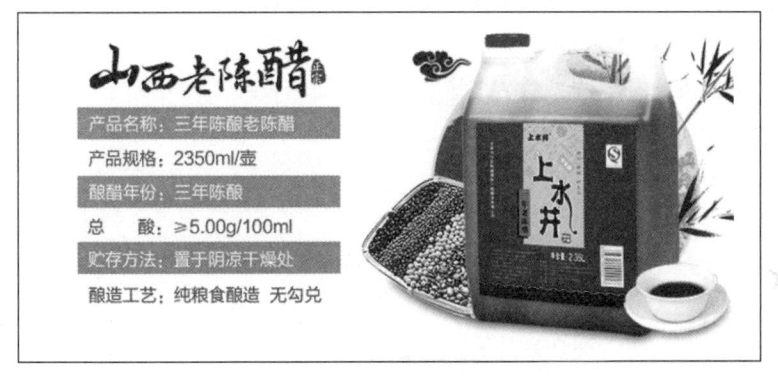

图 3-25 商品信息模块

再接下来是商品卖点模块。商家可深度挖掘商品卖点，以图文形式将之呈现出来。除此之外，还需要呈现细节和卖点，可使用商品展示图、平铺图、细节图，结合卖点进行合理布局，以实现展示目的。

每款商品都有它独特的功能，在商品介绍中还需要添加商品功能模块以展示这些功能，从而给客户一个购买的理由。

最后，在详情页尾部一般是网店服务模块，主要以网店的承诺、品质保证、发货时效、售后服务等信息为主。

3.4.4 详情页基础模块介绍

在日常制作详情页时，通常会应用到 18 个模块，依次如下。

1）品牌第一印象概括性介绍

由于大部分客户进店看到的不是首页而是内页，因此，需要在内页对品牌和网店做一定的概括性介绍，加强客户的第一印象。

2）主题活动氛围图

内页设计要和首页首焦配套同样的活动氛围，宗旨是促成成交的同时引流至首页（应对大量流量涌入，首页准备更充分，内页负责转化单品）。

3）商品系列卖点图图组

根据所属商品系列共同的特征和卖点，制作系列广告图。

4）商品系列分类导航

其提供商品系列分类和其他系列超链接导航。

5）商品信息整合图

整合商品信息以优化阅读和缩短页面长度为目的进行设计。

6）商品展示

对模特图、平铺图、细节图、包装图进行合理布局和设计。

7）关联销售

推荐关联商品，以提高客单价。

8）比价购物

与同类商品进行对比，建议选择欧美网站同类商品比价。

9）质量检测模块

展示所获得的关于材质方面的第三方机构认证书。

10）设计细节亮点展示

通过对设计细节亮点的挖掘，提升商品价值。

11）原材料展示

通过对原料背景、亮点的挖掘，提升商品价值。

12）适合人群

通过对适合人群选择相关信息进行展示，在阅读性上做优化处理。

13）使用建议

把各种使用的方式汇总在一起，呈现出来。

14）品牌实力

对品牌进行相关介绍，旨在展示品牌实力。

15）品牌服务承诺

对品牌网店的服务做展示。

16）购物须知

展示与购物相关的详细信息。

17）重点信息说明

将一些客户经常询问的信息、优质服务信息等做扼要说明，这样可以打消客户疑虑，提高转化率。

18）找到我们

如何再次回到网店的方法展示。

3.5 商品主图视频制作

在客户浏览商品时，进入商品内页后发现页面会默认播放一段视频，这段视频可以充分展示商品，对客户了解商品起到很大的作用，这个视频是什么呢？其实这段展示的视频是商品主图视频，下面分3个知识点进行讲解。

- 主图视频规则。
- 主图视频的类型及作用。
- 利用主图视频提升免费流量。

3.5.1 主图视频规则

在制作主图视频前，需要了解主图视频制作规则。

1. 主图视频基本要求

- 尺寸：可使用1∶1或16∶9比例的视频。
- 时长：≤60s，建议30s以内，因为这个时长的短视频可优先在爱逛街等推荐频道展现。
- 内容：突出商品一两个核心卖点，不建议制作电子相册式的图片翻页视频。
- 支持格式：*.mp4。

2. 主图视频基本规范

- 视频内容不能违反影视行业相关法律法规条例。
- 视频中不得出现违反《淘宝平台交互风险信息管理规则》的内容。
- 视频中不得出现违反广告法的信息。

- 短视频内容须遵守《阿里创作平台管理规则》。
- 短视频整体内容符合积极价值观。

3. 主图视频内容要求

- 视频标题符合广告法要求，不能带有明显的标题党嫌疑，不能有色情引导类内容，能概括视频主题与看点，文案生动有感染力，不堆砌。
- 画面清晰，主体居中，封面内容与视频内容强相关，不允许有纯色图、白底商品图、商品平铺图、商品广告图、PS 过度图。
- 拒绝片头（5s）出现无效信息，第一帧不允许有黑帧出现，不允许有明显的黑边，字幕位置要合理，不能压在标题和描述下面。
- 整体脚本不拖沓冗长，播放节奏快，能提炼内容看点，尽可能加快场景切换，压缩剧情，不做无意义的留白和空镜头。
- 视频若有解说，请用口语化、真实的语言表达，做到吸引人、有感染力，能快速抓住客户；拒绝播音腔或直播切片的解说。
- 发掘视频创意点，做到视频内容有趣清新，能够提炼且表达内容看点。
- 视频音乐风格和整体视频画面呈现风格一致。
- 不允许纯商品、纯展示类视频投稿。
- 模特出镜类视频中需要第一视角拍摄。
- 测评类视频需真人出镜测试，不允许只简单说说不证明、只拍商品看看不体验。

3.5.2 主图视频类型及制作

熟悉了主图视频规则，再来学习一下主图视频的类型及制作方法。

1. 拍摄类型及制作方法

- 功能型商品的拍摄要点应该着重在介绍功能和特点上。建议拍摄思路：整体—核心功能演示—使用场景—总结功能。如果有模特，则需要加入商品的使用环境进行拍摄。有条件的商家可以外包做 3D 动画，更加直观地展示商品功能。
- 综合型商品拍摄的思路：既要重点展示商品细节，又要展示功能特点，同样也需要贴合使用场景，展示使用效果。
- 外观型商品的主图视频拍摄应该着重展示外观。建议拍摄思路：整体—局部—特写—特点—整体。如果有模特出境，则可以拍摄商品的使用环境，展示商品的效果。

2. 主图视频元素组成

优秀视频应该具备的元素：背景音乐、字幕展示、真人讲解、后期特效。除此之外，如果是生活中会用到的商品，在场景的选择上直接融入生活场景是最佳的。如果需要添加文案，则要注意文案不能用卖家语言，而要立足商品的使用场景，站在客户的角度解决客户的需求。

由于主图视频本身有时间限制，客户的注意力也会在短时间内被分散，所以内容尽量要在一开始就吸引人，或直接告诉客户能得到什么好处，让客户有继续浏览的欲望。

3. 主图视频制作工具

1）亲拍工具介绍

亲拍APP是阿里巴巴官方推出的面向淘系商家的短视频拍摄剪辑工具，集合了商家"拍—剪—投—优"全链路短视频运营所需功能，致力于为商家提供一站式视频生产解决方案。

2）工具安装

直接通过手机软件市场搜索"亲拍"，选择下载即可完成。

3）如何将亲拍视频设置为商品主图视频

（1）将拍摄好的视频上传到图片空间中。

（2）打开千牛APP，登录商家账号，点击常用工具中的"全部"按钮，如图3-26所示。

图3-26 设置商品主图视频操作（一）

（3）找到"淘拍视频"选项，点击进入，如图3-27所示。

图3-27 设置商品主图视频操作（二）

（4）点击"装修主图"按钮，如图3-28所示。

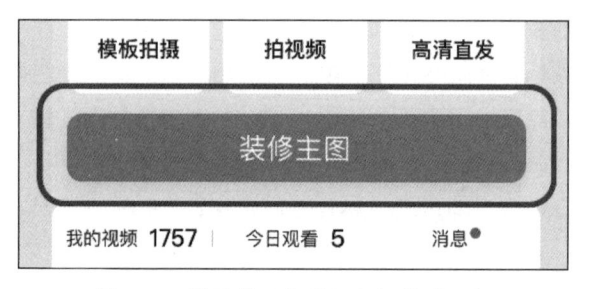

图3-28 设置商品主图视频操作（三）

（5）找到要设置为主图的视频，点击"装修"按钮，如图3-29所示。

图3-29 设置商品主图视频操作（四）

（6）选择需要装修主图的商品后点击"关联商品"选项，商品主图视频装修完毕，如图3-30所示。

图3-30 设置商品主图视频操作（五）

3.5.3 利用主图视频提升免费流量

主图视频可以起到留住客户、提升转化的作用，同时还会带来大量的流量。两大主要的引流入口分别为主图视频搜索和导购频道。

主图视频搜索：客户搜索关键词后，搜索结果页面除了显示原有的综合排序和销量排序以外，还会出现视频选项。

导购频道：主图视频发布后，可被推荐到猜你喜欢、逛逛等购物频道当中，让商品获得更多流量。

3.6 商品信息设置

前期的网店准备已经完成，接下来通过系统发布商品的流程详情讲解在商品上架环节中需要注意的问题。

登录千牛商家工作台，在左边栏中找到"宝贝管理"选项，点击选择"发布宝贝"选项，如图 3-31 所示，之后进入商品发布页面。

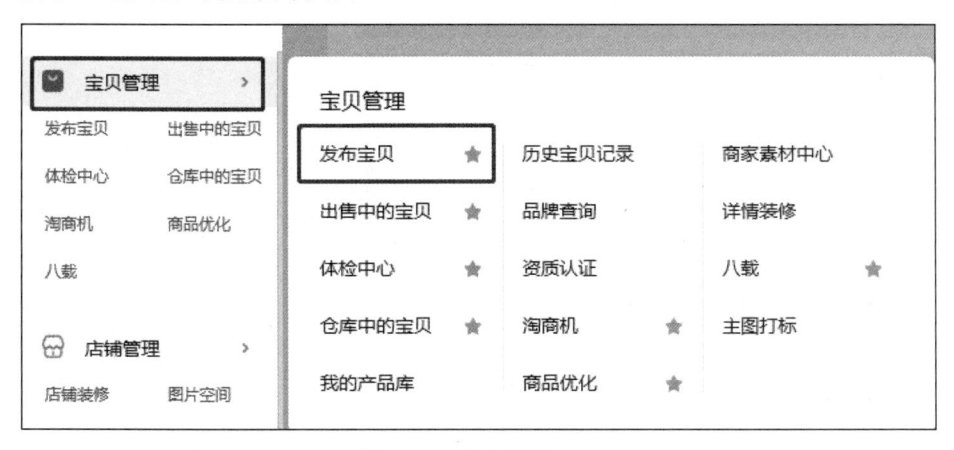

图 3-31　发布商品入口

3.6.1 上传商品主图

首先上传商品主图，可上传 5 张主图，如图 3-32 所示。

主图大小不能超过 3MB；在 700px×700 px 以上的图片上传后，商品详情页自动提供放大镜功能。

第 5 张为白底图片，图片尺寸为正方形，必须为 800px×800px，分辨率为 72dpi，图片格式及大小分别为 JPG 格式和 300KB 以内。

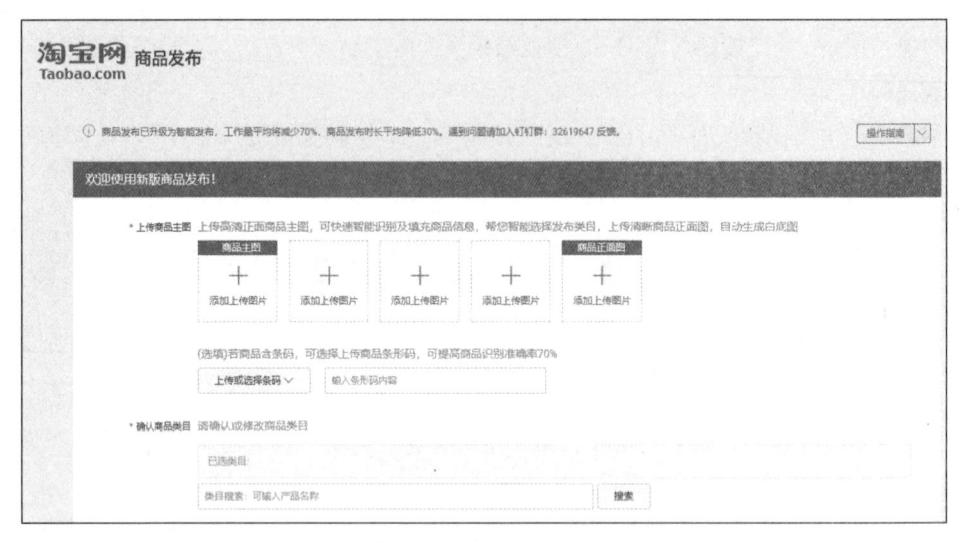

图 3-32　上传商品主图

3.6.2　确认商品类目

选择商品类目，通过搜索栏对商品核心关键词进行搜索查找，在结果页中可以查看商品所在类目，如图 3-33 所示。

图 3-33　类目选择

类目选择提示如下。
- 系统智能推荐类目后，请确认是否正确，以防违规。
- 选择商品核心关键词时，要言简意赅，每个关键词字数在 4 个汉字以内。

3.6.3 基础信息编辑

1．填写商品标题

填写提前编辑好的商品标题，字数不超过 30 个汉字，如图 3-34 所示。

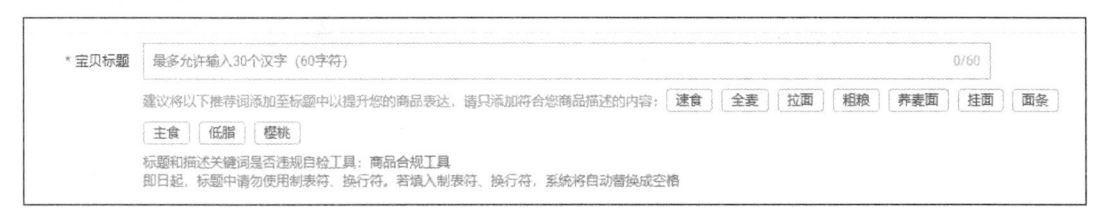

图 3-34　商品标题填写

标题尽量采用下方的标题公式来制作，如图 3-35 所示。

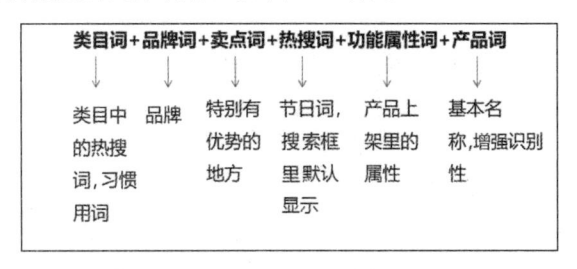

图 3-35　标题公式

2．填写商品的类目属性

不同类目商品的属性会有不同，尽可能把可以添加的属性信息填写完整，有助于系统为商品打标，从而带来精准的流量。

在选择属性词时，要忠于商品本身，这样才能更加贴合实际。

初级商家如果不知道如何填写，建议多参考同行同类商品填写的属性信息。

3．选择商品类型及采购地

商品类型默认为全新，二手商品只会在咸鱼平台进行显示。商品采购地需根据实际情况填写。

3.6.4 销售信息填写

对于不同类目来说，销售信息的填写项略有不同。下面以食品类目为例，说明如何填写销售信息。

1．宝贝类别

系统会根据商品所在类目默认提供一些商品（宝贝）类别，如果与销售商品品类不相符，可单独选择自定义添加，如图 3-36 所示。

图 3-36　宝贝类别

2．宝贝销售规格

宝贝类别选择完成后，可添加图片，从而让客户更好地辨识商品，同时商品价格、数量等可单独设置或批量填充，如图 3-37 所示。

图 3-37　宝贝销售规格

3．一口价

一口价指客户搜索时，在结果页面默认展示出来的价格，一口价设为页面 SKU 当中的任意一个价格即可。

4．总数量

总数量是根据销售规格中的商品数量自动生成的数量，无须手动添加。

5．商家编码及商品条形码

填写商家编码及商品条形码，这是非必填项。

3.6.5 支付信息编辑

1．付款方式

一口价（普通交易模式）：日常现货交易所选择的付款形式。

预售模式：活动或无库存时采用的付款形式。

2．库存计数

库存计数分为客户付款减库存和客户拍下减库存。

- 客户付款减库存：在日常运营网店过程中，建议选择客户付款减库存，这样只有当客户拍下付款后库存量才会减掉，防止因为客户误拍、错拍导致库存不足而使商品下线。
- 客户拍下减库存：建议在网店做活动或参加大促的情况下使用该方法。因为大促期间商家需要控制库存，如果选择客户付款减库存，很容易出现后期超卖的情况。如果超卖无货，网店可能会被投诉或扣分。

3．会员折扣

当网店具有一定客户基数后，在上架新品后，可以通知网店老客户过来购买，并能得到优惠折扣。

4．售后服务

提供发票与退换货承诺，商家可根据自己网店的实际情况来进行选择。

3.6.6 物流信息填写

设置提取方式：先勾选"使用物流配送"选项，然后选择提前设置好的运费模板添加即可，如图 3-38 所示。

图 3-38　提取方式

3.6.7　图文描述编辑

1. 主图视频

在发布商品后台，商家前期已经把需要的主图提交完成，此处无须再次操作。在客户浏览商品时，如商品有主图视频，系统会自动播放给客户观看，如图 3-39 所示。

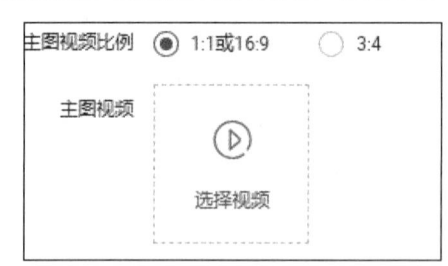

图 3-39　主图视频

2. 图文描述

如图 3-40 所示，为 PC 端详情页编辑区域。

图 3-40　详情页编辑区

在文本编辑区可以输入文字并调整大小。点击"图片"按钮，直接进入图片空间，勾选已上传的图片，添加到图文编辑区即可。

移动端描述：可单独编辑，也可直接导入 PC 端描述，自动生成移动端商品描述页面。

3.6.8　上架时间选择

上架时间分为立即上架、定时上架和放入仓库 3 种类型。

这 3 种上架时间类型的作用分别如下。

1．立即上架

在商品编辑好后，点击"发布"按钮即可完成上架。在淘宝系统后台可以查看刚刚上架的商品，已在正常销售状态。

2．定时上架

其指在指定时间进行商品上架。

例如，在编辑好商品后，如果当时的时间为凌晨 2 点，可以设定上架的时间为次日傍晚 7 点，到时候商品自动上架。

3．放入仓库

在当前商品详情页没有编辑完成的情况下，可以先把编辑好的部分保存，放入仓库，后期再进行编辑上架即可。

3.6.9　发布商品

在所有信息编辑完成后，再次检查确认无误后点击"发布"按钮，完成商品发布；如还未编辑完成，点击"保存草稿"按钮，下次继续编辑。

3.7　淘宝助理的使用

日常管理商品，除了在千牛后台进行操作，还可以使用淘宝助理。如何使用淘宝助理，分 4 点进行讲解。

3.7.1 淘宝助理介绍

淘宝助理是一款免费的客户端工具软件，使用该工具可以不登录淘宝网就能直接编辑商品信息，实现快捷、批量上传商品。淘宝助理也是上传和管理商品的一个网店管理工具。

淘宝助理下载路径：打开淘宝首页，搜索"淘宝助理"，搜索结果页的第一个位置就是淘宝助理下载入口，如图 3-41 所示。

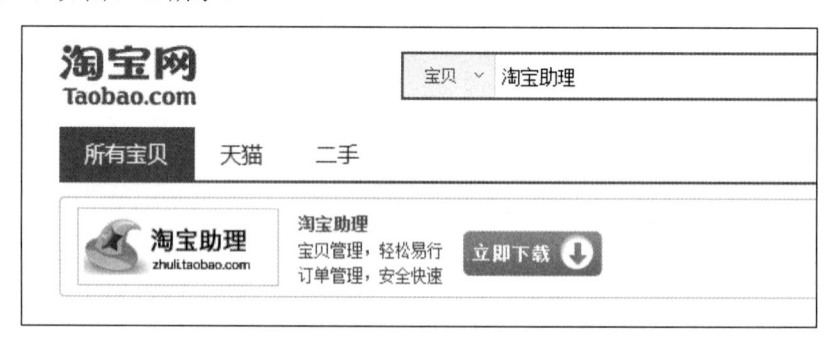

图 3-41　淘宝助理下载入口

3.7.2 商品创建

进入淘宝助理后台，通过以下步骤进行商品创建。

创建商品，点击"宝贝管理"选项卡，选择"本地库存宝贝"列表，选择"创建宝贝"选项，如图 3-42 所示。

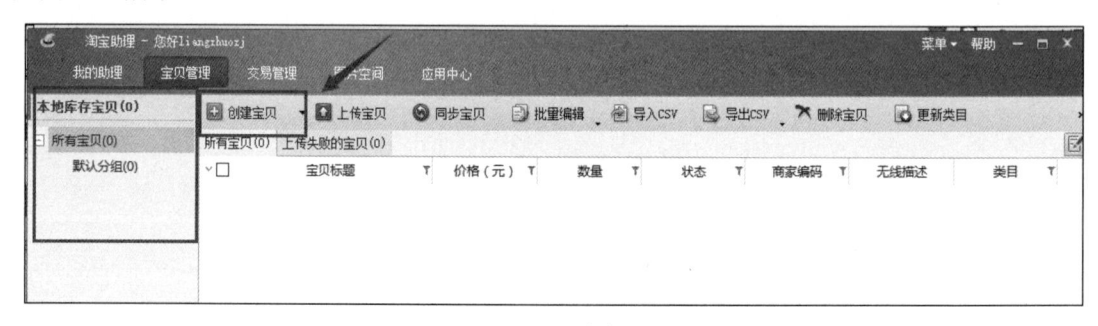

图 3-42　创建商品

1．填写基本信息

首先选择商品类目信息，如图 3-43 所示。

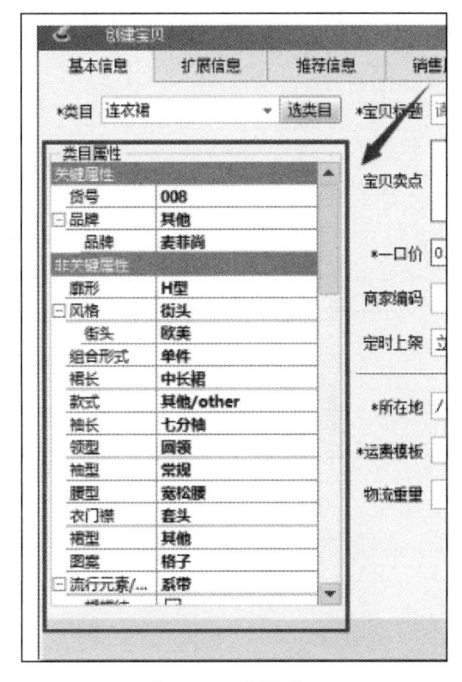

图 3-43 选择类目

选择与在后台发布商品时选择的一致的类目，尽量把商品的相关属性填写完整。

接下来填写宝贝标题、宝贝卖点、一口价、商家编码等信息内容，如图 3-44 所示。

注意 宝贝标题字数要控制在 30 个汉字以内，围绕商品核心关键词编写。商品卖点字数要控制在 150 个汉字以内，重点描写商品特点。

选择商品所在地。所在地指商品发货所在地。设置运费模板，选择已设置好的运费直接使用。

在图 3-44 右侧可上传五张商品主图和一个商品视频，把制作好的主图与视频上传即可。

2．填写扩展信息

在扩展信息中需填写"采购地""库存类型""新旧程度""定制工具""库存计数"等信息，如图 3-45 所示。

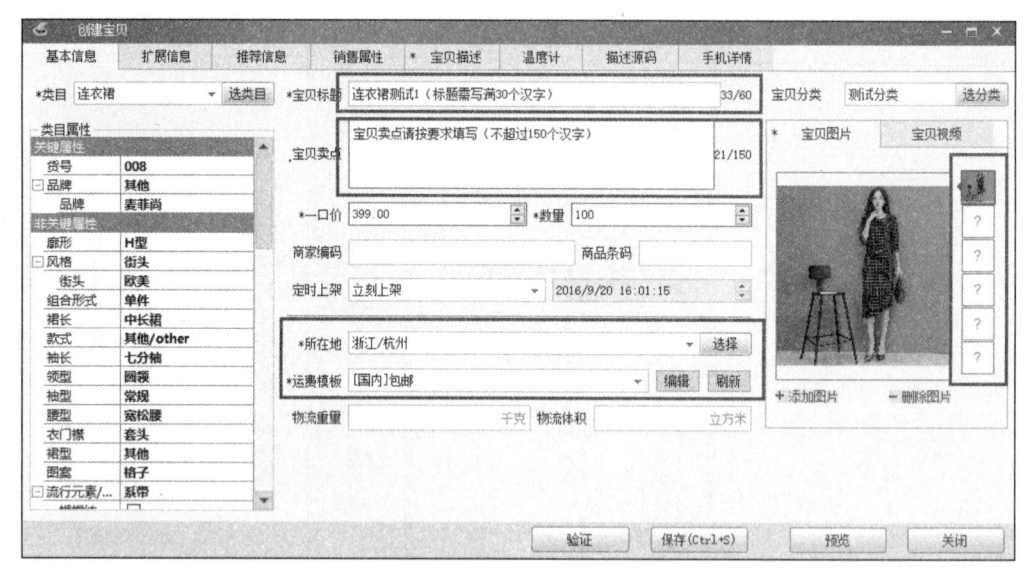

图 3-44 基本信息填写

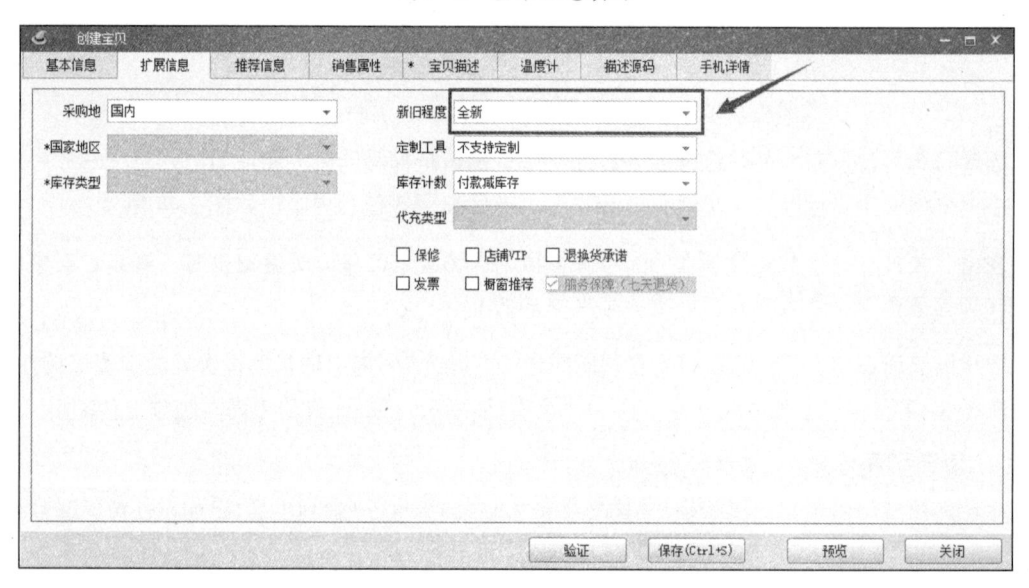

图 3-45 扩展信息填写

3. 填写推荐信息

在推荐信息中需上传水洗标（耐久标）、吊牌（合格证），如图 3-46 所示。

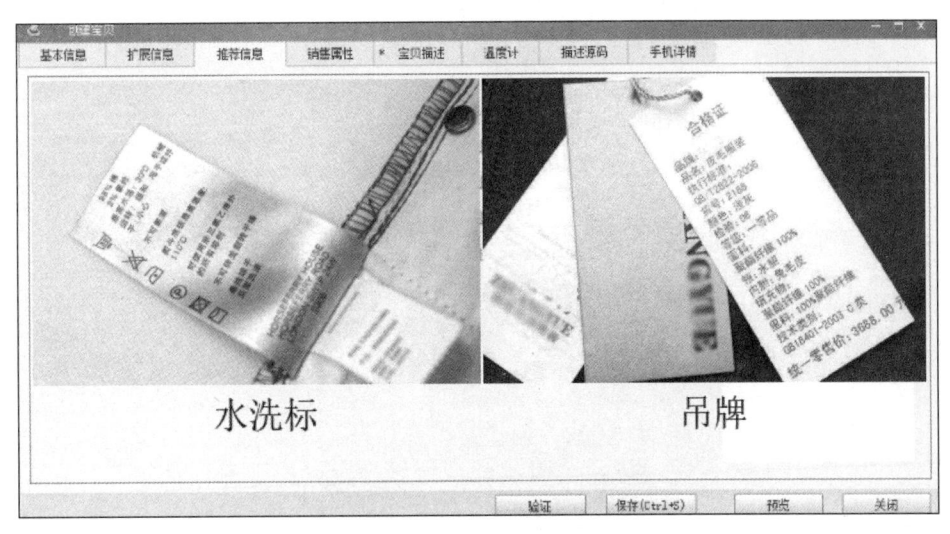

图 3-46 推荐信息填写

每个标识后面均有样例图,按照上面的提示进行提供即可。

4. 填写销售属性

在销售属性中需填写"颜色分类""尺码""一口价""数量"等信息,如图 3-47 所示。

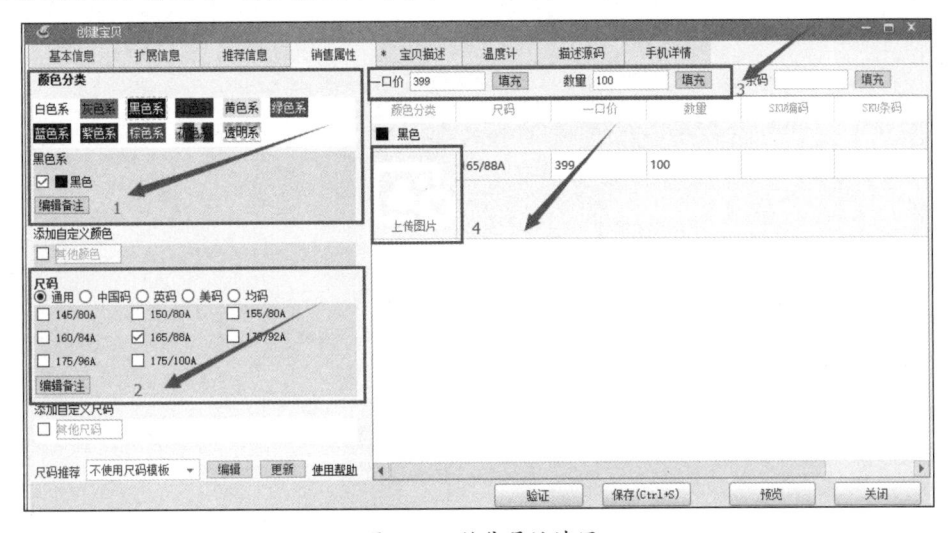

图 3-47 销售属性填写

5. 填写宝贝描述

如图 3-48 所示,在"宝贝描述"中可添加已制作好的详情页图片及文字,可通过上方工具栏对字体、字号等文本进行编辑操作。

图 3-48　宝贝描述填写

6. 填写手机详情

移动端详情页可通过一键适配 PC 端详情页自动生成，也可通过添加图片、文字手动完成，如图 3-49 所示。

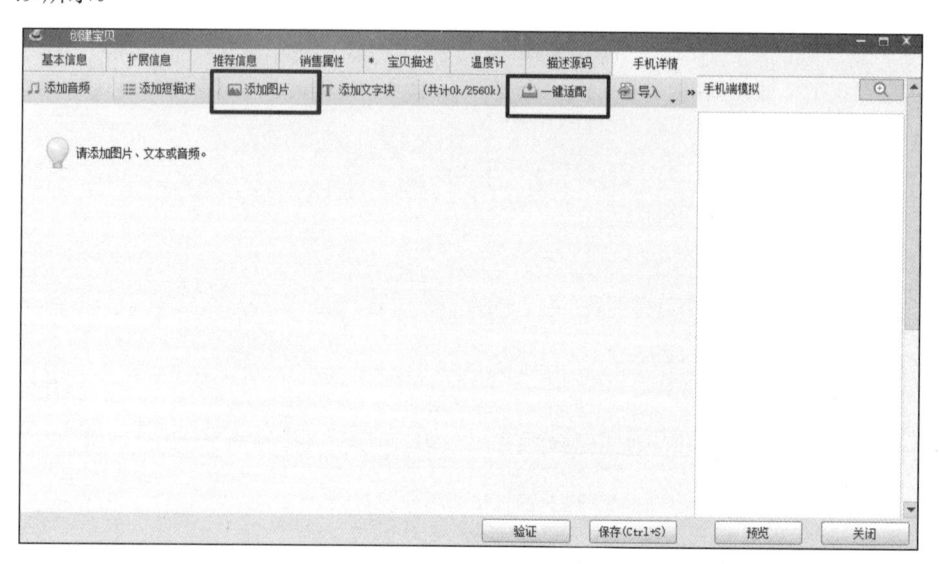

图 3-49　手机详情填写

7. 完成操作

完成所有信息编辑后需先预览一下信息及详情内容是否正确，如未编辑完成也可点击"保存"按钮，下次再进行编辑。确认无误后需进行验证，系统会查看信息是否填写完整，如图 3-50 所示。

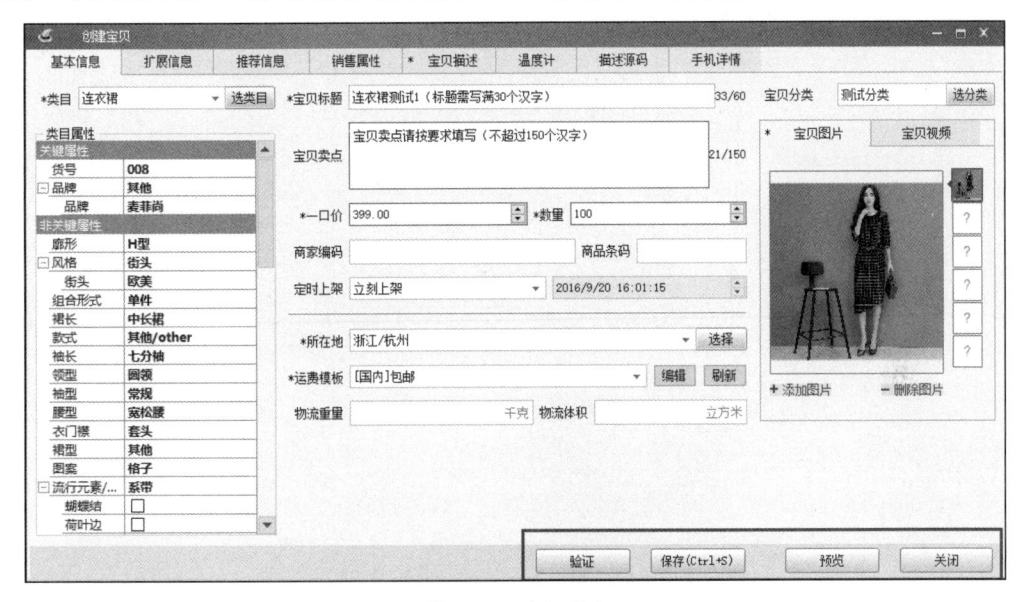

图 3-50　验证信息

如果有误或者有信息未填写完整，系统会进行提示，需要进行编辑完善。

例如，商品标题在填写过程中超出 30 个汉字，系统会提示你的商品标题超过 30 个汉字，需要进行优化。

最后，再次进行验证，如果没有错误提示，可立即上传。

3.7.3　商品信息批量编辑

1. 批量编辑商品

淘宝助理可针对商品进行批量编辑，常用的批量编辑信息有标题、宝贝数量、价格、宝贝分类、宝贝描述、售后等，如图 3-51 所示。

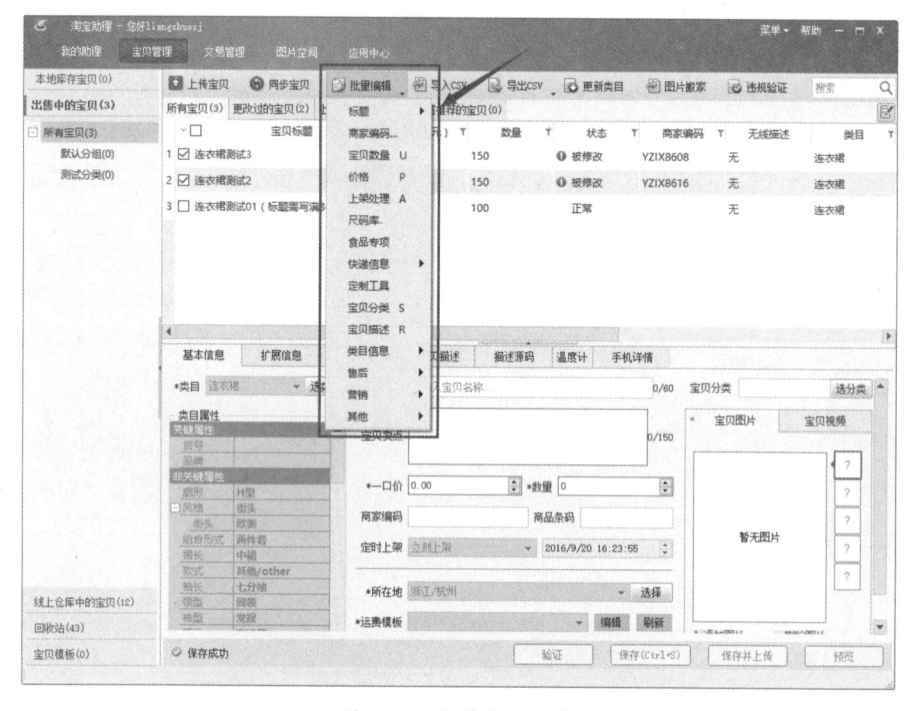

图 3-51 批量编辑信息

2. 批量编辑商品的标题

首先把需要批量编辑的商品进行勾选，点击"批量编辑"选项，如图 3-52 所示。

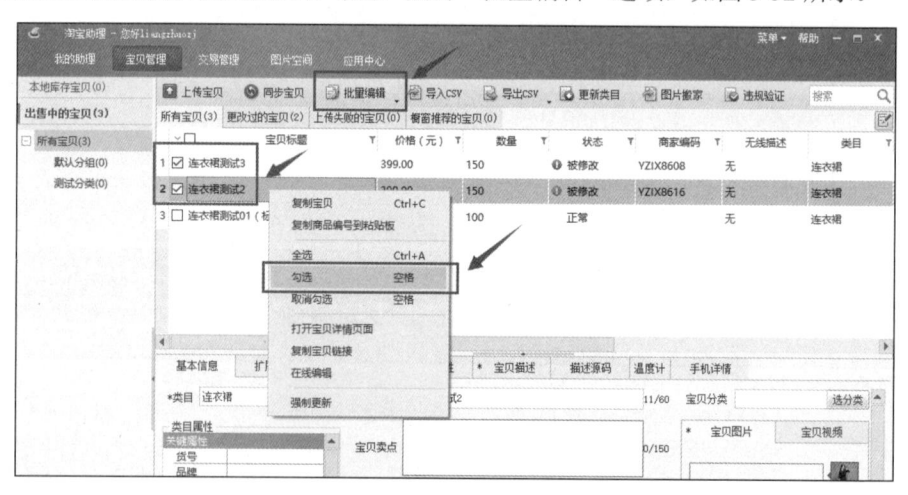

图 3-52 批量编辑商品标题操作（一）

然后点击"标题"列表,选择"宝贝名称",如图3-53所示。

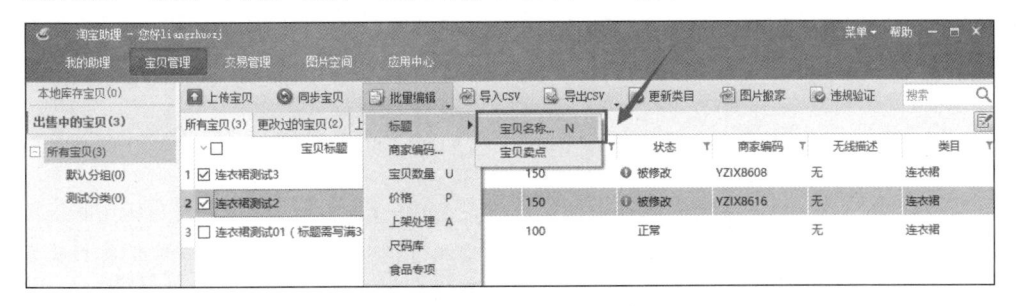

图3-53 批量编辑商品标题操作(二)

支持批量添加前缀和后缀、查找并替换、全部替换等编辑操作。批量编辑完成后,预览确认标题批量编辑是否成功,确认无误后点击"保存"按钮,并进行上传,这样操作可使当前销售商品的标题及时更新。

3.7.4 商品信息导入导出

如果厂家直接提供所销售商品的数据包,则可通过淘宝助理"导入 CSV"功能快速完成商品编辑,如图3-54所示。

图3-54 "导入 CSV"功能

同样,如果需要把商品分享给他人,可通过淘宝助理"导出 CSV"功能,快速生成数据包进行分享,如图3-55所示。

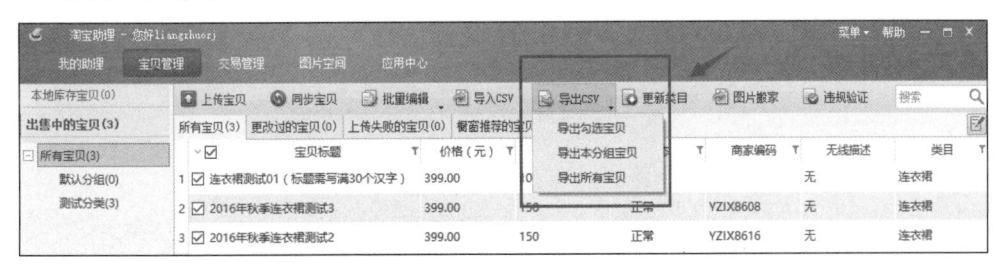

图3-55 "导出 CSV"功能

淘宝助理"导出 CSV"功能，支持 3 种快捷方式：导出勾选宝贝、导出本分组宝贝和导出所有宝贝，商家根据需求选择需要生成的数据包即可。

3.8 本章小结

通过本章的学习，我们掌握了商品上架，也就是上传商品至网店并设置为可销售状态的全过程；掌握了商品上传前的选品、拍摄、图文短视频制作过程；掌握了商品上传中的类目设置、信息编辑、支付设置和物流设置等。我们还了解了网店对商品的管理机制，图文、视频的上传和存储规则，以及对商品类型、支付类型、物流类型的管理。

第 4 章

行业分析

在运营网店时,进行行业分析是帮助网店快速成长的方法之一,通过数据分析,可以掌握市场的规律,找准营销时间点,更易于获取销售的成功。本章将从基本的指标开始介绍,然后讲述完整的行业分析和竞争对手分析方法,让运营人员在学习过程中学会取长补短,增加网店运营成功的概率。

学习目标: 通过对本章的学习,掌握行业分析的核心指标含义,学会分析行业趋势、行业客群(客户群体)的方法,了解时间地域数据在网店中的应用方法,掌握配置竞店、竞争商品的方法,学会分析竞争对手的数据。

本章提要:
- 核心指标收集
- 行业趋势分析
- 行业客群分析
- 时间地域分析
- 竞争趋势分析

4.1 核心指标收集

4.1.1 核心指标简介

经营网店,一般是用数据去判定经营的好坏,不仅需要分析最终的销售额数据,还需要分析许多代表过程的数据。做行业分析也一样,行业是所有网店产生数据的集合,所以要了解在日常运营过程中哪些数据需要收集分析。通常会从 3 个维度掌握网店经营的状态:流量、销售和服务。根据这 3 个维度,划分出更细致的数据指标。

1. 流量类的指标

在流量类数据分析中，首先要分析流量结构，以便优化流量来源的入口。流量一般分为两大类型，免费类和付费类。免费类流量的入口主要有手淘搜索、手淘推荐、购物车、我的淘宝、手淘猜你喜欢等；付费类流量的入口，主要是指平台推广工具，商家常用的平台推广工具有直通车、引力魔方、淘宝客、极速推、万相台、超级直播、超级短视频等。

在区别了两大类型的流量结构后，就需要监测核心的流量指标。流量指标主要有访客数、浏览量、跳失率、平均停留时长、投入产出比，这5个指标就构成了对流量分析的基本模型。

（1）访客数

访客数又称UV（Unique Visitor），是指统计周期内访问网店页面或者商品详情页的去重人数，一个人在统计周期范围访问多次只计为一次。

（2）浏览量

也就是俗称的PV（Page View），PV是指网店页面或者商品详情页被访问的次数，一个人在统计时间内访问多次，被计为多次，浏览量是可以被重复计算的。

（3）跳失率

跳失率等于访客中没有发生行为的人数除以访客数。举个例子，比如小明进入网店，然后立即退出，没有任何其他的访问行为，这个数据就会被记录进跳失率，通过跳失率的计算公式不难发现，跳失率越低越好。

（4）平均停留时长

平均停留时长的公式等于来访网店的所有访客总的停留时长除以访客数，平均停留时长的单位为秒。客户进入一家网店，如果这家网店的页面很有吸引力，客户愿意在这家网店里面多停留，然后还会从该页面进入网店的首页或者店内其他页面进行浏览，停留时间越长，证明客户兴趣度越高，实现销售的概率也越大。

（5）投入产出比

投入产出比（ROI）是用投入除以产出的一个比值。这个指标主要针对付费流量，因为在免费流量渠道中，没有花钱的投入，所以谈不上投入产出比。投入产出比等于网店推广的花费除以成交金额，比如推广花费是10元，带来的销售额是100元，那么投入产出比就等于1∶10，也就意味着花1元带来了10元的销售额。

2. 销售类指标

用于监控交易情况，及时地发现转化问题或者发现销售爆发的时间机会。销售类的核心指标包括支付金额、转化率、客单价、UV价值、支付商品数。在市场数据分析中，因为平台对行业数据的保护，将行业的销售数据虚拟为指数形式，称为交易指数。

(1) 支付金额

支付金额是指在统计时间内客户进入网店，拍下商品并且付款的累计金额。这里有两个维度，需要商品被客户拍下，需要被支付。在网店的经营过程中，有的客户只拍下订单，没有进行支付，这类订单不会计入支付金额。支付金额要按照时间维度去进行分析，比如天、日、周、月、季、年。如果经营的是换季类的商品，一般考虑以季度为周期进行销售分析。月度分析主要是在每个月做复盘或者制定下个月规划的情况下，以整月来做业绩的分析。日和周，就是每天和每周的分析，主要适用于新品上架或者在大促期间需要比较频繁地进行网店流量的调整或者单品调整的情况下，会以更细颗粒度的维度进行支付金额数据的分析。

(2) 转化率

转化率是指在统计时间内，支付的客户数除以访客数。转化率越高，证明对流量的利用效率越高，无论是网店还是市场，都希望转化率越高越好。有3个维度的转化率需要去研究：商品转化率、询单转化率、静默转化率。商品转化率是指单品的转化率，如果这个值上升，反映运营工作有效，如果这个值下降，则要分析这个单品引入的流量是否有问题，因为流量的不精准会影响单品的转化率。询单转化率，主要是指客户通过千牛工具和客服沟通之后下单的概率，询单转化率如果下降，就要看网店客服的话术是否有问题，并需要加强客户在客服端的体验。静默转化率就是指客户没有经过咨询、直接下单并支付的转化率。

(3) 客单价

客单价是指在统计时间内支付的金额除以支付客户数，即平均每个支付客户的支付金额。如果客单价呈较高的状态，说明网店商品的结构很好或者活动的策划有效。对客单价需要分析件单价，件单价是指单件单品的价格，件单价下降一般是由于竞争对手商品售价降低，自己被迫跟进而造成的。

(4) UV 价值

UV 价值=支付金额÷访客数。这个指标代表每个访客给网店带来的价值，每个访客带来的价值越高，对网店的销量贡献越大。

(5) 支付商品数

支付商品数是指在统计时间内客户完成付款的去重的商品数，支付商品数越多，动销率也就越高。

(6) 交易指数

在统计时间内，根据商品交易过程中的核心指标，如订单数、客户数、支付件数、支付金额等，进行综合计算得出的数值就是交易指数，它不等同于交易金额。交易指数过高，代表该行业的交易类数值增加。交易指数过低，代表该行业的交易类数值降低。建议参考搜索指数、交易指数、流量指数、客群指数的综合变化，从而判断行业的供需情况变化。

3．服务类指标

网店的服务评分又叫动态评分或 DSR 评分。该评分在店内显著位置展示，如图 4-1 所示，在单品详情页中就有展示，如果评分过低，会直接影响网店的销售。

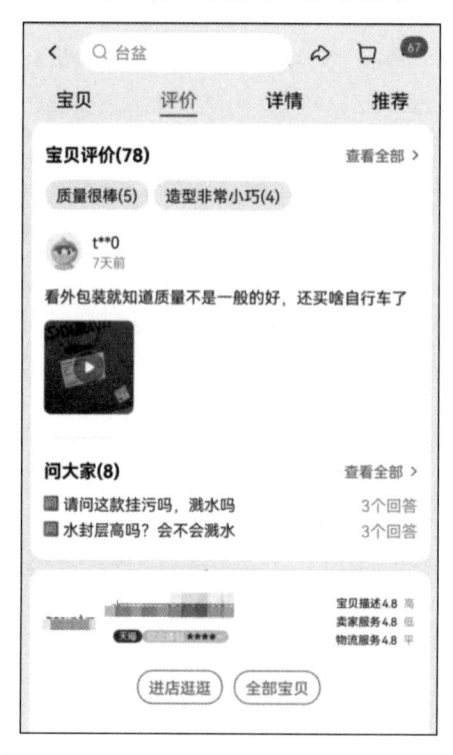

图 4-1　网店动态评分展示

服务评分主要分为 3 种：宝贝描述的评分，是指最近 30 天宝贝描述是否相符的综合评分；物流服务评分，主要考核近 30 天的物流服务；卖家服务的评分，是指 180 天内客户给出的关于商家的服务态度的满意度评分。它们都是由客户打出来的评分，真实反映了网店的综合服务能力。

服务类指标中还有一项需要进行分析，即客服接待能力。客服接待能力同样也影响网店的销售。客服接待能力主要包括客服的回复率、平均响应时长、体验分。回复率除了广告信息外，需要做到客户 100%回复。平均响应时长，没有固定的标准，尽可能越短越好。体验分是考核整个网店的综合分，体验分主要是根据工单率、投诉率或者品质好货的达标率整体评分。体验分呈周期动态变化，需要定期查看和维护。

体验分=网店美誉度得分×权重25%+网店品牌能力得分×权重25%+商品体验退款率得分×权重50%

通过这个公式就能看到，在体验分这一项里，既考核了网店，也考核了品牌，最重要的考核是体验退款。

4.1.2 核心指标下载

在了解所有的重要指标之后，需要找到这些数据在哪里。淘宝官方的数据工具是生意参谋。生意参谋集数据作战室、流量、品类、交易、内容、服务、营销、物流、财务、市场、竞争和人群等数据商品为一体，是淘宝、天猫商家统一的数据商品平台。

1. 数据来源

要想寻找数据，首先需要通过商家后台进入生意参谋，如图 4-2 所示。生意参谋首页清晰地展示出网店的实时数据、网店概况。

图 4-2 生意参谋后台截图

2. 流量类数据

在生意参谋的导航中，点击"流量"选项，进入网店流量来源模块，就能够找到流量类指标，再通过右上角的"下载"按钮，就可以下载和流量相关的数据，如图 4-3 所示。

图 4-3 流量数据下载

3. 销售类数据

如图 4-4 所示，进入生意参谋的"交易"模块，然后进入"交易总览"板块，选择想要分析的时间。生意参谋分别提供最近 1 天、最近 7 天、最近 30 天、日、周、月数据查看。需要注意的是，在生意参谋中按月分析交易数据时，只能查看最近 12 个月的交易数据，所以运营人员需要及时下载并储存交易数据，点击下方的"下载"按钮即可。

图 4-4 交易数据下载

4. 市场相关数据

如图 4-5 所示，进入"市场"板块，点击"市场大盘"选项，可以看到所在类目下所有的交易指数数据。

图 4-5 市场大盘数据

5. 服务类数据

首先在导航里找到"服务"板块，在"核心监控"模块可以下载网店的客服团队数据，包括客服销售额、询单转化率、咨询人数、平均响应市场、客户满意率、客服销售客单价等指标，也标明了每一个客服账号的详细数据，可以供运营人员进行分析。在"体验诊断"模块，如图 4-6 所示，可以看到综合体验分的具体分值，包括商品体验、物流体验、售后体验、纠纷投诉等，为精细化提升全店体验提供了数据支撑。

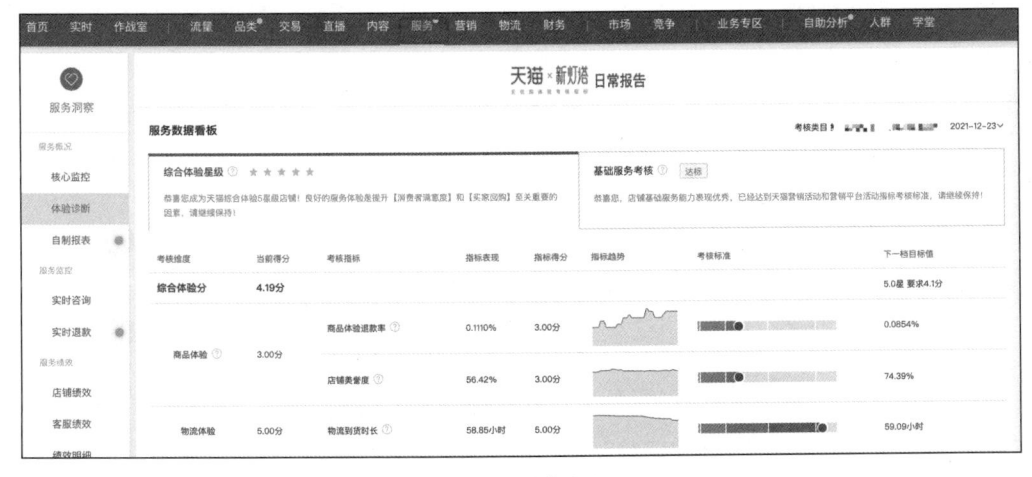

图 4-6 服务数据

6. 报表功能

为了便于日常各个岗位查看不同的数据，生意参谋工具还提供了方便的报表功能，如图 4-7 所示，进入"自助分析"板块后，有固定的多类型报表模板可以选择，商家可以方便地进行数据下载，报表涵盖日报、流量结构、服务、物流等多类型报表。

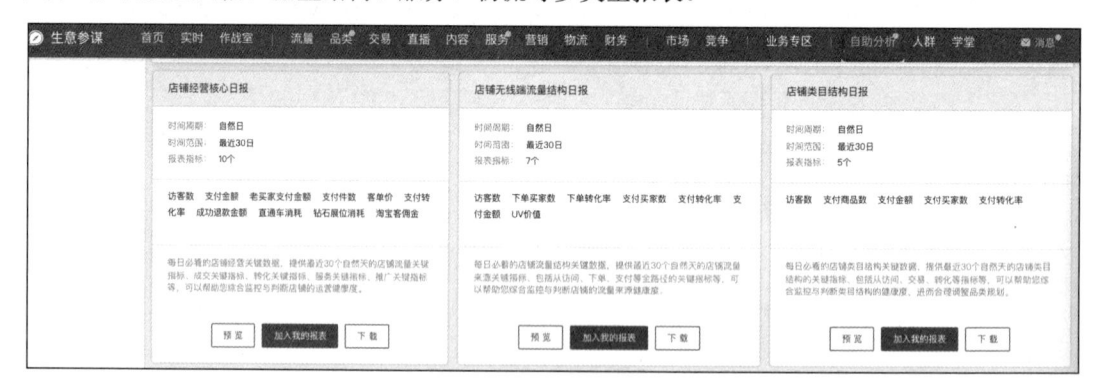

图 4-7 自助分析板块

如果报表模板无法满足分析需求，生意参谋还提供自建报表功能，如图 4-8 所示，通过点击"新建报表"选项，在选择取数报表后，可以自主选择 104 个指标进行下载分析。

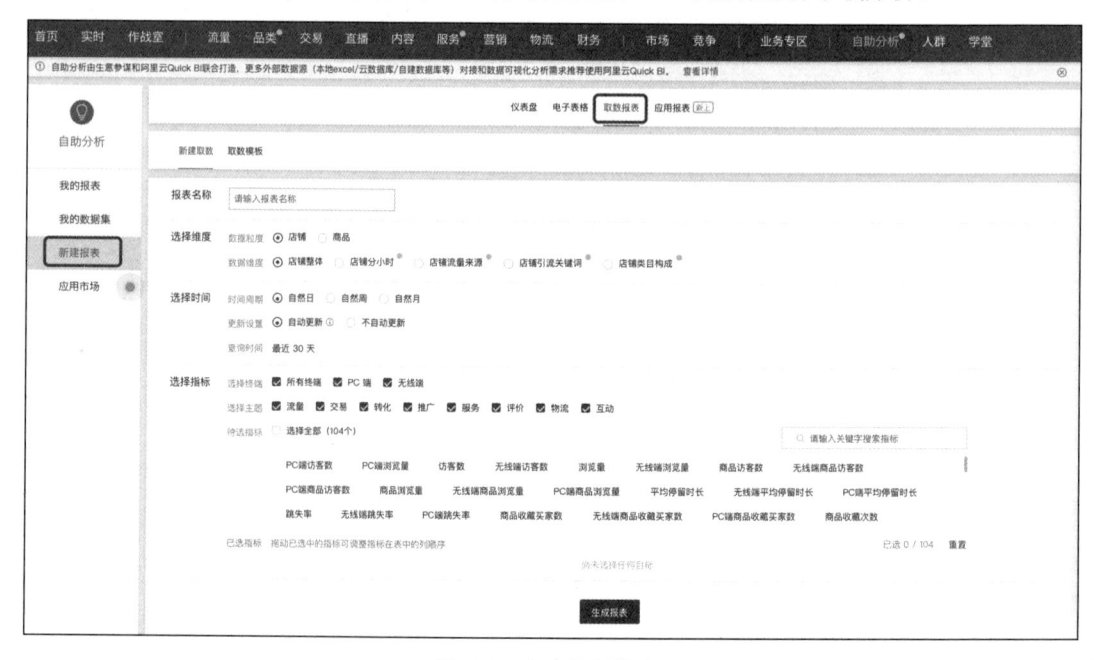

图 4-8 自建数据报表

在对基本数据和下载路径有了初步的认知后，一起思考几个小问题。

访客数是不是越多越好？其实，访客数并不是越多越好，因为有的流量是无效流量或者消耗性流量。比如，客户并没有购买需求，在某个契机下进入了网店，马上就退出，这样的流量不仅无法转化，甚至降低网店的转化率。

转化率越高越好吗？转化率实际上越高越好，因为转化率越高代表流量效率越高。

UV价值越高越好吗？UV价值也是越高越好的，UV价值越高证明引来的访客为网店贡献的价值越高。

4.2 行业趋势分析

做行业趋势分析可以找到更易成功的市场。在淘宝上有众多的类目可以投入运营，商家要了解优先选择哪一个市场会更容易实现销售，而做行业趋势分析可以掌握全类目的状态。

做行业趋势分析可以找到运营节奏。由于电商的销售和线下销售在节奏上有细微差别，网店需要根据行业趋势分析出的结论，进行商品的选择规划、促销规划、推广规划。

4.2.1 行业数据构成

分析行业数据构成，首先要了解淘宝平台的类目结构，也就是商品归类的方法。平台将商品按照3级进行了归类，如图4-9所示，鲜花速递、绿植园艺属于一级类目，所有和鲜花园艺绿植相关的商品都归属在此类目下。然后再进行细分，划分出婚礼鲜花布置、卡通花、商务用花、园艺用品等，这些通常被称为二级类目。其中，在婚礼鲜花布置下面，还有更细分的市场，如婚庆花篮、婚车鲜花、鲜花拱门、新娘手捧花、胸花、玫瑰花瓣等，称为三级类目。大多数市场都按照三级类目来进行划分，小部分类目因为没法划分出第三级，所以按照两级类目进行管理。有效的类目划分，既方便平台和网店管理商品，也方便客户找到更匹配的商品。

在行业数据中，一个重要的数据指标是交易指数。可以通过对不同二级或者三级子类目交易指数的分析，找到容量更大的市场。

图4-10是生意参谋工具提供的某行业构成数据，在图中可以看到婚礼鲜花布置类目下所有三级子类目的情况，分别展示了交易指数、交易增长幅度指数、支付金额较父行业占比指数、支付子订单数较父行业占比的情况。交易增长幅度指数是指统计周期内，本期的交易指数相对于上一个周期的交易指数的变化。支付金额较父行业占比指数是指三级类目支付金额占二级类目交易金额的比例的指数化结果。由此可以清晰地分析出，每一个类目交易支付金额的增长和降低趋势，对交易指数增长幅度大的子类目，需要及时去跟进。

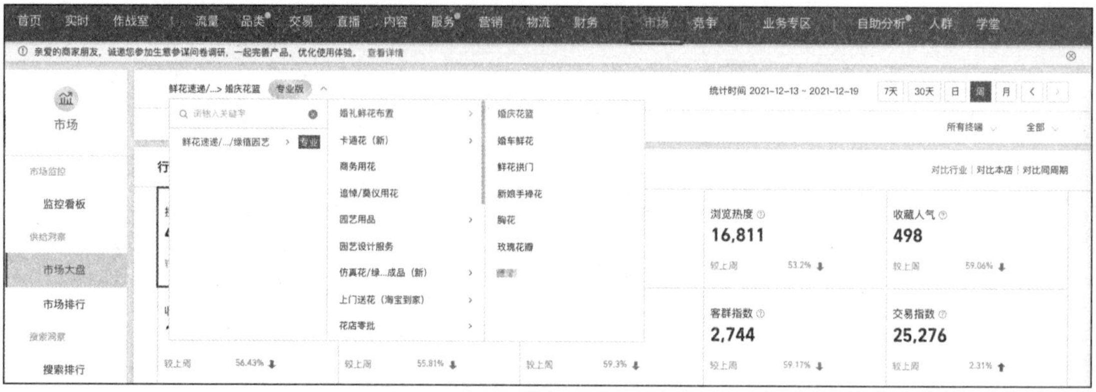

图 4-9 类目结构

子行业	交易指数	交易增长幅度指数	支付金额较父行业占比指数	支付子订单数较父行业占比
婚车鲜花 较前一月	337,377	+3.21%	29.96% 1.08%	37.09% 18.63%
新娘手捧花 较前一月	335,204	-18.02%	27.15% -14.02%	12.60% -1.80%
其他 较前一月	223,317	+0.84%	10.92% -0.35%	44.43% -18.10%
鲜花拱门 较前一月	163,517	+1.36%	2.67% -0.03%	0.86% -0.18%
婚庆花篮 较前一月	70,308	+58.24%	0.93% 0.24%	3.68% 1.59%
玫瑰花瓣 较前一月	41,564	+10.14%	0.70% 0.17%	0.80% 0.18%
胸花 较前一月	33,166	-25.28%	0.33% -0.04%	0.55% -0.32%

图 4-10 某行业构成数据

基于不同的行业，生意参谋工具提供了供给洞察、搜索洞察、客群洞察、机会洞察等数据。其中，供给洞察主要用于市场大盘和市场排行分析，可以通过分析市场状态，找到机会类目。搜索洞察主要分析搜索排行、搜索分析、搜索人群。搜索是客户的主动行为，搜索行为代表着客户不同需求的变化，可以通过对搜索的全面洞察，找到商品突围新机会。客群洞察主要分析行业客群和客群透视，可以通过整理行业的人群特征，为网店找到更精准的人群，给推广提供人群特征参考。机会洞察分为淘商机、属性洞察和商品洞察，淘商机通过系统算法，自动帮助网店挖掘潜力商品，属性洞察和商品洞察通过对市场全方位的分析，为商品经营提供方向。

4.2.2 商家数据概况

商家（也可称为"卖家"）数据概况就是对行业的竞争度和集合度进行分析的结果。首先看"卖家数"，该数值的变化，代表着在该行业中上传商品和下架商品的商家变化。热门类目的商家数量越多，通常行业的竞争压力就越大。而市场需求降低类目的商家数会呈现减少的状态。其次，需要分析"有交易卖家数"，该指标表示有支付成功情况的卖家总数，由于被买家选择和购买，有交易卖家数更能反映出真实的竞争状态。

通过生意参谋市场板块中的行业大盘，就可以找到卖家数和有交易卖家数指标。如图 4-11 所示，以婚礼鲜花布置类目为例，通过数据发现"新娘手捧花"类目的卖家数为 121 221 个，有交易卖家数为 1639 个，代表在该行业上传商品的商家虽然多，但实际被买家支付过的商家数为 1639 个。该数据虽然偏低，但和其他子类目相比，仍然排名靠前。

子行业	卖家数	父行业卖家数占比	有交易卖家数	父行业有交易卖家数占比
新娘手捧花	121,221	68.57%	1639	33.84%
较前一月	-6.35%	-0.75%	-18.09%	-23.43%
婚车鲜花	89,129	50.42%	1707	35.24%
较前一月	-6.37%	-0.77%	+49.08%	+39.36%
其他	31,829	18.00%	1216	25.10%
较前一月	-7.49%	-1.96%	+7.52%	+0.50%
鲜花拱门	25,356	14.34%	140	2.89%
较前一月	-7.88%	-2.37%	-4.76%	-10.97%
婚庆花篮	19,797	11.20%	203	4.19%
较前一月	-5.92%	-0.29%	-21.62%	-26.73%
玫瑰花瓣	14,531	8.22%	114	2.35%
较前一月	-8.64%	-3.18%	-7.32%	-13.36%
胸花	13,391	7.57%	142	2.93%
较前一月	-10.72%	-5.38%	+1.43%	-5.19%

图 4-11 卖家概况

在卖家概况中，还可以进行卖家地域的分析。根据每个子行业进行全国分布排序。如图 4-12 所示，在该类目下，河南省的卖家数排名第一，有交易卖家数排名第五。该类目下，大多数实现销售的商家在广东省，其次在浙江省。当点击"浙江省"以后，会出现图 4-13，按照城市进行排名。同样，杭州市的卖家数为 2628 个，排名第一，有交易卖家数为 132 个，排名第二；金华市的卖家数为 2127 个，有交易卖家数为 421 个，排名第一。如果需要商家瞄准该类目，就要做市场调研或者进货，首先应选择金华市，效率更高。

省	卖家数	父行业卖家数占比	有交易卖家数	父行业有交易卖家数占比
河南省 较前一月	114,541 +4.68%	15.26% 0.15%	9555 -4.54%	6.80% -0.35%
广东省 较前一月	74,533 +2.33%	9.93% -0.13%	30476 +0.79%	21.70% 0.10%
浙江省 较前一月	53,780 +2.83%	7.16% -0.06%	17108 +1.39%	12.18% 0.13%
福建省 较前一月	38,217 +1.68%	5.09% -0.10%	15780 -0.48%	11.24% -0.09%
江苏省 较前一月	36,427 +1.39%	4.85% -0.11%	16785 +0.56%	11.95% 0.03%

图 4-12 卖家地域分布（省）

城市	卖家数	父行业卖家数占比	有交易卖家数	父行业有交易卖家数占比
杭州市 较前一月	2,628 -1.65%	1.49% 0.06%	132 +10.92%	2.73% 0.10%
金华市 较前一月	2,127 +2.60%	1.20% 0.10%	421 +3.69%	8.69% -0.28%
温州市 较前一月	1,192 +5.30%	0.67% 0.07%	60 +20.00%	1.24% 0.13%
宁波市 较前一月	909 +2.13%	0.51% 0.04%	26 -16.13%	0.54% -0.15%
嘉兴市 较前一月	566 +37.71%	0.32% 0.10%	37 +48.00%	0.76% 0.21%

图 4-13 卖家地域分布（市）

4.2.3 行业趋势分析

　　行业趋势分析可以分为 3 步走，先分析类目整体情况，然后分析子类目，最后分析市场红蓝海。

1. 分析类目整体情况

首先分析一级类目。一级类目指大行业，比如服装、母婴、家具家装、3C 电器，不同的一级类目的数据不同。对于一级类目首先进行访问人气分析，该指标是根据在统计周期内的访客数拟合出的指数类指标。访问人气越高越好。通过访问人气的趋势变化，可以分析出整体在近期的变化。

然后是收藏人气分析，在收藏人气中可以看到一级类目里客户的兴趣度。加购人气是根据在统计周期内的加购人数拟合出的指数类指标。收藏人气和加购人气属于同类型的指标，都是体现客户兴趣度变化的监控指标。客户在浏览商品时，根据习惯进行收藏或者加购。在通常情况下，客户加购代表着消费需求旺盛。通过对这两个指标进行分析，可以查到在一级类目下的哪个时间点，客户的收藏和加购的兴趣度更高。

2. 分析子类目

分析子类目的核心指标是交易指数。交易指数的变化，代表着该类目的市场需求度的变化。如图 4-14 所示，该类目在近一年的趋势中，2 月需求度最低，3~5 月形成第一个高峰，9 月开始形成第二个高峰，然后交易趋势逐步下跌。通过分析单一子类目的交易指数，可以知道该类目的消费节奏。从整体数据来看，每一个类目的交易指数曲线都不一样，每个月都呈现动态变化。交易指数高的月份，销售情况更好，商家的备货也需要及时跟上。如果当月正处于交易指数曲线平缓的月份，则需要进行新款的规划，提前做好商品准备，测试流量，为即将到来的高峰做准备。

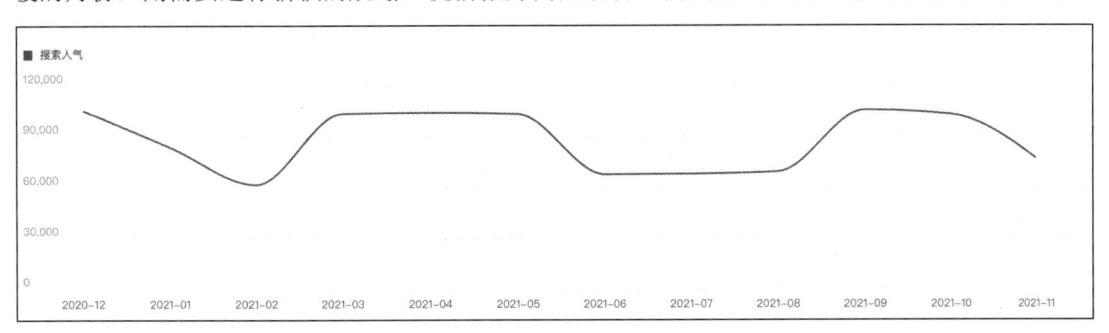

图 4-14 某子类目 12 个月交易指数

如果把所有子类目的交易指数都放在一起，就能查到不同类目的市场容量。交易指数越高，代表子类目的市场容量越大，应该优先把新品放在容量大的类目中，实现销售的概率相对来讲也会更大。当然，还有另外一种策略叫"宁做鸡头，不做凤尾"，部分商家会专门选择市场容量不大的类目进行操作。市场容量不大，也可以认为竞争度相对较低，会更容易做成名列前茅的网店。

图 4-15 将某年护肤类目的交易指数放在一起，可以看到，市场容量最大的是面部护理套装类目，其次是面膜类目。旅行装/体验装的类目容量排名倒数第一。还能从图中看到，在护肤类目中，3 月份、6 月份、11 月份的交易指数普遍偏高，结合平台特征，了解了这 3 个月分别有 3 场大促活动，分别是"38 大促""618 大促""双 11 大促"。也就意味着，做护肤类目的商家，需要以平台大促节奏为主。抓住全年这 3 次大型促销活动，完成网店销售额目标。在类目节奏分析里，不仅要区分它的大节奏是否属于平台大促节奏，还要考虑这个类目是否有自己独特的节奏，比如服饰类、鞋帽类四季分明，除了会和平台节奏进行匹配外，每一个季节的商品还有独特的类目节奏。

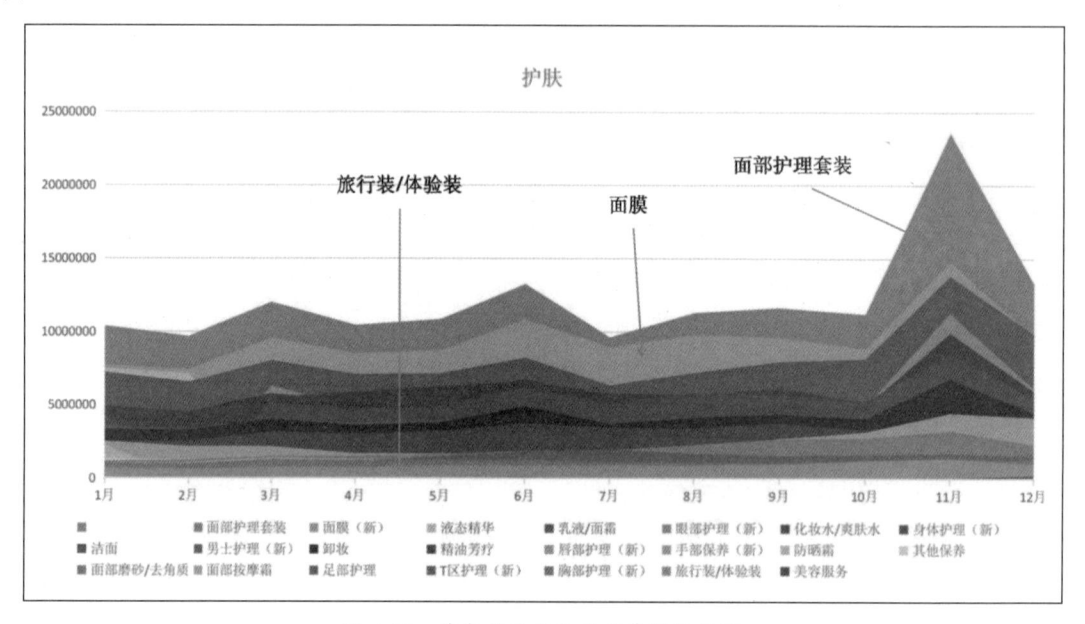

图 4-15 某年护肤类目的交易指数数据

子类目的交易指数曲线，也可以为网店运营提供时间参照。在哪个时间阶段可以上新、在哪个时间阶段推该类目爆款、什么时候开始清仓，都可以依据类目节奏进行测试。

3. 分析市场红蓝海

市场红蓝海的判断功能是生意参谋固有的一个模块。在市场大盘中，如果选择以自然月为周期，就能够出现市场的红蓝海。如图 4-16 所示，展示了在婚礼鲜花布置类目下的红蓝海。横轴可以在成交金额占比、成交金额同比、成交人数占比、成交人数同比中选择，气泡大小可以在交易指数、客群指数、搜索人气中选择。通过这 7 个指标的组合，可以全面分析出在自然月中，子类目的增长情况。

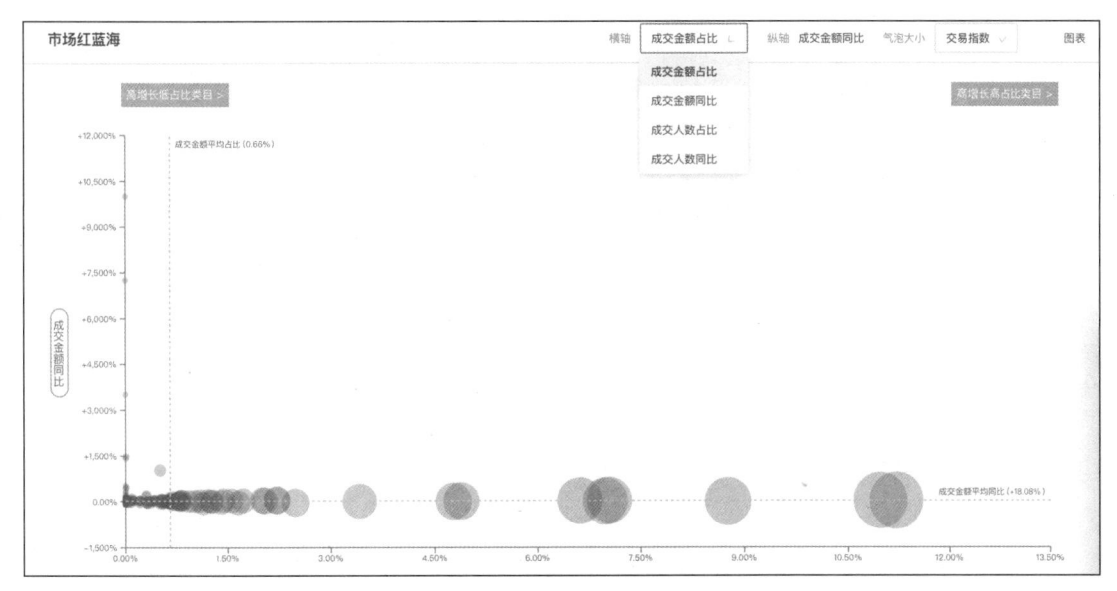

图 4-16　市场红蓝海

市场红蓝海这个数据越好，气泡越大、越高。如果持续出现气泡既大又高的类目，证明这个类目正处于机会期，销售成功的概率高。通过对市场红蓝海的数据分析，商家能够更好地做商品的匹配，所以对于高增长的子类目，需要及时跟进，抢占蓝海市场。

在行业分析里还需要使用一个公式，计算出市场平均分配量。这个值在生意参谋中没有明确展示，需要运营人员进行计算。

市场平均分配量=交易指数÷有交易卖家数。

用这两个指数就可以得到市场平均分配量的数据。表 4-1 所示是计算出的某月份的市场平均分配量。鲜花拱门的市场平均分配量最高，达到 847.07，意味着在鲜花拱门市场中实现销售的占比更高，如果网店需要开拓类目，则可以优先选择鲜花拱门类目。市场平均分配量指标越高越好，越高就证明该子类目获得的销售机会越大。

表 4-1　市场平均分配量

市场分析	交易指数	有交易卖家数（个）	市场平均分配量
婚车鲜花	453,048	581	779.77
新娘手捧花	333,837	1169	285.57
其他	183,037	924	198.09
鲜花拱门	104,189	123	847.07
婚庆花篮	41,711	132	315.99
胸花	36,372	179	203.20
玫瑰花瓣	34,831	105	331.72

通过分析整体类目、子类目和市场红蓝海，再加上市场平均分配量的计算分析，可以得出大类目的趋势、子类目的容量、子类目的时间节奏及类目的竞争度，可以加深运营人员对市场的了解。

4.3 行业客群分析

在分析完行业趋势后，进入行业客群的分析。通过行业客群的分析，了解子类目主要人群的客户特征，运营人员能更好地完成网店人群画像，为其匹配商品和做营销。

4.3.1 客群特征分析

行业客群的特征分析一般分为 3 个维度：客群趋势、属性画像和购买偏好。

1. 客群趋势

行业客群趋势在生意参谋工具的行业客群板块，客群趋势提供了 3 个指数的趋势数据，分别为支付转化指数、客群指数、交易指数。如图 4-17 所示，通过选择"月"为分析时长，展示出近 12 个月的支付转化指数趋势。图中数据表明，该子类目在 2021 年 2 月支付转化指数最低，2021 年 11 月的支付转化指数最高。

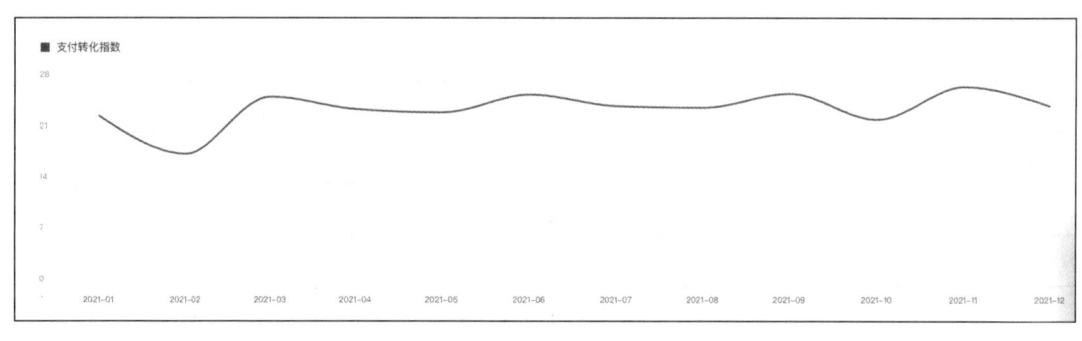

图 4-17 客群趋势

在分析支付转化指数时，如果行业的支付转化指数在提升，同时期网店销售额反而降低，就意味着在这个时间点网店没能把握销售的节奏，网店内部运营出现问题。

2. 属性画像

生意参谋依据客群占比、交易指数、客群指数、支付转化指数 4 个维度，提供了属性画像数据。属性画像数据包括对客户的性别分析、年龄分析、职业分析、地域分析，这些画像帮忙勾勒出客户的基本形象。值得注意的是，即使同一类目在 4 个不同维度下数据也有所差异，如图 4-18

和图 4-19 所示。单从性别分析和年龄分析来看，交易指数显示女性和男性的占比相差不大，年龄占比中 30~34 岁、25~29 岁为最高年龄段。而在客群指数下，女性客户数量稍多于男性客户数量，年龄呈均匀化分布，在 18~50 岁以上有细微差距。回顾两个维度的指标含义，客群指数是在选定周期中该类目下某人群标签下支付成交客户数指数化后的指标，而交易指数是根据商品在交易过程中的核心指标如订单数、客户数、支付件数、支付金额等，进行综合计算得出的数值，其数值越大反映交易的热度越高。所以，对不同的场景需要分析不同的数据指标，如果是进行精准的画像分析，建议以交易指数为主。

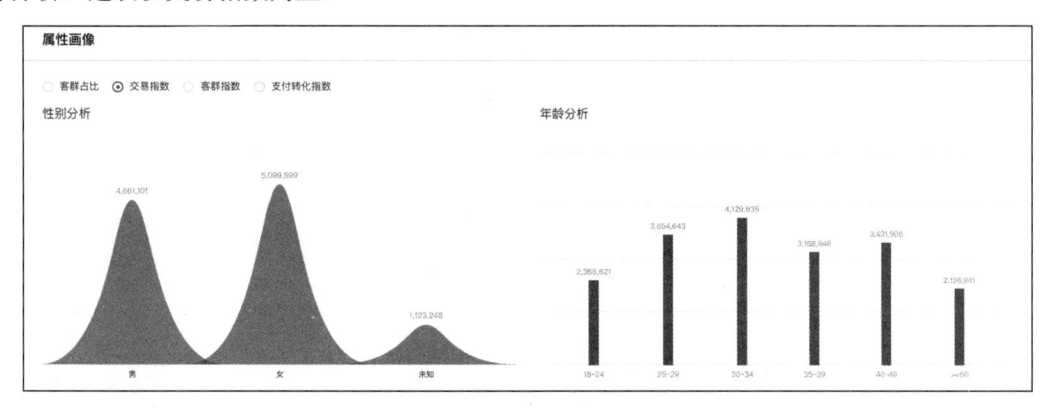

图 4-18 交易指数下的属性画像

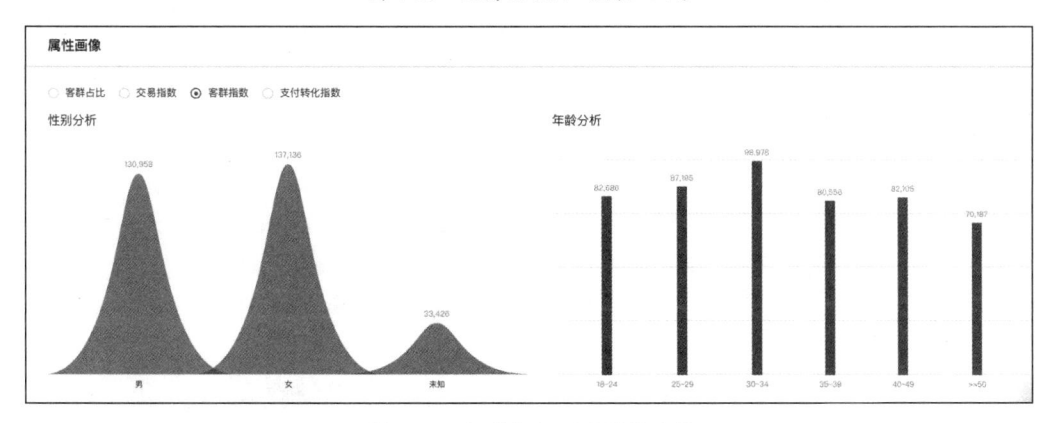

图 4-19 客群指数下的属性画像

职业分析中排名靠前的职业特征人群是在日常引流中要重点关注的人群。图 4-20 展示了某类目职业分析数据，可以看出该类目的支付人群以公司职员、个人经营/服务人员、教职工为主。了解行业客户的职业特征，在网店运营中，可以在流量端引入该特征人群，并在拍摄产品图片时，选取该人群更喜欢的场景，引起共鸣，实现销售。例如，若"公司职员"客群占比最高，则网店的文案、图片、视频创意都可以体现这个群体的特征。

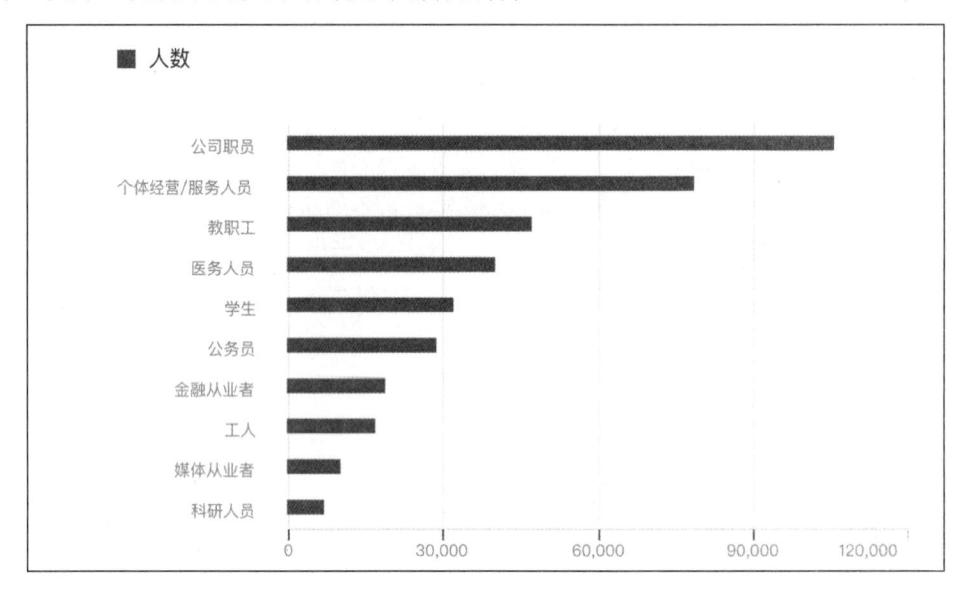

图 4-20 某类目职业分析数据

图 4-21 展示了地域分析，按照省份进行排名。广东、浙江、江苏排名前三，网店在引流时，可以加大对这三个省的投入。

排名	省份	客群指数
1	广东省	81,427
2	浙江省	54,283
3	江苏省	54,280
4	山东省	47,066
5	河南省	42,356
6	河北省	40,041
7	福建省	40,021
8	湖南省	38,896
9	四川省	37,817
10	湖北省	37,381

图 4-21 某类目 TOP 地域数据

3. 购买偏好

购买偏好分为品牌偏好、类目偏好、下单及支付时间段偏好、搜索词偏好、属性偏好、支付偏好、支付频次偏好。这 7 种偏好对应着客户不同的行为。下面选 3 种较为重要的偏好进行分析。从品牌偏好中可以了解客户喜欢的品牌，同时会出现交易商品榜单，可以帮助找到市场上销售好的单品。在类目偏好中出现的排序，可以作为网店设置关联商品的数据参考。如图 4-22 所示，婚礼鲜花布置和婚庆用品可以做搭配商品。同时，在网店需要进行跨类目引流时，也可以依据类目偏好进行投放测试。

类目偏好		
排名	类目名称	交易指数
1	婚礼鲜花布置	434,643
2	婚庆用品	197,987
3	装扮用品	70,467
4	花卉/绿植盆栽（新）	48,100
5	婚纱/旗袍/礼服	40,398
6	灯具灯饰	34,320
7	花艺包装/材料	34,288
8	发饰	34,252
9	创意礼品	33,366
10	节日用品	33,084

图 4-22 类目偏好数据

分析属性偏好数据在商品运营中很重要，行业 TOP 属性值，意味着被客户选择更多的特征。例如在颜色上，行业 TOP 属性值显示为白色和粉色，网店在开发新款时可以着重备货白色和粉色的产品，或者在商品的主图中放置白色和粉色，从而增加客户的点击率。

4.3.2 客群特征透视

客群特征透视，主要指通过多个指标的关联分析，找到潜力人群。客群透视分为两个维度，即年龄-段性别和年龄段-城市级别。通过叠加客户的年龄标签、性别标签和城市标签，找寻更精准的潜在客户群体。分析指标又分为客群指数、交易指数、支付转化率。如图 4-23 所示，选取了年龄段-性别维度，分析指标为客群指数。图中颜色越深，代表指数越大，通过对该图的分析，会发现 31~35 岁的女性客户客群指数更高，这部分人群是该类目的核心人群。

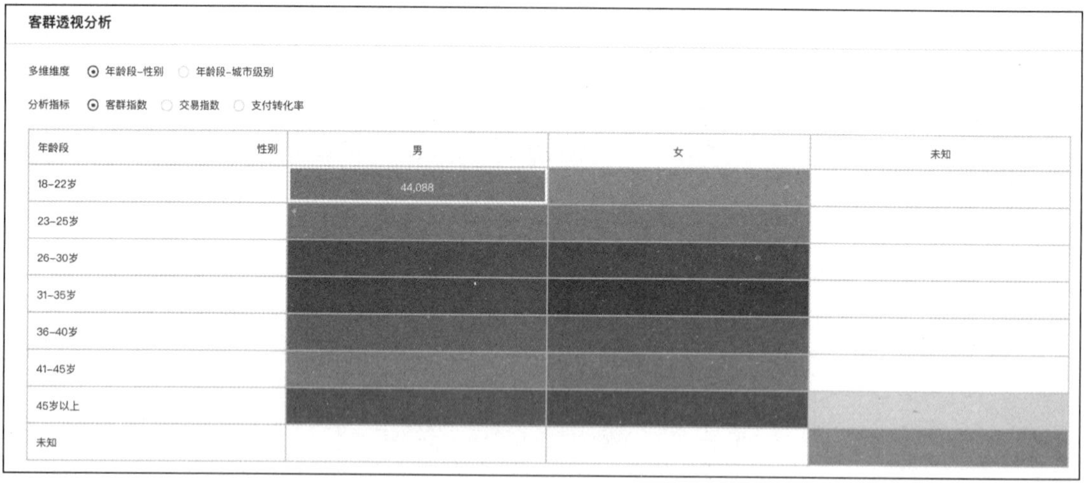

图 4-23　客群透视分析（一）

选择年龄段-城市级别维度，城市级别分为一线城市、二线城市、三线城市和四线及以下城市。如图 4-24 所示，四线及以下，31~35 岁颜色最深，也就代表着客群主要是四线及以下城市的 31~35 岁群体。

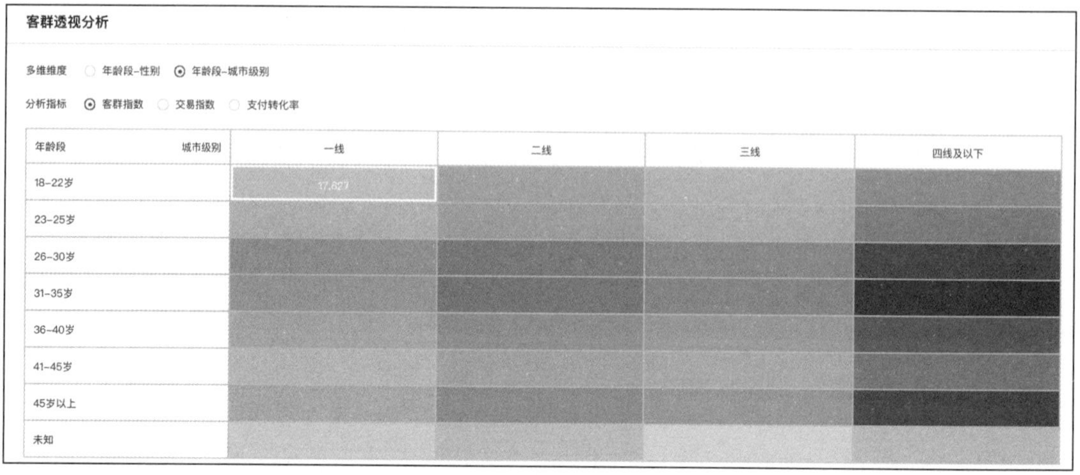

图 4-24　客群透视分析（二）

客群透视工具可以帮助网店运营人员查到行业客群的红蓝海，找到机会人群，帮助网店将客户按照年龄、性别、地域进行组合，再按不同的人群特征进行更有针对性的流量获取和营销。

4.4 时间地域分析

4.4.1 时段数据分析

时段数据分析通过了解行业客户行为，可以找到更高效的转化时间，再和网店时间做对比并找到差距，进行网店优化。

进入生意参谋，找到行业客群分析板块，其中提供了行业客群的下单及支付时段偏好。如图 4-25 所示，显示了某类目客户在近 30 天的下单及支付时段偏好数据。通过曲线可以观测到该类目中午 13 点达到销售量高峰，下午 15 点后开始下降。

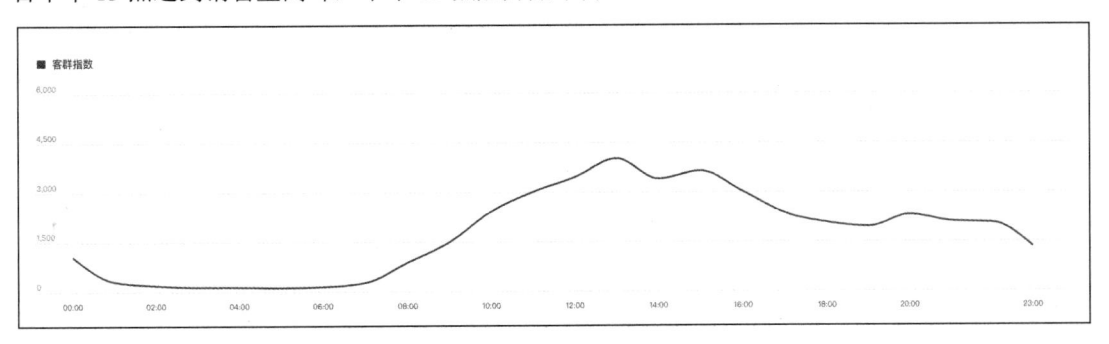

图 4-25 行业下单及支付时段偏好（一）

行业客群的下单及支付时间需要分两种分析时段，一种是日常的客户行为时段，如图 4-25 所显示出的下单节奏。一种是大促行为时段，大促行为时段和平台设计活动相关，例如 2021 年"双 11"预售开始时间是 20 日 20 点，在当日 20 点，很多类目因为预售开启，数据直线上升。

在找到行业的时间节奏后，还需要与网店时间节奏进行对比。首先需要进行网店时间的分析。进入生意参谋，找到流量板块中的访客分析。如图 4-26 所示，上方蓝色曲线代表访客数，下方黄色曲线代表下单买家数。该网店流量在 15 点左右达到第一个高峰，晚上 21 点是第二个峰值。而从下单买家数来看，并没有特别明显的变化。

而图 4-27 是另一家网店的时段分布，可以看到它和图 4-26 呈现出巨大的差异。该网店的访客数和下单买家数在白天非常少，而在晚上 18 点后突然暴增，下单买家数也随即增多。因为图 4-27 所示的网店是以直播为主的网店，在主播开播后，才有流量进入，所以显示了其与行业截然不同的时间规律。

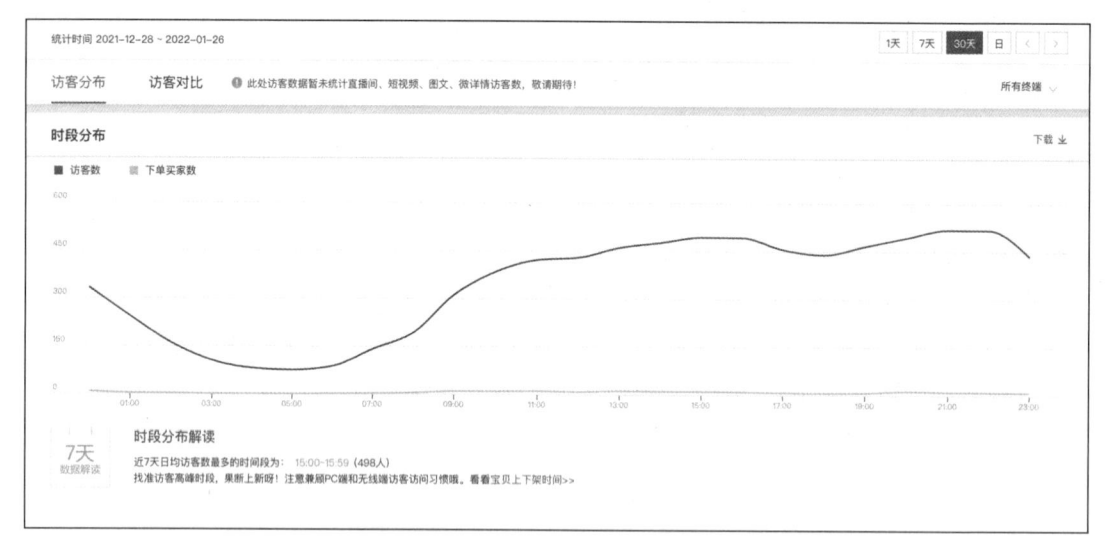

图4-26 某网店下单及支付时段偏好（二）

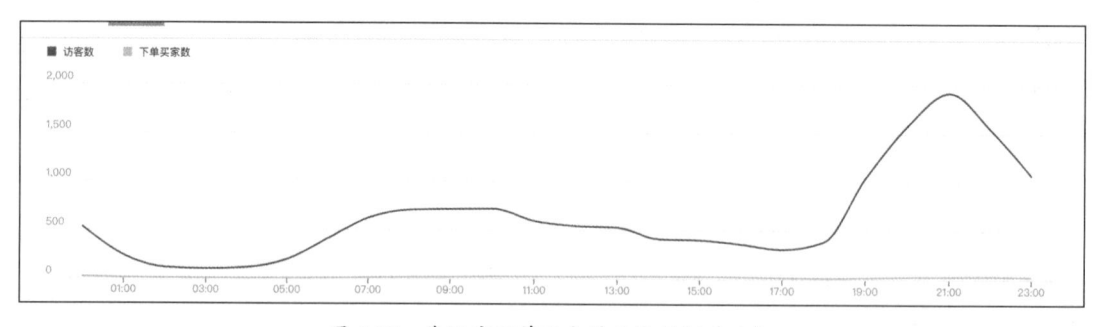

图4-27 某网店下单及支付时段偏好（三）

通过上述两个案例，可以发现行业的时间节奏固然重要，也需要和网店类型做匹配。如果是直播型网店，时间规划呈现更集中的特色。这里以大多数的网店类型来做时段数据整理。首先需要进行时段数据的下载，如图4-26所示，右上角有下载入口。网店最近上新商品比较多，下载时选择的时间点可按天为单位，在"双11"或者"6.18"大促期间，也是按天下载的。如果网店商品更新较少，下载可以按月为时段汇总。数据量越大，结论越精准。

然后点击"下载"按钮，即可生成网店时段数据。在下载后，用下单买家数除以访客数，得到转化率数据。如图4-28所示，计算出每个小时的转化率，用于分析每小时到店访客的购买转化情况。比如，这里占比最高的10点到10点59分，它的转化率是最高的，达到了15.3%，虽然占比很高，下单的买家数是145，排名网店时段首位，但分析10点到10点59分的流量，访客数只获得了948个。如果在这个时间阶段能够引入更多的流量，下单买家数是否可以增加？这就是时段分析后,可以做的运营动作——调配每个时间段的流量数据,精细化管理客户转化率。

统计终端	统计时段	访客数	下单买家数	转化率
所有终端	00:00~00:59	528	75	14.20%
所有终端	01:00~01:59	173	12	6.94%
所有终端	02:00~02:59	87	5	5.75%
所有终端	03:00~03:59	57	4	7.02%
所有终端	04:00~04:59	54	3	5.56%
所有终端	05:00~05:59	104	4	3.85%
所有终端	06:00~06:59	308	16	5.19%
所有终端	07:00~07:59	525	28	5.33%
所有终端	08:00~08:59	657	51	7.76%
所有终端	09:00~09:59	1004	104	10.36%
所有终端	10:00~10:59	948	145	15.30%
所有终端	11:00~11:59	803	61	7.60%
所有终端	12:00~12:59	805	59	7.33%
所有终端	13:00~13:59	857	60	7.00%
所有终端	14:00~14:59	784	51	6.51%
所有终端	15:00~15:59	746	47	6.30%
所有终端	16:00~16:59	729	42	5.76%
所有终端	17:00~17:59	671	42	6.26%
所有终端	18:00~18:59	636	34	5.35%
所有终端	19:00~19:59	709	44	6.21%
所有终端	20:00~20:59	862	57	6.61%
所有终端	21:00~21:59	1054	78	7.40%
所有终端	22:00~22:59	1126	78	6.93%
所有终端	23:00~23:59	862	66	7.66%

图 4-28 某网店时段数据报表(截图)

报表中哪个时段访客数多且转化率高,则该时段可以重点关注优化。再和行业的时间节奏进行对比,尽可能覆盖行业所有的热门时间段。

4.4.2 地域数据分析

在不同季节、不同时间点上架的商品因为属性不同,销售的地域会有所差别。地域数据分析对于一些子类目较多且商品风格、特征不同或者随着季节变换而改变上架商品的网店是一项重要操作手法。地域数据除了应用在推广工具上,还可以用在网店营销中进行个性化设计。

进入生意参谋,在行业客群中,可以找到省份排序。如图 4-29 所示,在子行业中将所有的省份进行排序。因为此处的地域数据是基于客户购买行为的数据,所以排名越靠前的地域,代表此处客户越活跃。

地域和类目强关联。广东是夏季服装的重点推广地域,而羽绒服或貂皮大衣则较少选择在广东推广。如果售卖常规主流商品,就可以用类目数据和网店数据进行关联分析。

图 4-30 是某网店地域数据报表。将图 4-30 和图 4-29 的地域数据进行对比,可以发现在地域客群占比排序中排名第六的福建省在地域访客数排序中并未进入前十名。由此可发现,网店可以尝试加强对福建省的引流,以促进更多福建省客户的转化。

TOP 省份

排名	省份	客群占比
1	广东省	14.33%
2	浙江省	7.99%
3	江苏省	7.75%
4	山东省	5.65%
5	河南省	5.04%
6	福建省	4.61%
7	湖南省	4.55%
8	四川省	4.48%
9	安徽省	4.31%
10	河北省	4.16%

图 4-29　某子类目地域数据报表

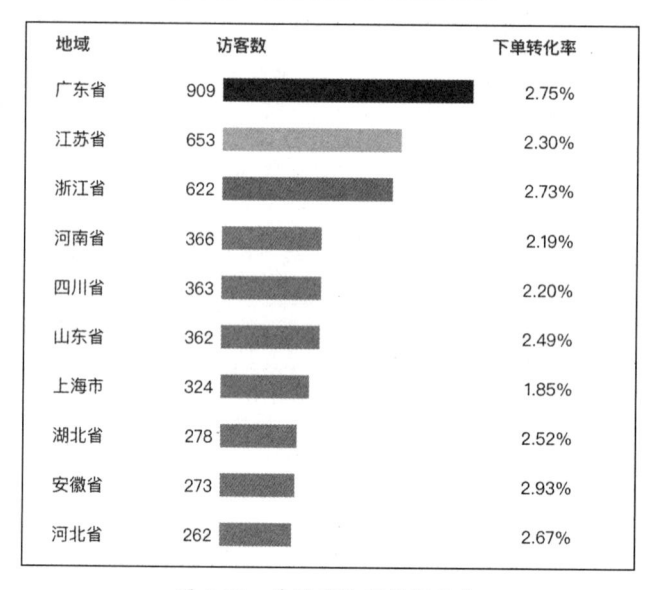

地域	访客数	下单转化率
广东省	909	2.75%
江苏省	653	2.30%
浙江省	622	2.73%
河南省	366	2.19%
四川省	363	2.20%
山东省	362	2.49%
上海市	324	1.85%
湖北省	278	2.52%
安徽省	273	2.93%
河北省	262	2.67%

图 4-30　某网店地域数据报表

4.4.3　时间、地域数据综合应用

通过前面两个小节，已经将市场和网店的时间、地域整理出来，接下来需要在网店中将数据应用起来。在通常情况下，有 3 种应用方式。

在推广中应用。推广工具对时间、地域的应用是最直接的应用方式，可以在直通车工具中进行使用。直通车是网店常见的付费投放工具之一，它的扣费原理是按点击扣费，主要是在搜索的结果页里呈现商家相应的广告，而商家通过直通车拿到比较精准的流量。在直通车的投放里可以单独进行时间、地域的设置。可以单独按照省份和城市设置投放地域，如图 4-31 所示，在需要投放的地域前进行勾选，即可实现定点投放广告。直通车也可以自定义投放时间，如图 4-32 所示，在每个时间点都可以单独设置投放力度。通过设置投放折扣比例实现在热门时间点集中投放。比如，凌晨 3~6 点，可以减小投放力度甚至不投放，早上 8~9 点因为下单买家数多，可以加大在该时间点的投放力度。

图 4-31　某网店直通车计划设置后台

其余推广工具，如引力魔方（原超级推荐）也是常用的投放工具之一，它主要是在信息流里做广告的投放。引力魔方也和直通车一样，可以单独设置投放地域和投放时间。同样，网店依据找到的高流量地区或者高转化时段加大投放力度，可以优化推广效果。

在客服中应用。通过对时间的分析，可以进行客服的排班优化，保证在热门时间段网店的接待能力。根据地域信息让客服准备一些方言话术，比如广东话，去拉近和热门地域客户的距离，建立网店独特的温度感。

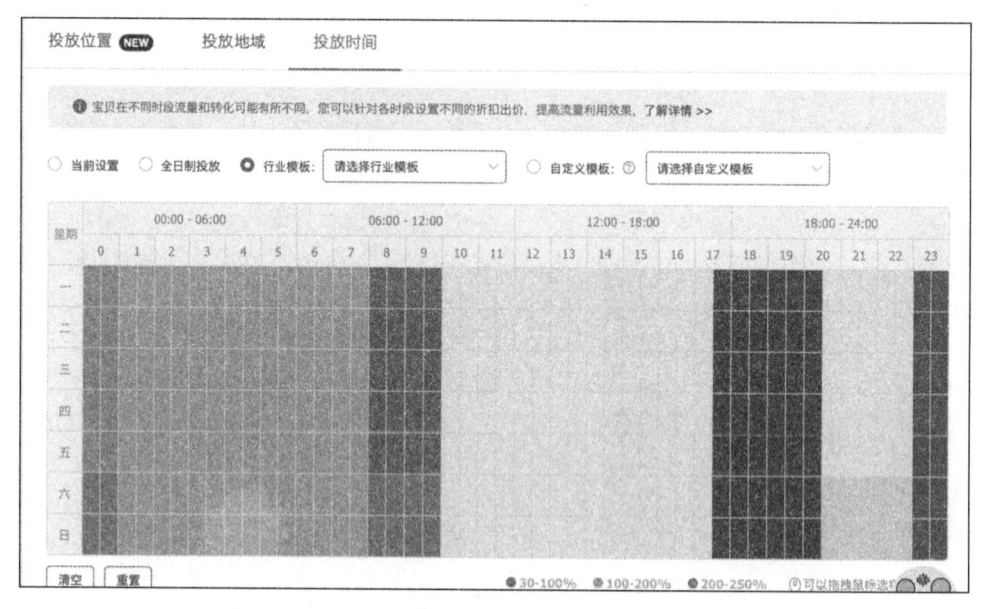

图 4-32　某网店直通车投放时间设置后台

在营销中应用。结合时间地域数据，可以在日常的页面中，加入当月热门地域的城市特征，或者开发有地域特色的商品。比如花西子开发的苗族印象散粉（如图 4-33 所示），将地域特色融入商品，引发客户购买浪潮。

图 4-33　花西子苗族印象散粉

4.5　竞争趋势分析

4.5.1　竞店设置

知己知彼，百战不殆，运营网店也是如此。要进行全面的竞争对手分析，学习竞争对手的运营策略，首先要进行竞店的设置。

1. 识别竞店

在进入生意参谋"竞争"板块后,从流失竞店识别和高潜竞店识别两个维度寻找竞店。流失竞店是指浏览过本店和竞店的客户,最终选择成交的网店。根据流失指数和竞店交易指数,将流失类竞店分为 4 个象限,其中尤其要关注高流失高销量的竞店,在图 4-34 中,蓝色圆点越靠右越靠上,代表流失金额越大。高潜竞店是通过对市场上近 30 天交易增长幅度和交易指数进行交叉分析,识别出市场上新出现的潜力网店。

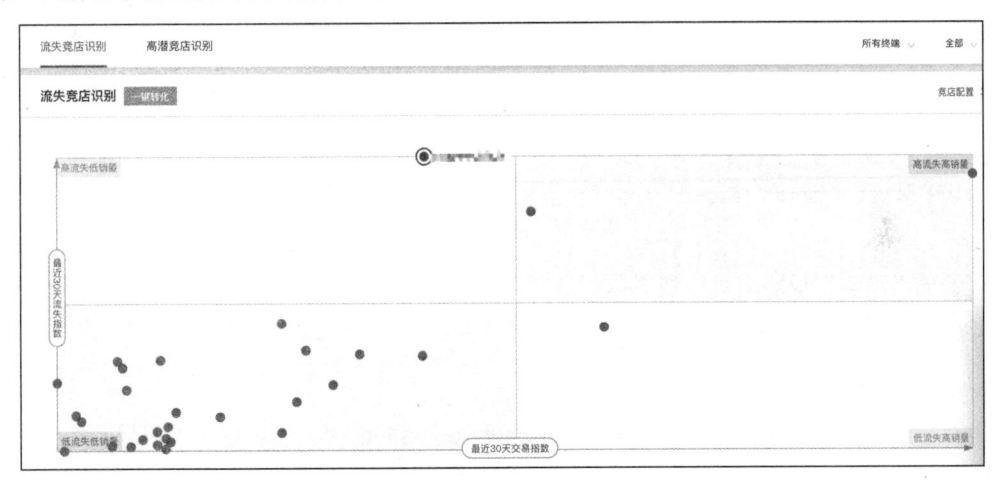

图 4-34 识别竞店

2. 设置竞店

在"竞争"板块里,可以添加竞争店铺、竞争商品和竞争品牌。如图 4-35 所示,将之前找到的竞店信息输入搜索栏,此处支持填写店铺首页链接、店铺名称查询。在找到对应店铺后,点击右侧"添加监控"按钮,竞店即添加成功,如图 4-36 所示。

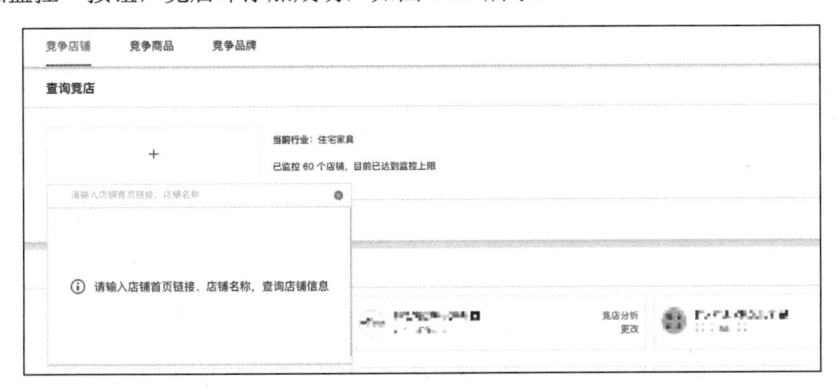

图 4-35 查询竞店

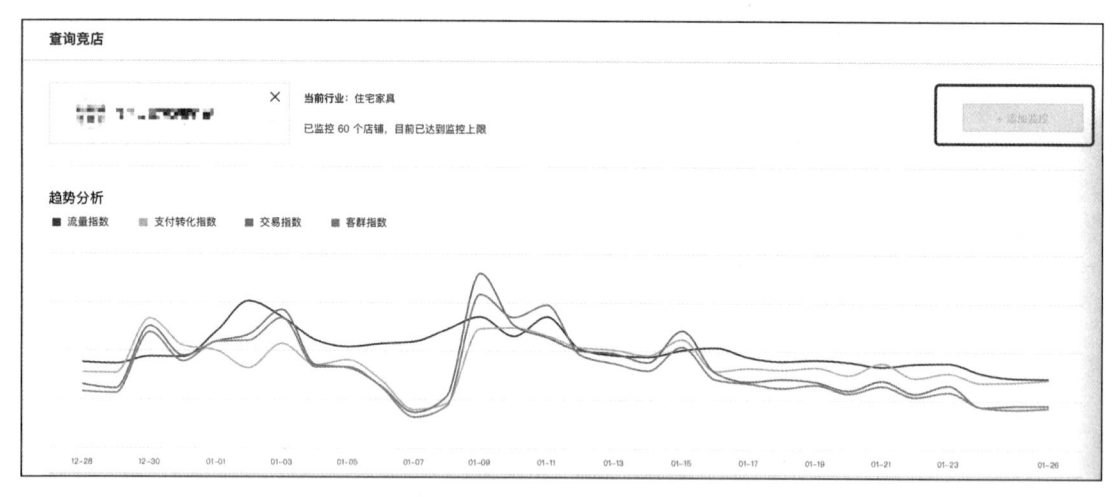

图 4-36 添加竞店监控

除了在"竞争"板块里可以找竞店，还可以点击市场下的"市场排行"，在"市场排行"中找到交易数多和流量大的网店，进行监控。

3. 设置竞品

在"竞争商品"选项卡中，输入想要分析的竞争单品的链接，然后点击"添加监控"按钮，即可对竞争单品进行更全面的数据分析，如图 4-37 所示。

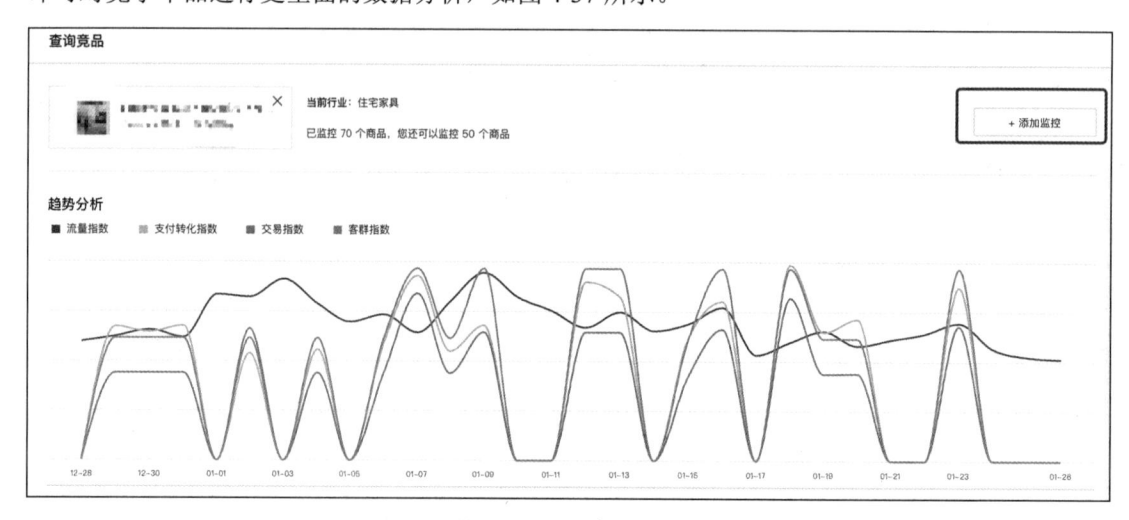

图 4-37 添加竞品监控

如果要监控竞争品牌，那么输入竞争品牌名称即可实现对品牌的监控，如图 4-38 所示。

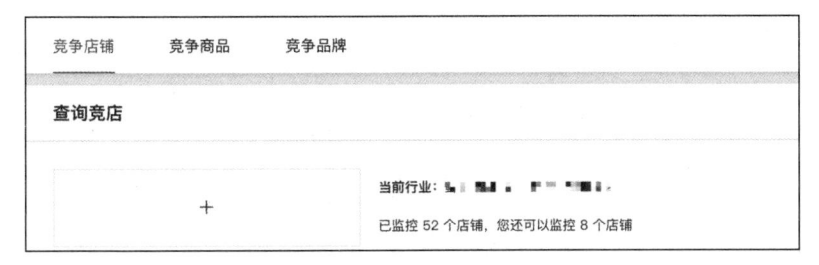

图 4-38　添加品牌监控

4.5.2　竞争店铺分析

在设置好店铺、单品和品牌之后，就可以开始做数据分析。进入生意参谋，在"竞争"板块中找到"竞店分析"，筛选出上一步添加的竞店。

1．分析交易指数

如图 4-39 所示，下方蓝色线为本店交易指数，上方黄色线为竞店交易指数，图中黄色线远高于蓝色线，代表竞店比本店的销售数多。同时，从这两条曲线还能分析出销售节奏不同。竞店在 1 月 9 日和 1 月 15 日销售数多，而本店的交易指数很平稳，没有明显的峰值出现。所以，需要进一步去分析竞店在 1 月 9 日和 15 日分别做了哪些营销动作，从而让销量增加。

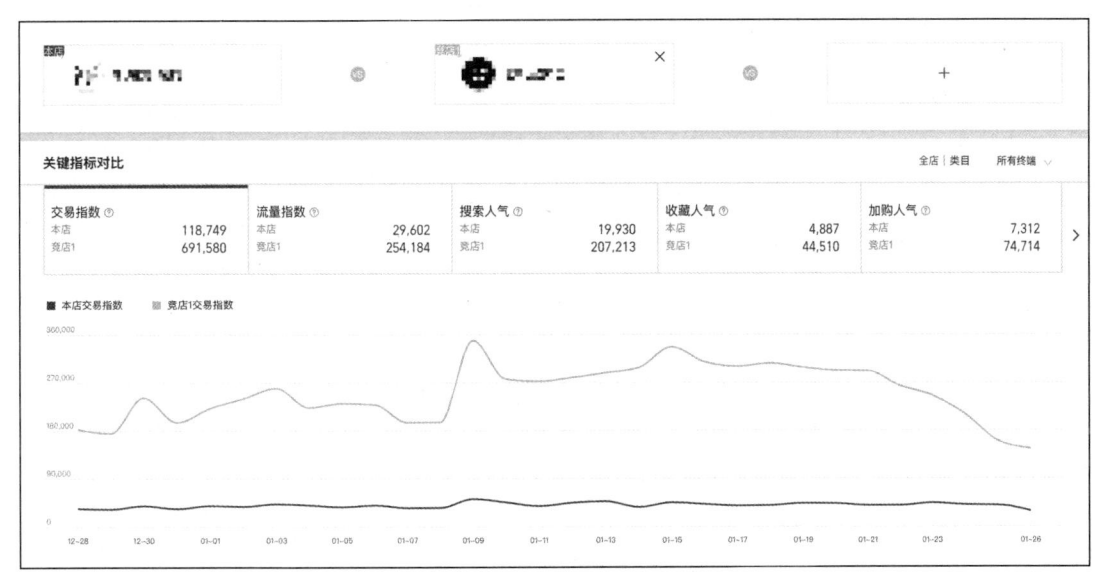

图 4-39　竞店交易指数分析

2. 分析流量指数

流量指数代表着网店获取流量的能力，通过对比流量指数，可以观测到与竞店在流量端的差距，从而找到网店优化的办法，争取早日实现流量的超越。然后，需要分析加购人气。如图 4-41 所示，在加购人气板块中，这两条曲线的走势有明显的差异，证明两个店铺的客户运营策略有差异。加购数据也会影响最终的交易数据。

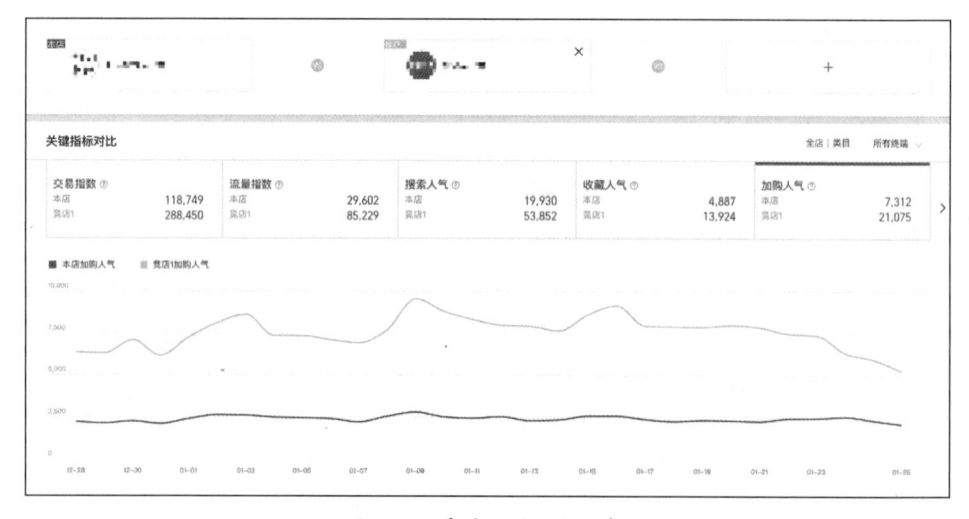

图 4-40　竞店加购人气分析

3. 对比商品

在竞店分析中，TOP 商品榜可以从热销和流量两个维度进行分析，如图 4-41 所示。通过对热销单品和流量单品的分析，能够掌握竞店和本店的商品运营差异性。例如，当前是 8 月，本店和竞店的热销单品都是连衣裙，但是在流量单品排行中，竞店出现了一款连帽卫衣。这证明竞店在 8 月已经开始了下一个季度新品的打造，而本店尚未开始，这就在商品的运营节奏上产生了差异。

图 4-41　商品对比分析

4．分析流量商品排行榜

分析流量商品排行榜会发现有的单品虽然流量高，但并未上热销榜。有两个原因导致这样的结果：一是流量的利用率低，商品本身的转化力不强，客户只看不买；二是正在推广的新品还处于成长阶段，未达到市场的热销时间。如果经过排查，是原因一导致的，运营和推广人员就需要进行流量分析；如果是原因二导致的，就需要继续运作，增强对老客户的触达，增加成交机会。

5．分析类目信息

类目信息主要通过交易构成进行分析。在日常情况下，交易构成子类目相似的网店称为核心竞店。如图4-42所示，案例中所列举的两家网店，在日常都以面部护理套装为主营类目，截图数据为在"双11"大促预售开始后的数据。通过数据发现，在大促的预售期，本店销售最好的类目是涂抹面膜，竞店销售最好的类目仍然是面部护理套装，由此也可以看到在大促期间，不同的网店主推的核心子类目不同。

排名	本店 类目	支付金额占比	排名	竞店1 类目	支付金额占比
1	美容护肤/美体/精油 > 涂抹面膜	37.16%	1	美容护肤/美体/精油 > 面部护理套装	42.42%
2	美容护肤/美体/精油 > 液态精华	14.02%	2	美容护肤/美体/精油 > 贴片面膜	18.14%
3	美容护肤/美体/精油 > 面部护理套装	12.85%	3	美容护肤/美体/精油 > 乳液/面霜	9.42%
4	美容护肤/美体/精油 > 洁面	12.75%	4	美容护肤/美体/精油 > 液态精华	5.56%
5	美容护肤/美体/精油 > 化妆水/爽肤水	9.43%	5	美容护肤/美体/精油 > 化妆水/爽肤水	5.16%
6	居家日用 > 眼罩	5.80%	6	美容护肤/美体/精油 > 男土面部乳霜	4.13%
7	美容护肤/美体/精油 > 喷雾	2.25%	7	美容护肤/美体/精油 > 洁面	2.21%
8	美容护肤/美体/精油 > 旅行装/体验装	1.62%	8	彩妆/香水/美妆工具 > 隔离/妆前	2.07%
9	其他 > 赠品	1.14%	9	眼霜	2.02%
10	美容护肤/美体/精油 > 足膜	1.03%	10	美容护肤/美体/精油 > 涂抹面膜	1.30%
11	其它	1.96%	11	其它	7.56%

图4-42 交易构成分析

6．分析价格带

因为平台的流量是按照千人千面的逻辑进行展示的，价格带也是核心的展示因素。平台会根据每个客户不同的历史行为，进行更加匹配的商品推荐。如图4-43所示，本店和竞店的核心客户的价格带都是"250元以上"，客户属于高客单价人群。本店基本上没有进行其他价格带的规划，竞店在80~250元有商品匹配，所以竞店的价格带更宽。

本店 价格带	支付金额占比	竞店 价格带	支付金额占比
0-20元	0.01%	0-20元	0.01%
20-40元	0.77%	20-40元	0.08%
40-80元	8.39%	40-80元	1.86%
80-150元	1.62%	80-150元	24.37%
150-250元	15.61%	150-250元	23.81%
250元以上	73.60%	250元以上	49.87%

图4-43 价格带分析

7. 分析入店来源

网店之间首先在流量端争夺，有了足够的流量才能支撑全店的销售转化。在入店来源分析中，关注 4 种指标：流量指数、客群指数、支付转化指数、交易指数，如图 4-44 所示。

入店来源　　无线端

对比指标　⊙ 流量指数　○ 客群指数　○ 支付转化指数　○ 交易指数

流量来源	本店 流量指数	竞店1 流量指数	本店访客数	操作
淘内免费	34,177	384,160	59,631	
自主访问	13,940	153,738	12,561	
付费流量	2,323	362,944	609	
大促会场	404	34,667	37	
淘外媒体	360	136,435	31	
淘外网站	233	14,744	16	
淘外APP	0	0	0	
其它来源	0	425	0	

图 4-44　入店来源分析

8. 分析竞店流量承接效果

在选择交易指数后，进行流量渠道的对比。在切换之后可以看到每一个流量渠道（淘内免费、自主访问、付费流量、大促会场、海外网站、淘外 APP、其他来源和海外媒体）为竞店带来的转化效果。

如图 4-45 所示，点击“淘内免费”选项，竞店在手淘搜索、手淘淘宝直播、订阅的流量渠道的交易指数明显高于本店。通过此方法找到竞争对手转化好的渠道，可以为本店运营人员提供流量布局参考，及时跟进漏掉的流量渠道。

再分析付费流量渠道，如图 4-46 所示，数据显示本店有成交的流量渠道为淘宝客，竞店有成交的流量渠道为淘宝客、直通车、超级推荐、红包省钱卡等。从渠道分析，竞争对手多投放了超级推荐和红包省钱卡渠道，从同渠道的数据量级分析，竞店的淘宝客交易指数为 500 854，本店为 35 984，前者是后者的 13.9 倍。在本店运营人员进行流量渠道优化时，还可以跟进直通车、超级推荐和红包省钱卡等工具，保持淘宝客渠道的优化。

对比指标	流量指数	客群指数	支付转化指数	● 交易指数	
流量来源			本店 交易指数		交易指数
● 淘内免费			175,258		1,188,993
手淘淘宝直播			172,450		595,732
手淘旺信			20,861		547,700
手淘搜索			19,931		625,361
淘内免费其他			19,491		573,066
一淘			14,257		125,592
手淘问大家			14,025		148,517
手淘推荐			9,973		237,711
手淘消息中心			3,337		105,345
手淘我的评价			3,158		60,047
手淘拍立淘			2,957		67,423
短视频全屏页上下滑			702		47,106
手猫搜索			444		98,681
订阅			0		173,436

图 4-45　淘内免费来源分析

对比指标	流量指数	客群指数	支付转化指数	● 交易指数	
流量来源			本店 交易指数		交易指数
● 淘内免费			175,258		1,188,993
● 自主访问			101,580		1,222,747
● 付费流量			35,984		1,085,371
淘宝客			35,984		500,854
品销宝-品牌首推			0		0
超级推荐			0		194,546
TMAX			0		0
红包省钱卡			0		39,264
红包签到			0		10,146
超级直播			-		-
超级海景房			-		-
万相台			0		386,574
超级短视频			-		-
直通车			0		500,546

图 4-46　淘内付费来源分析

9．竞品分析

其余 3 个指标的流量分析方法和交易指数雷同，在竞店分析完之后，还需要做竞品分析。进入生意参谋中的竞品对比板块，如图 4-47 所示。

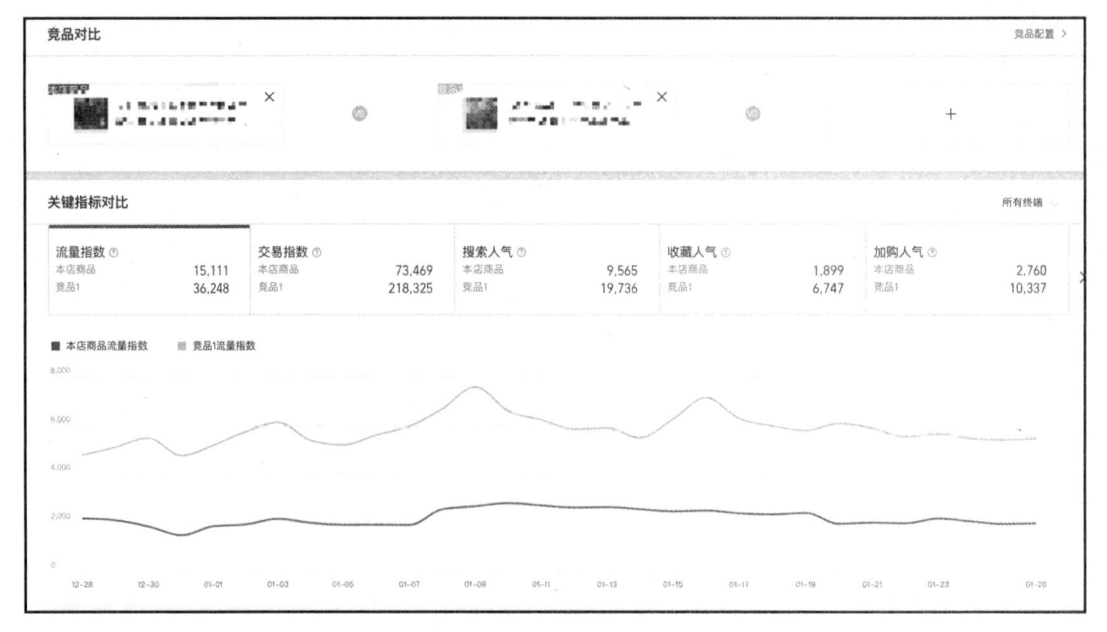

图 4-47　竞品分析

竞品分析通过对比本地和竞店核心单品的数据，为本店单品运营提供数据支撑。通过如下 3 个方向分析。

（1）节奏的对比。分析流量指数、交易指数、加购人气，对比这 3 个指标的节奏变化，例如分析两个单品在"双 11"活动期间每日的 3 个指标变化，能够了解单品不同的运营节奏。

（2）入店搜索词的变化。分析引流关键词和成交关键词。单品的搜索词数据只支持"日"维度，意味着只能通过工具查看单日的词汇数据。所以，运营人员需要每日记录数据，然后以 7 天为节点，进行搜索词汇的效果分析。

（3）入店来源的分析。单品入店来源和网店来源的分析方法一致。视角从全店变成单品，更细致地分析每一个来源渠道的效率，找准和竞争单品间的差异，帮助优化单品的流量渠道。

4.6　本章小结

通过本章的学习，我们掌握了行业分析和竞争分析的方法，掌握了市场的规律，找准了营销时间点，了解了行业分析和竞争分析的指标与分析方法，学会了分析行业趋势、行业客群、竞店、竞品数据。

第 5 章

规划制定

网店规划的制定,既能帮助网店更加快速成长,又能帮助团队找准阶段性的目标,更好地完成销售任务。本章从网店运营的角度出发,全面地阐述如何制定有效的网店规划。

学习目标:通过对本章的学习,掌握网店策略制定和目标制定的方法、网店商品规划和生命周期,以及人群策略制定方法,从而完成全面的网店规划制定。

本章提要:
- 网店策略制定
- 网店目标制定
- 网店商品规划
- 商品生命周期
- 人群策略制定

5.1 网店策略制定

在一般情况下,在网店运营过程中,运营人员会依据 4 种不同的情况,制定出网店的运营策略,这 4 种不同的情况如下。

1. 商品品类的不同

网店需要依据品类制定不同的策略。不同的品类,如服装类目,四季分明,运营人员需要依据春夏秋冬的变换制定出网店策略,而家装类目,没有明显的四季特征,可以根据客户家装时间进行策略的制定。

2. 品牌实力的不同

网店需要依据品牌的实力去制定策略。一线品牌和新品牌,在运营策略上也有所不同。一线品牌拥有数量庞大的客户群体和充足的资金预算，在运营策略上更侧重于积累客户数量，抢占市场份额。而新品牌在成长中，需要将有限的推广费用花在最容易接纳新品牌的人群中，以获得第一批客户。

3. 网店量级的不同

网店需要依据自身的量级去寻找标杆竞店策略。所谓知己知彼百战不殆，学习不同的竞争对手的策略，能提升网店成长速度。

4. 团队实力的不同

网店需要依据团队的实力制定扬长避短策略。网店团队要配置齐全，更要精细化的全面运营策略，如果是一人或者几人淘宝店，则需要根据事情的重要程度划分出优先级，抓住关键的运营策略。

网店需要根据这4种不同情况来制定运营策略，可以考虑单一情况，也可以综合考虑几种情况。需要注意的是，在当下实际的网店运营中，除了这4种不同情况需要考虑，还有4种不同的网店类型也会影响运营策略的制定。这4种网店类型分别是上新型网店、爆款型网店、活动型网店、网红型网店。

下面详述4种不同网店类型的运营策略。

5.1.1 上新型网店策略

1. 上新型网店定义

上新型网店是指把上架新品作为主要运营手段的网店类型。因为网店要进行频繁的上新，相比其他类型网店，其商品数量较多。因此，对于网店运营团队来说，这不仅考验团队的选品能力，还考验当某个单品销售数据反馈好时，团队及时补充库存的能力，避免爆款卖断无货可发的情况，另外还考验团队对既有库存的清仓能力，能够选取合适的清仓节点，保证利润。

2. 主要运营策略

在固定的时间去做上新的运营动作，例如在每周三或者周四，或者每月的1日、15日做上新的活动，以吸引网店的老客、会员和粉丝，让其定期进行网店的浏览和购买。网店会发布上新的提前预告，如图5-1所示，上新时进行同步促销。

客户能通过上新预告的展示进入最新一期上新商品的浏览，也可以根据时间找到历史上新的单品，从而浏览到更多的商品。

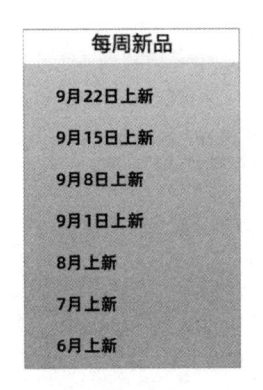

图 5-1　网店上架新品预告

3．共性特征

（1）网店商品的季节性很强。

（2）偏时尚和潮流的款式多。

4．平台打标

（1）新品标签。服装类目、鞋帽类目和饰品类目 3 种类目是上新型网店的代表类目。当商品上新之后，系统会做判定。如果判定这个商品属于新品，会为该商品打上新品的标签，如图 5-2 所示，有了新品标签之后，该商品会获得流量扶持。

图 5-2　商品页面上的新品标签

（2）天猫小黑盒。在上新型网店策略中，如果是天猫网店，还需要关注小黑盒。小黑盒是天猫平台针对新品的运营产品。如图 5-3 所示，在天猫店上架新品后，如果新品表现较好，会被系统打上"天猫小黑盒"的标签。有了该标签的新品，不仅能获得平台的扶持，在手机端淘宝首页还有专门的天猫新品入口，可以获得更多的展示。

图 5-3　商品页面上的小黑盒标签

5. 天猫新品运营中心

在上新后，要提升新品的"表现"。天猫平台提供了工具帮助新品成长，工具名叫"天猫新品运营中心"，该工具主要是帮助天猫商家做新品的加速孵化。

如图 5-4 所示，在天猫新品运营中心的后台会进行新品的等级评定。天猫新品是非常庞大的商品池。为了对新品进行有效评估和运营，系统根据新品的主要运营指标特征设置了 3 种不同的新品力（分别为触达力、销售力、美誉度），对新品进行打分评估。根据打分结果，天猫新品共分为 A、B、C、D、E 五级。

A 级：爆款新品，综合位列类目新品 TOP 0.1%的商品。

B 级：优质新品，综合位列类目新品 TOP 1.5%的商品，值得进一步加大投入。

C 级：潜力新品，综合位列类目新品 TOP 7%的商品，拥有发展潜力。

D 级：汰换新品，处于淘汰边缘的新品，较难在平台公域获取流量。

E 级：沉睡新品，刚上架的商品，或者没有相关数据的新品，需要尽快培育。

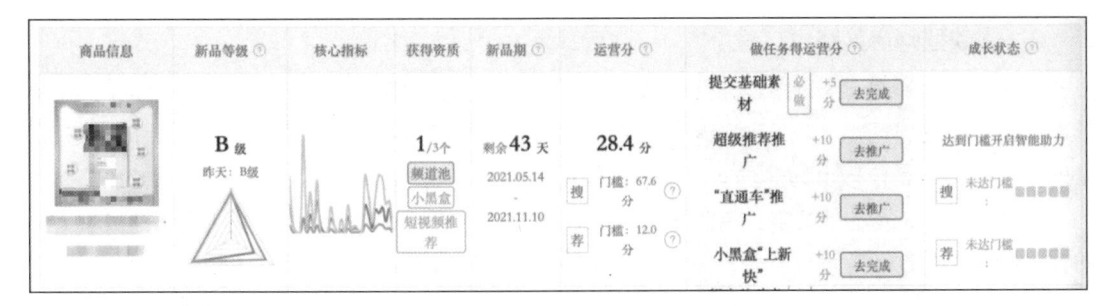

图 5-4　天猫新品运营中心后台截图

在天猫新品运营中心，还需要关注"运营分"的展示。依据运营分的高低，系统会匹配不同的搜索流量和推荐流量资源。如果上架的新品运营分较低，可以通过做任务提升运营分。例如，通过做提交基础素材、超级推荐推广、直通车推广、小黑盒上新等新品任务提升商品的运营分，帮助新品达到门槛分，以获得流量的扶持。

天猫平台对一些类目有所限制，不是所有类目都能打上小黑盒的标签，例如文胸、内裤、中老年服饰、家庭/个人清洁工具、洗护清洁剂、纸、垂钓装备等类目无法打上小黑盒的标签。

5.1.2　爆款型网店策略

1. 爆款型网店定义

爆款型网店是指以打造爆款为主要运营手段的网店。这是很常见的一种网店类型，网店通常围绕着一个核心单品运营，用单品占领市场，以获得更好的销售额。如图 5-5 所示，在某一网店中，按照销量排序，销量第一的单品的总销量大于 40 万个，排名第二的单品的总销量大于 2 万个，排名第三的单品的总销量大于 4000 个。排名第一的单品的总销量是第二名总销量的 20 多倍，此类型网店就被称为爆款型网店。

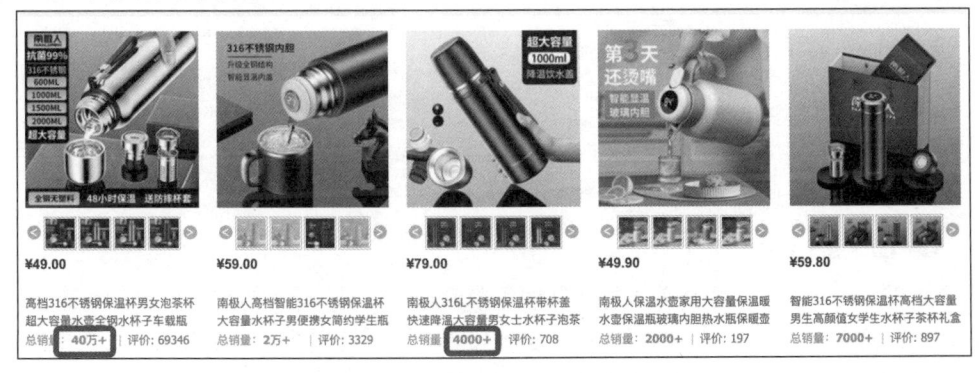

图 5-5　某爆款型网店销量截图

2. 爆款型网店策略

爆款型网店策略是在合适的时间点快速累积销量，通过销量的集中爆发获得更多的市场流量。所谓合适的时间点，包括两个层面的意思，其一是指依据不同的商品生命周期时间点进行销量的预估，其二是依据市场的时间反馈点进行销售节奏的规划。

举例：图5-6展示了某年在淘宝平台内，低帮鞋、高帮鞋、凉鞋、靴子4种不同鞋类12个月的流量指数。通过图片可以看到，黄色线代表靴子类目的流量走势，3—7月的流量很低，从8月开始流量逐步放大，到11月达到峰值，然后流量指数开始降低。而灰色线代表凉鞋的流量走势，从2月开始逐步增加流量，5月达到峰值，然后流量开始降低，10月以后处于低峰。靴子和凉鞋属于季节性很明显的商品，如果要在这两个类目中打造爆款，那么就需要选择合适的时间点。假设主做凉鞋类，在2月就要开始启动凉鞋的爆款打造周期，在全年大促"双11"的时候不主推凉鞋，因为从图片分析中可以得出，凉鞋类的流量指数在11月非常低（流量指数是访客数字虚拟后的呈现，在一定程度上代表着客户的兴趣度）。所以，运营更省力的做法是2—7月主做凉鞋，8—12月主做靴子。

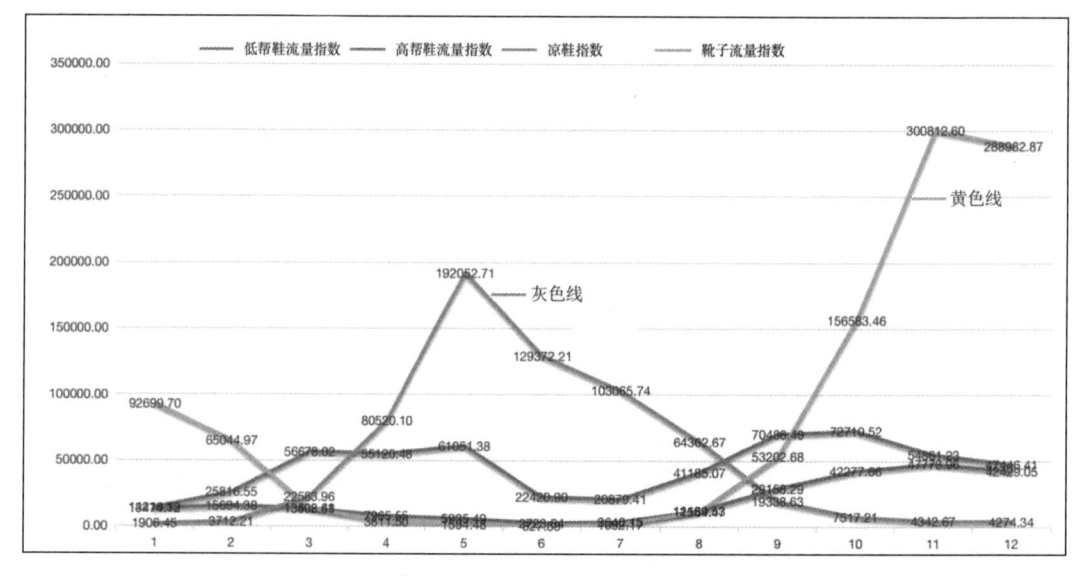

图5-6 某年淘宝部分子类目12个月流量指数

3. 爆款型网店工具

在爆款的打造过程中，不仅要进行日常的免费流量的获取，还需要借助常见的淘宝官方推广工具，例如直通车、引力魔方、超级直播、超级互动城等工具，进行付费流量的获取。免费流量和付费流量配合着在不同的时间点为打造爆款服务。

5.1.3 活动型网店策略

1. 活动型网店定义

活动型网店是指以活动为主要运营策略的网店，依靠活动获取流量以扩大销量。常见的活动类型分为两类。

（1）网店自主活动，是指网店自主策划、自主执行的活动。如周年庆、网店会员日、网店清仓等。

（2）官方营销活动。官方营销活动又分为官方大促、营销活动、行业活动。图 5-7 为天猫营销活动中心后台截图。

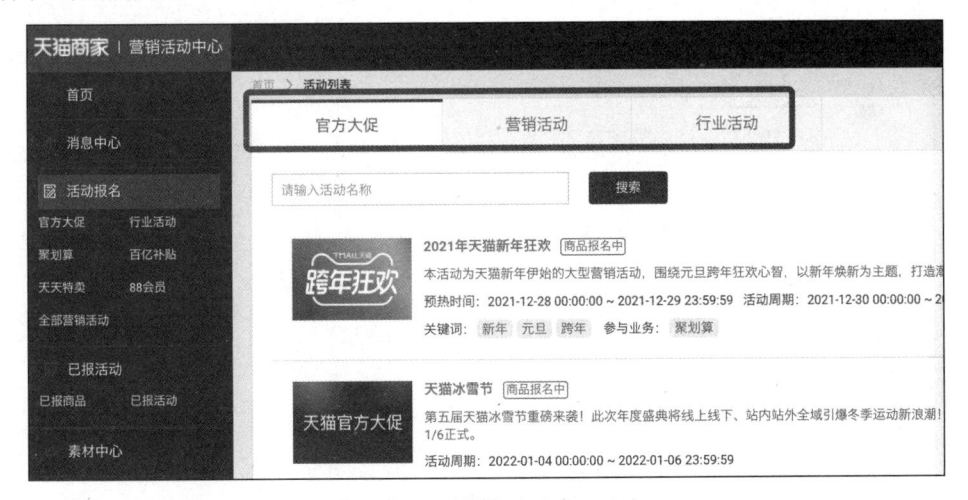

图 5-7　天猫营销活动中心后台

官方大促是由平台方组织的活动，比如"618"、"双 11"、"双 12"、亲子日、家装节等都属于官方大促。营销活动是对应着平台营销商品的活动，例如聚划算、天天特卖、百亿补贴、88会员等。行业活动是由具体的行业组织的活动，每个网店可以根据自身所在的行业参与相应的活动，包括服饰、数码家电、汽车、母婴、美妆、家居、阿里健康等。

2. 活动型网店策略

要成为活动型网店，就需要保证网店能报名参加活动。平台提供了丰富的活动让商家参与，但每一场活动都对商家有基本考核要求，图 5-8 为报名某活动失败截图，图 5-9 为报名某活动符合条件截图。

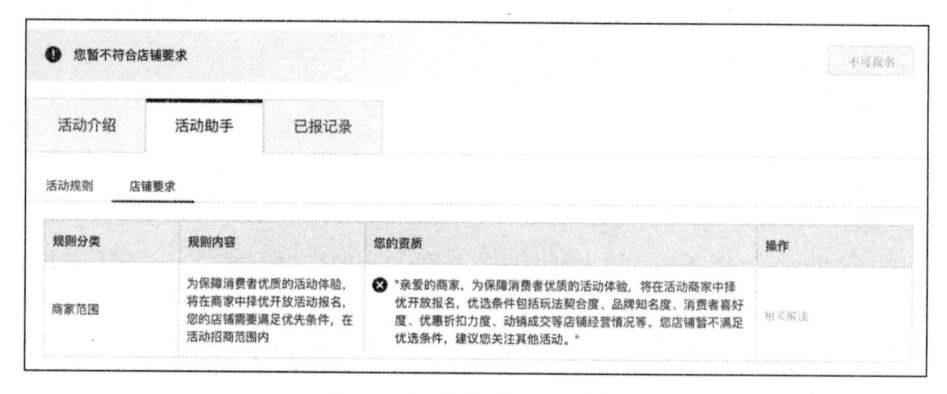

图 5-8 报名某活动失败截图

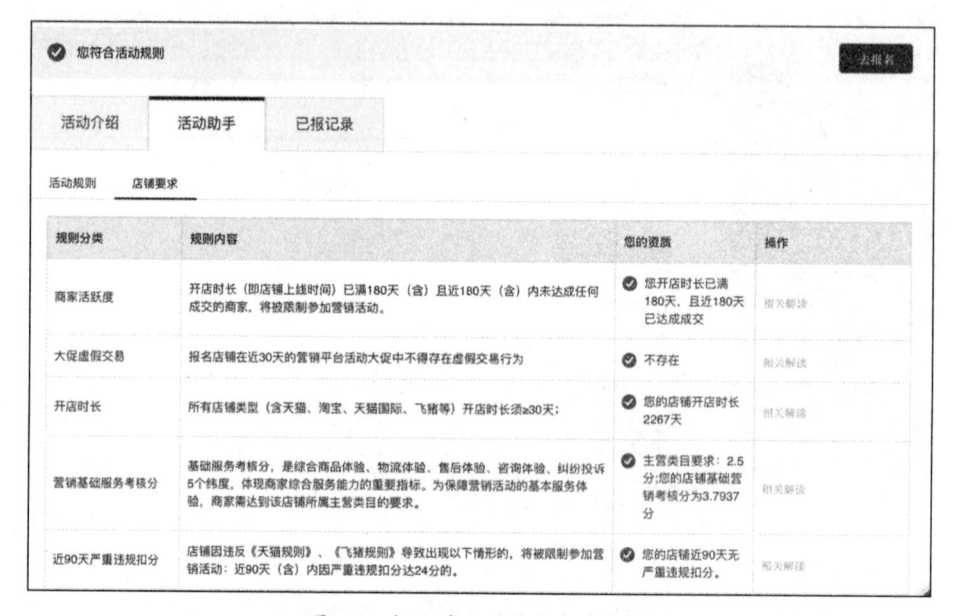

图 5-9 报名某活动符合条件截图

（1）报名活动。

商家需要提前进入活动营销中心，查看每一场活动的具体要求，列出如图 5-9 所示的清单，包括商家活跃度、大促虚假交易、开店时长、营销基础服务考核分、近 90 天严重违规扣分等，进行网店自诊断，如发现未达标的数据，应及时优化，保证网店能通过活动报名环节。

（2）持续活动。

网店参与每一场活动都会产生数据，每一场活动的表现也都影响着下一次活动的报名。比如，小王是一家服饰网店的运营人员，好不容易成功报名一场聚划算活动，由于经验缺失，没有选好参与活动的款式，也没有进行付费流量的配合，导致当场活动的售罄率不到20%。后来，小王半年多都没成功报名聚划算活动。保持持续上活动的前提是每一场活动的数据都有良好反馈，在活动报名时，运营人员就需要制定好参与活动的目标，全力以赴。

（3）售后规划。

在活动期间，大量的流量涌入网店，对商品库存管理、客服服务、物流服务、售后服务提出了更高的要求。整个活动的执行需要很精细化的管理，以保质保量地完成订单服务，获得利润。

（4）协调活动的疲劳期。

协调活动的疲劳期是活动型网店的运营难点。疲劳期是指商品参加完某一活动后，距离下次再参与该活动之间的时间。由于疲劳期的存在，运营人员需要提前规划商品活动时间，计算好每种活动的疲劳期和日销期间的间隔，做出不同类型活动的场次排期，以降低非活动期间销量下降的幅度。

5.1.4　网红型网店策略

1. 网红型网店定义

网红型网店是指以个人或者商品影响力为主销售动力的网店。图5-10是李子柒旗舰店的天猫网店首页，该网店以短视频创作者李子柒命名，销售食品，完成了用视频内容先打造个人知名度、积累粉丝，然后再销售相关商品的链路。

图 5-10　李子柒旗舰店

图5-11是完美日记和Discovery联名推出的一款动物眼影盘，该系列共9款，以独特的外观吸引大批客户购买。很多年轻客户不仅因为有眼影需求而购买，还因为喜欢它独特的外观，购买和收藏该系列商品。

图 5-11　完美日记动物眼影盘

2. 网红型网店策略

网红型网店策略是通过塑造某领域的意见领袖或者明星商品,获取粉丝流量来进行商品销售的。网红型网店是多元化的,拥有很多种形式,例如直播赛道的头部主播,耳熟能详的李佳琦和本身是明星的林依轮、李湘、胡可等;食品类目的三只松鼠、轩妈蛋黄酥、好欢螺螺蛳粉;美妆类目的完美日记、花西子等都是网红型网店的代表。

打造网红型网店对团队的要求很高,需要寻找粉丝人群的共性标签,找准兴趣点,持续互动,以保持粉丝的活跃度。美妆和护肤类目相对容易打造成功,因为护肤和化妆经验拥有足够的话题,可以进行传授和分享。李佳琦的出圈之作就是进行口红试色,卖空了某色号的口红而一战成名。服饰也是适用于网红型策略的类目,特别是在直播场域中,销售增速非常快。在直播间,通过模特的穿搭让静态的服饰平面图变得立体起来,不同模特的身材展示各种尺码衣服的上身效果,增强了客户购物体验,并让其决策购买的时间变短。

除此之外,食品、母婴、营养保健等众多类目都有网红型网店的成功经验。网红型网店将粉丝聚集后,需要在不同的时间节点设置粉丝的专属优惠,如在"双 11"期间设置粉丝专属价或者发放粉丝专属优惠券,通过优惠活动,唤醒粉丝,降低粉丝流失率。

以上就是 4 种不同网店类型的策略,在运营网店之初,建议先选定一种网店模型进行探索,然后再进行多元化的发展。

5.2　网店目标制定

打仗先定战术，做店先定目标。在经营网店的时候，目标制定尤为重要，如果没有目标，就不知道该往哪个方向使力。目标制定得过高，会让团队丧失积极性，目标制定得过低，会让网店成长过慢。所以，如何合理地制定目标，是需要进行探讨的。但是，由于网店销售商品的多样性和网店基础的不同，所以在目标制定上不同网店需要考量的因素也不尽相同。本节将以通用的方式来介绍如何制定网店目标。

制定网店目标分为两步走，先确定网店需要完成的目标销售额，然后依据目标销售额制定流量目标。有了销售额目标和流量目标后，运营和推广团队就有了核心的工作指标。

5.2.1　销售额目标制定

制定销售额目标，可以通过爆发系数法预估销售额。以某网店制定 2021 年 11 月销售额目标为案例，演练目标制定的方法。

1．获取历史交易数据

需要对某网店过去的交易数据进行分析，如果制定年度销售额目标，至少需要分析网店 12 个月的数据，如果制定单场活动的销售额目标，建议至少分析近 3 个月的网店销售额数据。按照图 5-12 的路径进入生意参谋后台，通过交易模块，进入交易概况查询，按照月度进行销售额数据的统计，并填入表 5-1。

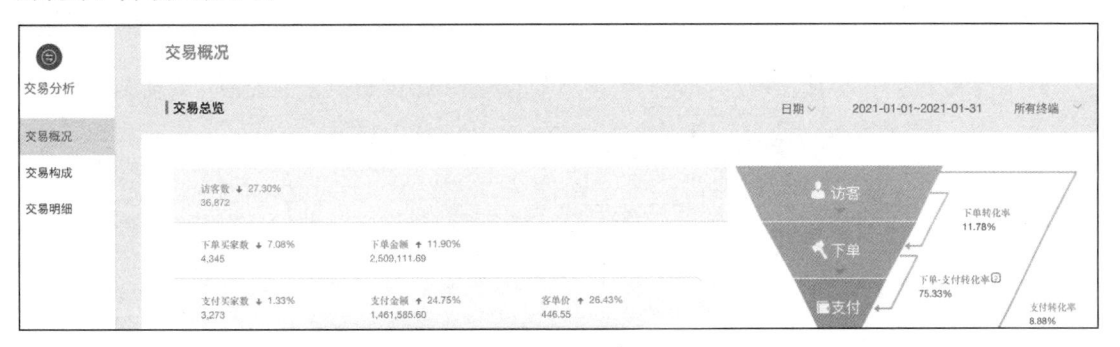

图 5-12　某网店 1 月份交易数据

表 5-1 某网店 2020 年 12 个月的销售额数据

月份	销售额（万元）
1月	146.5
2月	80.3
3月	180.7
4月	174.8
5月	190.3
6月	230.1
7月	201.4
8月	198.1
9月	210.6
10月	230.4
11月	280.2
12月	220.5
总计	2343.9

2．计算历史爆发系数

以图 5-13 表格中的数据为案例，先计算 7 月、8 月和 9 月的平均日销售额，算法是用 3 个月的总销售额除以 3 个月的总天数，就可以得到单日的平均销售额。然后用 11 月的销售额除以前面得出的平均日销售额，可以得到 11 月的爆发系数。

平均日销售额=（7 月销售额+8 月销售额+9 月销售额）÷（7 月天数+8 月天数+9 月天数）

=（201.4+198.1+210.6）÷（31+31+30）≈6.63 万元

爆发系数=11 月总销售额÷平均日销售额

=280.2÷6.63≈42.25

3．统计近期销售额

将某网店 2021 年 7 月、8 月、9 月的销售额数据进行统计，并且填入表格，如表 5-2 所示。

表 5-2 某网店 2021 年 3 个月的销售额数据

月份	销售额（万元）
7月	230.3
8月	226.9
9月	234.1
总计	691.3

4．计算近期日均销售额

统计表格近 3 个月的日均销售额。

近期日均销售额=（7 月销售额+8 月销售额+9 月销售额）÷（7 月天数+8 月天数+9 月天数）

=（230.3+226.9+234.1）÷（31+31+30）

≈7.51 万元

通过计算，可以得到 2021 年 7—9 月的日均销售额是 7.51 万元。

5．预估销售额目标

通过 2020 年 11 月的爆发系数和 2021 年近期的日均销售额可以得到初步的销售额目标。

$$销售额目标 = 爆发系数 \times 日均销售额$$
$$= 42.25 \times 7.51 \approx 317.29 \text{ 万元}$$

由此，得到了 11 月的预估销售额目标为 317.29 万元。但是，此销售额目标不包括活动期扩大推广投入、新渠道所带来的额外销售额。假设 2020 年 11 月总推广费用是 80 万元，2021 年网店想要经营得更好，获取更多的客户，把推广费预算提高到 120 万元，增加的推广费用会带来更多的流量，所以销售额目标也需要相应上浮。上浮比例没有统一的方案，可根据每个网店的不同情况，由负责人进行个性化制定。

值得注意的是，用爆发系数法预估销售额，因为采用的是网店自主数据，网店不同阶段的运营能力可能有所偏差，所以为了更加精准地制定销售额目标，还需要进行市场的验证。

在验证市场数据时，需要采集的数据指标叫交易指数。交易指数是指在统计时间内，根据商品交易过程中的核心指标（如订单数、客户数、支付件数、支付金额等），进行综合计算得出的数值，不等同于交易金额。不同子类目的交易指数可以在生意参谋工具的"市场"板块中进行查看，图 5-13 是某子类目 7 月的交易指数。

图 5-13　某子类目 7 月的交易指数

验证时需要采集 7-9 月网店主营子类目的交易指数，将交易指数走势与网店的销售数据曲线进行对比，交易指数走势与销售数据曲线越接近，则证明网店和市场的销售变化规律越一致，用网店数据制定的销售额目标越准确，图 5-14 则是网店销售额趋势和类目交易指数走势接近的图示。如果曲线走势差距较大，则证明网店和市场的销售规律出入较大，若网店本身定位为反季节网店，则不需要过多调整，若网店运营节奏出现偏差，就需要根据市场的变化度，修正最终的销售额目标。

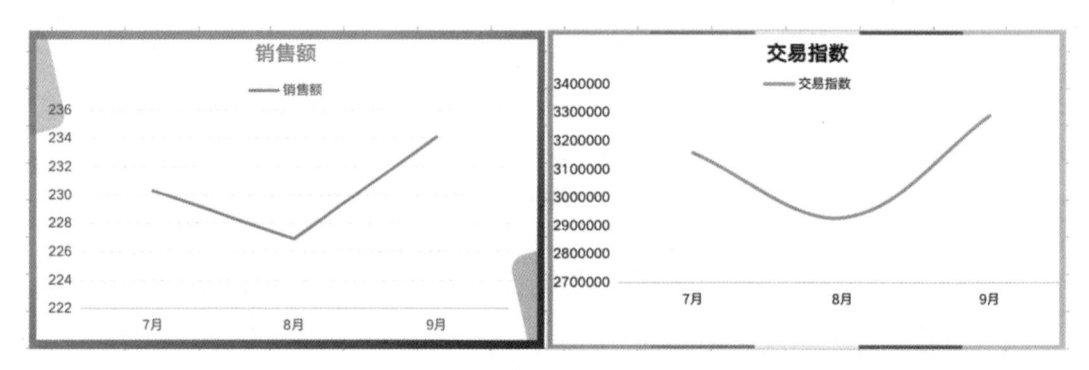

图 5-14　网店销售额趋势和类目交易指数走势接近

在最终敲定网店销售额目标时，还需要考量市场竞争度变化、品牌需求、预算变化、团队变化等综合性因素。

5.2.2　流量目标制定

流量目标的制定，不仅能帮助团队完成销售额目标，还能让推广团队的日常工作有计划可行。制定流量目标，分为两个步骤。

1. 制定总流量目标

电商经典的销售额计算公式：销售额=流量×转化率×客单价，将公式变形，则可以得到：流量=销售额÷转化率÷客单价。通过第 5.2.1 节的案例，已经算出 11 月的销售额目标为 317.29 万元，进入生意参谋后台，寻找到转化率和客单价，如图 5-15 所示，可以在交易模块中找到历史的客单价和支付转化率。

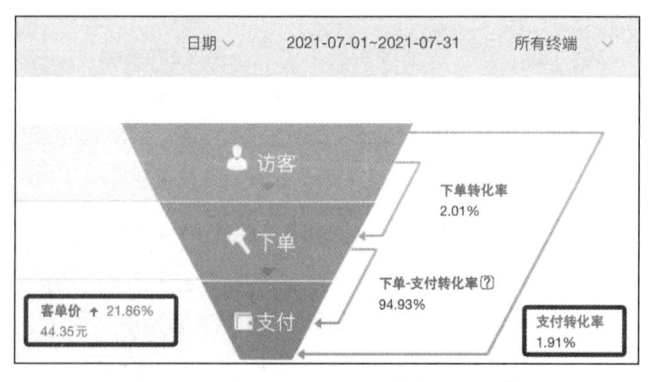

图 5-15　某网店 7 月的客单价和转化率

为了保证数据更加精准，需要计算近 3 个月的平均客单价和平均支付转化率，如表 5-3 所示，平均客单价为 43.01 元，平均转化率为 2.58%。通过流量公式，得出：

$$流量 = 销售额 \div 转化率 \div 客单价$$
$$= 3\,172\,900 \div 2.58\% \div 43.01$$
$$\approx 2\,859\,349$$

表 5-3　某网店近 3 月的平均客单价和平均转化率

月　　份	客单价（元）	转化率（%）
7 月	44.35	1.91
8 月	43.38	2.91
9 月	41.3	2.94
平均数	43.01	2.58

计算出网店完成 11 月销售任务，需要的总流量约为 2 859 349 人次（即访客数）。

2. 制定分渠道流量目标

有了总的流量目标后，还需要进一步按照渠道进行拆解。进入生意参谋工具后台，如图 5-16 所示，在后台按照月份查询并记录流量的来源和数量，填入表 5-4 的表格中。

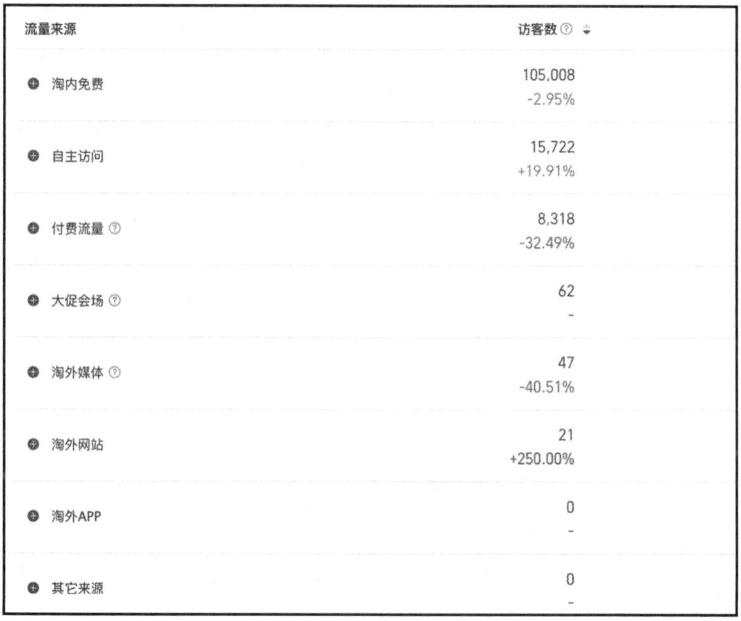

流量来源	访客数
淘内免费	105,008　-2.95%
自主访问	15,722　+19.91%
付费流量	8,318　-32.49%
大促会场	62　-
淘外媒体	47　-40.51%
淘外网站	21　+250.00%
淘外APP	0　-
其它来源	0　-

图 5-16　某网店单月客访客数

表 5-4　某网店流量占比分析

渠　　道	流量（人次）	占比比例（%）
淘内免费	105 008	81.28
自主访问	15 722	12.17
付费流量	8318	6.44
大促会场	62	0.05
淘外媒体	47	0.04
淘外网站	21	0.02
总计	129 178	100.00

3. 制定月度目标

先将各渠道数据计入表格第一列，再将所有渠道的访客数相加，得到总的访客数为 129 178 人，然后用每个渠道的访客数除以总访客数，得到每个渠道的流量占比。如淘内免费流量的占比为 105 008 除以 129 178，得出淘内免费渠道贡献的流量占比约为 81.29%，以此类推，自主访问流量的占比约为 12.17%，付费流量的占比约为 6.44%，通过对流量渠道的分析，可以观测出该网店是以免费流量为主的网店。

有了各渠道流量占比后，即可将前文计算出的总流量进行第一轮的分解，总流量需求为 2 859 349 人次，按照各渠道占比乘以目标流量，就可以得到每个渠道需要取得的流量数据，表 5-5 已经计算出每个渠道的总需求，在 11 月的流量目标中，需要在淘内免费渠道获取 2 324 079 个访客，自主访问获取 347 983 个访客，在付费流量渠道获取 184 142 个访客。

表 5-5　某网店流量分解

待分配流量：		2 859 349
渠道	占比比例（%）	流量（人次）
淘内免费	81.28	2 324 079
自主访问	12.17	347 983
付费流量	6.44	184 142
大促会场	0.05	1430
淘外媒体	0.04	1144
淘外网站	0.02	571
总计	100.00	2 859 349

在流量目标分解到渠道后，并没有完成最终的流量目标制定。因为在淘内免费和付费推广渠道中，还有众多的流量来源。

图 5-17 表示该网店的淘内免费流量以手淘搜索流量为主，图 5-18 表示了该网店在付费推广

中以直通车渠道为主。这两处都是网店独有的流量来源,每个网店都有所不同,有的主要以搜索流量为主,有的以推荐流量为主,有的以直通车工具为主,有的以超级推荐为主,所以在制定流量渠道规划时,还需要根据各自的细分流量特征,进行流量的再次分解。以案例中的付费流量渠道为例,先计算出付费流量在渠道中的占比,然后进行付费流量的再次分解。如表 5-6 所示,先进行付费渠道细分流量的统计,然后计算出每个细分渠道的流量占比,在该案例中,直通车渠道的流量占比约为 90.10%,最后用流量规划中付费渠道的数据乘以比例,就可以得到需要在直通车工具中完成 165 912 个访客的目标。

流量来源	访客数
● 淘内免费	105,008 -2.95%
手淘搜索	51,083 +50.14%
⊕ 手淘推荐	28,046 -45.10%
淘内免费其他	11,347 -19.80%
短视频全屏页上下滑	10,515 +95.34%
手淘淘金币	4,279 +45.20%
手淘旺信	2,079 +50.11%

图 5-17　某网店免费流量渠道明细

● 付费流量	8,318 -32.49%
直通车	7,516 -36.07%
淘宝客	794 +36.66%
超级推荐	18 -18.18%
超级短视频	13 -
红包省钱卡	3 +200.00%

图 5-18　某网店付费流量渠道明细

表 5-6　某网店付费细分流量分解

待分配流量：		184 142	
细分渠道	流量（人次）	占比比例（%）	目标流量（人次）
直通车	7516	90.10	165 912
淘宝客	794	9.52	17 530
超级推荐	18	0.22	405
超级短视频	13	0.16	295
总计	8341	100.00	184 142

通过第一次流量目标的拆解，可以对每个流量渠道中应该完成多少的任务量做到心中有数，通过第二次流量目标的拆解，对每个细分渠道、细分推广工具的流量目标都有了准确的数据。在运营中，可以通过监督并管理细分渠道流量任务的完成情况，进行团队的调配，以完成制定出的销售额任务。

4．制定年度规划

以上方法是以月度进行的举例（适用于有历史数据的商家），如果网店需要制定年度规划，则将全年数据进行分解即可。如果是刚刚开店的新商家，建议分析同样为刚刚开店不久的其他同类新商家的销售状况，再结合自身状况先制定一个目标，运营一段时间，有历史数据后，就可以按照以上方法进行目标的制定和分解了。

网店目标的制定是为了更好地进行网店经营，在制定好目标后，网店需要根据每个月度的完成情况，及时复盘分析，对下个月目标进行动态的调整，让团队保持最佳的状态，并且朝着数据目标齐头并进。

5.3　网店商品规划

在制定完网店的销售目标后，下一步需要进行商品规划。因为无论是销售额目标还是流量目标，最终都需要用网店内的商品完成承接，而商品的运作能力，直接影响着流量的利用效率和转化效率，本节将阐述如何对网店商品进行全面规划。

5.3.1　商品营销规划

1．了解商品概况

首先，在做商品之初，或者决定上架一个商品之前，需要对商品的整体情况有清晰的认识。这种清晰的认识包括两个方面：第一，要对单品进行分析，分析单品的特征和特点。第二，需要与竞品做对比，对自身的商品难免会有偏爱的视角，需要通过和大量的竞品做对比，找到更有机会在市场上实现销售并被客户接受的营销点。以食品为例（如图 5-19 所示），有的客户在意单品的口感，有的客户在意食用方便省时，有的客户在意食品的健康营养。

图 5-19　食品 3 种不同的营销点

2．制作竞品对比表

建立相应的竞品对比表，详细记录竞品来源、颜色、品牌、款式、材质、尺寸、月销量、目前售价、卖点分析等，然后按照表格内容一条一条地对自己单品的主卖点进行梳理和规划，如图 5-20 所示。

	A	B	C	D	E	F	G	H	I	J	K	L	M	N
1	竞争单品	产品名称	竞品来源	品牌	款式	材质	尺寸	颜色	链接	月销量	目前售价	包邮	卖点分析	
2		双层玻璃杯便携女学生喝水杯子家用男茶水分离泡茶杯个人专用定制	关键词搜索 保温杯	-	杯子	保温杯	400ml	透明	https://d	20000+	20.9-59	包邮	四色可选 请认准加厚双层防烫隔热 支持定制，高硼硅玻璃，密封防漏，随身便捷	

图 5-20　竞品对比表（截图）

3．分析客户反馈

客户浏览每个单品的时间越来越少，如果网店选择做同质化的商品，越是雷同的商品越需要对比整理出客户最核心的痛点，以在最短的时间里面搞定客户。除了分析记录竞品对比表格，还需对竞品进行评价分析和问大家的分析。评价是客户购买后真实写出来的对竞品的反馈，问大家是客户在购买之前的疑虑体现，这两个位置都能反馈出客户对竞品的褒贬。通过图 5-21 可以对评价和问大家中高频出现的关键词进行分析，也能反映客户真实的痛点。

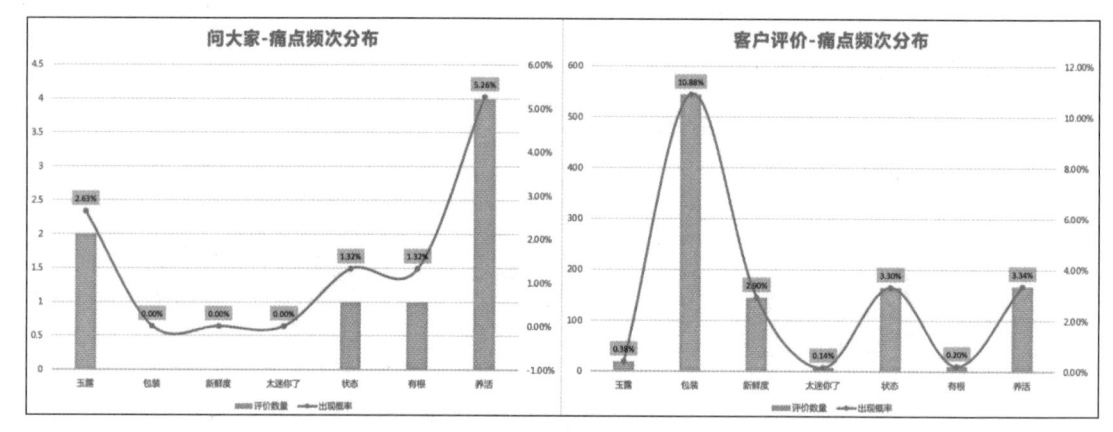

图 5-21 对评价和问大家进行分析

在评价和问大家的分析里面也需要去找寻竞品的优势和劣势，以完善网店的单品信息。比如有客户说竞品的质量很好，没有色差，或者在某款服饰的评价里面有客户反馈说商品好看，就是领口可以再大一点儿。那么网店在做商品规划时，可以根据这样的需求为自己商品的研发或改良提供参考。多维度的竞品分析在商品选品之初，就做好了单个商品的全链路的营销规划。以服饰类目为例，商品的营销规划包括主打哪些款式、主推什么材料、主推的商品颜色、备货的深度、主要针对的人群、主推的卖点等。有了前期的规划，商品热卖的成功概率也会有所提升。

5.3.2 商品结构布局

在上架商品前，进行完细致的商品营销规划后，就可以开始做网店内的商品结构布局了。商品结构布局分为两个阶段，第一个阶段是做商品分类，第二个阶段是规划商品结构。

1. 商品分类

商品分类是指确定网店的主营类目方向和价格带。通俗来说，主营类目就是网店里售卖哪些类型的商品，比如一家服饰网店，是全店售卖连衣裙，还是售卖连衣裙和上衣、裤装等；一家护肤网店，是只卖面膜，还是卖面部护理套装、身体护理等。品类覆盖得越宽，商品的运营难度越大，但同时随着品类的拓宽，网店在平台中获取流量的概率也会增加，客户实现关联购买的机会也会增加，所以不同的类目策略，也会影响商品的规划。除此之外，还有一种覆盖商品分类的方法叫"价格带的覆盖"。像图 5-22 中展示的某个子类目在近期的支付偏好，支付价格段占比前三名分别是 0~30 元、125~185 元、185~335 元。那么，在做商品规划时，在相对应的价格带里面是做某一个价格带还是做所有的价格带？这是需要提前考量的。在通常情况下，如果是新店或者是还不特别成熟的团队，建议在排名前三的价格带中优选 1~2 个价格带覆盖，而不是全量的价格带覆盖，因为全量的价格带覆盖对于商品选择和运营团队的要求更高。如果是成熟型网店，则可以通过商品覆盖到所有的价格带，让各种消费层级的客户都能在网店中选择到心仪的商品。

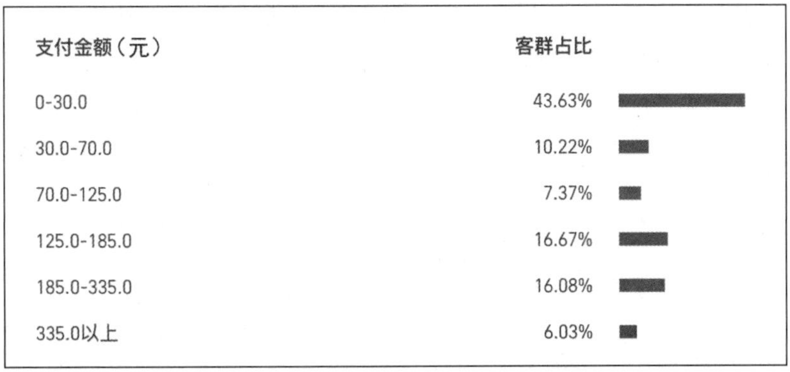

支付金额（元）	客群占比
0-30.0	43.63%
30.0-70.0	10.22%
70.0-125.0	7.37%
125.0-185.0	16.67%
185.0-335.0	16.08%
335.0以上	6.03%

图 5-22　某子类目行业客群支付偏好

2. 商品结构

商品结构分为 5 种，按照价格和利润逐步升高的排序为体验商品、引流商品、常规商品、利润商品、形象商品，每种商品的特征均不一样。

（1）体验商品。

它的使命是吸引潜在的新客户，降低新客户初次购买的门槛。受众面较广、性价比较高、款式比较应季的商品通常就叫"体验商品"。有些类目特别适合用体验商品去得到新客，比如护肤品类的小样商品可以归为体验商品，让客户能够花很少的钱甚至免费去使用小样，吸引新客，打开商品的大门。

（2）引流商品。

引流商品也叫"人气商品"，它可以聚焦资源推广，提升单品的流量人气，获得更多的展现机会和自然流量。引流商品的特征是受众很广，其主要是基本的款式和比较应季的款，性价比高，先把客户用引流商品引进网店，然后争取成交。因为引流商品是流量比较大的单品，它的出货速度会很快，所以在运作该类商品的过程中要关注它的库存情况、补货的速度，控制补货的周期不能太长。

（3）常规商品。

常规商品是网店里面主要陈列的商品，其受众比较广，容易和别的商品进行搭配，比如与引流商品做组合。通过对引流商品的特征分析，会发现引流商品的利润并不高，所以要保证网店的利润，可以将常规商品和引流商品搭配套餐，让进店的流量能更好流转，提升全店的客单价。

（4）利润商品。

利润商品以提升销售的利润为主，会和引流商品或者常规商品搭配销售。利润商品在商品规划上，首先要有溢价的元素，能够让客户感知到其比其他商品更高的价值点；其次商品受众不能太窄，如果太窄会导致销售量少，无法提升网店利润；最后，款式和风格要比较丰富，让客户能有更多的选择。举个例子，某网店主要售卖床头柜，为了提升利润，可以开发智能的床头柜，比如带无线充电、空气净化或者内置天猫精灵，这样就增加了溢价元素，也拓宽了客户的选择面。

（5）形象商品。

形象商品的价格通常处于店内的最高水平，精心策划出商品独特的卖点，展现出网店的实力。形象商品更多是作为展示使用的，主要用于做心理暗示，暗示客户该网店拥有比别的网店更高超的技术、更优秀的设计或者更优质的材质，能为客户提供更好的商品和服务，以提升客户对该店的信心。形象商品整体来讲受众偏少，网店并不将销售压力放在形象商品上，形象商品主要是拿来做形象的展示和实力的展示，此类商品通常在网店设置1~2款。

在同一个网店进行商品结构规划，实际上就是进行不同的组合。在网店规划之初需要将商品结构规划好，如让哪些款成为引流商品，让哪些款成为利润商品，设置什么样的形象商品等。通过不同的商品组合就能够实现引流、营销和获取利润。

5.3.3　商品卖点规划

1. 划分商品线

在做好整个网店的商品结构布局后，还需要将商品和客户需求进行匹配，也叫"商品卖点的规划"。在卖点的规划中，对于不同的商品线、不同的时间节点，主打的商品卖点也不相同。商品线主要有日销线、大促线、营销线和内容线。

（1）日销线。日销线是平时的运营主线，可以梳理出比较常规的卖点做规划。

（2）大促线。大促线的卖点偏营销性质，比如在"双11"大促时，卖点规划会更偏向于促销利益点，如满减、赠品、折扣等。大促线里面的卖点规划还会根据不同的节奏进行变换，在预售期、正式期和收尾期的卖点也不尽相同。

（3）营销线。每一个活动的营销卖点也不同，像聚划算活动、天天特卖活动、百亿补贴活动，分别主打团购、特卖和补贴的卖点。

（4）内容线。内容分为公域内容和私域内容，在订阅、逛逛里面发布的公域消息和在私域的群聊里发布的私域信息也不一样。

2. 规划卖点

基于 4 条商品线要进行不一样的卖点规划，图 5-23 为 4 条线提供了 3 大模块：引流、转化、黏度。

	引流	转化	黏度
日销线			
营销线			
大促线			
内容线			

图 5-23　商品卖点规划模板（截图）

引流代表对潜客的卖点规划，转化代表对新客的卖点规划，黏度代表对老客的卖点规划。

商品在完成了营销规划、结构布局和卖点规划后，才算做好了初步的筹备，接下来还需要与生命周期和人群进行匹配，才能真正走向市场，成为畅销款式。

5.4　商品生命周期

5.4.1　商品生命周期概念

生命周期是指商品从投入市场到更新换代和退出市场所经历的全过程。生命周期通常分为 4 个阶段，导入期、发展期、成熟期、衰退期。

1. 导入期

新商品在网店中上架销售，就进入导入期。此时，由于是新商品上市，流量偏低，客户不多，所以销量很低。为了增加销量，需要付出大量的营销费用，对商品进行推广和对客户进行让利。在这一阶段，网店经营的核心目标是快速获取新商品的基础销量和基础评价。

2. 发展期

这时商品已经经过市场的检验，随着导入期客户购买订单的完成，商品流量开始增加，市场逐步扩大。网店的销售额迅速上升，利润实现增长。但随着时间的流逝，竞争商品和网店增加，使得商品价格随之下降，网店利润增长速度减慢，但商品达到生命周期利润的最高点。

3. 成熟期

市场需求趋向饱和，商品流量开始下滑，潜在客户减少，销售额增长缓慢直至转为下降，标志着商品进入了成熟期。

4. 衰退期

随着新商品的出现或者原商品的生命周期接近尾声，客户的需求也发生改变，从而使原来商品的销售和利润迅速下降，商品进入衰退期，直至下架不再销售。

以手机为例，新品手机刚开始上市的时候价格比较高，随着更新换代，它的价格也会逐步下跌，最终经历商品退市，这就是典型的一个商品生命周期的过程。还有一些需要更新换代的商品，比如春夏秋冬的服饰，从售卖的导入到最终的衰退都是根据气候的变化执行的，这就是服饰类的生命周期。生命周期并不是固定不变的，随着商品的品牌、属性、市场的变化，都会发生改变。

5.4.2 商品生命周期策略

在网店中，生命周期的概念适用于众多的商品类目，所以管理生命周期是运营人员的必备能力之一，需要找准时间节点，规划好商品在各个生命周期中重点做哪些运营动作，以让销量能达到预期，并且保持网店整体的利润。下面分别介绍商品生命周期策略。

1. 导入期策略

在商品的导入期，由于商品刚上架，流量和销量都较低。在营销端，要先观测客户的反馈。客户反馈来源于两个层面，第一个层面是自己的页面或者本店客户的反馈，第二个层面是竞争对手的数据反馈，要去观察客户的需求、客户的痛点，定期整理出客户的需求，找出这个阶段客户购买的核心决策点，并在主图、详情页、短视频上放大客户的需求和客户在意的商品优点，再投入付费推广，进行流量的获取。

（1）转化端策略。

商品在刚上架时，系统并不能判断应该为此商品分配具有哪类特征的客户。系统会尝试分拨流量，然后分析客户行为反馈，如收藏、加购物车、咨询、购买、流失等行为，判定出该新品更受哪一类客户的喜欢。为了加快系统的识别，需要让与网店匹配的精准客户画像群体进入网店。所以，在通常情况下，在新品上架之初，网店会设置老客户购买活动，引导老客户购买新品。

（2）客单价策略。

导入期更强调单品自身的销售，并不需要强制关联销售，因为商品本身是新上线的，自身流量较低，很难带动别的款式销售。客单价以单品的价格为基准。需要注意的是，在商品上架之初，不能用最低价进行销售，导入期的价格要保持相对稳定，尽可能不去设置较高的折扣，因为不利于后面的活动设置，需要为后面活动的操作预留出利润空间。

（3）流量端策略。

在导入期要进行主图的测试。主图是指商品在平台中展示的一幅图，这幅图直接影响着客户进店的概率。如图 5-24 所示，客户在手机淘宝中搜索"保温杯"，结果出现多种保温杯的商品，分别展示着商品的图片、标题和价格，可以看到，图片是客户选择是否进店的核心元素之一。

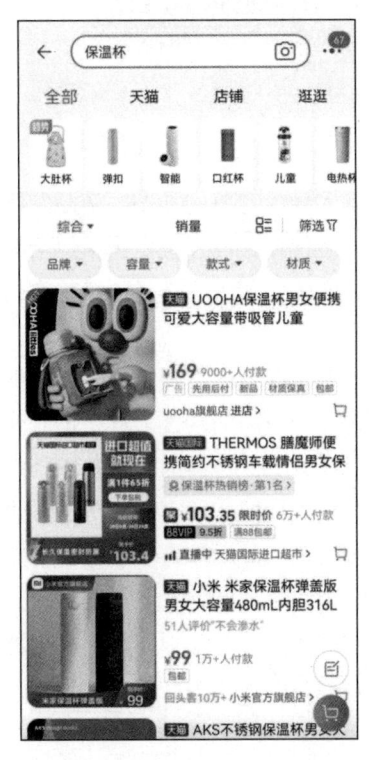

图 5-24 搜索保温杯结果页

进行商品主图的测试可以用直通车推广工具去测试不同的卖点、颜色和角度，以不同的图片点击率找到客户更倾向的商品呈现方式，为网店带来更多的流量和销量。

图 5-25 为碧根果商品在直通车主图测试中测试的三幅不同图片，第一幅图主要展示碧根果的大颗粒和壳薄特征，商品以堆砌角度拍摄；第二幅图主要展示了量大的特征，突出不满意包退的卖点；第三幅图展示小包装和口味的卖点。经过对三幅主图的测试，点击率分别为 3.46%、5.59%、2.71%，由此结果选择第二幅图片作为商品主图。

图 5-25　碧根果直通车测试图片

2. 发展期策略

在发展期,竞争对手的大量涌入导致竞争的加剧。商品发展期的策略是,在营销端商品的主图、详情页要根据客户反馈,做动态优化,以保证点击率,增加进店访客数。比如,商品主要针对年轻群体,在优化中使用更年轻的配色或者更年轻的模特去拍摄。

(1) 转化端策略。

在导入期已经为单品打好了标签,在发展期要结合人群特征进行不定期的动态优化,从而让商品的转化率变得越来越高。如果这个单品的转化人群是偏职业化的人群,在优化时,拍摄风格或者场景搭配就会更多的偏职业风或者 OL 这样的办公室场景,以进入更细的人群层面的圈子里面去,让流量更多地回到网店。在转化环节,还需要分析整体的人群。成长期的转化人群跟导入期人群会有区别,在导入期是快速实现新品的破零和新品的权重积累。在成长期要实现大量的增长,所以需要分析客户的年龄、性别、身份等特征,对于不同的客户特征需要组合出不同的转化方案。比如,对 18~24 岁大学生的群体,可以单独做出大学生群体喜好的营销活动,为这个群体去做更适配的商品组合,以提高该群体的转化率。

(2) 客单价策略。

为了延长或者增加商品的竞争力,需要为单品设置一定的折扣,或者设置网店的优惠券进行促销,提升商品的竞争力。

(3) 流量端策略。

因为销量增长的需求,需要增加投放预算,同时配合多种官方付费工具进行组合推广,保证进店的流量持续增长。

3. 成熟期策略

商品的成熟期标志是流量整体会进入维持期,不会出现成长期的较大增幅。所以在成熟期要降低预算,保持流量即可,不再大规模地加大投放。在客单价端,因为单品的流量能力和销售能力已经养成,在成熟期里,需要增加关联的商品搭配,比如搭配畅销品,也可以搭配下一个阶段需要主推的商品。

（1）转化端策略。

商品的成熟期，主要的转化策略是以快速销售为主的。可以通过设置店铺活动、借势平台活动完成销售任务。

（2）流量端策略。

流量引入重点可侧重于智能拉新人群，如图 5-26 所示，将智能拉新人群的溢价比例调整到 250%。如果成熟期的商品是快速消费品，客单价较低，则可以多引入购买过、浏览过的老访客；如果商品本身在同行里面竞争力强，也不是生活耐用品，则既可以拉新也可以针对老客户引流。

图 5-26　人群策略

4．衰退期策略

在成熟期之后，商品就会进入相应的衰退期。衰退期的优化事项首先在流量端，因为商品在市面上的需求减少，免费流量和付费流量同步减少，此时应逐步停掉该商品的推广预算。在转化端，商品进入衰退期后，即进入了清仓阶段。核心策略是尽快进行清仓活动，降低商品销售价格，加快库存的轮换，盘活网店流动资金。

对商品生命周期的管理，同时也是网店运营节奏的管理。掌握好 4 个时期的重点策略，再匹配市场的节奏，才能更好地控制销售节奏。

5.5 人群策略制定

网店整体客户是由 3 个部分构成的，分别是潜客、新客和老客。

潜客是指在运营人员选定的时间段之前的 15 天里，通过网店广告或者内容渠道（例如有好货、必买清单、订阅等）浏览过网店、单品但跳失的访客总数。例如运营人员选定分析近一周的数据，则平台会在这一周时间基础上往前推 15 天，这 15 天内店铺的浏览未下单访客即为潜客。

新客是指在选定的时间段之前的 15 天里，通过品牌意向搜索、订阅互动、聚划算广告等方式进店浏览未跳失，或者过去 90 天里有过商品收藏/加购、网店收藏的行为，又或者过去 365 天里有过下单未支付行为的访客。

老客是指选定时间段之前的 365 天里有过网店成交行为的访客。

从潜客、新客和老客 3 个维度就能够把网店的客户进行全量运营，对于这 3 种不同的人群要设置不同的策略。

5.5.1 转化潜客策略

潜客是网店的护城河，潜客数量越多，其能成为新客和老客的概率越大。转化潜客的策略中有两个重点的事项，增加曝光获取潜客和引导进店转化潜客。

1. 增加曝光获取潜客

潜客是对网店发生过兴趣行为的人群，可以通过广告增加曝光，把网店的商品展现给从未接触过、看到过商品的人群，把这部分网店人群变为潜客。如引力魔方，是网店常用的增加曝光的推广工具，它相较于直通车曝光量大，相较于钻展展现成本会比较低。在工具中增加曝光的展示位置主要有 4 个。第一个展示位置是首淘的"猜你喜欢"，该位置曝光量是最大的，系统自动根据人群购物习惯和特征展示广告，是获取潜客的首选资源位。第二个是购中的"猜你喜欢"，是在人群下单付款时的展现位置，流量位置适用于大促期间做潜客的投放。第三个是购后的"猜你喜欢"，是人群收到货后确认付款时的展示位置，适用于竞争力强、复购率高的商品品类的投放。第四个是红包场景的特价好货的展示位置，需要商品符合老款或者特价的条件才能有展示，相对来讲它的曝光量比较小。在网店经营中，通常选择前面 3 个展示位置增加对潜客的曝光。

2. 引导进店转化潜客

重点在于网店展示的图文、视频是否有吸引力，能让客户点击进入网店。以付费工具为例，在引力魔方工具中，展示创意有长图、方图和视频 3 种模式，3 种模式都要做素材准备。方图的展示范围是最大的，适用范围最广，点击率比较一般，适合快速拉潜客。长图能展现更多的商品特征，点击量适中，点击率比较高，适合精准地拉潜客。视频的展现量较小，点击量比较小，但是点击率高。这 3 种创意都需要进行动态的优化，以拉入更多的网店潜客。

5.5.2 运营新客策略

1. 制定策略条件

在做新客运营策略之前，要注意新客运营分析需要达到一定的人数，才能将分析结果作为参照数据。如果数据太少就会产生误导，也不具备所谓的普遍性。通常建议新店每天达到 200 个以上的访客再做分析。快速增加新客需要通过免费、付费或者活动等多种方式进行引流，拉新流量的主要优化判断方向是免费流量、付费流量、活动流量。

2. 拉新流量判断

首先找到具有拉新流量特质的流量来源，然后优化可以拉新的流量渠道，增加新客的基数。通过千牛后台进入生意参谋，点击"流量"板块，找到网店流量来源的分析。如图 5-27 所示，能看到每一个细分流量渠道的情况，再点击"人群推荐"按钮，能看到在选取时间内，手淘搜索渠道中近 30 天有加购/收藏/下单未支付的客户人群数量，也就是手淘搜索带来的新客数量。

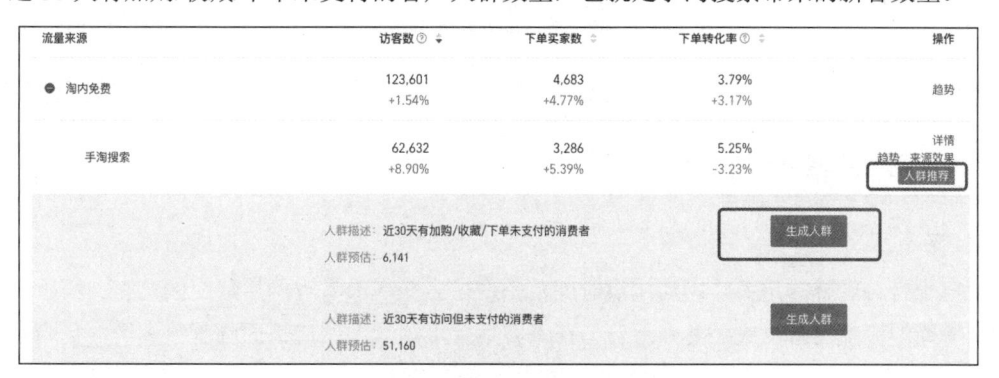

流量来源	访客数	下单买家数	下单转化率	操作
淘内免费	123,601 +1.54%	4,683 +4.77%	3.79% +3.17%	趋势
手淘搜索	62,632 +8.90%	3,286 +5.39%	5.25% -3.23%	详情 趋势 来源效果 人群推荐
人群描述：近30天有加购/收藏/下单未支付的消费者 人群预估：6,141				生成人群
人群描述：近30天有访问但未支付的消费者 人群预估：51,160				生成人群

图 5-27　手淘搜索渠道人群

3. 制定策略

如图 5-28 所示，能看到某个单一渠道带来的新访客数的变化趋势。结合渠道新客人群体量和新访客数变化趋势，可以判断所有淘内免费和淘内付费渠道的人群效果。在免费流量中，着重分析手淘搜索和手淘推荐渠道。在付费流量中，每一种有费用产生的渠道，都需要进行流量人群效率的判断。每个付费工具后台均有详细的人群报表可以查看，在后续的章节中会进行讲解。其中，淘宝客渠道是以成交金额进行付费的，在优惠淘宝客拉新客效果中，主要进行淘宝客资源的梳理，找到更多能为网店带来销售的团长资源。在运营新客中还有一个阵地是直播场域，除了对日常直播免费流量的分析，还可以用超级直播推广工具，快速地为网店直播间引入大量的新客。

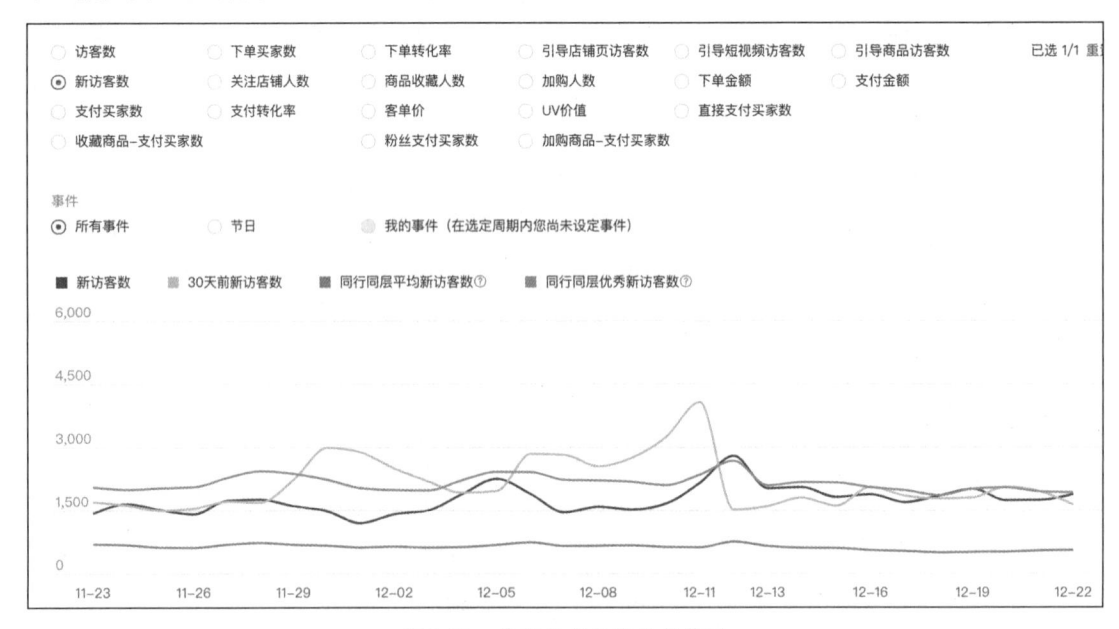

图 5-28　某渠道新访客数趋势图

所以，在新客流量的判断中要根据不同的场景，以及不同的流量去划分不同的优化逻辑。

5.5.3　运营老客策略

1. 老客定义

淘宝平台对老客的定义是网店洞察时间范围内过去 365 天有过网店成交的访客。网店运营早已经从单纯的流量运营变成了客户运营。在老客运营上，众多网店都面临着流失快、复购差、不活跃 3 大难题，在这样的背景下，淘宝官方推出了客户运营平台，意在帮助网店更好地管理客户。

在客户运营中，活跃老客为品牌贡献更多的销量，投入产出比更高。某网店曾经统计过，当网店老客的比率增加 5% 时，获利可提升 25%~100%。因此保持老客的忠诚度是相当重要的任务。高效的老客运营策略可以帮助品牌留住客户，同时，也可以获取更多对网店有价值的高潜新客。

2. 老客管理

运营老客首先需要建立会员体系，会员体系 3 要素如下。

（1）会员等级。

网店可以根据商家业务策略进行会员等级分层规则设置，目前仅支持根据会员消费行为（即消费金额、消费次数）划分等级。有了等级分层规则后，可以给每个等级会员取好名称。等级名称可以跟品牌调性相结合，用人格化运营培养会员心智，如酒类会员叫"酒仙""酒圣""酒神"等。会员等级可以设置长期有效，也可以选择滚动生效。具有时效性的会员等级可以帮助商家准确触达沟通，避免营销资源浪费。会员等级是以客户在网店累计订单金额计算的，与入会行为无关，如客户在 A 店先购买 100 元，再加入会员，入会后再购买 100 元，那么网店应按照 200 元计算该客户的会员等级。

（2）会员积分。

积分规则分为积分获取、积分消耗。其中，积分获取主要有消费、互动两种渠道。商家可以针对不同等级的会员，设置不同的积分规则。有了积分规则后，与等级规则一样，可以给积分取名称，如"乐町积分：乐分""海尔积分：海豆"等。会员积分可以设置长期有效，也可以选择定期失效。时效性可以增强积分流转，帮助商家锁定和节约营销资源。

（3）会员权益。

平台提供非常丰富的权益类型：商品优惠类权益（如优惠券/专享价）、营销互动类权益（如积分兑换/积分加钱购）、服务关怀类权益（如会员 15 天无理由退换货/线下体验活动）。健康的会员体系需结合等级体系实现权益定向分层，塑造会员体系差异度。等级越高，会员权益越丰富。

会员体系设置方法将在第 10 章详述。

5.6 本章小结

通过本章的学习，我们掌握了网店规划、销售任务制定的全过程，了解了商品生命周期、客户管理等概念，学会了运营策略制定、目标制定、网店商品规划、人群策略制定的方法。

第 6 章

流量获取

流量是网店的生存命脉，获取流量能力是运营岗位基本必备技能之一。流量应如何获取、如何确保流量精准、如何有效放大流量，都是网店最常遇到的问题。本章将对流量渠道分类、常用付费工具操作进行详细阐述。

学习目标：通过对本章的学习，掌握获取免费流量的方法、使用付费工具的技巧，从而实现提升网店销售额的最终目的。

本章提要：
- 流量渠道分类
- 手淘搜索流量
- 手淘推荐流量
- 直通车原理及设置
- 引流魔方原理及设置
- 万相台原理及设置
- 淘宝客原理及设置

6.1 流量渠道分类

6.1.1 平台流量分配原理

1. 流量头部集中化

要想了解流量分类，首先要从整个平台的大格局来了解流量分配规则。平台最主要的流量会优先分配给头部商家，任何一个成熟的平台都会在运营中贯彻"二八原则"，平台的主要流量都集中在第六、七层级商家手中①，所以在平台上要想获得更多流量，就必须争取成为头部商家。

2. 付费流量效果化

付费流量是商家花钱买到的流量，在淘系的付费推广过程中，付费既能拉升免费流量也会影响免费流量。成交量多、转化率高能带来更多的免费流量；成交量少、转化率低也会抑制免费流量的获得。

3. 流量运营目的化

商家与平台进行合作的目的就是获得免费流量，投入费用推广目的就是获取免费流量，所有网店流量运营都以提升免费流量、带动销售额为目的。

4. 引流目的结果化

电商平台流量算法的核心考核指标是 GMV（商品总交易额），GMV 体量越大越符合算法偏好，算法能给到的权重就越高。网店跟平台要的是流量，平台跟网店要的是 GMV。平台主要的流量分配给第六、七层级商家的原因，就是因为他们给平台贡献 GMV 的体量最大，所以 GMV 也是引流分配规则中的"结果指标"。

如果将平台流量看成一个整体，如图 6-1 所示，最大一部分流量是直接切割给头部商家（第六、七层级头部商家主要通过活动资源或者品牌权重获取这部分流量），剩余流量才会分为付费流量、免费流量、内容流量，而付费流量和内容流量的价值就是利用获得的展现量带动 GMV 从而提升免费流量。

5. 引流考核指标化

商家要给平台创造 GMV 作为结果指标。平台给网店的是展现量，网店要将展现量变成点击量，将点击量变成成交量，将成交量变成 GMV（GMV=点击量×转化率×客单价）。GMV 有 3 个持续贯穿的"过程指标"：点击率（点击率=展现量/点击量）、转化率（转化率=成交量/点击量）、客单价（客单价=成交金额/成交人数），所以平台要的是"一个结果、三个过程"。点击率×转化率×客单价=展现价值，因此展现价值和 GMV 合在一起提升才可以拉升权重，权重越高，平台给的展现曝光机会可能会越大。电商平台是个竞争平台，商品之间是通过权重决定排名位置的，没有拿到靠前排位就没有足够多的展现量。

---

① 层级是根据商家最近 30 天的支付宝成交金额计算排名得出，层级越高支付金额越高：第一层级占总商家数 40%；第二层级占总商家数 30%；第三层级占总商家数 15%；第四层级占总商家数 5%；第五层级占总商家数 5%；第六层级占总商家数 4%；第七层级占总商家数 1%。

图 6-1 平台流量分配逻辑

6.1.2 流量渠道类型

平台流量渠道来源比较多，例如淘内免费、淘内付费、自主访问、淘外媒体、大促会场、其他来源、淘外 APP 等。主力流量主要集中在 3 大流量渠道入口包括：淘内免费、淘内付费、自主访问。接下来，笔者依次讲解。

6.1.3 淘内免费流量渠道

淘内免费流量简称"免费流量"，指的是访客通过淘宝免费流量渠道直接进入网店或商品详情页产生的流量。免费流量渠道细分为 200 多种，我们可以把免费流量渠道分成 3 类：工资型、绩效型、奖金型，如图 6-2 所示。

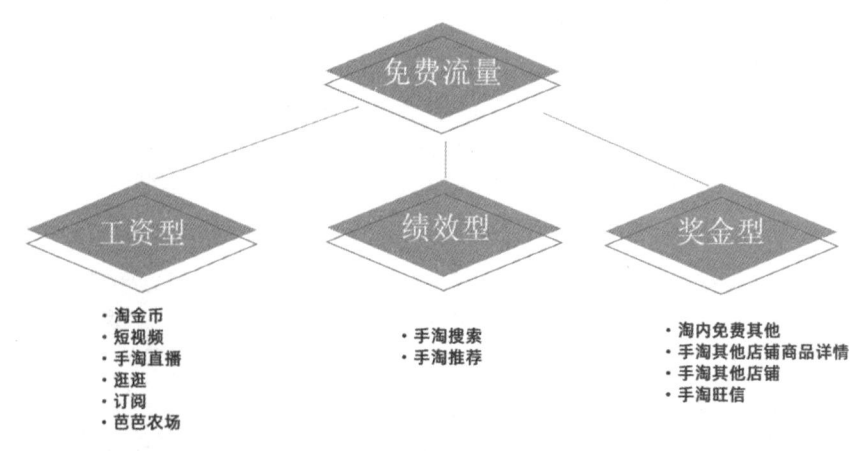

图 6-2 免费流量渠道类型

1. 工资型免费流量

这类流量的渠道包括淘金币、短视频、直播、逛逛、订阅、芭芭农场等。工资型的免费流量渠道属于设置了就有流量，不做设置就没有流量的渠道。这些流量渠道也是淘系"内功型"流量渠道。作为电商运营从业者来说，都会先把这个流量渠道作为首要突破点。

通过路径"生意参谋→流量纵横→网店来源→时间（最近30天）→流量来源"，可以查看网店内的免费流量，把所有工资型的免费流量统计出来，看看有多少个流量渠道入口，比如说直播、逛逛、订阅、芭芭农场等，再通过路径"生意参谋→流量纵横→网店来源→同行→同行优质商家→时间（最近30天）"，跟同行优质商家进行对比，查找自身缺乏哪些流量渠道。找到后可以去生意参谋功能说明书中找设置方法，只要完成了设置就会获得工资型免费流量。

2. 奖金型免费流量

这类流量包括：淘内免费其他、手淘旺信、手淘其他店铺商品详情等。网店超过行业考核指标平均值（常见指标包括销售额、销量、转化率、UV价值等）后，平台给的流量就是奖金型免费流量。只有超额完成了平台的流量任务，才能打开奖金型的免费流量渠道入口。

（1）淘内免费其他：主要来源是淘内或者淘外APP的一些弹窗或者视频展示位，非常类似于手淘推荐渠道，需要商品销量高、转化率高才会获得推荐。例如网店在做网店直播期间拉高了网店转化率指标，在转化率上升期，"淘内免费其他"流量会上涨，所以"淘内免费其他"流量受转化率、销量的指标影响。

（2）手淘其他店铺商品详情：在商品详情页里有3个展示位"店内推荐""看了又看""精选好货"。所以"手淘其他店铺详情"流量有很多来自自身详情页，而不是全部来自竞品页面，因此做这个渠道需要"先节流再开源"。

节流方法：在自身详情页做完后，在详情页最后连续放几屏空白的页面，客户把详情页拉到下面后就不会再下滑，通常会直接拉回到详情页上半部分或者在店内再流转，从而防止客户流失到竞争对手页面，起到节流作用。

开源方法：商品转化率很高的时候，获得"手淘其他网店详情"流量的概率会比较大。例如今天店内在做淘宝客活动，转化率明显高于同行，"手淘其他网店详情"流量就会有明显上升。

3. 绩效型免费流量

这类渠道有两种：手淘搜索和手淘推荐。"绩效"在一个公司里是老板手里的指挥棒，绩效型免费流量就是平台的"指挥棒"，绩效型免费流量的考核指标每年都会调整变化。平台企业文化中有一句话"永远的不变就是变化"，绩效型免费流量指标变化就是平台变化发展的方向，这两个渠道是平台流量最多的渠道，而且每年都会发生变化，后文会用单独章节重点介绍。

6.1.4 淘内付费流量渠道

淘内付费流量简称"付费流量",指的是访客通过淘宝内付费推广渠道直接进入网店或商品详情页产生的流量。付费流量渠道其实有很多种,比如常规付费型的推广工具(包括直通车、引力魔方、淘宝客、万相台、超级直播、超级短视频等)、品牌型广告(包括明星网店、品牌专区、品牌首推等)、活动型广告(包括聚划算、红包签到等)。

1. 直通车

直通车是按点击付费 CPC(Cost Per Click)的营销推广工具,包含搜索关键词推广和非搜索定向等不同的推广方式,商家可以用直通车进行网店单品的推广,客户可以在搜索的展示位看到广告投放的商品。

2. 引力魔方

引力魔方是手淘猜你喜欢、首页焦点图等推荐场景中的信息流推广商品,基于阿里巴巴大数据推荐算法,赋能全方位定向体系,从商品、网店、类目、内容、粉丝等多维度,精准找到潜在客户,实现拉新。

3. 万相台

万相台指访客通过点击手淘万相台广告位直接进入网店或商品详情页的推广工具。万相台是阿里妈妈跨渠道一站式整合投放产品,覆盖淘内搜索、推荐广告位。

4. 淘宝客

淘宝客是一种按成交计费的推广工具,由淘宝客帮助商家推广商品,客户通过推广链接进入完成交易后,商家按照设置的佣金费率支付给淘宝客费用。

5. 超级直播

超级直播是一款专为淘宝主播和商家提供的在直播过程中快速提升观看量、增加粉丝互动,进而促进转化的直播营销工具。

6. 超级短视频

超级短视频是阿里妈妈推出的一款商家专用的淘内短视频内容推广工具。

7. 明星网店

明星网店是天猫品牌旗舰店广告投放的推广工具,按 CPM 千次展现计费,是根据竞价高低排序的,但要投一个品牌词或者词包需要品牌方授权,所以一般都是由品牌方定好内部需求,再根据地域、人群、时间等分配明星网店或者品牌专区资源。

8. 品牌专区

品牌专区是天猫品牌旗舰店的一种广告投放工具，采用 CPT 方式计费，品牌方需要单独和阿里妈妈沟通报价。如果同一品牌有多家店，可以进行分流，需要跟阿里妈妈申请。

9. 品牌首推

品牌首推是天猫品牌旗舰店的一种广告投放工具，是 PC 端的竞价方式，按 CPM 千次展现计费。品牌方需要单独和阿里妈妈沟通报价。

10. 聚划算

聚划算是阿里巴巴重要的营销平台，是助力品牌成长的加速器。

11. 红包签到

手机淘宝每个客户每天可以领取 1 个红包，金额差不多在 2 元左右，而且可参与签到挑战，连续若干天进入签到页面，还可以累计获得一个手机淘宝通用红包。

6.1.5 自主访问流量渠道

自主访问流量渠道包括 4 种主要渠道：我的淘宝、购物车、直接访问、淘口令分享。

1. "我的淘宝"流量

（1）在淘宝 APP 中，通过"我的淘宝"频道内的查看订单、宝贝收藏、查看物流、评价、足迹、支付成功页、确认收货页等方式进入网店或查看商品详情页产生的流量。

（2）在天猫 APP 中，点击"我"选项，通过待付款、待发货、待收货、待评价、全部订单、收藏商品和网店优惠券等页面进入网店或商品详情页产生的流量。

（3）通过手机浏览器，点击"我的淘宝"选项，通过全部订单、商品收藏、网店收藏、查物流、浏览历史等页面进入网店或商品详情页产生的流量。

2. 购物车流量

访客通过淘宝 APP、天猫 APP、手机浏览器中淘宝/天猫的购物车直接进入网店或查看商品详情页产生的流量。

3. 直接访问流量

通过手机浏览器链接或淘口令，直接访问网店或商品产生的流量。

4. 淘口令分享流量

站外平台复制被分享淘口令，打开手机淘宝直接访问商品产生的流量。

6.1.6 其他流量渠道

淘宝平台除了上面提到的 3 个主要流量渠道之外还有很多其他流量渠道，比如说淘外 APP、淘外媒体、大促会场、淘外网站、其他来源。这些渠道都不属于主力流量渠道但是可以作为主力流量渠道的补充使用。在这些渠道中要重点注意两个。

1. 大促会场

平台每年会主办很多大型的活动，如"双 11""双 12""38 节""99 大促"，这些大促活动非常多，也会给网店带来巨大流量。

2. 淘外媒体

网店在小红书、抖音、快手等各种渠道平台上去完成种草，可带来回流流量，这些流量对整个网店的贡献度会非常高，对于网店拉新有很大贡献。

6.2 手淘搜索流量

6.2.1 手淘搜索流量考核指标

手淘搜索是免费流量中最重要的流量渠道之一，是客户通过在手淘 APP 搜索引擎上查找关键词或者图片找到商品进入商品或网店页面的流量渠道。手淘搜索会根据搜索结果中商品的权重（权重是指该指标在平台整体评价中的相对重要程度）进行排序，排序靠前曝光度也更高。手淘搜索流量相对比较稳定，所以一般网店也以打造搜索型爆款[①]为目标。手淘搜索流量考核的指标非常多，也是平台核心机密，由于平台每年会调整指标，所以这里只介绍一些常见考核指标。

1. 搜索指标

搜索指标指的是客户搜索要素。搜索引擎之前只支持简单的关键词搜索，随着技术提升，客户还可以通过搜索图片、筛选属性、相似排序找到目标商品。

1）关键词

关键词搜索有过一次大的升级。在升级前搜索的关键词必须包含在商品标题中目标商品才会被搜索到，在升级后搜索关键词与商品标题关键词相同、商品标题包含部分关键词词根（即关键词被拆分的最小组合要素）、关键词与商品相关，目标商品都可能被搜索到。

[①] 搜索型爆款指在类目大词下搜索流量占比高的商品，可通过路径"生意参谋→市场→市场排行→选择类目→商品→高流量→搜索人气排序"进行判断。

2）图片

客户通过拍照或者截图可以在手淘搜索引擎中查找商品，系统会将相似图片商品推荐给客户，通过这个渠道进入商品页面会被统计成"手淘拍立淘"流量。

3）属性

平台为了提高搜索效率，在搜索结果页增加很多属性筛选按钮，客户在搜索关键词后通过属性筛选可以更快速找到目标商品，所以商品属性编辑必须完整准确。

4）相似

手淘推荐展示位或者搜索结果展示位的商品图片带有"找相似"选项，系统会帮助客户找到相似款、同款、同品牌、同店商品，相似排序提高了搜索和推荐精准度。

2．入池指标

客户在搜索商品后，系统会通过算法推荐一批商品展示给客户，被展示商品称为入池商品。入池商品考核指标即入池指标，既包括网店指标也有商品指标，网店指标的权重会更高。常见指标如下。

1）网店等级

平台网店等级有很多，例如个人店、企业店、直营店、专卖店、旗舰店等，在等级权重中企业店大于个人店、旗舰店大于专卖店。

2）网店层级

平台网店分七个层级，按照最近 30 天支付金额计算排序，排名越高权重越高。

3）网店 DSR（网店半年内动态评分）

网店的动态评分是客户对网店的评价分，评价分如果低于行业平均分，则会影响权重。

4）处罚

网店商品或者网店运营如果违反淘宝平台规则被处罚，在处罚期间会影响权重。

5）品牌分

平台会根据市场份额或品牌知名度对商品进行评分，就叫品牌分。品牌分最高是 7 分，高分的品牌商品不但权重得到提升，而且会提高其活动报名成功率。

6）复购率

复购率=复购人数/访客数。复购率这个指标只对有复购的类目商品进行考核，并不是所有类目商品都考核。复购率越高说明商品或者服务更好，所以复购率越高权重越高。

7）滞销率

滞销率=最近 30 天 0 销量商品数/商品总数。对于有保质期的商品，滞销率指标更重要。滞销率越低说明网店商品动销性越好，所以滞销率越低权重越高。

3. 排序指标

"排序"指入池商品的排名顺序，排序越靠前展现量越大。排序指标不但考核网店指标还要考核商品指标，而有销量的商品的商品指标权重占比更高。常见指标如下。

1）点击率

点击率=点击量/展现量，指的是商品承接展现量能力。商品权重高只能提高排序或者提高展现量，权重高同时点击率高才能提高流量。点击率影响因素包括关键词、排位、人群标签、图片素材。

2）转化率

转化率=成交人数/访客数，指的是商品承接流量能力。手淘搜索以成交为最终目的，只有成交才能拉升搜索权重。转化率影响因素包括商品、价格、渠道、营销。

3）客单价

客单价=成交金额/成交人数，指的是客户平均购买金额。客单价可以提升整体销售额。客单价在不同范围内的效果不同，低客单价转化率高但是成交金额很难拉升，高客单价销售额容易拉升但是转化率低，不同的客单价商品覆盖人群也不同。手淘搜索结果页有筛选功能，可以看到低客单价商品覆盖人群比例为30%，中客单价商品覆盖人群比例为60%，高客单价商品覆盖人群比例为9%，所以想做爆款最好是把商品客单价控制在中客单价范围内。低客单价商品的突破点在于提升成交量，高客单价商品的突破点在于找到精准人群。

4）退款率

退款率=退款人数/成交人数，指的是商品售后满意程度。退款后会相应减掉对应的成交权重，所以退款率是成交权重的"拖油瓶"。

5）单品描述分

类似网店DSR，只不过这个指标只对单品产生影响。

6）付款人数

付款人数指在商品页面的付款人数，如果一人付款购买多个商品则会进行去重。搜索以成交为最终目标，由于电商存在物流时间，付款后还没有做到"钱货两清"，所以付款完成并不算完成最终成交，付款没有增加成交权重。

7）确认收货人数

这是指完成最终成交的客户人数。确认收货指的是客户主动或被动完成确认交易，也就是说"钱货两清"，所以确认收货才增加成交权重。

4. 混排指标

在搜索的结果页面上除常规的商品展示位以外还有很多其他展示位存在，例如直通车、AI

智投、品销宝、活动、直播、短视频、值得买、聚划算、小时达、淘宝经验等，所以要想做好搜索，除了做常规搜索优化，还要关注搜索展示位的混排内容，增加相关内容或报名相关活动，也可以提升手淘搜索流量。

6.2.2 搜索流量与关键词的关系

手淘搜索流量可以通过搜索关键词、图片、相似商品获得，其中搜索关键词带来的流量最大，因此商品需要覆盖更多关键词才能增加搜索展现量。客户搜索的关键词一般来自商品名称、商品说明书、习惯性称呼、搜索框推荐、淘宝热搜榜单等，将这些关键词添加进商品标题、商品属性可以提高商品被搜索入池的概率。

1. 标题

标题应该包含客户搜索关键词或包含关键词词根。商品标题要通过关键词排列组合提高关键词覆盖数量，标题关键词不建议使用符号，关键词先后顺序需要符合客户阅读习惯。

2. 属性

在"商品发布"环节中属性书写的重点是"全"（商品属性需要填全不能有遗漏）和"准"（商品属性需要填准不能错误）。属性是对商品关键词标签的一个补充，商品标题里没有的关键词如果添加在属性中依然可能被搜索到并获得曝光机会。

6.2.3 搜索流量与标签的关系

搜索除了与关键词有关外还与3种标签有关：第一种是客户标签，第二种是行为标签，第三种是商品标签。系统也是通过不同标签实现搜索"千人千面"（不同客户在搜索相同关键词时，入池商品不同、排列顺序不同）的。

1. 客户标签

搜索商品的客户本身会自带标签例如属性标签（性别、年龄、职业、地域等）、策略人群标签（精致妈妈、小镇中老年等）。客户进入平台后就会被系统进行打标，搜索后系统会根据标签为客户匹配不同入池商品以及商品排序。

2. 行为标签

客户搜索商品前可能会有很多行为动作（浏览、收藏、加购、领券、关注、入会、成交等），系统会根据行为标签为客户匹配不同入池商品以及商品排序。

3. 商品标签

不同客户在商品成交后，客户标签会不断累积到商品中成为商品标签，系统会根据商品标签将商品展示给相似客户。

3 种标签不是孤立存在的，如图 6-3 所示，3 种标签相互影响、相互制约，系统会根据标签的数量和标签的权重进行流量分配，标签种类越多、标签权重越大，展现曝光的概率越大。

图 6-3　搜索与标签关系

6.2.4　商品标题优化

商品标题的书写要符合平台搜索算法逻辑，标题关键词优化可以提高商品入池概率，但商品要想排序靠前需要商品成交权重高和点击率高。

1. 标题基础书写

由于在搜索算法中会将标准关键词前后顺序打散，所以在标题优化时需要根据客户的搜索习惯进行关键词的排序，同时减少商品标题中标点符号的使用，对于客户有连贯称呼习惯的关键词，按照客户习惯进行排序。

2. 关键词来源

标题关键词通常来源于商品属性、商品名称、外包装、生意参谋选词助手、手淘搜索下拉框、竞品标题等。

3. 标题优化

在商品发布后要监控关键词的数据效果，可以通过路径"生意参谋→流量纵横→商品流量来源→目标商品→手淘搜索→流量来源→时间 30 天"查看，如图 6-4 所示，监控关键词词根的收藏数、加购数、成交数、词根转化率等数据。根据数据判断关键词的效率高低，把转化率比较低的关键词删掉或更换。

总之，商品标题是从商品角度来迎合客户搜索目标的，平台要的结果就是成交，成交量大则搜索曝光概率大。商品属性、标题、图片、标签要符合平台的搜索规则，覆盖的人群数量级越大则曝光概率越大。

词根	总访客	收藏数	加购数	成交数	词根转化率
德国	0	0	0	0	#DIV/0!
cen	82	3	16	5	6.10%
烘焙	6855	336	1074	336	4.90%
工具	8608	404	1312	452	5.25%
套装	4668	201	678	215	4.61%
入门	110	2	18	3	2.73%
家用	1936	63	271	88	4.55%
烘培	3464	126	488	165	4.76%
新手	232	4	31	4	1.72%
烤箱	894	71	168	81	9.06%
做	344	11	30	8	2.33%
饼干	130	0	7	3	2.31%
的	74	1	6	2	2.70%
材料	481	10	40	9	1.87%
蛋糕	2133	123	350	139	6.52%
模具	1925	108	325	124	6.44%

图 6-4　搜索商品标题优化（截图）

6.3　手淘推荐流量

手淘搜索流量是"人找货"，手淘推荐流量是"货找人"。手淘推荐是客户被动发现商品的模式，所以转化率低于手淘搜索。手淘推荐增加了商品曝光概率，会根据客户行为推荐更多潜在商品。手淘推荐流量一般来自手淘首页推荐信息流中的"猜你喜欢"流量（包括微详情、短视频、直播等渠道）、手淘购物车中"可能还喜欢"信息流、手淘订单列表页及各选项卡（如全部、待付款、待发货、待评价页面）的"可能还喜欢"信息流、手淘付款完成页"可能还喜欢"信息流、手淘查看物流页"可能还喜欢"信息流、除上述外其他的"猜你喜欢"信息流（含极速推商品推广）。

6.3.1　手淘推荐流量原理

手淘推荐流量的原理是根据商品标签（价格标签、属性标签、关键词标签、历史标签、活动标签等）将商品推荐给拥有对应标签的潜在客户（属性标签、历史标签、特征标签、偏好标签等）。在推荐过程中平台会根据标签相符程度、时效性情况进行排序，排序越靠前展现量越多。手淘推荐流量还会根据展示位不同分为"首页推荐→微详情"流量、其他"猜你喜欢"流量、购后推荐流量、购中推荐流量。手淘推荐拥有"探测"和"投票"两种机制，对于一些新品或者表现优秀的商品，系统会将商品推荐给部分潜在人群进行"探测"，通过目标人群行为动作多少进行"投票"，票数高的商品会获得更多的探测人群，票数少的商品结束"探测"，不再获得展现机会，这也造成手淘推荐流量的不稳定性。手淘推荐中的"微详情"展示位的访客最为特殊，由于渠道原因，访客连续浏览3秒才算作一个访客，所以造成手淘推荐的转化率较低。

6.3.2 手淘推荐流量考核指标

手淘推荐流量考核指标比手淘搜索流量更为复杂，由于完全依赖计算机推荐算法，只能从容易获得手淘推荐流量的商品角度反推哪些指标更容易获得手淘推荐流量。例如女性在"逛"这种行为偏好上强于男性，所以女性相关商品在推荐上获得展现量更多；新品期有新品标签权重，所以新品比旧品获得推荐展现量更多；有过行为标签的商品更容易再次被展现给客户，所以访客数较多的商品获得推荐展现量更多。此外，点击率和行为标签对于推荐流量影响最大。

1. 点击率

推荐流量和搜索流量从客户角度上看是不同的。手淘搜索客户已经知道结果页出现的会是什么商品，商品图片可以通过凸显使用场景、体验痛点来提高点击率；手淘推荐客户并不知道被推荐的商品是什么，所以商品图片首先要解决的是快速识别、体现购买场景才能提高点击率。在推荐端出现商品主图和微详情视频的概率最大，可以通过优化短视频标题和封面、优化鹿班推荐图片、优化微详情短视频来提高点击率。

2. 行为标签

客户可以在网店中产生多种行为动作，行为动作不同对于权重影响也会不同。常见动作包括：浏览、收藏、加购、入会、关注、成交、分享、推荐等，不同的动作对于客户在推荐渠道上再次看到商品的加权时间不同。

1）浏览

客户在商品详情页浏览15秒以上将产生浏览权重，拥有浏览权重的客户在未来3天内都有可能再次看到该商品。

2）收藏、加购

客户在商品上产生了收藏、加购的行为，会产生7~14天的行为加权时间，这个加权时间与类目和客单价相关。购买周期越长的类目[①]、价格越高的商品，加权时间越久，在该时间内客户可以在推荐展示位再次看到目标商品。

3）入会、关注

客户在网店内产生入会或者关注的行为动作，只要客户没有退会或者取消关注，都可以在推

[①] 购买周期长的类目是指消费者从浏览到付款的平均时间大于7天的类目，例如家具、大家电等高单价商品的类目。

荐展示位上再次看到网店商品。

4）成交

客户在网店内产生成交的行为动作，在之后的一年内都可以在推荐展示位上再次看到网店商品。

5）分享

客户可以通过站外渠道分享商品链接，第一次通过站外链接回到商品的流量会被计入手淘推荐流量。

6）推荐

客户如果在详情页对商品进行推荐，则该商品可以在有好货、行业榜单、猜你喜欢上被客户看到。

推荐流量考核和搜索流量考核有本质的区别。搜索是以成交为导向的，推荐是以行为为导向的。搜索做的是标签深度（一个标签下成交人数越多，搜索曝光概率越大），推荐做的是标签广度（产生行为人的标签越多，曝光概率越大）。

6.3.3 短视频推荐入池

短视频作为内容流量的主要展示阵地就属于手淘推荐范畴，短视频入池影响了网店手淘推荐流量的变化。短视频有 2 次入池机会[①]：第一次重点考核短视频点击率，考核时间为短视频发布的第一天，点击率高才会进入短视频测试池；第二次重点考核点击率、互动率、完播率、进店率等指标，考核时间为 7 天，如果数据指标高会再给一个月以上的短视频展示时间。如图 6-5 所示，不符合标准的短视频系统会提示"不符合手淘流量奖励标准"，可以查看详细原因并进行优化调整。常规短视频优化有两个位置：阿里创作平台、微详情短视频。

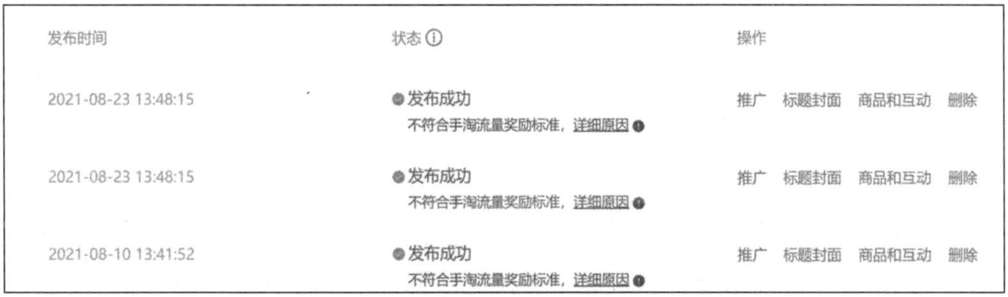

发布时间	状态 ①	操作
2021-08-23 13:48:15	● 发布成功 不符合手淘流量奖励标准，详细原因 ●	推广　标题封面　商品和互动　删除
2021-08-23 13:48:15	● 发布成功 不符合手淘流量奖励标准，详细原因 ●	推广　标题封面　商品和互动　删除
2021-08-10 13:41:52	● 发布成功 不符合手淘流量奖励标准，详细原因 ●	推广　标题封面　商品和互动　删除

图 6-5　短视频发布

---

① 入池指的是平台对于短视频内容的筛选过滤环节，通过一次入池考核会获得更多展现机会。

1. 阿里创作平台

通过路径"阿里创作平台→短视频→我的视频"可以找到优化位置，这里重点优化 3 点：标题、封面、视频分类。

1）标题

短视频标题应重点罗列与商品有关的关键词，不建议使用货号的数字形式，如图 6-6 所示，不符合规定的标题需要及时优化调整。

图 6-6　短视频标题和封面

2）封面

封面应使用提高短视频点击率的素材，需要体现商品和短视频内容。封面可以考虑做成统一风格，提高短视频识别度。

3）视频分类

不同类型短视频的曝光概率和竞争度不同，将短视频放在不同的分类体系中有机会提升短视频曝光量。

2. 微详情短视频

通过路径"网店管理→网店装修→详情装修→商品内容管理→微详情短视频"可以找到优化位置，这里短视频有 3:4 和 1:1 两种形式，都需要制作，如图 6-7 所示，由于微详情短视频没有封面图，所以第一帧必须用高点击率的素材。微详情短视频的播放时间控制在 15 秒以内，则提升点击率的效果更好。

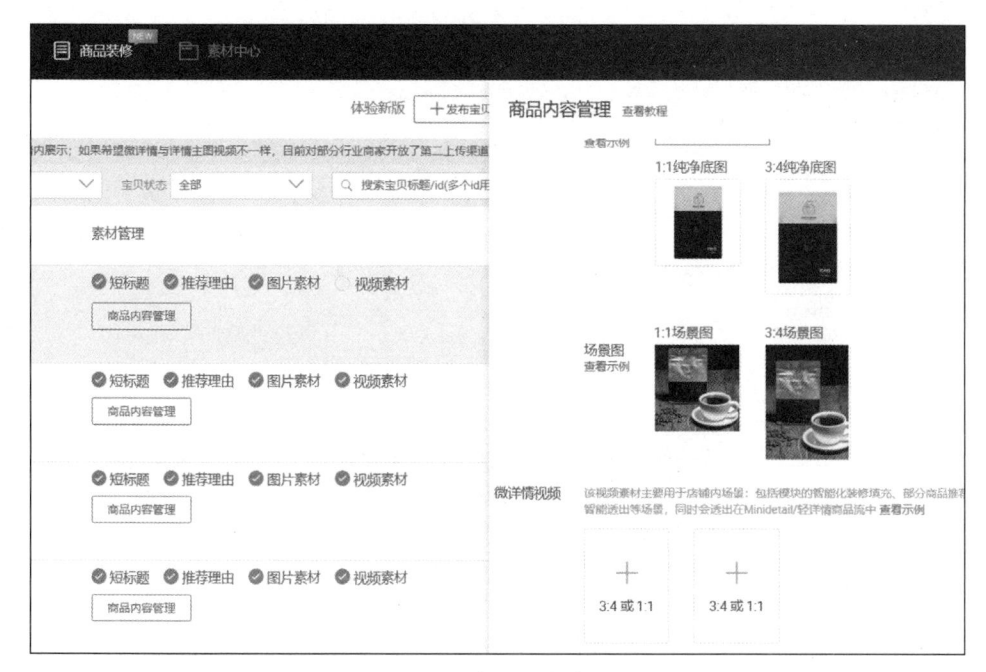

图 6-7 商品内容管理

6.3.4 鹿班素材推荐入池

由于手淘推荐的图片展示场景越来越多，商品主图不可能完全满足所有使用场景，所以可以通过路径"网店管理→主图优化→主图点击优化→首页猜你喜欢"进入鹿班页面进行图片投放，以提升手淘推荐点击率，实现入池。首先要明确，鹿班素材不是测图工具而是图片分发工具，可以在不同场景下展示不同的推广素材。

首页推荐图片设计要求是突出购买场景快速识别；手淘搜索图片设计要求是突出使用场景提现客户痛点；详情主图图片设计要求是突出商品卖点提高微详情点击率；新客定制图片设计要求是突出商品优惠力度提高新客拉新成功率。

选择鹿班首页猜你喜欢素材重点注意以下 3 点。

（1）如图 6-8 所示，5 张素材可以替代商品主图出现在手淘推荐展示位上，网店需要的是高点击率素材图片而不是把 5 个展示位占满，对于数据不好的素材要及时删除。

（2）商品点击率指数代表这个商品手淘推荐流量访客数的高低，并不完全代表点击率高低，所以不要用分数高低判断主图优劣。

（3）可以通过明细数据进行图片数据判断，这里测试图片的流量来自手淘推荐流量，所以只有手淘推荐流量多的商品才适合测试。

图 6-8　鹿班素材

总之，手淘推荐流量在信息流时代已经成为平台主要渠道来源入口，在女装行业更是占到行业流量的 60%以上。通过提升商品标签丰富度来提升展现量，通过提升素材点击率来提升点击量。

6.4　直通车原理及设置

直通车是淘系付费推广工具中使用时间最长、使用频率最高、使用网店最多的一款工具。

6.4.1　直通车广告投放

直通车是按照 CPC 付费的营销工具，根据关键词的广告投放将商品展示在搜索展示位上。直通车属于被动型推广工具，主要的展示位在关键词搜索的结果页面上。直通车包含 5 种主要影响因素。

1. 关键词

直通车的核心是关键词，所有其他影响因素都是在关键词的基础之上产生的。关键词有 4 大主要参数。

1）关键词数量

关键词数量影响直通车展现量，关键词数量越多，展现曝光概率越大。但关键词数量并不是越多越好，关键词数量过多也会造成点击率过低影响质量得分。通常要求每个关键词每天平均获得 10 个以上点击量。关键词数量应小于商品推广预算/PPC/10，PPC 为行业平均点击单价。

2）关键词种类

直通车关键词种类很多，例如品牌词、修饰词、长尾词、品类词，不同关键词的展现量不同，搜索人群也不同，关键词要根据直通车推广目的合理选用。

3）关键词出价

关键词出价是直通车实际出价的基础，其他所有出价都是建立在关键词出价之上的，关键词出价决定了直通车的展现量。实际出价=关键词出价×（1+人群溢价）×时间溢价×（1+抢位溢价）×（1+智能调价），实际出价决定直通车关键词排位。

4）关键词质量得分

关键词质量得分是系统对于关键词表现的评判，质量得分决定了直通车扣费。直通车扣费=下一名出价×下一名质量得分/自身质量得分+0.01 元，质量得分的高低受到创意质量（推广创意近期的关键词动态点击反馈）、相关性（关键词与商品类目、属性及文本等信息的相符程度）、客户体验（根据客户在网店的购买体验给出的动态得分）的影响。

2．创意素材

直通车有长图、方图、短视频等不同形式素材，一个商品可以同时发布 4 个创意素材。创意素材用于提高点击率，可以影响质量得分。

3．人群标签

人群标签是建立在关键词基础之上的，通过拉高人群标签溢价可以提高精准人群在关键词流量中的占比。精准人群占比越高则直通车转化率越高。

4．权益

权益是指直通车的专属优惠券，直通车设置了权益可以在素材上展示，从而提高素材点击率，优惠券降低了商品价格，从而提高直通车转化率。

5．高级设置

高级设置是直通车的投放位置、投放地域和投放时间。通过在合适的位置、合适的时间上展示商品，可以提高直通车点击率和转化率。

直通车的考核指标包括：点击率、转化率、ROI（投资回报率=成交金额/花费）、PPC 等，其中最重要的指标是 ROI。ROI 的影响因素包括：转化率、PPC、客单价，所以只要控制好转化率、PPC 和客单价，直通车的 ROI 就不会低。

6.4.2 直通车推广计划分类

直通车推广计划分两类：智能计划、标准计划。另外其还包含两种特殊投放：销量明星（手淘搜索销量排序展示位）、相似投放（拍立淘、相似搜索展示位），如图 6-9 所示。

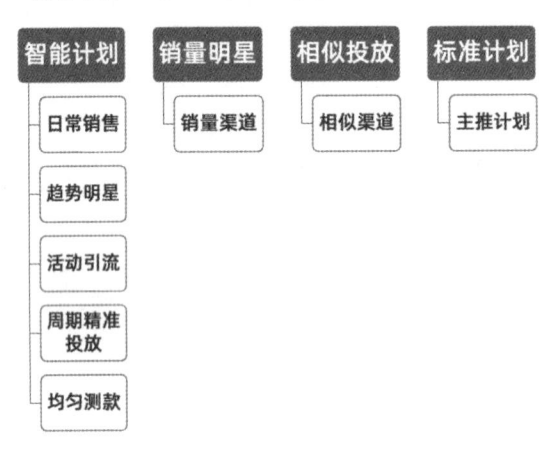

图 6-9 直通车计划分类

1．智能计划

直通车提供智能托管的功能，只需要进行简单的计划设置，即可开启智能计划推广，系统根据选择的商品或者趋势词包，智能匹配高品质流量。

智能计划分为五种：日常销售、趋势明星、活动引流、周期精准投放、均匀测款。

1）日常销售

网店使用该计划通常以提升成交率为目标，选取高转化词和人群辅助，按照最大化转化率出价。该计划一般作为主要补充计划使用，通过系统为商品匹配更多潜在流量。

2）趋势明星

如果商品符合流行趋势，获得流量比较多，如果流行趋势结束，流量自然下滑。趋势明星计划的流量会根据市场流量节奏变化，如果流行趋势结束，计划可以被删除。

3）活动引流

该计划可以在活动期间快速获得流量。活动期间快速获取流量，挖掘活动兴趣人群，助力活动期效果提升。可以在大促蓄水期开始建立计划，在不同活动阶段，系统会自动切换活动人群，在活动结束后计划删除。

4）周期精准投放

周期精准投放需要选择店铺的优秀商品，由于是系统控制的，所以可以实现周期预算平滑投放，坚持投放可以获取超高的投入产出比。部分网店的商品数量较多，无法完全自主控制，可以采用周期精准投放。

5）均匀测款

新品通过"赛马"来挖掘优质品，使用该计划可以快速引入均衡流量分配给测款商品，从而快速掌握测款数据。该计划对于上新频率比较高的服饰类目最适合，可以在新品期获得更多潜客人群曝光机会。

2. 标准计划

可以根据不同的营销诉求，自主选择关键词、精选人群、创意进行投放，同时系统也会提供推荐的方案，实现投放效率的优化。标准计划是直通车的主力计划，一个计划建议只投放一个商品。

6.4.3 直通车计划建立

1. 投放设置

投放设置如图 6-10 所示。

（1）计划名称：可以任意起名，主要为了在优化过程中区分计划。

（2）日限额：合理设置每日花费预算，避免过早下线错过优质流量。不建议选择"不限"选项，如果选择该项则不容易控制流量变化，单品每日推广预算建议不低于 200 元。

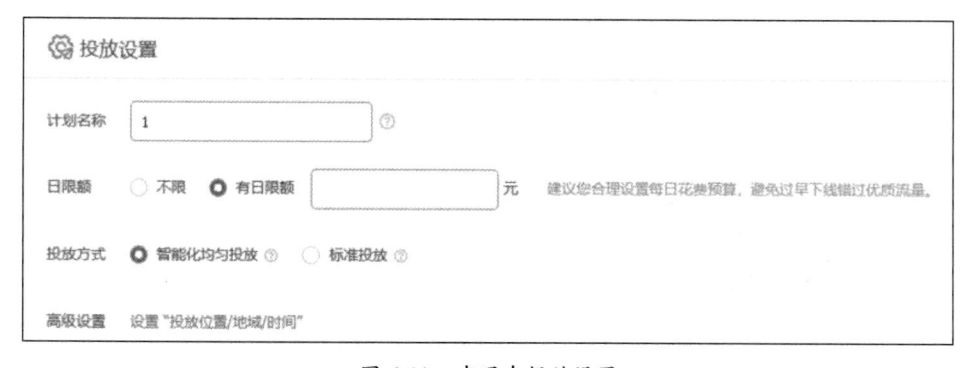

图 6-10 直通车投放设置

（3）投放方式：可选择智能化均匀投放（优选高质量流量进行展现，延长推广商品的在线时长，提升商品转化效果）或者标准投放（系统会根据投放设置展现推广）。常规推广建议以标准投放为主，如果推广费用不足，可以使用智能化均匀投放。

（4）高级设置：进行投放位置、投放地域和投放时间设置，如图6-11所示。

图 6-11　直通车投放位置设置

投放位置包括：手机淘宝通用搜索（移动设备）、淘宝网搜索（计算机设备）、销量明星（手淘搜索销量排序）、站外优质媒体（站外人群种草必备）。其中"手机淘宝通用搜索"必选，高客单价商品可以选择"淘宝网搜索"，品牌商品可以选择"销量明星"，"站外优质媒体"通常不选择。

投放地域：如图6-12所示，有3种地域不要选择（物流无法送达地区、物流成本过高地区、行业竞品产业带地区），季节性商品可以根据季节变化逐步增加地域，非季节性商品前期可以全部选择，后期可以根据转化率和成交量逐步删除部分地域。地域可以精细化到地级市，在地域优化时可以参考直通车地域报表。

投放时间：商品在不同时段的流量和转化率可能有所不同，可以针对各时段设置不同的折扣出价，提高流量利用效果。设置投放时间的主要作用是控制直通车投放时间和降低PPC。设置投放时间可以选择行业模板，再根据平台流量变化、转化率变化、广告竞争变化持续优化。日常广告分时折扣投放，建议全天最高时间段折扣控制在 50%~100%，高于 100%会拉高直通车 PPC，低于 50%会影响全天最高时间段广告流量获取能力。

图 6-12　直通车投放地域设置

2．单元设置

选择直通车投放商品，通常选择高点击率、高转化率商品，一个计划建议只投放一个商品。0 销量 0 评价的商品则不适合投放直通车。

3．创意预览

如图 6-13 所示，在开启智能 V 视频功能后，系统将对主图视频进行智能剪裁，生成视频素材进行投放（仅针对有主图视频的商品生效）。投放视频创意时，系统会进行创意点击率的预估，当视频创意的预估点击率低于图片创意时会展示图片创意，保障整体创意点击率。如果需要更改或者删除视频创意，后续可以在创意编辑页面进行操作。如果开启智能创意功能，即同意系统根据直通车中提交的相关信息，智能生成个性化创意匹配不同的客户展示，需确保前述信息真实、合法并不侵犯第三方权益。

4．推荐关键词

如图 6-14 所示，关键词必须与推广商品相关，关键词必须包含商品标题中的词根。关键词有两种匹配方式：广泛匹配和精准匹配。

图 6-13 直通车创意预览

图 6-14 直通车推荐关键词

广泛匹配：当客户搜索关键词与设置的关键词相关时，即使未设置这些词，推广商品也可能获得展现机会。

精准匹配：客户搜索关键词必须与设置关键词相同，商品才可能获得展示机会。

此外直通车提供卖点词包：系统可智能自动购买商品核心卖点相关词，帮助商家打造卖点。举例说明，假设商家投放"小雏菊"卖点词包，系统自动购买关键词必须包含"小雏菊"词根，如"小雏菊半身裙""小雏菊显瘦裙子"等词。系统通常每天上午自动调整购买关键词一次。可以在词包内屏蔽部分关键词，包括中心词屏蔽、精确屏蔽两种方式。

5. 推荐人群

如图 6-15 所示，系统可以为商品量身定制人群溢价方案，商家也可以自己手动增删人群。可以通过关键词提高部分人群的曝光量，进而提升直通车转化率。

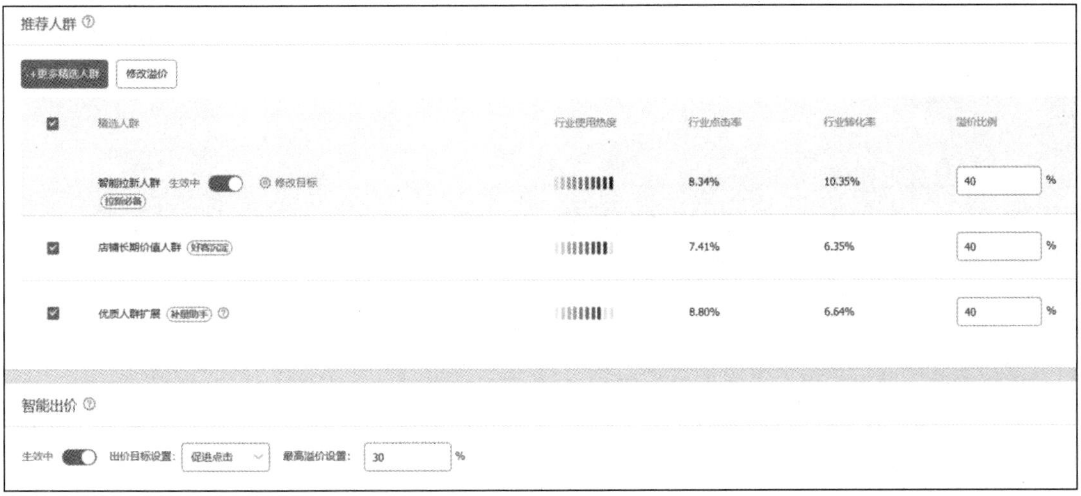

图 6-15　直通车推荐人群和智能出价

6. 智能出价

智能出价是一款根据出价目标，针对不同质量的流量动态溢价的工具。在开启智能出价后，系统将提高高质量流量的溢价，降低低质量流量的溢价。在保障转化效果的前提下，尽量达成出价目标，所以一般智能出价都是在推广计划稳定后再进行优化设置。

6.5　引力魔方原理及设置

引力魔方（原超级推荐）是在手淘"猜你喜欢"等推荐场景中的全新的信息流推广产品。原生的信息流模式是唤醒客户需求的重要入口，引力魔方全面覆盖了客户购前、购中、购后的消费全链路，同时基于阿里巴巴大数据和智能推荐算法，可以智能挖掘网店潜在目标客户，激发消费兴趣，高效拉新，助力提升网店整体流量，促进网店生意增长。

6.5.1 引力魔方广告投放原理

1. 引力魔方展现

引力魔方按照出价高低顺序进行展现。系统将各时间段的出价,按照竞价高低进行排名,价高者优先展现,在出价最高的预算消耗完后,轮到下一位进行展现,以此类推,直到该小时流量全部消耗,排在后面的就无法展现。能获得的总流量=总预算 /千次展现单价×1000,在同样的预算下,千次展现单价越高,获得的流量反而越少,因此需要在保证出价能展现的基础上,合理竞价。

2. 引力魔方扣费

引力魔方包含两种扣费方式。商品推广仅支持点击付费(CPC),直播推广和图文推广支持点击付费(CPC)和展现付费(CPM)两种扣费方式。

3. 引力魔方资源位

引力魔方资源位包括焦点图场景(淘内移动端和 PC 端的首页焦点图)、信息流场景(首页"猜你喜欢"、购中"猜你喜欢"、购后"猜你喜欢"、微详情、红包互动权益场)、优质资源位(系统已经开启优质资源位,将在所选核心资源位之外,优选更多场景进行投放,帮助获得流量)。

4. 引力魔方影响自然流量

引力魔方和自然流量由于展示位置、展现逻辑不同,故两者没有直接关系,但是如果引力魔方投放效果数据好,则有利于提升自然流量数据,如通过引力魔方带来点击量之后,相应增加了成交量、收藏量、加购量、进店量等,从而提升网店和商品的整体竞争力。如果引力魔方推广效果不好则不会直接影响自然流量数据。

6.5.2 引力魔方推广计划分类

引力魔方推广计划分 4 种主体:商品推广、独立橱窗、店铺、自定义 url,如图 6-16 所示。

1. 商品推广

该计划以商品为投放主体,落地页面为商品详情页,以成交为目的。

2. 独立橱窗

该计划以橱窗主题网店多商品集合页为投放主体,落地页面为集合页,以活动为目的。

3. 店铺

该计划以网店首页为投放主体，落地页面为网店首页，以网店推广为目的。

4. 自定义 url

该计划以自定义 url 为投放主体，落地页面可以自定义，投放目的更加灵活。

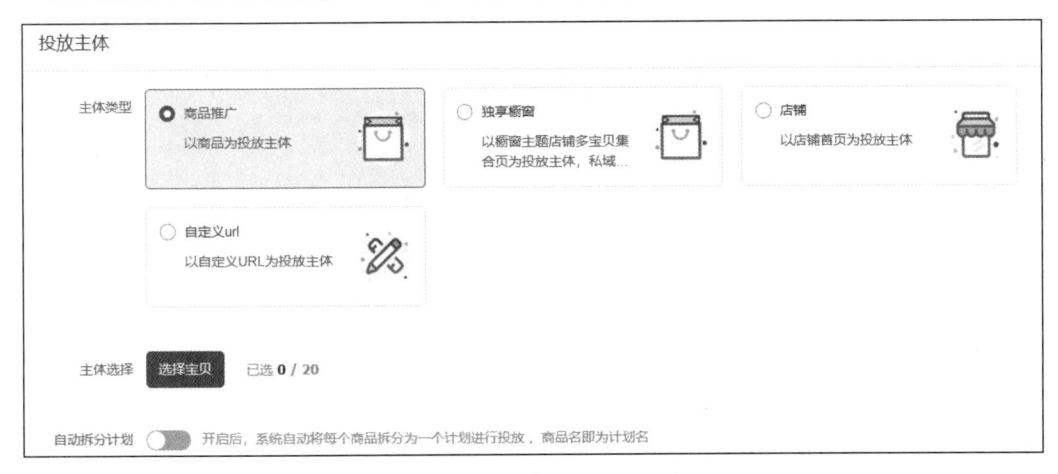

图 6-16　引力魔方的投放主体

6.5.3　引力魔方计划建立

1. 商品推广

建议一个计划一个商品，通过圈定人群为商品引流。

1）投放主体

商品只选择高点击率、高转化率商品，如果需要多商品按照相同人群投放可以同时添加"使用自动拆分计划"功能，开启后系统自动将每个商品拆分为一个计划进行投放，商品名即为计划名。

2）定向人群

设置广告将展现给哪些人群，定向方式分为 2 种：智能定向、自定义，如图 6-17 所示。

智能定向：通过平台大数据能力，系统将根据访客特征实时计算并智能优选对推广内容感兴趣程度较高的人群，高效达到推广目标，并且可以屏蔽过滤购买人群、加购人群、收藏人群、进店人群。

自定义：如图 6-18 所示，根据推广目标自定义圈选细分人群达成营销目的，可以添加人群包括常用人群（选择投放平台的优质常用人群）、更多人群（提供消费者基础属性、品类行为和渠道行为标签，支持标签组合圈选，亦可选择在达摩盘官网创建的人群），人群覆盖流量不足时可使用目标人群扩展（系统将根据自定义人群的特征，实时计算并拓展具有相同特征且对推广内容感兴趣的人群，帮助获得更好推广效果），并且可以屏蔽过滤购买人群、加购人群、收藏人群、进店人群。

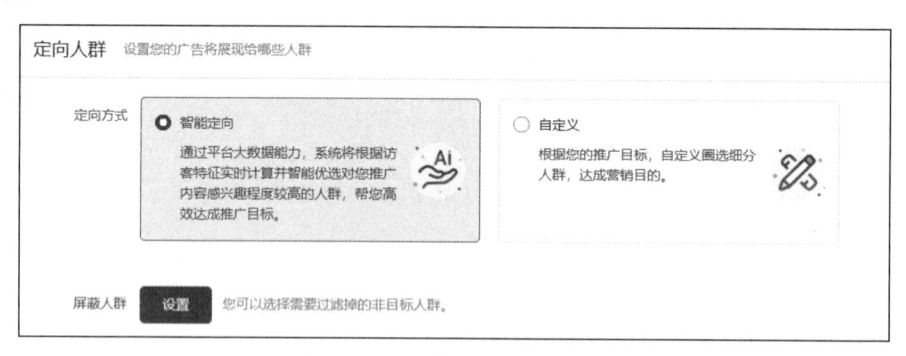

图 6-17　引力魔方智能定向人群

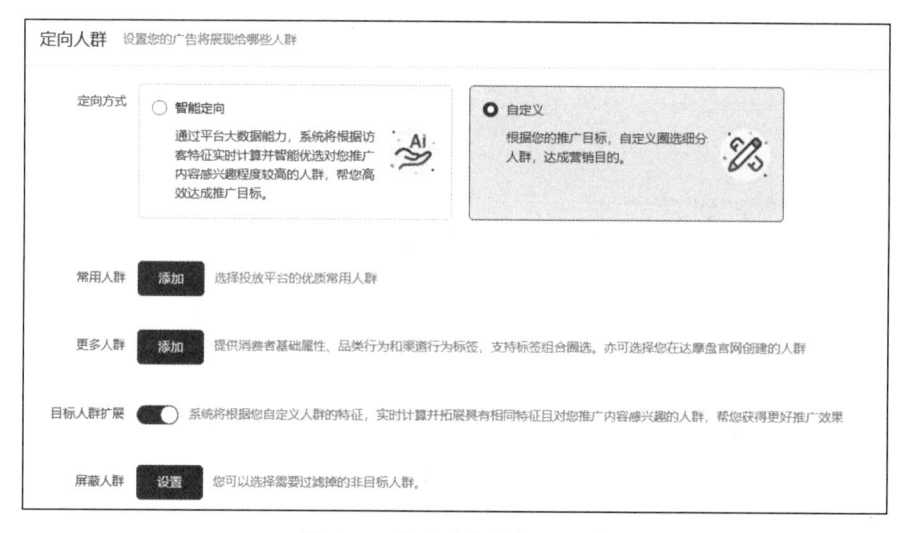

图 6-18　引力魔方自定义人群

3）资源位

核心资源位：如图 6-19 所示，包括淘系焦点图（淘内移动端和 PC 端的首页焦点图）、首页"猜你喜欢"信息流（淘内移动端和 PC 端的首页"猜你喜欢"信息流）、购中购后"猜你喜欢"信息流（淘内移动端和 PC 端的订单列表页等购中购后"猜你喜欢"信息流）、微详情 minidetail（手淘"猜你喜欢"页面上的广告位）、红包互动权益场（芭芭农场、淘金币签到等淘内移动端和 PC 端的红包互动场景）。

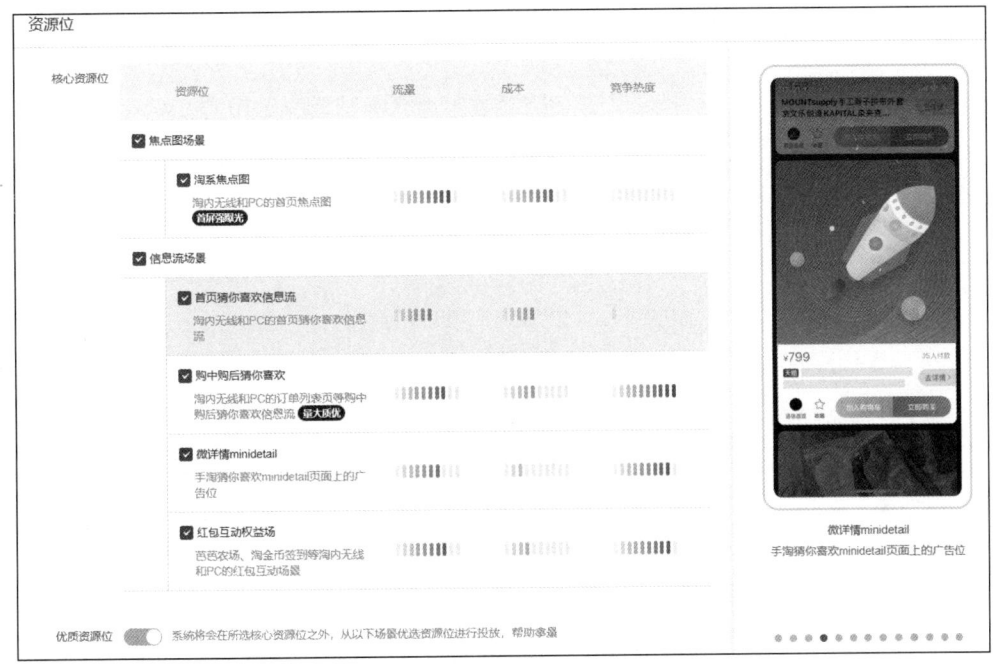

图 6-19 引力魔方投放资源位

优质资源位：开启"优质资源位"选项，将在所选核心资源位之外，优选更多场景进行投放，帮助获得流量。

2．预算与排期

设置广告预算及何时进行投放，如图 6-20 所示。

1）优化目标

优化目标包括促进曝光（提升广告曝光量，手动出价提升网店和品牌知名度）、促进点击（促进客户进店，手动出价）、促进加购（促进客户进店产生加购行为，自动出价）、促进成交（促进客户进店产生成交行为，自动出价）。常规投放以使用促进成交为主，活动前投放以使用促进加购为主。

2）目标出价

目标出价分为统一出价（将同层级人群及相似资源位整合至一个计划，系统自动优化并统一出价）、详细出价（将拆分定向人群、资源位进行最细粒度出价，需操盘手具备一定经验，并在开始投放后，随时进行精细化调整）。出价可以参考系统建议出价，为了快速获取流量可以在系统建议出价基础上浮 20% 出价，常规获取流量可以按照系统建议出价的 80% 出价。

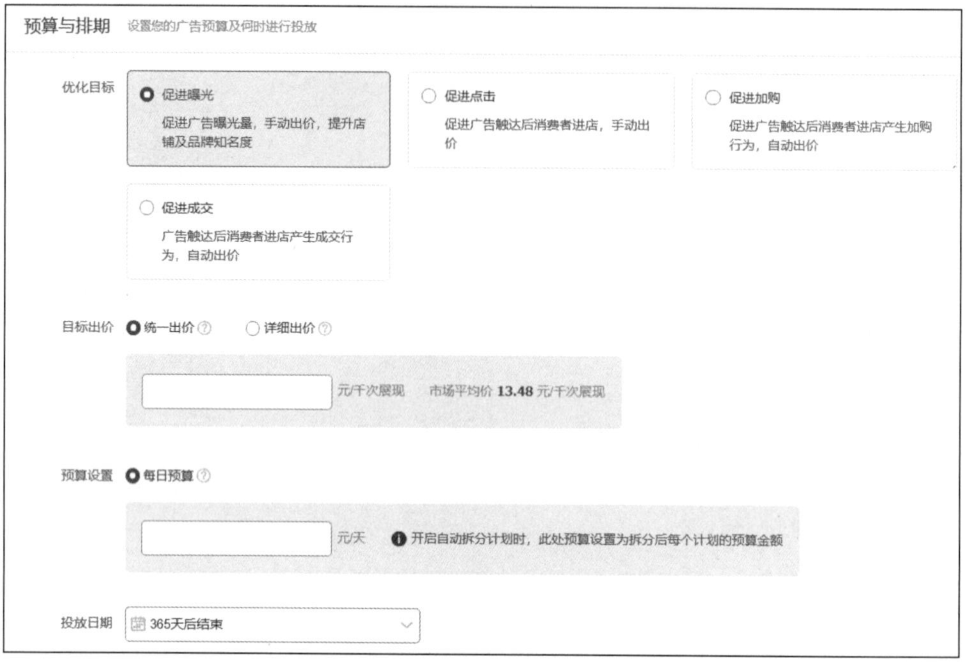

图 6-20 引力魔方投放预算与排期

3）智能调价

系统将根据目标出价进行智能调节，调价幅度范围为-100%~100%，基础出价自30%起步。

4）投放策略

投放策略包括控制成本（系统根据优化目标智能出价，控制平均成本尽量小于设置的目标出价）、最大化拿量（在预算范围内系统根据优化目标智能出价，最大化成交）。通常只选择"控制成本"，"最大化拿量"只在活动预热或者新品上新期使用。

5）预算设置

设置推广计划的每日预算，计划日消耗金额不会超过每日预算设置金额。在开启自动拆分计划时，此处预算设置为拆分后每个计划的预算金额，单一商品每天最少200元。

6）投放日期

投放日期可以长期投放，也可以根据商品生命周期或者活动周期控制投放时间。

7）高级设置

高级设置包括地域设置和时间设置，可以参考直通车高级设置。

8）设置创意

如图6-21所示，设置创意主要包括自定义创意（建议多增加不同尺寸、属性素材和视频素材，可以获得更多展示曝光机会）、智能创意（系统智能使用商品主、副图及自定义创意，自动匹配不同资源位）。

图 6-21 引力魔方设置创意

6.6 万相台原理及设置

万相台从商家营销诉求出发，围绕客户运营场景、货品运营场景、活动场景、内容场景，整合阿里妈妈搜索、推荐等资源位，通过算法智能跨渠道分配预算，实现人群在不同渠道流转承接，从提高广告效果与降低操作成本两方面解决客户最本质的投放需求。

6.6.1 万相台广告投放原理

1．万相台展示位

万相台展示位主要覆盖淘内搜索商业流量和淘内推荐商业流量资源位。

2．万相台扣费

万相台是算法自动出价的智能投放产品，算法会根据当前的竞价激烈程度，根据商家的选品、商家设置的套餐包金额、核心优化目标、投放模式、创意设置等参数，进行实时竞价，跨渠道智能动态分配预算，实时优化。

3. 万相台流量

万相台投放是 RTB 竞价产品[①]，根据实时的流量情况进行出价和流量的获取，所以不保证投放 PV、UV 的规模。

6.6.2 万相台推广计划分类

1. 消费者运营

（1）拉新快：过滤商家自定义老客，多手段实现网店新客增长，包括 TOP 单品拉新（推广高拉新力单品，增加网店新客）、首单直降（报名单品新客礼金活动，进行权益拉新）。

（2）会员快：过滤网店老会员，促进粉丝转会员，提高高价值会员数，包括入会拉新（联动网店会员中心，提升网店会员数）、老会员激活（促进老会员复购，唤醒休眠会员）。

2. 货品运营

（1）测款快：快速测试市场效果，适用于多款新品同步开启计划场景，包括均匀预算功能（不同商品在相同预算下观察投放效果决定主推款）。

（2）上新快：令新上架商品快速起量，高效打爆潜力新品，包括行业新品（令新上架商品快速起量）、新品直降（进行新礼新品让利推广）、小黑盒上新（每月可购买当月 1 号到下月 15 号小黑盒流量、SHOWBOX 确定性流量）。

（3）货品加速：全店商品均可参与跨渠道投放加速引爆，包括货品加速功能（参与行业特色货品赛道，助力网店商品实现流量飙升）。

3. 活动场景

活动加速：活动全周期优化，加速活动卡位，赶超竞争对手。

4. 内容场景

（1）超级直播：助力直播间快速提升观看量、增加互动量及提升转化率，包括管家模式（智能出价，简单易上手，定向时段，按需拿量）、专业模式（自主出价，提供推广前及推广中灵活设置的投放方案）、加油包（固定价格，定制场景，确定性流量保障护航）。

（2）超级短视频：引爆短视频观看量，提升进店流量以及互动效果，包括视频加速功能（引爆视频，使用更强感染力的内容触达精准人群）。

---

① RTB（Real Time Biding）指实时竞价广告。

6.6.3　万相台推广计划建立

1．TOP 单品拉新

计划类型：包括套餐包（选择"固定套餐包"的推广方式，系统将一次性预扣除套餐包金额。在投放开始后，将基于设置的投放目标及投放表现持续调优策略。由于策略迭代需要数据积累，因此在投放过程中不支持暂停、编辑操作，同时建议至少投放两天后再查看投放效果数据。投放满 5 天或商品售罄下架后，可点击申请自助退款）、持续推广（选择"持续推广"的推广方式，系统将基于的广告投放实时扣费。在投放开始后，可以基于投放效果调整部分计划配置，也可以实时暂停、重启、结束投放计划）。

2．投放主体和落地页

（1）投放主体类型：商品。

（2）选择主体：算法会圈选适合新客引流和成交的商品，选择高点击率、高转化率商品。由于万相台是系统投放的所以只能在系统圈定的商品内选择。

（3）落地页：详情页。商品投放必须选择详情页为落地页。

3．预算和排期

（1）选择预算包：系统会根据商品和投放时间自动计算推广预算，可以根据系统推荐选择。增加预算，效果并不一定好，如果需要更多流量可以推广更多商品。

（2）阿里妈妈优惠券：阿里妈妈平台的红包、满减券，用于抵扣套餐包支付金额。

（3）优化目标：分为促进进店、促进收藏加购、促进成交三种模式。常规投放可以使用促进成交，活动预热期可以使用促进收藏加购，新品打造期可以使用促进进店。可以根据商品生命周期或者活动周期选择不同优化目标。

（4）投放模式：包括优先拿量（在此模式下，算法投放策略会优先保障拿量速度，在投放时间内尽可能地快速获取更多流量）、效率优先（在此模式下，算法投放策略会优先保障投放效率，在预算稳定消耗的情况下，尽可能挑选最优的流量）。

（5）投放日期：默认时间周期仅供参考。系统会基于投放时段和投放数据表现持续进行策略调优，建议至少投放两天后再查看投放效果数据。

（6）地域设置：可以参考直通车推广的地域设置。

4．人群设置

在拉新场景下，所有资源位投放会过滤自定义的老客，根据所选优化目标做人群重点触达，不同场景下系统匹配人群不同。建议主要依靠系统推荐人群，如果流量不足可以增加自选人群。

（1）侧重人群：在场景的智能投放基础人群上，以并集逻辑添加白盒人群投放。

（2）添加人群：根据系统推荐人群包选择使用。

5. 创意设置

本模块设置的为商品在各个资源位的点击跳转位置。

（1）打底创意：一种为"黑盒创意优选，商品主图、副图择优透出"选项，另一种为"仅投放商品主图创意"选项。

（2）自定义上传创意：该创意为可选配置，若未上传，系统将在黑盒优选上投放打底创意；若上传，系统将在打底创意、自定义创意中自动优选。

6.7 淘宝客原理及设置

淘宝客是一种按成交计费的推广工具，由淘宝客帮助商家推广商品，客户在通过推广链接进入并完成交易后，商家按照设置的佣金费率支付给淘宝客费用。

商家支付金额=商品实际成交金额（不含运费）×商家设置的佣金比例，因此只有确认收货的订单才会扣费，退货退款等维权订单不会被扣费。

如图6-22所示，淘宝客可以理解为"导购员"，他们会将商品以各种各样的形式展现给客户（买家），并促进客户购买，这些"导购员"和线下销售人员一样，通过销售提成（佣金）赚取工资，只是他们是没有底薪的销售人员。

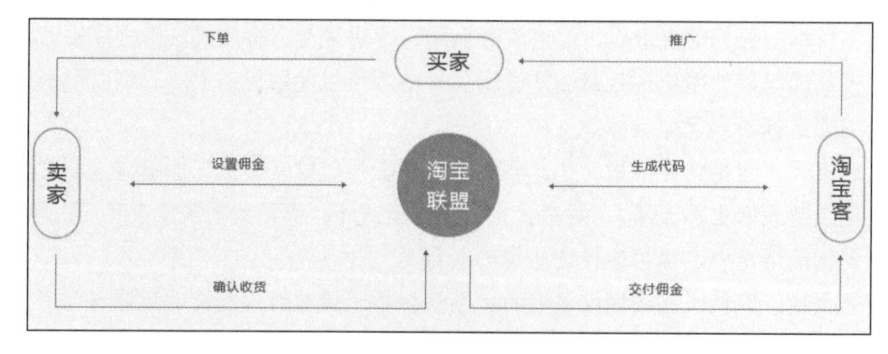

图6-22 淘宝客原理

6.7.1 淘宝客广告投放原理

1. 淘宝客推荐渠道

淘宝客主要是在淘宝网以外的地方进行推广的，需要先在阿里妈妈平台获取商品推广链接，再将推广链接布置到论坛、网站、社群等地方进行推广，一般常用的推广渠道有：淘宝客自行搭建的网站或 APP、各大聊天工具（如 QQ、微信等）、社交平台（如微博、抖音、论坛等）等。

2．淘宝客推广优势

（1）展示、点击全免费。

（2）按实际成交收费，ROI 更可控。

（3）流量渠道多样，全民推广（网站、APP、抖音、微博、网红达人、宝妈、线下店等），能渗透各个人群。

6.7.2 淘宝客推广计划

1．营销计划

（1）"日常"是在营销计划下新增主推商品后设置的商品日常推广策略。"活动"是报名招商团长活动时设置的商品活动推广策略。

（2）默认从当前有效的日常策略和活动策略中选最优的佣金率、最优的优惠券，进行推广（所有淘宝客均可查看并推广）。

> **注意** 阿里妈妈渠道券（网店券和商品券）与普通网店优惠券一样，均参与平行满减规则，请仔细阅读规则详情，避免过度让利的风险。

2．定向计划

使用定向计划，可以跟指定淘宝客合作，并追踪他们的推广效果。

3．自选计划

通过自选计划可以吸引优质淘宝客推广商品，并追踪他们的成交效果。

4．通用计划

针对网店内非主推商品，可使用通用计划，将按照类目佣金计算，一般佣金设置为类目最低佣金。

5．其他计划

（1）"分享+"管理："分享+"是由官方升级商家商品详情页的分享，通过现金红包等强刺激，为网店带来新的基于社交关系的精准流量。分享带来的客户成交后商家才需要支付一定佣金，按照成交收费，ROI 可控。

（2）联盟精选：包括权益类推广（其是淘宝客商品下的新型推广方式，包括超级权益推广和红包推广两种形式，在日常情况下，仅展现为超级权益推广形式，但在集团级大促期间，会将集团级大促的推广单独展现为红包推广形式，以提升媒体参与度，帮助商家集中获取更多流量）、商品权益购(其是淘宝客业务下针对单品进行推广的新产品,参与该推广的商品需符合一定的准入规则,通过准入规则的商品将以单品红包的模式,在官方可控场景中进行推广,单品红包由淘宝客业务官方出资)、预售有礼(其是官方针对参与淘宝客推广的预售商品,全新设计的红包激励推广产品,在客户付款定金后,官方将会给予客户一定的红包奖励,用于客户支付尾款,确保预售商品的转化率,同时刺激客户对预售商品的购买,参与的预售商品必须为官方活动打标商品)。

(3)返利管理:在"返利"形式下,推广者将不收取商家部分佣金,该部分佣金(即"返利")商家同意以销售折扣的形式直接提供给客户,故一并由推广者代付。推广者不收取的具体佣金比率(不超过佣金总额)、客户的选定以及折扣的发放形式,均由推广者单方确定。

6.7.3 淘宝客计划建立

1. 基本信息

如图 6-23 所示。

(1)计划名称:计划名称应该吸引淘宝客眼球,所以必须要包含利益点、商品名称等。

(2)计划描述:商品描述需要详细介绍能给淘宝客提供的利益点,例如高转化率、免费寄样、售后完善、稳定供应链、商品性价比、商品差异性等。

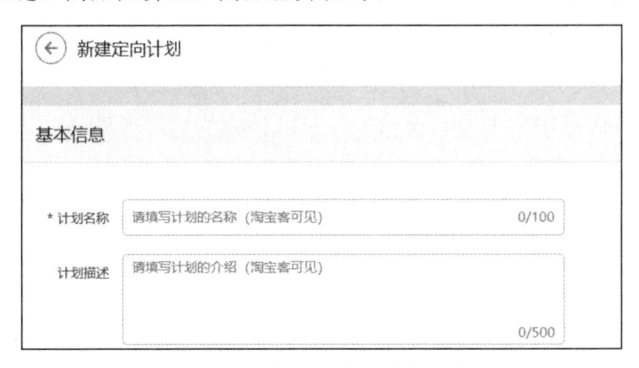

图 6-23 淘宝客计划基本信息

2. 推广设置

推广设置如图 6-24 所示。

(1)推广日期:推广时间要根据与淘宝客约定时间设置,时间设定要考虑网店活动安排,不要出现费用叠加。

(2)设置类目佣金:最低佣金率一般是类目通用佣金率,淘宝客佣金设置需要考虑利润空间,要和淘宝客事前沟通。

（3）设置主推商品：选择约定商品即可，网店爆款商品不建议做淘宝客。

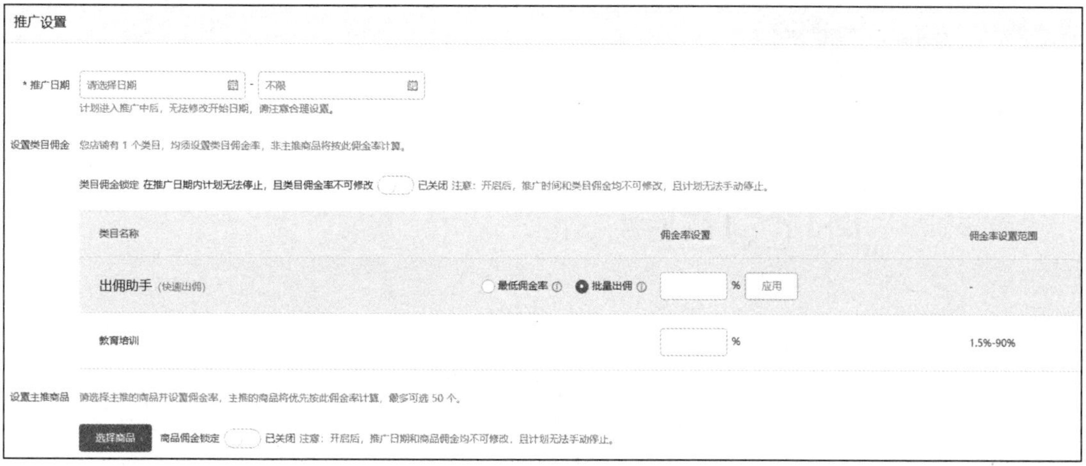

图 6-24　淘宝客计划推广设置

3. 寄样设置

如图 6-25 所示，常规淘宝客设置不需要邮寄样品，如果和淘宝客有特殊约定可以单独邮寄而不必在后台设置。

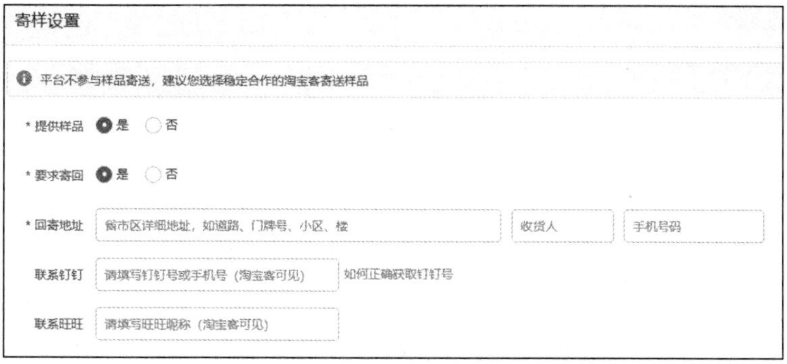

图 6-25　淘宝客计划寄样设置

6.8　本章小结

通过本章的学习，我们了解了流量渠道的分类，掌握了免费流量获取的方法，掌握了常用付费工具直通车、引力魔方、万相台和淘宝客的原理及设置，了解了付费工具的使用技巧，提升了网店全面获取流量的能力。

第 7 章

内容运营

网店的流量结构,逐渐由以搜索型为主向以推荐型为主转变。推荐型流量的主要表现形式为图文、短视频和直播。以淘宝平台为例,图文的主要分发渠道在"订阅"频道,短视频主要的分发渠道在"逛逛"频道,而直播的主要分发渠道在"点淘"(淘宝直播)频道。了解不同渠道不同类型的内容运营,对网店流量的获取至关重要。

学习目标: 通过对本章的学习,了解内容运营的基本知识,学会内容营销的简单策略,了解目前淘系商家在内容运营中常用的策略和方法。

本章提要:
- 内容营销策略
- 订阅运营基础
- 逛逛运营基础
- 直播运营基础

7.1 内容营销策略

早期的网购客户在有明确需求时,会在电商平台输入相应的关键词进行搜索,找到相关商品后下单购买。因此在这一时期,网店流量推广是按照搜索逻辑来进行运营的,商家会在搜索渠道投放资源,利用淘宝直通车之类的工具来获取流量,希望能通过搜索渠道成交。但随着互联网技术的发展,客户从主动搜索商品成交逐步调整为通过观看短视频推荐被动接受商品信息并进入直播间成交。在客户购买习惯发生不可逆变化的情况下,网店的运营逻辑,也由以搜索营销为主变为以内容营销为主。

7.1.1 流量运营逻辑

商家在经营的过程中,常会使用如下公式来指导运营。

$$销售额=访客数×转化率×客单价$$

商家更多考虑的是如何获取更多的访客进行拉新来提升销售额,如图 7-1 所示。

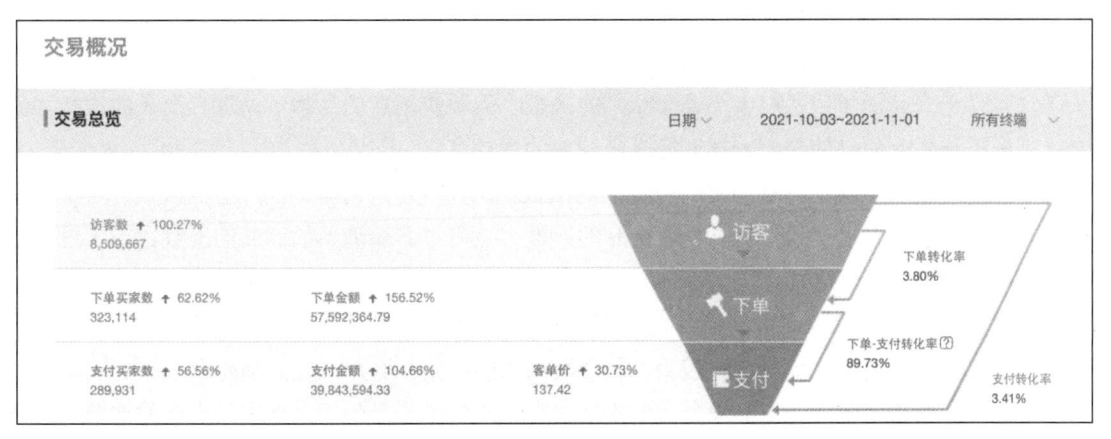

图 7-1 旧的流量运营逻辑

但随着移动互联网和 4G/5G 的大范围普及,客户的购物习惯也发生了巨大变化,直接导致传统的流量运营逻辑面临了一定的挑战,商家会发现,搜索访客越来越少,导致在使用直通车等工具进行付费推广时,流量成本水涨船高,销售额提升日趋乏力。搜索流量萎缩后,商家的运营逻辑就发生了新的变化。

7.1.2 内容运营逻辑

在推荐流量为主的大背景下,商家需要以客户为中心进行精细化运营。阿里巴巴首次根据品牌人群资产定量化、链路化运营的思路,提出了著名的 AIPL 模型。在"品牌数据银行"中可以清晰看到整个客户资产的流转,如图 7-2 所示。

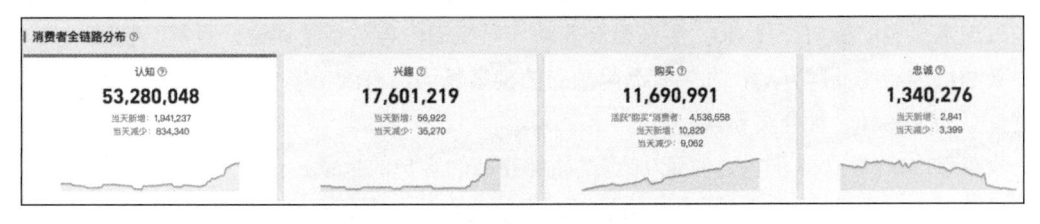

图 7-2 客户(消费者)全链路分布分析

1. AIPL 模型认知

AIPL 包含认知、兴趣、购买、忠诚 4 个阶段。

1）A（Aware）认知

即客户相对被动与品牌接触。其包括下列数据。

曝光量：15 天内，广告或商品曝光给客户的次数。比如阿里妈妈广告曝光的商品次数、优酷广告曝光商品的次数、聚划算曝光商品的次数、超级品牌日天猫手机客户端的资源位曝光商品的次数、淘抢购曝光商品的次数、手淘导购平台（有好货、生活研究所）的曝光商品的次数、淘宝头条内容曝光商品（阅读了淘宝头条文章）的次数、天猫快闪店的品牌活动曝光商品的次数、天合计划资源位曝光商品的次数、摇一摇曝光商品的次数。

点击量：15 天内，客户点击广告或商品的次数。比如点击过阿里妈妈广告的次数、点击欢聚日活动的次数、点击过"猜你喜欢"的商品的次数、点击过必买清单的商品的次数、点击过天合计划资源位的次数。

浏览量：15 天内，客户浏览页面或商品的次数。比如客户浏览品牌号站点页面的次数、客户浏览互动吧页面的次数、客户浏览超级品牌日活动页的次数、客户浏览天猫超市大牌狂欢活动页的次数、客户在试用中心浏览品牌商品的次数、客户发生过无品牌倾向搜索且点击的次数、客户浏览过品牌旗舰店的次数、客户浏览品牌商品的次数、客户浏览 iStore 小程序主页的次数。

观看量：15 天内，客户观看淘宝短视频或观看品牌直播的次数。

2）I（Interest）兴趣

即客户主动与品牌接触。其包括下列数据。

会员数：品牌授权网店的会员数量。

粉丝数：品牌号订阅粉丝的数量。比如关注互动吧的粉丝数量、微淘粉丝（同时收藏了授权网店）数量。客户只要处于会员或粉丝状态就进入兴趣阶段。

互动次数：15 天内，参与了商品互动活动的次数。此处所说的商品互动活动包括但不限于：品牌号互动（预约了品牌服务）；在品牌互动吧有预约核销成功、领取新享样品、完成新零售订单、擂台答题成功、参与乐透抽奖、参与新零售贩卖机互动、参与 60s 课堂等互动行为；在试用中心申请过品牌商品试用；参与淘宝头条互动（对淘宝头条内容进行了评论、点赞、分享、收藏，参与过淘宝头条的提问、投票）；参与微淘互动（对微淘内容进行了评论、点赞、收藏、转发）；参与天猫快闪店的品牌互动；发生有品牌倾向的搜索行为；有淘宝彩蛋分享扫码行为；参与天猫母婴室互动（领样、加会员粉丝）。

收藏量/加购量：15 天内，收藏/加购过品牌商品的客户的数量。

领取试用装数量：15 天内，客户领取了试用装的数量。比如客户在菜鸟驿站领取了试用装的数量、在线下门店扫码领取随身购物袋的数量。

3）P（Purchase）购买

最近两年半（2×365天+180天）时间内，购买了品牌商品的客户（包括在品牌号通过Passport支付购买的客户、参加预售并支付尾款的客户等）就是购买客户。

活跃购买客户数：最近365天内购买过品牌商品的客户的数量。

4）L（Loyalty）忠诚

365天内有过正向的评论、追评，或365天内购买过该品牌商品（包括在品牌号通过Passport支付购买的客户、参加预售并支付尾款的客户、线下云POS支付的客户、iStore小程序购买的客户）的天数大于等于2天的客户就是忠诚客户。

如果对客户的购物链路进行还原分析会发现，客户已不仅仅只是在有明确需求的情况下，进行搜索下单了，而是在碎片化的时间内，打开手机淘宝APP，去看很多的图文视频内容，在过程中会点击进入商品详情页和直播间等。这些触点的多元化也就意味着需要对流量进行重新布局。AIPL 的逻辑已渗透进了整个购物链路，需要在各个渠道（如短视频、直播等）尽可能触达更多的客户。快速完成客户与品牌的接触，令客户从认知人群变成兴趣人群后再在商品详情页或直播间完成首单成交（购买）和复购（忠诚）。

如果商家登录"品牌数据银行"后台分析"认知、兴趣、购买、忠诚"四阶段的互动触点分布后会发现，TOP商家都在网店运营上加速完善内容布局。如图7-3所示，该界面展示了"兴趣"客户（消费者）品牌互动触点分布情况，该店在"直播+短视频"这个渠道上与行业TOP5数据相比还有差距，需尽快完善。

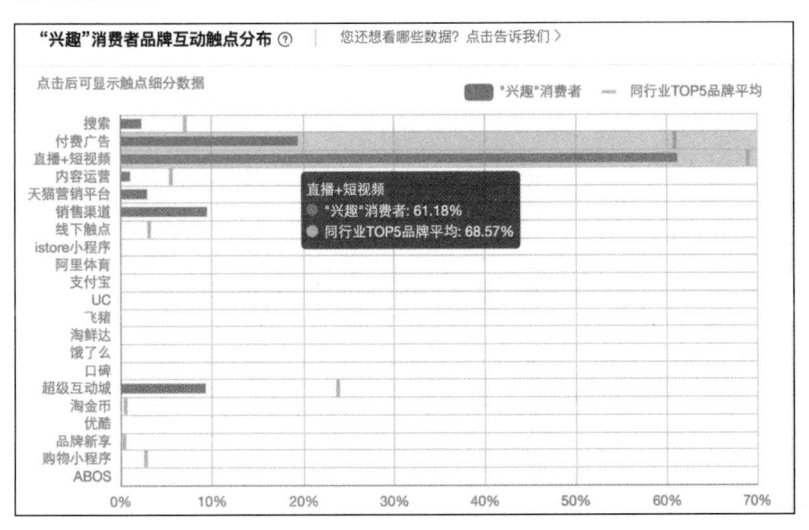

图 7-3　"兴趣"消费者品牌互动触点分布

商家可以基于客户购物习惯的改变，通过对"淘宝直播""订阅""逛逛"等内容渠道进行运营，完善"认知、兴趣、购买、忠诚"的 AIPL 链路，在坚持运营一段时间后再进行相应的数据监测分析。

2. 数据洞察

AIPL 的逻辑结构清晰明了，但需要在网店运营过程中进行实践并需要进行数据分析。下面以某服饰类目网店数据为例，阐述内容运营的价值。

1）店铺维度

通过对该网店一周的流量来源的转化数据（如图 7-4 所示）进行分析可发现，"手淘淘宝直播"渠道的访客数为 62 465 人，下单转化率为 2.82%（转化率数据为各渠道中较高），整体数据表现优异。

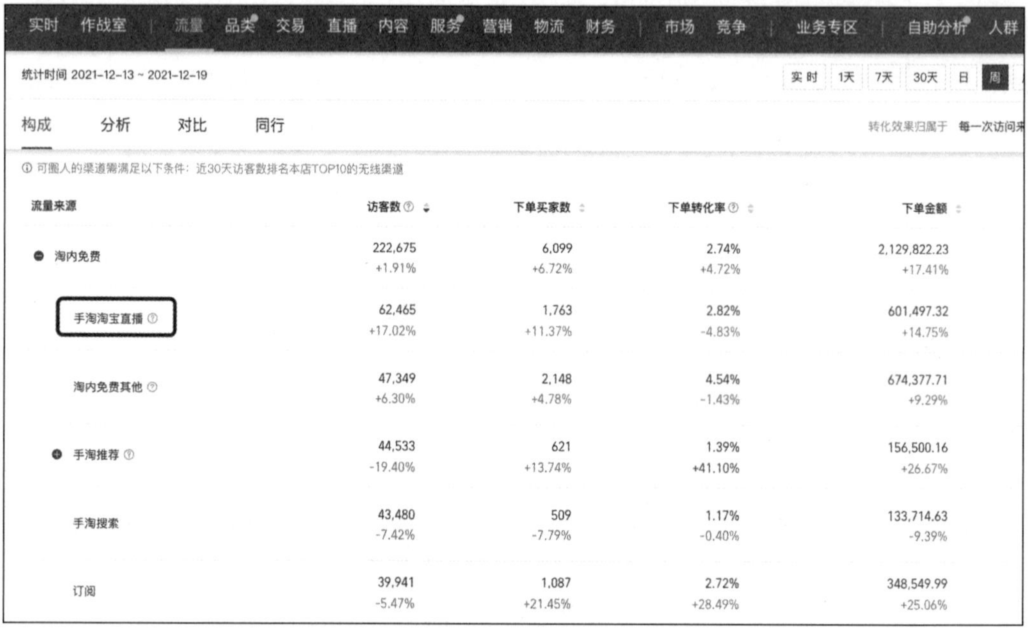

流量来源	访客数	下单买家数	下单转化率	下单金额
淘内免费	222,675 +1.91%	6,099 +6.72%	2.74% +4.72%	2,129,822.03 +17.41%
手淘淘宝直播	62,465 +17.02%	1,763 +11.37%	2.82% -4.83%	601,497.32 +14.75%
淘内免费其他	47,349 +6.30%	2,148 +4.78%	4.54% -1.43%	674,377.71 +9.29%
手淘推荐	44,533 -19.40%	621 +13.74%	1.39% +41.10%	156,500.16 +26.67%
手淘搜索	43,480 -7.42%	509 -7.79%	1.17% -0.40%	133,714.63 -9.39%
订阅	39,941 -5.47%	1,087 +21.45%	2.72% +28.49%	348,549.99 +25.06%

图 7-4 店铺一周流量来源转化数据

对近 30 天的"店铺流量来源"的数据（如图 7-5 所示）进行更深层次拆解可以发现，"手淘淘宝直播""订阅""逛逛"等内容流量渠道的"新访客数""商品收藏人数""加购人数"等数据表现良好，转化潜力较大，可作为有效的流量渠道进行测试运营。

图 7-5　店铺 30 天流量来源潜力数据

2）单品维度

从店铺维度上进行分析，可以发现内容运营对于网店是有价值的，也可以通过路径"生意参谋→品类罗盘→商品 360"，对单品进行分析，如图 7-6 所示。

图 7-6　生意参谋单品分析界面

重点对该单品的流量来源进行分析，如图 7-7 所示，按照"访客数"进行降序排列，可以发现，"订阅"和"手淘淘宝直播"带来了大量的访客，且转化数据以及收藏/加购数据较好。

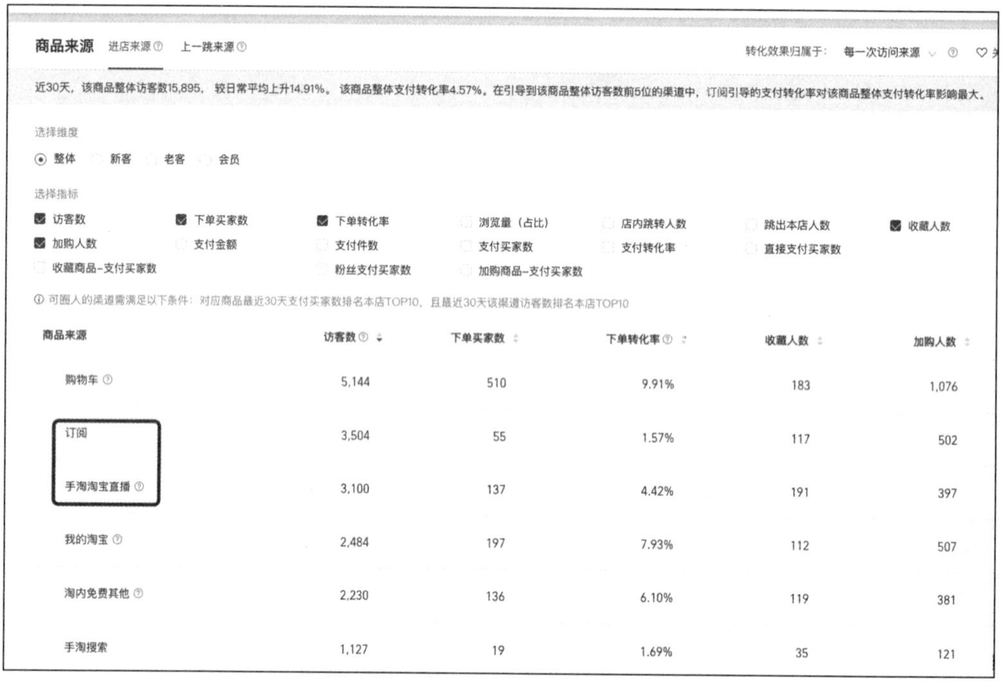

商品来源	访客数	下单买家数	下单转化率	收藏人数	加购人数
购物车	5,144	510	9.91%	183	1,076
订阅	3,504	55	1.57%	117	502
手淘淘宝直播	3,100	137	4.42%	191	397
我的淘宝	2,484	197	7.93%	112	507
淘内免费其他	2,230	136	6.10%	119	381
手淘搜索	1,127	19	1.69%	35	121

图 7-7　生意参谋单品分析流量数据（订阅&直播）

同时，也可对"逛逛"的流量数据进行采集，如图 7-8 所示，"逛逛"带来 247 个访客。生意参谋的"逛逛"流量即：访客通过手淘"逛逛"频道（如通过底部"逛逛"频道入口，或路径"我的淘宝→关注→粉丝页面"）直接进入访问网店页面（如商品详情页、直播间、全屏页短视频或图文）而产生的流量。尽管"逛逛"流量带来的成交数据还不能查看，但观察"收藏人数"和"加购人数"也可判断出该渠道对单品打爆是否具有价值。

综上分析，网店运营通过店铺和单品两个维度进行分析可以发现，不仅可以使用传统的搜索、直通车、钻石展位、引力魔方等方法进行运营驱动，也可以根据 AIPL 逻辑，灵活运用"订阅""逛逛""淘宝直播"等内容手段进行运营驱动，在网店运营策略上从粗放式的流量采买驱动迭代为以客户为中心的精细化内容运营驱动，在客户全链路上进行内容营销的合理触点布局，以更好更快完成种草、成交，迅速打爆单品。

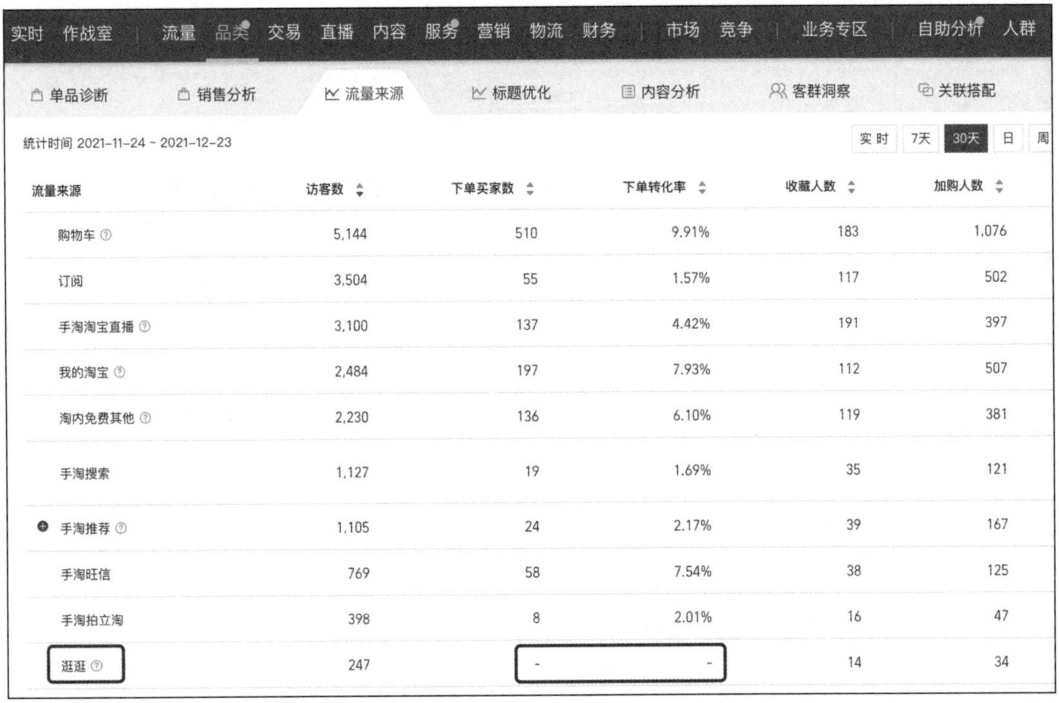
实时 作战室 | 流量 品类 交易 直播 内容 服务 营销 物流 财务 | 市场 竞争 | 业务专区 | 自助分析 人群

单品诊断　销售分析　流量来源　标题优化　内容分析　客群洞察　关联搭配

统计时间 2021-11-24 ~ 2021-12-23　　实 时　7天　30天　日　周

流量来源	访客数	下单买家数	下单转化率	收藏人数	加购人数
购物车	5,144	510	9.91%	183	1,076
订阅	3,504	55	1.57%	117	502
手淘淘宝直播	3,100	137	4.42%	191	397
我的淘宝	2,484	197	7.93%	112	507
淘内免费其他	2,230	136	6.10%	119	381
手淘搜索	1,127	19	1.69%	35	121
手淘推荐	1,105	24	2.17%	39	167
手淘旺信	769	58	7.54%	38	125
手淘拍立淘	398	8	2.01%	16	47
逛逛	247	-	-	14	34

图 7-8　生意参谋单品分析流量数据（逛逛）

7.2　订阅运营基础

内容运营主要分为 3 种类型，分别是图文、短视频、直播。笔者先以淘宝为例讲解商家私域运营的上新和权益首发阵地“订阅”频道。

7.2.1　订阅基础知识

1. 订阅对商家的价值

1）粉丝会员触达转化

“订阅”频道由“微淘”频道升级而来，入口移至手淘顶部的导航位置，该位置为平台级的私域阵地，带来的流量更大，能更好呈现商家生产的优质内容，如图 7-9 所示。

客户可以非常方便地进入这个私域阵地，实现深度互动和高效进店，完成二次触达和转化。该阵地还可实现对客户关系全生命周期的运营，商家生产的内容可触达潜在的粉丝、会员。

“订阅”频道分为常用账号区和信息流分发区。

如图 7-10 所示，该部分为常用账号区，客户点击图标即可直接进店。

图 7-9　手机淘宝 APP "订阅" 界面　　图 7-10　"订阅" 频道常用账号区

此处出现的网店图标按照与客户的关系亲密度排序，客户经常访问的网店会出现在这里，这也就意味着商家需要重视对活跃粉丝、活跃会员的运营。商家要加快建立优质的客户关系，培养亲密粉、活跃粉、复购会员等，商家的活跃粉丝、会员基数越大，则获得的曝光机会越多，能快速在 "订阅" 频道实现更快速高效的触达。此外，如果商家直播间正在直播，或者商家店铺最近有上新，都将获得动态图标展现，带来更高的进店效率。

如图 7-11 所示，"订阅" 频道的中下部分为信息流分发区，动态呈现商家发布的内容，如货品动态、导购内容、互动玩法、人群权益等，能全面提升商家自运营效能。

商家可以在信息流分发区发布优质的订阅内容，通过二次跳转引导客户进店，获得私域客户流量。该区域排序的规则由 "关系亲密度" "时间线（最新）" "内容质量（点击率）" 3 个部分影响。也就意味着：商家的活跃粉丝、活跃会员基数越大，则获得的曝光量越多；商家生产的订阅内容更新的频率和数量也将影响流量的获取；商家发布的内容质量越好，点击率越高，则获得的流量越多。

商家还可通过"订阅"频道发布粉丝券、会员券、会员礼等权益工具，向粉丝或会员定向推送，引导粉丝转化及持续复购。

2）内容资产持续沉淀

商家在"订阅"频道发布内容后，可以在网店的"店铺动态"栏目中看到相应的内容，如图7-12所示。

图 7-11 "订阅"频道信息流分发区　　图 7-12 店铺"店铺动态"栏目

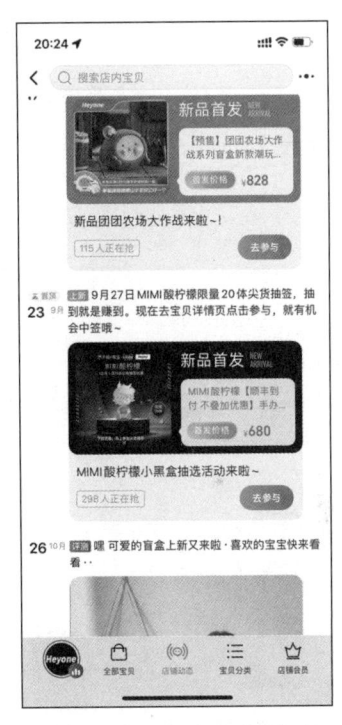

商家发布的内容在平台级的"订阅"频道上获得时效性的私域流量，在店内的"店铺动态"栏目中，则获得更长久的内容沉淀。客户进店后阅读相应的内容，辅助消费决策。

2．订阅的内容形式

商家可在网店后台找到"内容运营中心"选项组，如图7-13所示，点击"发订阅"选项。

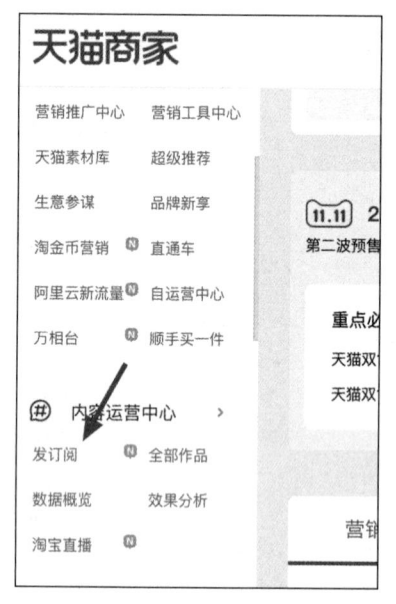

图 7-13　客户诉求的变化

如图 7-14 所示，进入店铺订阅发布后台后，即可通过点击"更多"按钮，看到更多订阅玩法：货品动态、导购内容、互动玩法和人群权益。

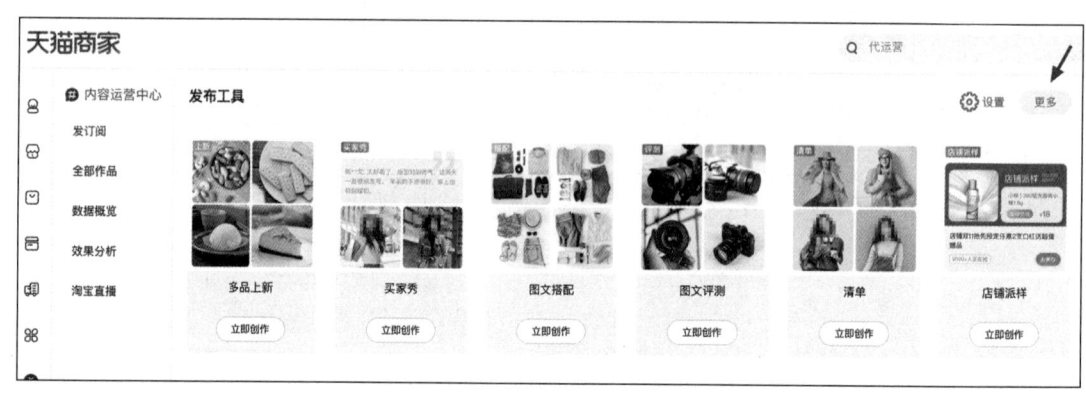

图 7-14　发布更多订阅类型

1）货品动态

这种玩法的作用为：利用货品动态促使客户进店。该形式可发布的内容较多，如图 7-15 所示，包含如下几种类型：多品上新（多品）、多品预上新（多品）、新品买赠（单品）、新品首发（单品）、清单（多品）、爆品买赠（单品）。

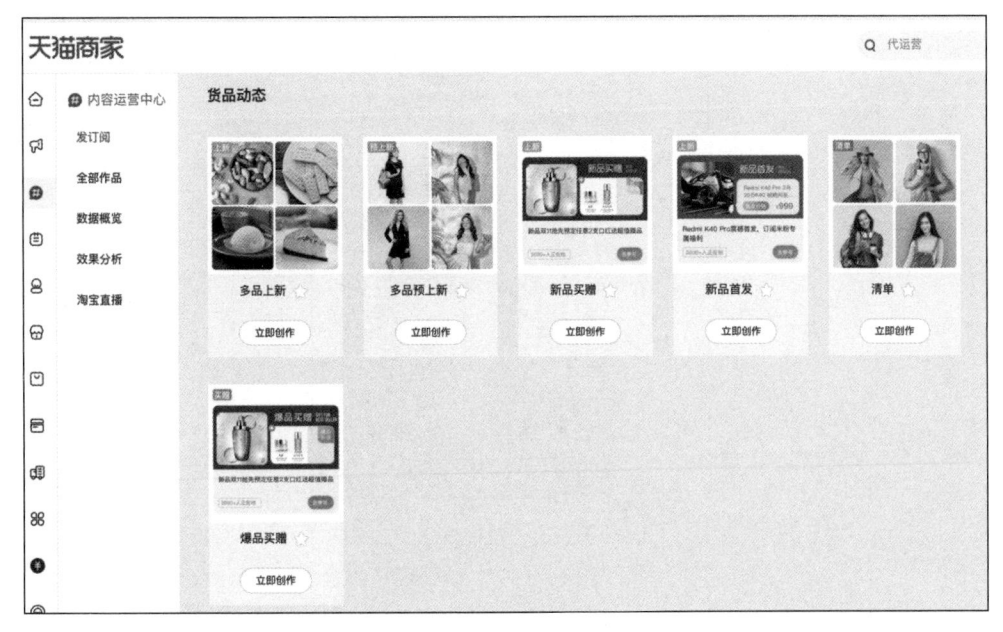

图 7-15　货品动态

货品动态的这些类型，分为爆品和上新两类，爆品主要包含"清单"和"爆品买赠"。在实际工作中，可梳理网店热卖的多个商品，通过"清单"进行发布。若网店有销量较高的重磅单品，可通过"爆品买赠"发布，添加相应的赠品以提升转化率。

在货品动态中高频使用的上新主要包含多品上新和单品上新。

多品上新：帮商家高效组织批量新品，让客户高效浏览新品信息，若商品上架未开售，可发布"多品预上新"进行提前预告，引导加购；若商品新上架，可发布"多品上新"，进行第一时间发布，引导客户下单购买。高质量的实时上新会因为粉丝关系获得强曝光。

多品上新/预上新的发布规则为：选择 3~9 个需要发给客户的上新商品；可发布的商品需为 15 天之内上架、符合行业新品规则、首次上架的新品商品；如考虑客户前端体验，建议选择商品数量为偶数，效果更佳，如图 7-16 所示。

单品上新：若上新单个商品，则可发布单品上新（如"新品首发""新品买赠"等），如需提升新品转化率，建议发布"新品买赠"，在新品发售期间可以设置赠品以加强吸引力，促进下单。

商家主动发布的上新动态将有机会对粉丝展示，并提示网店有上新动态，这样能让新品获得更多的曝光，上新为商家在"订阅"频道里最主流的核心供给内容，也是客户在"订阅"频道最爱看的内容，商家上新后，新品在"订阅"频道里第一时间触达粉丝、会员，实现新品流量冷启动。主动上新将获得更多流量扶持，故商家需对此足够重视。

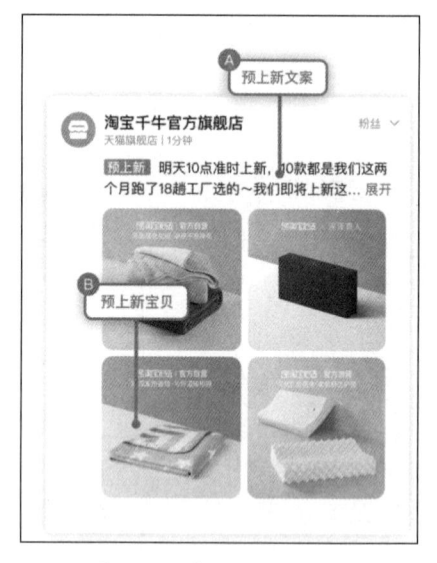

图 7-16　多品预上新示例

2）导购内容

这种玩法的作用为：利用导购内容建立客户认知。该形式可发布的内容较多，适合有一定内容生产制作能力的商家。好看的内容可以快速让客户建立商品认知，实现"种草"效果，如图 7-17 所示，包含如下几种类型：图文搭配、图文评测、视频搭配、视频评测、买家秀、直播预告。

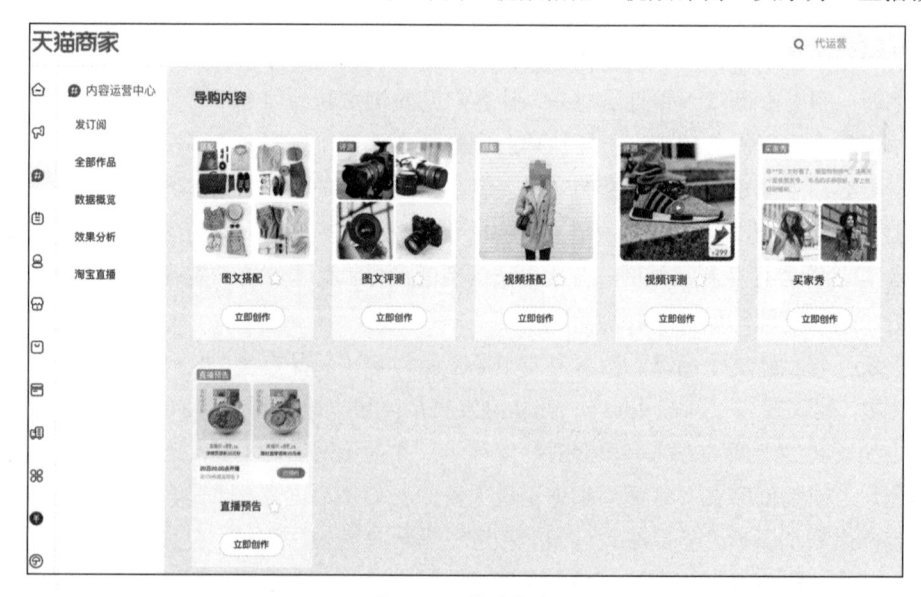

图 7-17　导购内容

图文类型包含"图文搭配"和"图文评测"。"图文搭配"比较适合服饰、家装等品类的商家使用，可以通过图文真实分享优质的商品搭配方案，帮助客户建立商品的认知，从而达到种草的目的。在发布时需注意，图片尽可能采取真实的实拍图片，并令商品置身场景中，文案内容尽可能人格化、趣味化，用真实的体验感受向客户推荐搭配方案，加强客户的购买欲望，而不要仅仅停留在很官方的介绍和冷冰冰的营销上。"图文评测"比较适合大快消、消费电子等品类的商家使用，建议针对商品卖点进行详细解读，凸显价值，吸引粉丝注意力。这两种都属于高效的导购内容类型，发布时尽可能注意内容的真实和体验感。

视频类型包含"视频搭配"和"视频评测"。这两种比较适合服饰、家装等品类的商家使用。服饰类的客户比较关注不同场景下的穿搭展示及体验，家装类的客户比较关注商品在实际生活场景下的使用效果、功能以及具体的操作演示，建议通过真人出镜生活场景实拍演示等方法，用视频化的形式呈现商品的核心卖点，建立客户的沉浸体验从而达到种草的效果。

"买家秀"：客户在购买商品后，通常会在收货后发布评价，包含买家秀照片及视频，这种优质的内容，是客户视角上的收货体验及使用体验，比较真实客观，对于未下单的客户有很好的参考价值。商家可以通过转发优质买家秀到"订阅"频道里进行二次推广，通过客户提供的优质内容，帮助粉丝从第三方视角了解商品，辅助决策，从而提升转化率。

"直播预告"：在内容营销时代，店铺直播对于商家来说是一个非常好的成交场域，对于客户来说是最短的购物路径，故直播与订阅的联动，是内容营销中非常重要的一个核心玩法。商家可通过"订阅"频道进行直播预告发布，通常将直播时间、直播主题、直播利益点等信息在"订阅"频道里进行推送，触达粉丝后进行预约，在开播后进行快速召回，引导客户进入直播间与主播互动并形成转化。

3）互动玩法

这种玩法的作用为：利用互动玩法促进客户活跃。可通过发布店铺派样及活动清单等方式提升粉丝活跃度，如图7-18所示，常见的类型有如下2种：店铺派样、活动清单。

在美妆等类目进行新品宣传时，常需要进行小样派发试用活动，可通过"店铺派样"方法聚集人气、活跃粉丝。客户可以通过抽奖的互动形式参与进来，并在客户参与后对商品进行深度"种草"，建立认知，从而提升正装商品的转化效果。

在活动大促这种明确的促销场景下，为了能快速让粉丝更集中地浏览促销折扣商品，可通过发布"活动清单"来聚合网店的活动商品，从而提升商品的推荐转化效率。

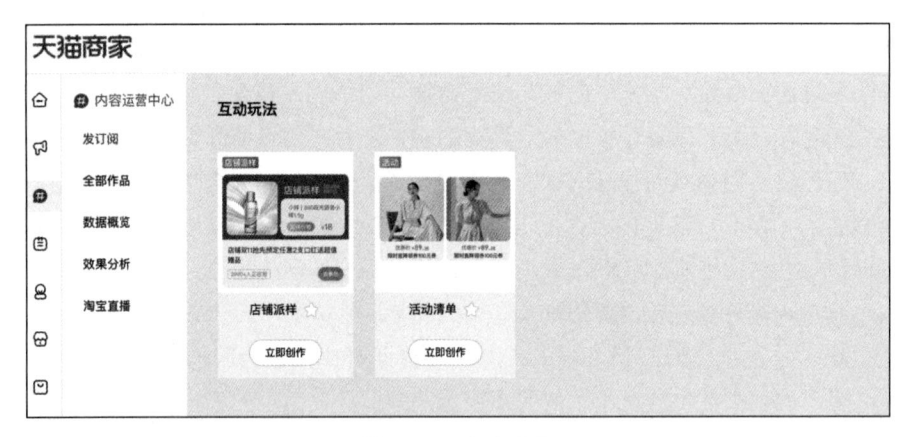

图 7-18 互动玩法

4）人群权益

这种玩法的作用为：通过差异化的权益来提升转化率。可发布的内容较多，如图 7-19 所示，常见的类型有如下几种：会员大额券、会员优先购、会员专享礼、会员买赠、会员专享券、粉丝入会礼、粉丝专享券。

图 7-19 人群权益

这种玩法按照差异化的人群进行定向投放，分为"会员向"和"粉丝向"两类。其中前 5 种属于"会员向"。

会员向券类型的玩法有："会员大额券"和"会员专享券"。"会员大额券"开放条件：必须是会员运营商家，会员数大于 0。符合条件的商家，可以在"订阅"频道推送"会员大额券"，该券为"周三会员日"的核心权益，用于促进会员在每周三主动回访，提升会员活跃度与转化率。"周三会员日"大额券的核心玩法：提前 6 天引导会员点击预约活动，每周三抽取全店会员大额券。

为提升会员转化率，日常工作中也会在客户运营平台中配置"会员专享券"，如图 7-20 所示，配置成功后可在"订阅"频道向会员分发。

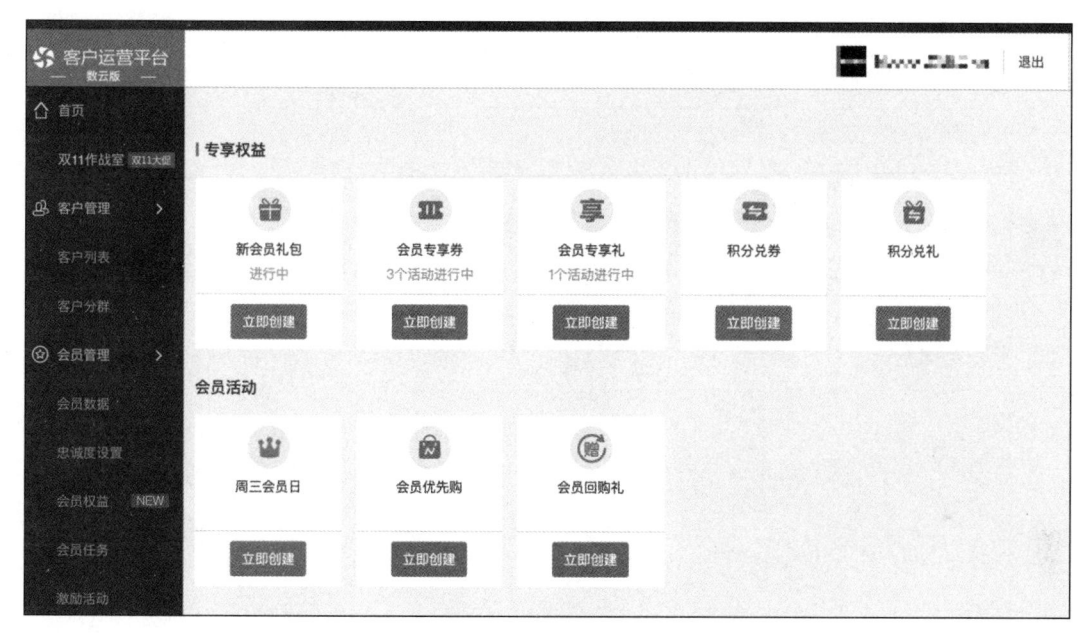

图 7-20 会员权益

"会员优先购"是指面向全体网店会员（或指定等级会员）提供专属商品提前购买/限定购买的一种功能。其在服饰、美妆等行业使用较多，通过营造商品稀缺、限量的氛围，帮助商家实现特定商品的高效转化。商家常对尖货/爆品、新品、IP/明星款、限量款等设置"会员优先购"。

"会员专享礼"是指面向网店会员，提供会员专享货品的"0.01 元+邮费"的购买权益，商家以此在日常以及大促前期实现预热蓄水的作用。其主要适用于美妆洗护等行业，商家通过在客户运营平台中进行权益配置，可针对会员客户打造差异化权益体验，快速引爆转化率。

"会员买赠"是指面向网店会员，提供针对自选商品加送赠品的功能，主要适用行业：美妆洗护、母婴等。

以上几种会员向权益均可在客户运营平台中配置完毕后，再将该权益通过"订阅"频道明确、精准地推送给会员人群。

针对粉丝的粉丝向权益包含"粉丝入会礼""粉丝专享券"两种。

"粉丝入会礼"开放条件：必须是会员运营商家，会员数大于0人。

通过"订阅"频道触达的亲密粉丝与品牌建立了互动基础后，商家可以在该渠道进行会员招募，粉丝转会员的人群更精准，更容易撬动新会员的首单转化。

促进"订阅"频道粉丝转为会员的核心要点：商家在"订阅"频道后台需要发布招募会员的内容，并在客户运营平台后台配置新会员礼包。

"粉丝专享券"目前针对全部商家开放，可对粉丝分层进行精细化运营，如图7-21所示，可圈选运营人群为全部粉丝、新粉人群、亲密粉人群、活跃粉人群、沉默粉人群。

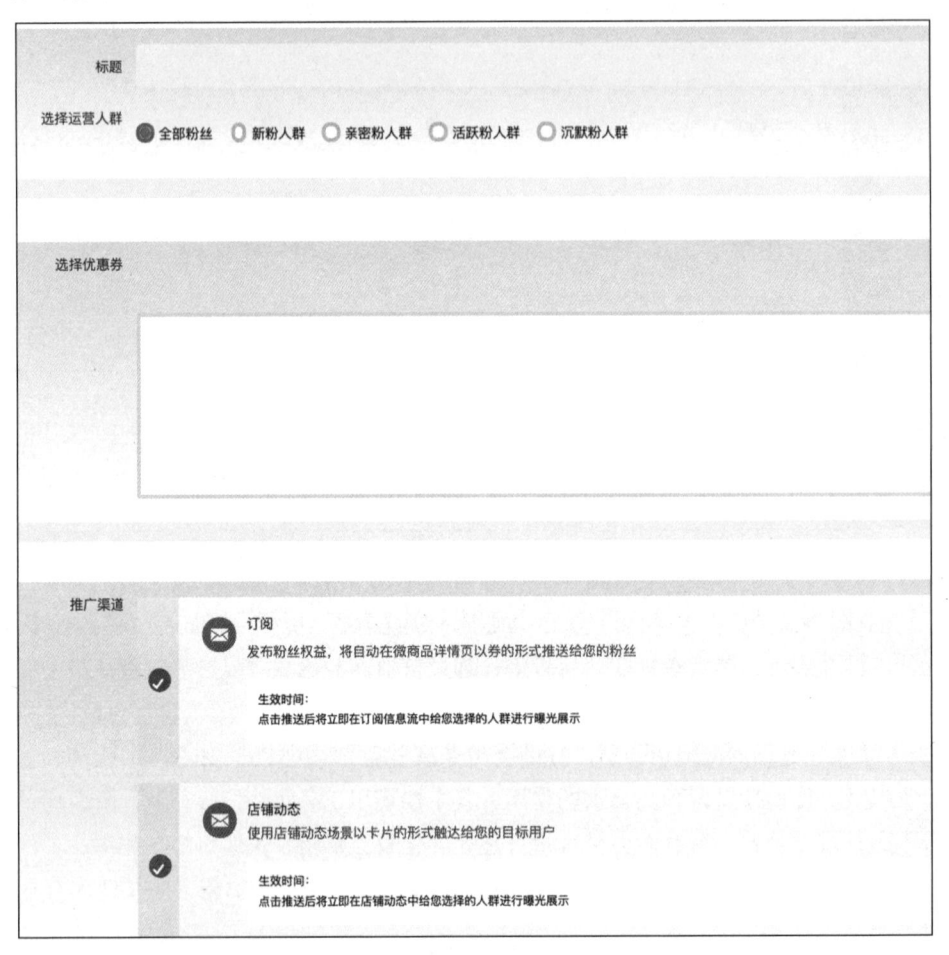

图7-21 "粉丝专享券"配置

在配置粉丝专享券时，需注意进入营销工作台的"优惠券"模块，如图7-22所示。

图 7-22 "优惠券"配置

选择官方渠道推广的"粉丝专享券（订阅）"选项，如图 7-23 所示。

图 7-23 选择"粉丝专享券（订阅）"选项

在配置完毕后，即可勾选粉丝专享券，并选择投放到"订阅"频道和"店铺动态"栏目，确认投放后，对应的粉丝人群可见、可领取从而促进转化。粉丝专享券目前不可与其他优惠券叠加使用，故面值需大于或等于网店同等级其他券。在粉丝专享券有效期内，库存的券会展示给指定人群，在派发完毕后，优惠券模块会自动隐藏，因此需经常关注该券的剩余数量。

近年来，"订阅"频道主打"上新"和"权益"两大板块，建议商家在"上新"和"权益"部分做更多投入。

7.2.2 订阅发布实操

"订阅"频道可发布的内容类型有多种，因篇幅原因不能全部说明，现选取实际工作中使用频率较高的"视频评测"为例进行讲解。

1. 登录商家后台

登录商家后台，点击内容运营中心的"发订阅"选项，如图 7-13 所示。

2. 选择发布类型

点击"发订阅"选项后，可看到常用的几种内容类型，点击"更多"按钮，如图 7-14 所示。选择"视频评测"类型，并点击"立即创作"按钮，如图 7-24 所示。

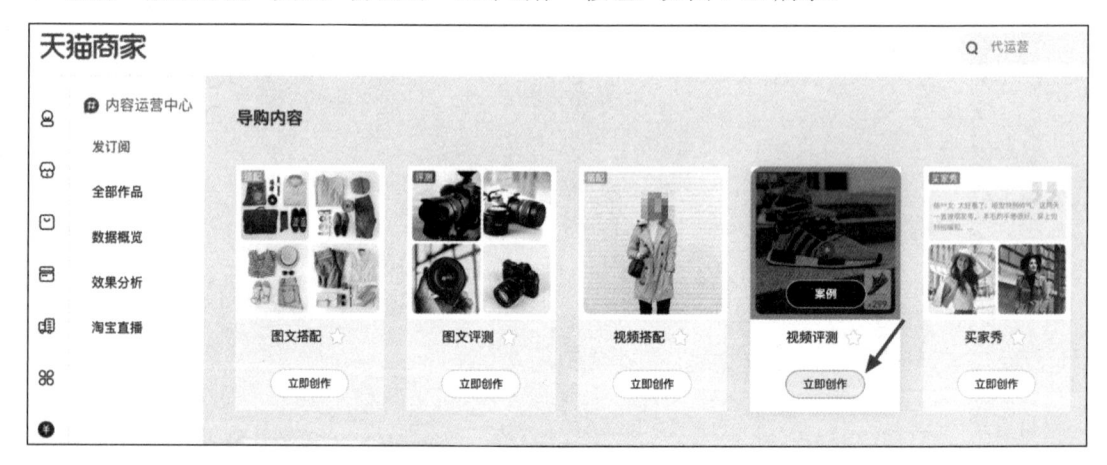

图 7-24　点击"立即创作"按钮

3. 填写表单发布

在"内容设置"区域添加评测短视频，可上传一条短视频向粉丝展示商品评测内容，如图 7-25 所示。视频支持 16:9、9:16、3:4、1:1 比例；仅支持 mp4 格式；大小在 300MB 以内；时长 5 分钟以内。

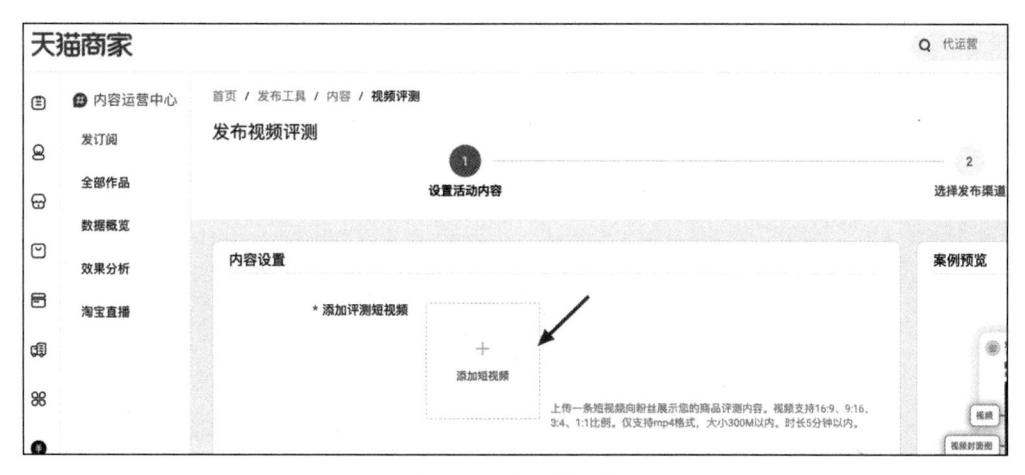

图 7-25 添加短视频

若已上传评测视频，直接选择即可。若视频素材库中没有评测视频，则需要上传视频，"上传视频"界面如图 7-26 所示。

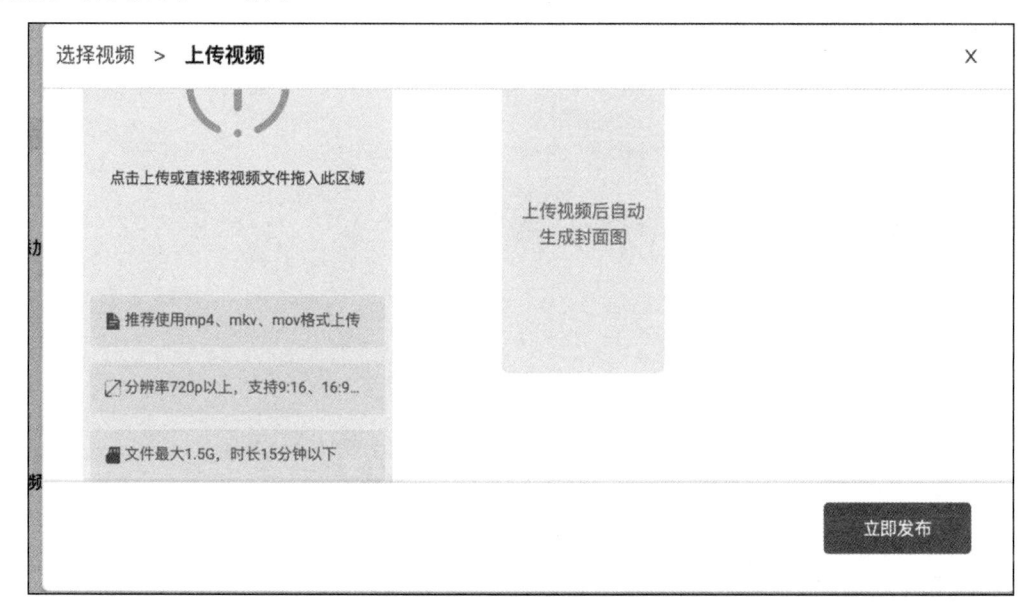

图 7-26 "上传视频"界面

视频上传完毕后，在素材库勾选并点击"确认"按钮即可，如图 7-27 所示。

图 7-27 选择视频

在添加评测短视频后,需添加视频相关宝贝,如图 7-28 所示。

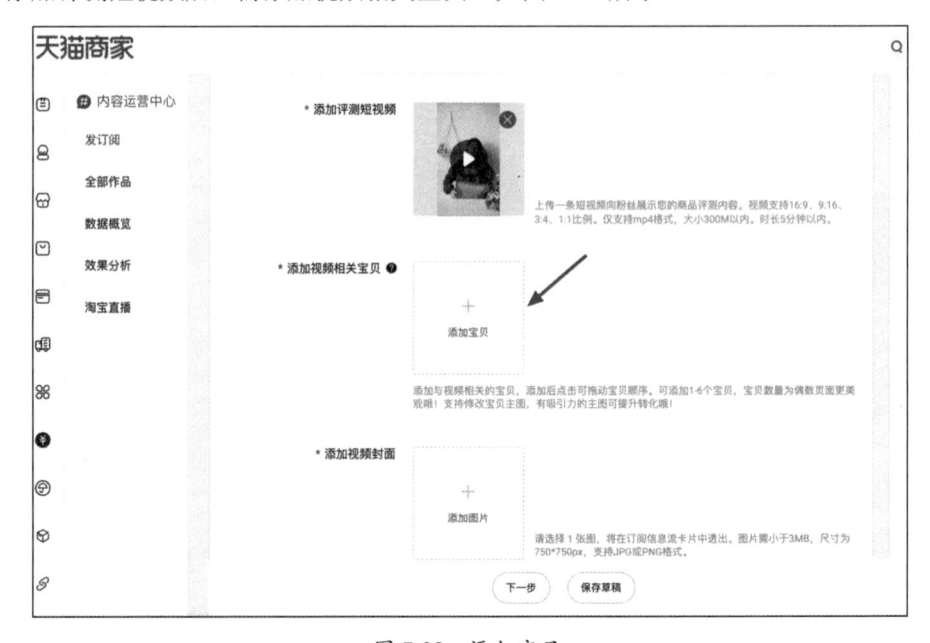

图 7-28 添加宝贝

可添加 1~6 个商品,如图 7-29 所示,商品数量为偶数时,页面更美观。此处支持修改商品主图,使用有吸引力的主图可提升转化率。

图 7-29　商品选择

视频相关宝贝添加完毕后，还需添加视频封面，如图 7-30 所示。

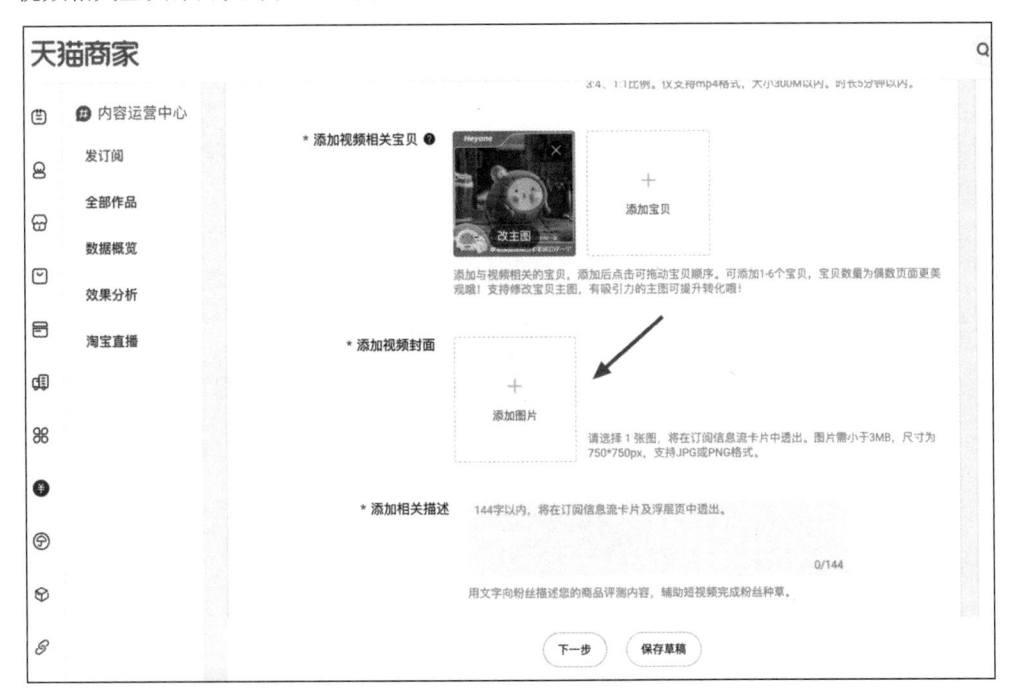

图 7-30　添加视频封面

请选择 1 张图片，需小于 3MB，尺寸为 750 px×750px，支持 JPG 或 PNG 格式，如图 7-31 所示。

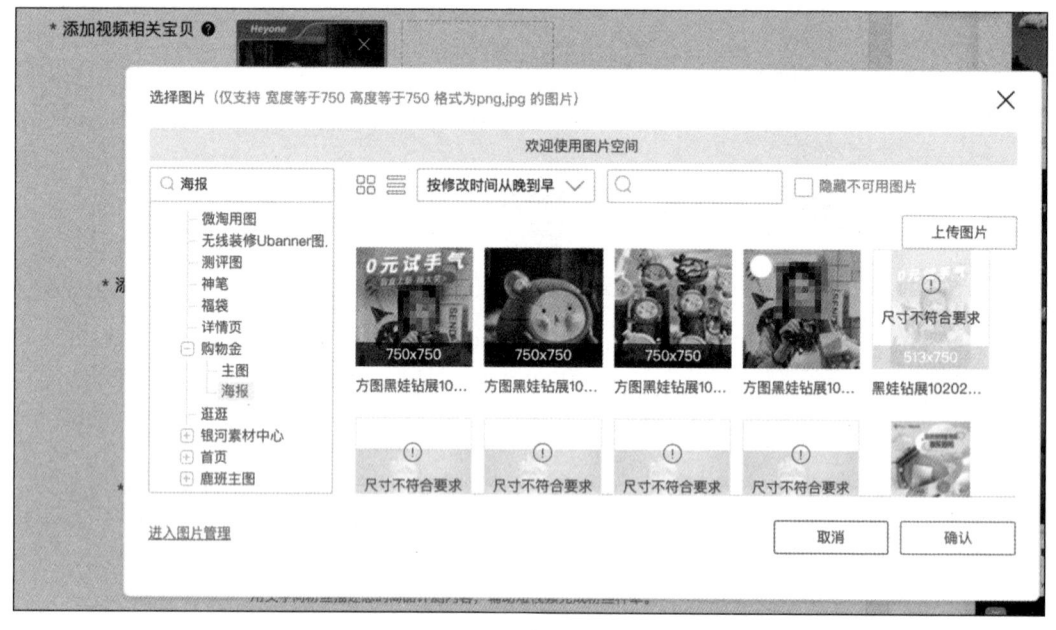

图 7-31 选择视频封面

该图非常重要,将在订阅信息流卡片中透出,将直接影响点击率。视频封面图选择完毕后,还需添加相关描述,如图 7-32 所示。

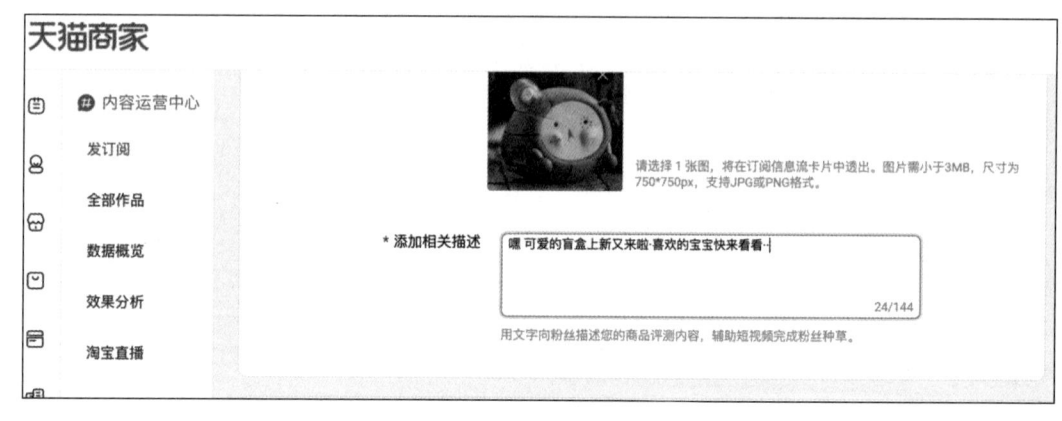

图 7-32 添加相关描述

"添加互动"板块非必选项,不添加也可发布成功,但若想获得更多客户关注,提升互动率,可添加"盖楼"互动玩法,如图 7-33 所示。

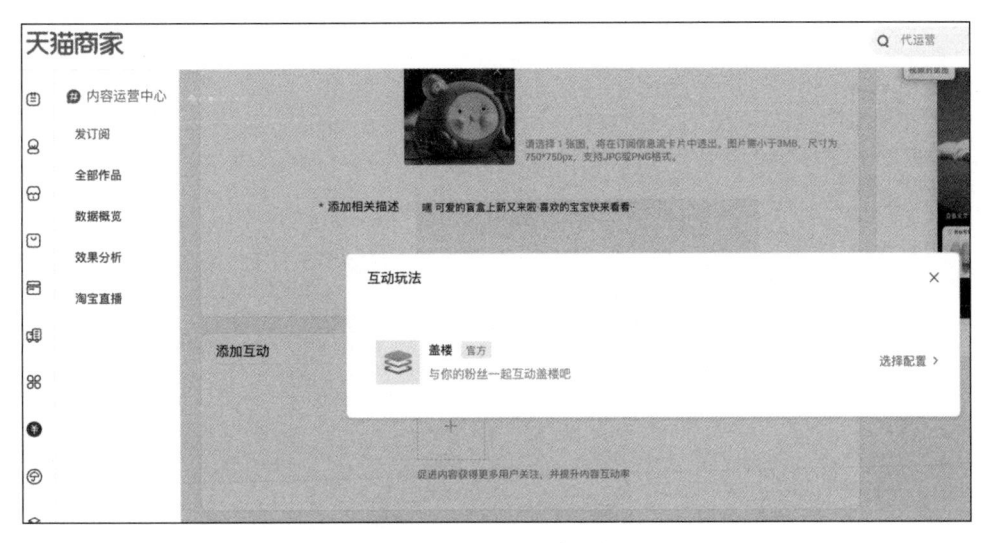

图 7-33　添加互动玩法

活动内容填写完毕后，选择发布渠道，如图 7-34 所示，根据实际需求，可选择立即发布，也可选择定时发布。

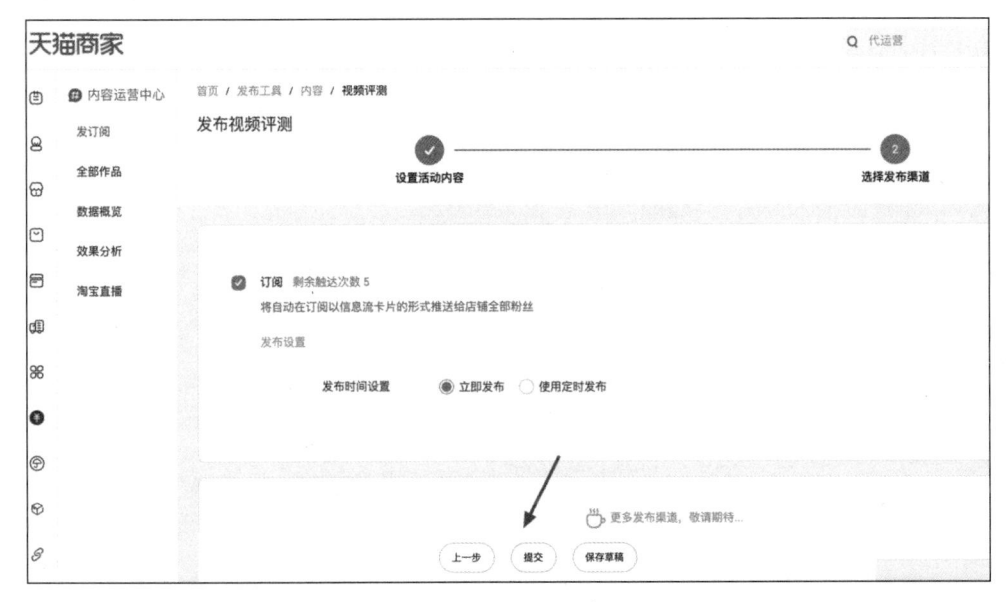

图 7-34　提交发布

发布后，点击进入"全部作品"列表即可看到该视频评测呈现"已发布"状态，说明发布成功，如图 7-35 所示。

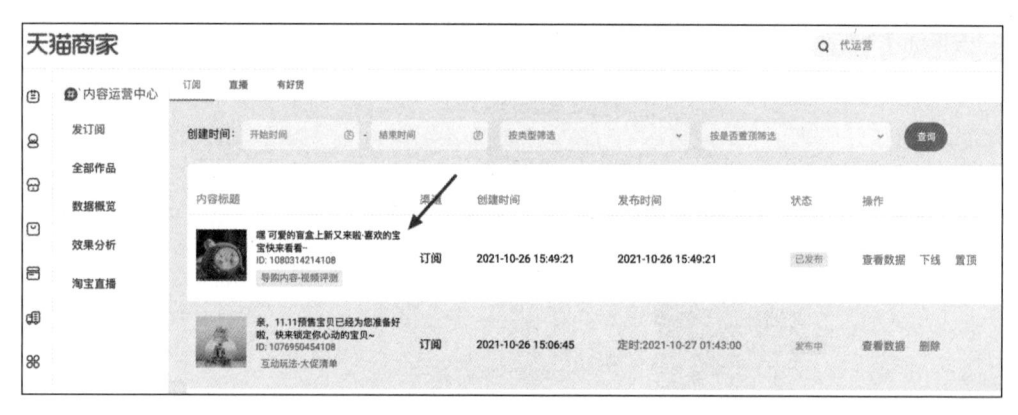

图 7-35 发布状态

7.2.3 订阅数据查看

对于商家生产和发布的订阅内容，需要进行相应的数据分析，才能明确后续的内容迭代方向，可从如下两个方面着手。

1. 查看整体数据

1）查询入口

下面以淘宝网店的后台为例。登录进入订阅后台，点击"数据概览"选项，如图 7-36 所示。

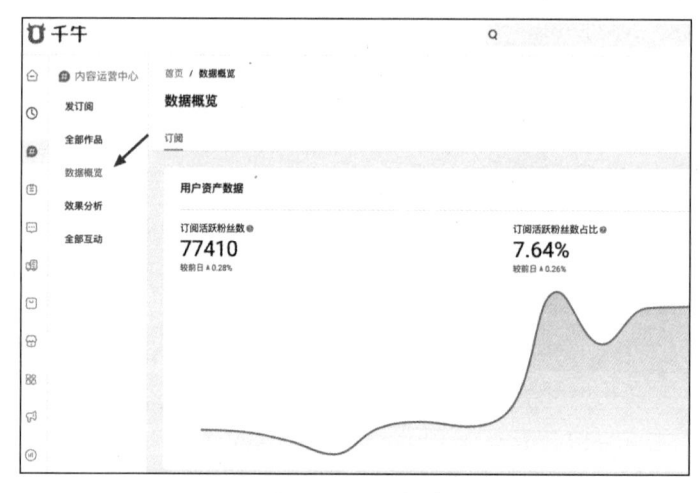

图 7-36 数据概览

2）数据概览

进入"数据概览"界面后，可以看到整体数据分为如下几部分：用户资产数据、关系数据、内容数据、成交转化。下面进行逐一分析。

用户资产数据：该数据意味着可能获取到的流量，目前展示订阅活跃粉丝的相关数据。如图7-37所示，曲线图展示近14天订阅活跃粉丝数量，活跃粉丝越多越好。通过观察曲线图，了解粉丝在"订阅"频道的活动规律，帮助商家更好地进行运营规划。

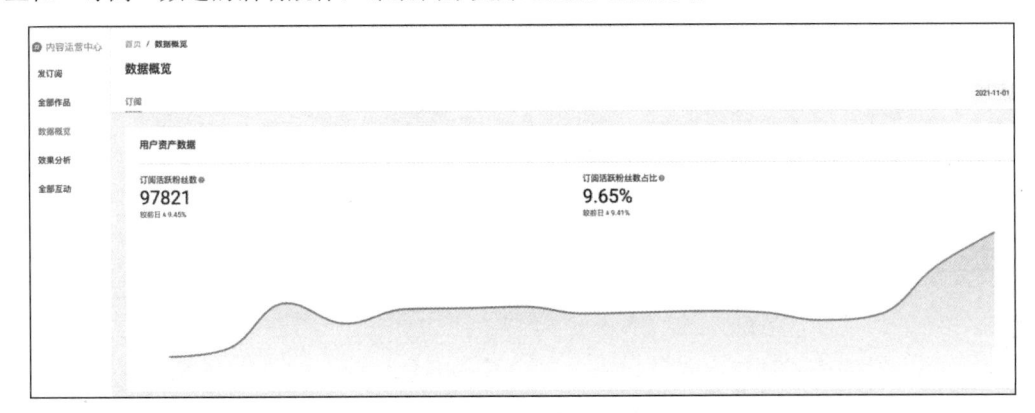

图 7-37　用户资产数据

关系数据：关系数据包含累计星标订阅粉丝数、取消订阅粉丝数、屏蔽粉丝数、负反馈粉丝数等数据，如图7-38所示。注意关注累计星标订阅粉丝数的变化，如果该数值增长较快则表明订阅的内容质量较高，客户非常喜欢查看商家发布的内容。若取消订阅粉丝数、屏蔽粉丝数、负反馈粉丝数在持续增长，则需思考内容是否对客户不具备吸引力，需及时调整内容发布策略。

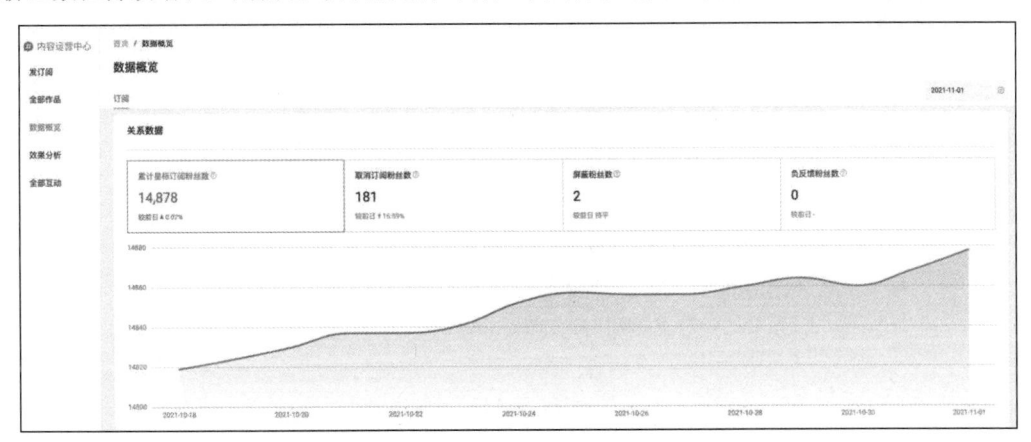

图 7-38　关系数据

内容数据：此为订阅内容的汇总数据，如图7-39所示。该数据用于评估日常运营效果，监测内容触达了多少客户，整体的内容曝光、进店转化、商品转化的效果如何。内容曝光效果主要看内容曝光次数、内容曝光人数；进店转化效果主要看引导进店次数、引导进店人数；商品转化效果主要看引导进宝贝次数、引导进宝贝人数。

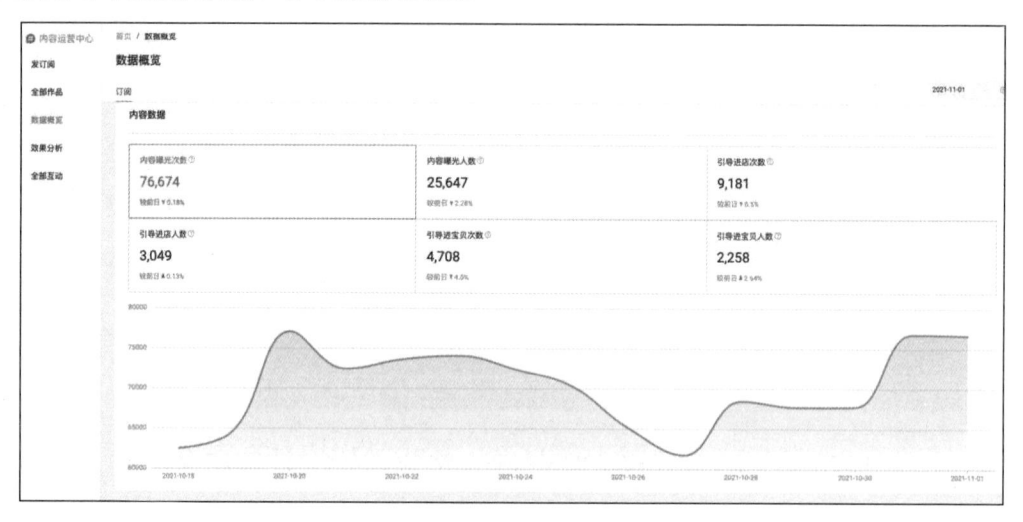

图 7-39　内容数据

成交转化：商家最关注的转化数据，现在也可以通过成交转化的数据来查看，如图 7-40 所示。渠道总成交金额表示：通过浏览卡片及详情页最终引导成交的销售额，不包含通过直播和优惠券引导成交的金额。

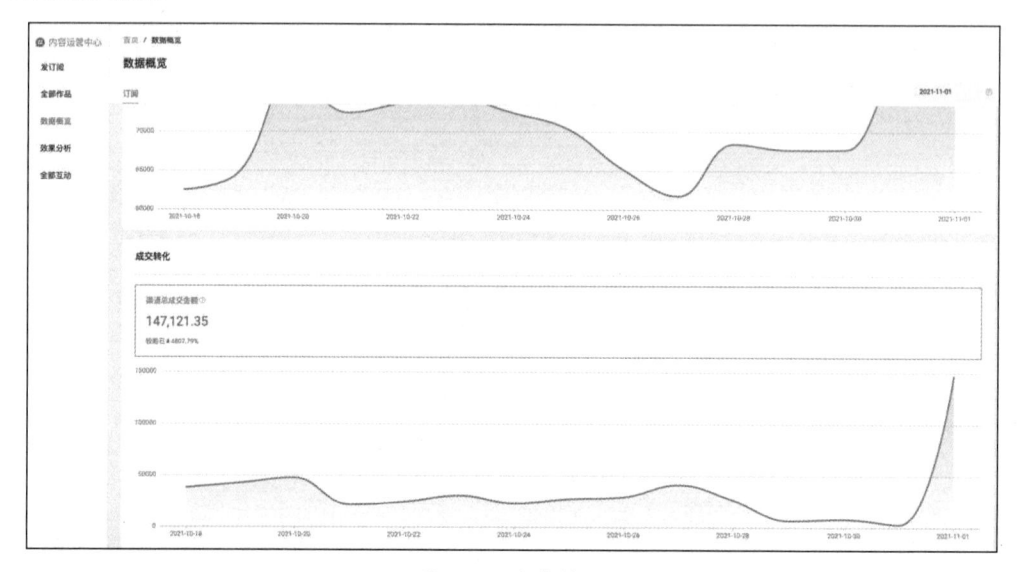

图 7-40　成交转化

2. 单条内容数据

1）查询入口

在订阅后台里，点击"全部作品"列表，可选择查看的单条内容，点击"查看数据"按钮，如图 7-41 所示。

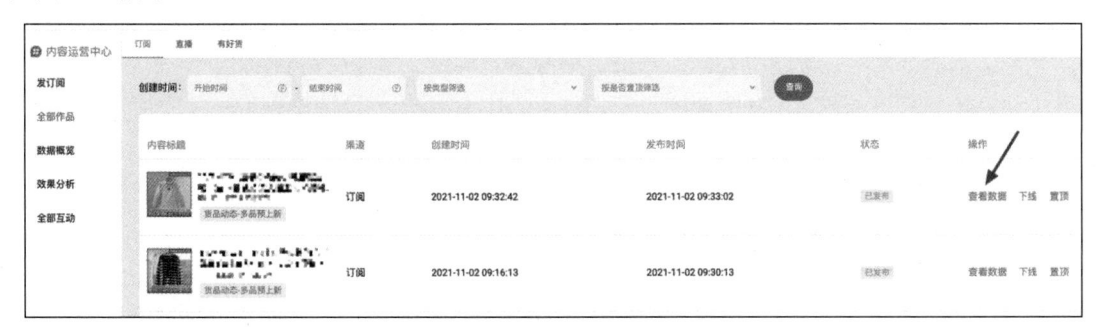

图 7-41　单条内容的数据分析入口

2）数据查看

单条内容数据分为：内容效果、关系数据、内容趋势三部分，如图 7-42 所示。

图 7-42　单条内容数据

单条数据的解读同整体数据解读一致，差别在于，这是针对单条内容的效果评估。商家需根据数据的反馈效果，调整相应的运营策略。

7.3 逛逛运营基础

"订阅"频道属于平台级私域阵地，商家主要用来聚焦关系运营，打造私域流量池，主打"上新"牌，打通粉丝促活及成交转化链路。

"订阅"频道的定位为成交场，但客户在购买之前，还需要有一个认识商品、建立兴趣的过程，也称之为"种草"。以淘宝为例，"逛逛"频道具有种草属性，帮助客户"种草"，从"种草→消费购物"到"种草→生活方式"，是淘内中心化内容的主阵地。

7.3.1 逛逛基础知识

1."逛逛"频道对商家的价值

客户可以打开手机淘宝 APP，点击"逛逛"频道，进入这块中心化内容主阵地，如图 7-43 所示，这里汇集了众多的知名人士、意见领袖、优秀达人，以及各垂直领域的专业人士，也有商家和客户参与其中，通过人格化的生活方式分享有用、有趣、新鲜、奇妙、潮流的内容，与粉丝建立基于内容的互动，提供全新的内容消费体验。

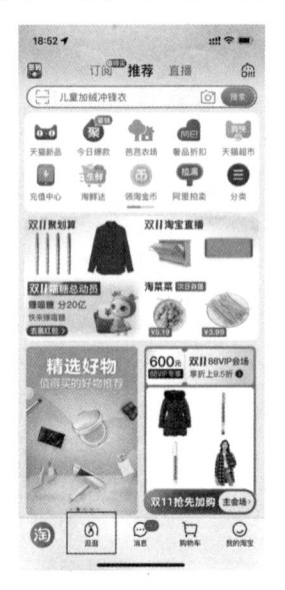

图 7-43 "逛逛"频道入口和界面

1）增加曝光

具体来说，商家可以运营"逛逛"频道这个粉丝互动内容阵地，通过自制内容并引导客户发布图文与视频的形式，增加曝光量与热度，如图 7-44 所示，"逛逛"频道流量巨大，客户在看到心仪的内容后会进行点赞、收藏、评论从而产生互动。

图 7-44　"逛逛"频道视频

如果店铺直播间处于开播状态，会在"逛逛"频道的很多位置得到大量的展现曝光机会，客户就非常容易点击进入，如图 7-45 所示。

图 7-45　"逛逛"频道的直播间曝光

2）引导跳转

在"逛逛"频道这个内容阵地上，商家希望获得大量的曝光机会并完成跳转，如客户跳转到直播间。对于商家来说，淘系平台具有货架电商属性，客户对商品详情页的认知程度较高，因此，商家需要思考，在"逛逛"频道上是否能完成从内容到商品详情页跳转。实际上，客户是可以直接在逛逛的视频和图文内容上点击购物车商品的。

前面分析过"逛逛"频道的内容创作者构成，达人、商家、客户这几种角色所生产的图文和视频内容较多，对于商家来说，目前能快速低成本介入的玩法就是"商家自制内容跳转"与"客户发布买家秀挂品跳转"。如图 7-46 所示，呈现的是商家发布的逛逛内容，客户可以在观看视频和图文的过程中点击购物车完成种草和购买。

图 7-46　视频及图文内容（商家发布）

如果客户在淘宝或天猫平台购买了商品，获得良好的购物体验，则可能会在"逛逛"频道上发布视频和图文内容，分享购物体验，如图 7-47 所示，其他客户在看到这些内容后，完成了种草，也有可能点击该客户提到的商品，从而跳转进商家的详情页，或者直接加入购物车并下单购买。

图 7-47 视频及图文内容（客户发布）

2．逛逛的内容形式

逛逛常用的内容发布后台为"光合平台"，如图 7-48 所示。

图 7-48 光合平台

登录网店账号进入光合平台，如图 7-49 所示。通过路径"创作权益→基础权益"检查是否可以直接推荐商品。

图 7-49　光合平台后台发布界面

如需开通"店铺橱窗/宝贝推广"功能，需要满足相应的条件，如图 7-50 所示。

图 7-50　后台检查商品推广开通情况

开通"店铺橱窗/商品推广"功能的具体开通条件如图 7-51 所示，除满足商家营销准入基础门槛之外，重点关注商家需在逛逛平台上有 1000 个粉丝且发布 10 条通过安全审核的内容的条件。

商家准入	商品要求	商家要求
须满足： （一）在淘宝平台注册账户，完成实名认证，且账号状态正常的商家。	（一）商品状态正常，且符合发布要求； （二）不可为平台认定不适合使用逛逛推广、影响消费者体验的商品；	（一）商家要求： 1.淘宝网卖家须符合《淘宝网营销活动规范》；天猫商家须符合《天猫商家营销准入基础规则》；天猫国际商家须符合《天猫国际商家营销准入基础规则》 2.经淘宝平台排查认定，其商品所属商家账户实际控制人的其他阿里平台账户历史未被阿里平台处以特定严重违规行为处罚（如出售假冒商品、发布违禁信息、骗取他人财物等）或发生过严重危及交易安全、发布交互风险信息的情形； 3.卖家应具备相应内容生产和运营能力，在逛逛平台已有1000粉丝，且发布10条通过安全审核的内容。

图 7-51 商品推广开通条件截图

在满足相应条件并申请开通后，商家即可在发布逛逛内容时，推广本店商品。

目前在逛逛平台可发布的内容有两种，分别是逛逛视频和逛逛图文，如图 7-52 所示。

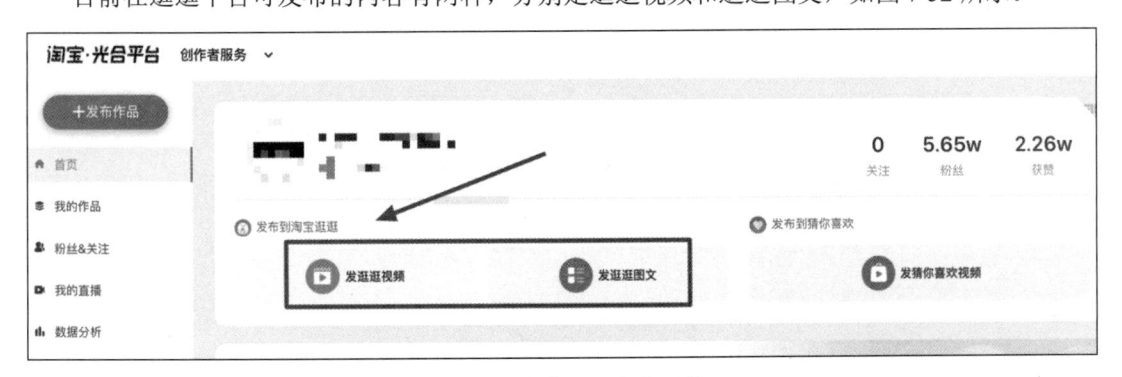

图 7-52 发布逛逛内容形式

（1）逛逛视频

点击"发逛逛视频"选项后，可进入视频发布界面，如图 7-53 所示。

可点击上传或直接拖曳视频至发布区域，视频文件小于 1.5GB，时长 15 分钟以下。单条内容可最多关联 6 个商品。可添加逛逛上的话题，获取更多的流量展现机会。支持创作者设置本视频是否在指定时间段发布，可设置具体时间到秒。

（2）逛逛图文

点击"发逛逛图文"选项后，可进入图文发布界面，如图 7-54 所示。

请创作者上传真实拍摄的图片，分辨率不低于 720px×720px，最多上传 9 张图片。正文内容可输入 10~1000 字。单条内容可最多关联 6 个商品。添加话题时建议添加逛逛上的话题，获取更多的流量展现机会。

图 7-53　视频发布界面

图 7-54　图文发布界面

在发布视频和图文内容时，尽量做到真实可信且具有生活信息。逛逛的内容方向可以如下。

有用（做"生活家"）：发布满足生活所需的、兴趣专业的干货，如"授人以渔"的方法，如"很冷但很有料"的知识，如"好货有什么"的信息。

有趣（发现生活的好奇心）：发布好玩有梗但不低俗的生活趣味，如"有意思"的东西，如"有意思"的行为，如"有意思"的角度。

潮流（不盲从，做自己）：发布最酷的生活方式风向，如"点点滴滴"的生活方式，如"潮人必备"的单品，如"潮流炫酷"的文化趋势。

新奇（探索生活大开眼界）：发布新奇未知事物的探索和尝试，如新鲜的事物、奇妙的体验、鬼马的创意。

文案建议：内容丰富、真实原创、实用有价值。图片和视频建议：清晰实拍、具有生活气息、画面有美感。

如果公开发布的优质特色内容符合逛逛的内容鼓励原则，就有机会被选为精选内容，获得更多的曝光机会。商家和客户不宜发布非原创、低质、虚假营销等内容。

7.3.2 逛逛发布实操

1. 登录发布后台

登录光合平台后，点击"创作者服务"选项，发布逛逛内容，如图7-55所示。

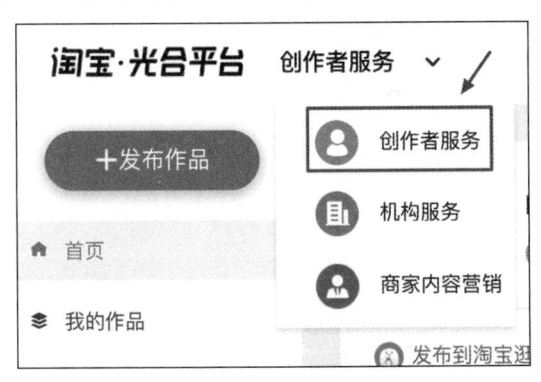

图7-55 点击"创作者服务"选项

逛逛可发布的内容有视频和图文两种，下面以商家使用频率较高的视频内容为例，如图7-56所示，点击图上箭头标识的两个位置均可发布视频内容。

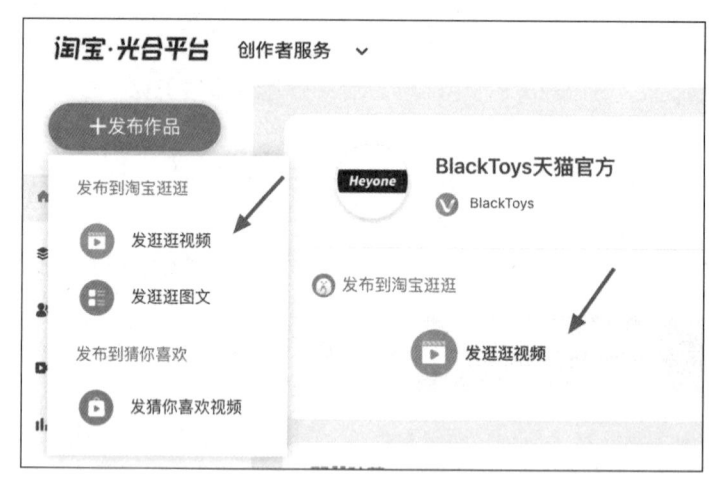

图 7-56　发逛逛视频

2. 填写表单发布

在点击"发逛逛视频"选项后，可以看到发布视频界面，如图 7-57 所示，依次添加视频、设置封面、输入正文、关联宝贝、添加话题、按需发布。

图 7-57　发布视频界面

1）添加视频

按照视频要求，上传相应的视频素材即可，如图 7-58 所示。

图 7-58　添加视频

2）设置封面

视频封面与点击率相关，故应引起足够重视。建议对封面添加适当的花字，如图 7-59 所示。封面图建议使用高清实拍光线明亮、主体突出无拉伸变形的图片，可以添加适当花字，但注意不要遮挡画面主体。真人出镜效果更佳。

封面图直接影响客户的点击率，好的封面对推荐效果有正向的影响，注意如下。

- 请勿将大量雷同的封面应用于多个视频，注意视频封面的多元化，尝试使用多种风格的封面呈现形式，给客户好的体验。
- 请注意封面的美观度和清晰度，避免选取模糊的图片；封面需明确表达视频的主题，避免不知所云或重点不突出的情况。
- 视频的主封面图需要出现商品主体，使用出现商品主体的场景图片，但是不允许使用商品白底图/纯色底图/商品广告图；封面中出现的人物形象、物品需要与视频内容一致。
- 若本地上传视频提示失败，可能因为图片尺寸过大，建议压缩图片或者上传视频同比例封面。

图 7-59 设置视频封面

3)输入正文

此处的正文也被称为视频标题,主要用于吸引点击,如图 7-60 所示,常用的标题公式为:说人话+场景感+适当渲染。

"说人话"是指直观、通俗、易懂、精简地说清楚事情,如"怎么做+可以得到什么好处/解决什么痛点",例如"搭配推荐,不一样的衬衫穿搭""只需买这件,小个子女生秒变女神"。

"场景感"是指用具象画面、符号或数字来代替"效果描述",例如"这个化妆技巧一定要学会""挑选连衣裙应该注意这3点""消除痘痘只需要买这1款香皂"。

"适当渲染"是指留悬念、对比,营造稀缺感,如"剩余时间+做什么事",例如"双11快结束了,赶快抓紧买它"。

4)关联宝贝

客户在观看视频时,如果对视频中的商品感兴趣,即被种草,有可能会有购买需求,故视频中尽量关联宝贝,方便客户点击购买,也就是商家常说的"挂品",如图 7-61 所示。

图 7-60 输入正文

图 7-61 关联宝贝

此处请注意,如果不符合挂品要求,则无法添加本店商品,建议商家按照相应要求申请商品推广权限,添加本店商品,如图 7-62 所示。请注意不要挂逛逛内容中没出现的商品,不要多挂、乱挂,否则会导致内容审核不通过,无法获得流量加持!

图 7-62 选择宝贝

（5）添加话题

为了能获得更多的曝光机会，建议添加相应话题，如图 7-63 所示。

图 7-63 添加话题

添加话题时，选择网店相关的话题勾选即可，尽量与行业商品相关并综合考虑高关注度的话题，如图 7-64 所示。不挂在对应话题下就没办法获得相关的流量加持。

图 7-64 选择话题

6）按需发布

在表单填写完毕后，选择立即发布或按时发布均可。发布完成后，建议到"个人主页作品"列表中检查该条视频内容的发布状态，如图 7-65 所示。

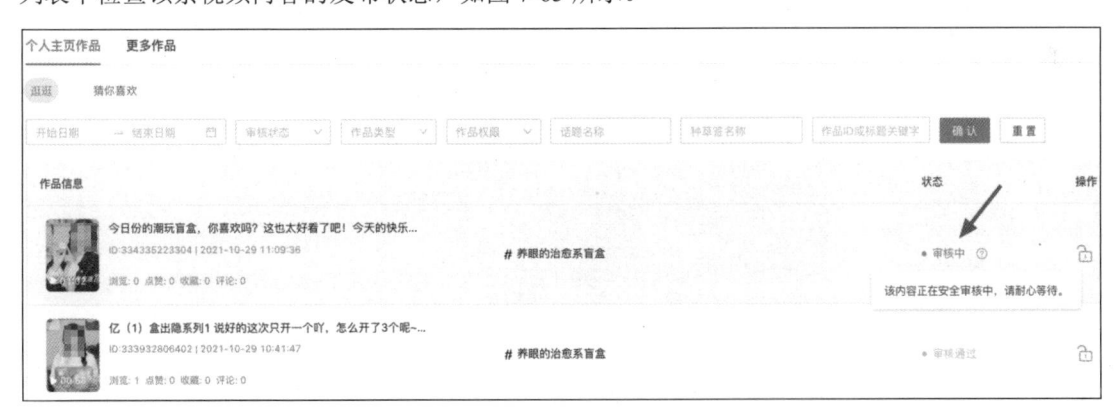

图 7-65 发布状态

发布后，平台需要进行安全审核。在审核完成后，客户即可看到该条内容，如图 7-66 所示。通过平台审核的内容，就会在"逛逛"频道的"关注"板块和"发现"板块里出现。"关注"板块的内容是粉丝可以看到的；"发现"板块的内容就是千人千面展示的，会获得更多的推荐，拥有更大的流量。

图 7-66 发布内容在"逛逛"频道中的呈现效果

商家在运营逛逛时,可按照上述流程发布,也可使用手机淘宝 APP 直接发布优质图文及视频内容,如图 7-67 所示。

图 7-67 客户使用手机淘宝 APP 发布逛逛内容

7.3.3 逛逛数据查看

商家生产、发布的逛逛内容，需要进行相应的数据分析，才能明确后续的内容迭代方向，可从如下两个方面着手。

1．内容数据

1）查询入口

登录逛逛后台，点击"数据分析"选项，如图 7-68 所示。

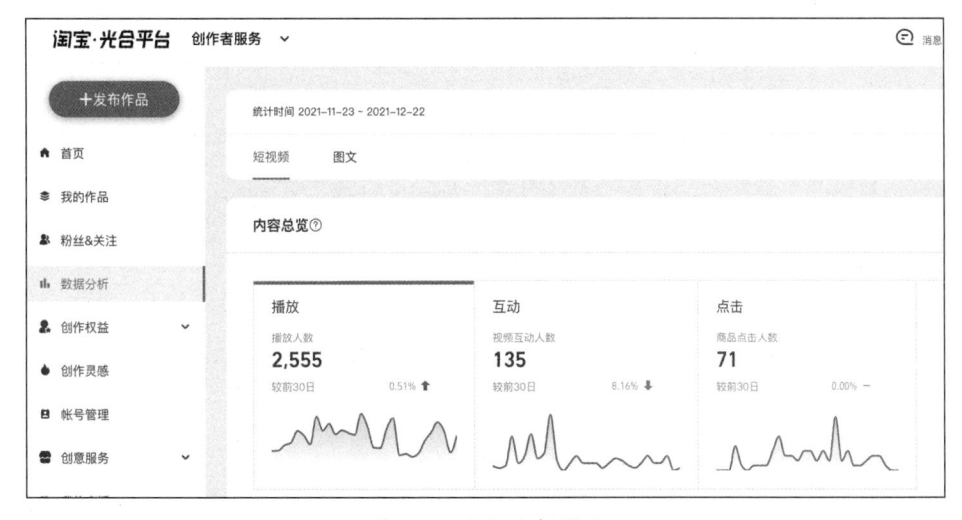

图 7-68　数据分析界面

2）数据概览

进入数据界面后，可以看到整体数据分为"短视频"和"图文"两个板块，如图 7-69 所示。短视频数据包含"内容总览"和"单条效果"两部分内容。

内容总览支持按日筛选，最多支持查看近 3 个月的历史数据，主要包含播放、互动、点击等数据。

图文内容也需进行相应的数据分析，可点击"图文"板块，如图 7-70 所示。支持按日筛选，最多支持查看近 3 个月的历史数据，主要包含阅读、互动、点击等数据。

建议关注核心内容渠道关键运营指标，如有效播放率、互动率、转粉率等。通过数据分析不断查缺补漏、优中调优，提升各内容渠道运营效率。

图 7-69 短视频数据

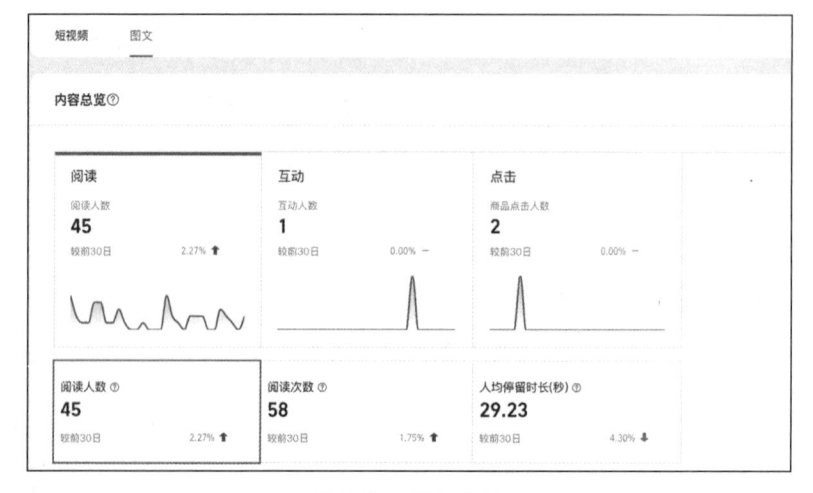

图 7-70 图文数据

2. 粉丝数据

在逛逛"数据分析"中还可以点击"粉丝数据"选项卡，对粉丝情况进行全方位洞察，如图7-71所示。

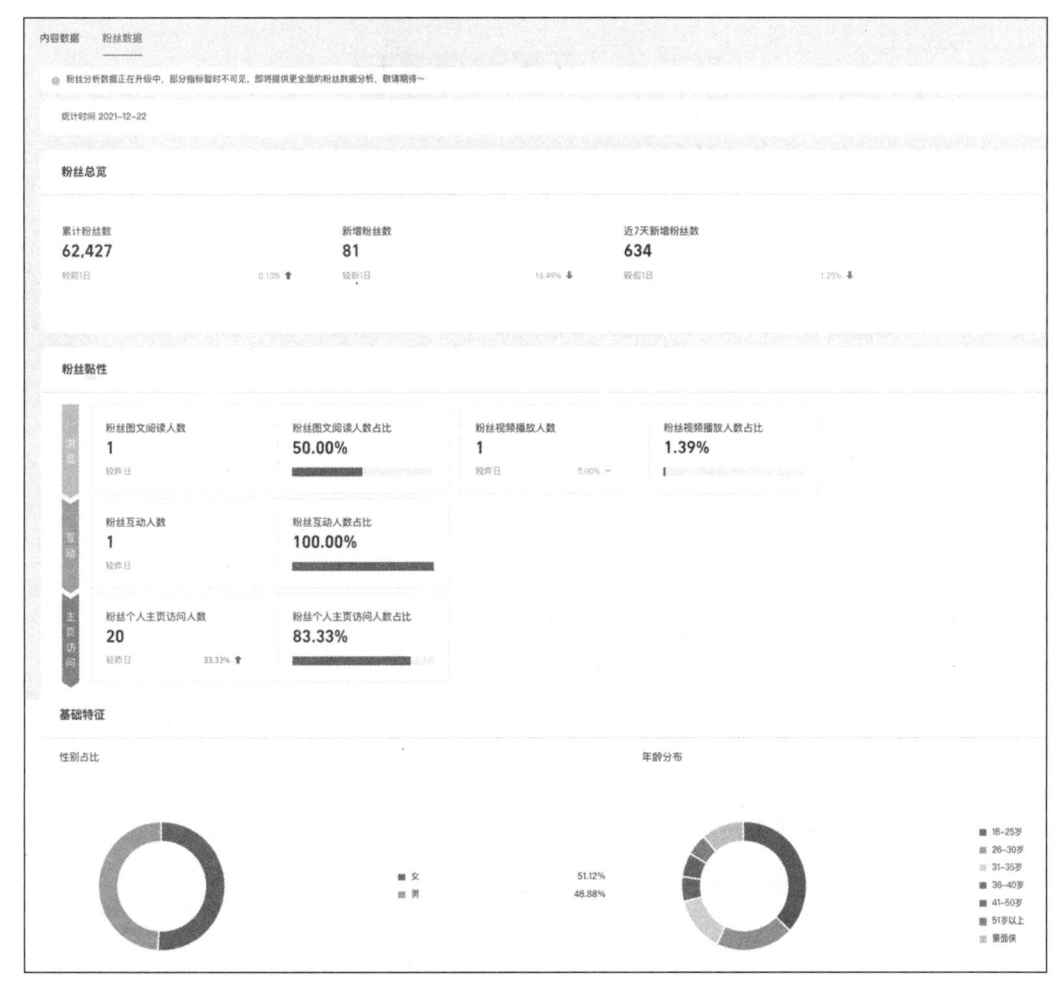

图 7-71 "逛逛"频道粉丝数据

粉丝数据包含如下板块。

粉丝总览：累计粉丝数、新增粉丝数、近 7 天新增粉丝数。

粉丝黏性：粉丝图文阅读人数、粉丝互动人数、粉丝个人主页访问人数等数据。

基础特征：粉丝的性别占比、年龄分布、地域、职业、学历、消费层级、兴趣爱好、品牌偏好、类目偏好等数据。

建议根据粉丝数据针对性做内容策划，分析客户痛点和场景，提升内容吸引客户的效率。

逛逛的内容运营目标一般为品牌营销、上新种草，因此应杜绝搬运内容，尽量真实原创，用高颜值的真实场景化的图文和短视频内容，让客户沉浸阅读，从而实现种草的效果。

7.4 直播运营基础

客户在购物平台上购买商品时，常见的操作是浏览商品详情页。详情页的图文形式较难直观体现商品的所有信息，且在这种场景下，客户的注意力容易被分散到多个商品或者多个网店上，导致客户无法实现"沉浸购物"，使决策的时间拉长同时决策成本增加，造成客户流失，商家的转化率降低。随着智能手机的普及，客户观看短视频及直播购物的使用习惯逐渐成熟，商家主播在直播间通过对商品的直观化展示，与客户实时互动，更容易增强客户对商品的认同。如果再配置相应的利益点，能非常快速地缩短客户的决策时间。相比于其他渠道而言，直播能更好地提升转化率和客户黏性。店铺直播已经成为商家内容运营中非常重要的一个渠道。

7.4.1 直播基础知识

1. 直播对商家的价值

1) 人群价值

直播能缩短客户从认知、兴趣到购买、忠诚的全过程，提升网店各层级人群（比如新客、老客和会员）的转化效率。直播间可以促使客户加入网店会员系统，能更好地协助商家沉淀私域人群资产。会员的消费能力显著高于非会员，能给网店带来更多的销售业绩。

2) 货品价值

成熟健康的直播间在产生销售后，客户如果获得较佳的购物体验，常有复购需求。店铺直播间如果此时上新并配置促销，新品常能快速实现销售并完成冷启动。

3) 内容价值

商家如果经营乐器、茶叶、珠宝、汉服等特色垂直类目，可在直播间讲解专业知识，与客户实时互动交流，提供内容价值，汇聚圈层文化，沉淀核心粉丝群体产生传播。比如某个销售吉他的直播间，不仅可以讲解吉他的材质和工艺，还可跟客户讲解吉他的弹奏技巧并提供示范教学，通过吉他选购知识、培训教学等内容形式完成互动信任最终产生成交和裂变。这种特色直播间正在逐步改变客户心智，从"需要看"转变为"还想看"，无形之中提高了直播间的观看时长，深受客户的青睐。

2. 直播间基础搭建

店铺直播对于商家来说，实质上是一种实时视频化的销售，类似于以前的电视购物，是网店内容运营中非常重要的一环。如需开播，除需要主播之外，通常还需要完成直播间的搭建。一般从硬件和软件两个方面着手。

1）直播硬件准备

商家直播时，常会需要采买相应的硬件设置，下面逐一进行介绍。

a. 灯光设备

直播时如遇到现场光线条件昏暗的情况，常需要使用灯光设备补充现场光线。

一般可以直接在淘宝 APP 上搜索"直播补光灯"关键词选择购买即可。下面以某销售直播间灯光设备的商品图片为例进行介绍，如图 7-72 所示。

图 7-72 直播间补光设备

商家直播常使用的基础补光设备有如下几种。

环形灯：常用于主播美颜、亮肤、补光，中间有一个位置可以安放手机方便直播。这种环形灯能在眼睛中打出环形的眼神光，适合美妆等采取近景镜头的直播间。但如果直播较大的商品时，就需另外加置更大功率的灯光设备。

柔光灯：常用于较大场景下，如服饰直播等。这种灯光可以在灯头前加装柔光箱或柔光球，令光线柔和均匀。需注意将其与拍摄时的闪光灯区分开。直播使用的是 LED 常亮光源，在选择灯头时需注意：功率越大光线越亮；柔光箱或柔光球越大，光线覆盖面积越大。

采购的灯光功率、大小、数量，根据直播间的大小与商品来灵活安排，以保证直播间有足够的亮度，画面明亮不昏暗。

b. 摄录设备

直播有手机直播和摄像头直播两种。

如需采买直播摄像头，可以直接在手机淘宝 APP 上搜索"直播摄像头"关键词，选择适合的设备即可，如图 7-73 所示。

这种摄像头分辨率比手机摄像头高，画质细腻，且拥有全向麦克风，音质清晰，安装使用也较简单。

图 7-73 直播间常用摄像头

如需进行高清直播，还可升级为专业的直播设备，如图 7-74 所示。可以实现精致美颜、美白、磨皮、瘦身，不化妆也能轻松上镜直播。还能清晰采集全高清画质，呈现商品细节，色彩还原更真实，确保长时间直播可靠稳定。高品质镜头可以拉近拉远，能快速智能自动聚焦，带有云台的摄像头可灵活调整镜头角度，直播起来更轻松。

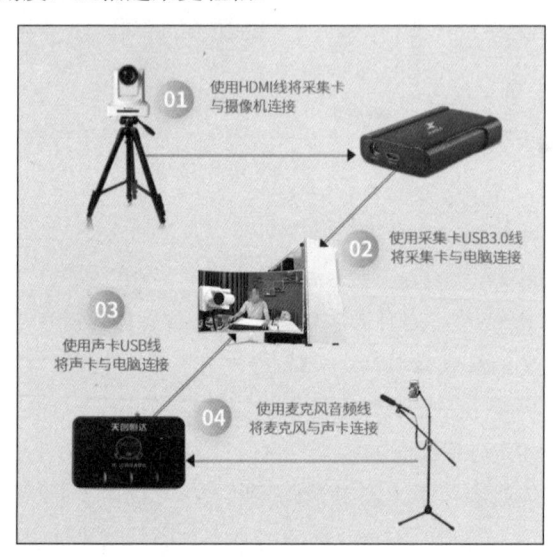

图 7-74 直播间高清直播设备

2）直播软件准备

商家直播时，会需要使用推流软件"淘宝直播"的客户端，可进入"淘宝直播"官方网站下载，如图 7-75 所示。

图 7-75　淘宝直播软件下载

PC 端：安装好电脑客户端后，点击"我要开播"按钮即可，如图 7-76 所示。

图 7-76　淘宝直播 PC 端开播

移动端：在智能手机上安装好淘宝主播 APP 后，点击底部红色按钮，填写直播信息后，即可开播，如图 7-77 所示。

图 7-77　淘宝直播移动端开播

7.4.2　直播实操

直播间搭建完毕进行正常开播后，常会遇到如下几个问题：直播间没人观看、直播间有人观看但客户不互动也不下单、直播结束后不知道还需要做哪些工作。这些问题是商家直播的共性问题，下面来逐一进行讲解。

1．直播流量来源简介

1）流量来源

店铺直播在开播状态中，可以在手机淘宝 APP 的很多位置上触达广大的客户，客户点击后，即可直接进入直播间观看商家直播。

直播间的流量来源分析如图 7-78 所示。

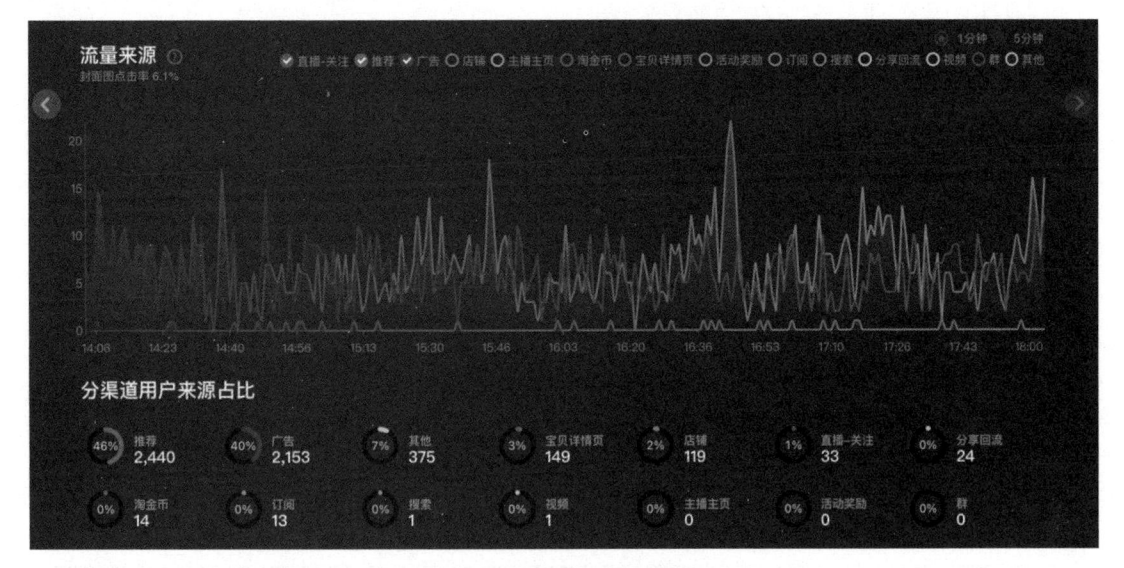

图 7-78　直播流量来源

基于直播间客户首次访问渠道，将流量渠道分类如下。

直播-关注：通过直播关注、频道关注进入直播间。

推荐：包括直播频道、首页"猜你喜欢"直播板块、直播间切换等场景的直播推荐流量。

广告：包括超级推荐、超级直播、超级互动等淘内商业推广渠道的流量（数据仅供参考，精准流量请以广告投放后台为准）。

店铺：通过网店的直播入口进入直播间。

宝贝详情页：通过宝贝详情页、宝贝微详情页的直播入口进入直播间。

活动奖励：通过淘宝直播官方平台活动奖励进入直播间。

订阅：通过淘宝"订阅"频道进入直播间。

主播主页：通过主播个人主页直播入口进入直播间。

淘金币：通过开通淘金币抵扣工具，从金币庄园进入直播间的奖励流量，不含付费广告推广流量。

搜索：通过搜索结果页进入直播间。

分享回流：通过直播间分享链路进入直播间。

视频：通过淘内短视频引导进入直播间。

群：通过群聊对话引导进入直播间。

其他：未归属上述渠道的其他来源。

商家在直播时，常通过站外私域流量拉新（如通过外部社交平台和工具分享直播间链接吸引观众），积极引入老粉丝关注，实现冷启动。

通过对网店私域（如商品详情页、网店首页、订阅、粉丝群等渠道）进行预热，引导客户访问直播间，提高直播间活跃度，进而获得更多公域曝光。

还可通过发布淘内短视频、开通淘金币抵扣工具以及广告等方法引导更多的客户进入直播间。

当直播间正常开播后，还会有直播关注频道以及直播广场的推荐流量进入，如果直播间的数据较好，则能获得更多的曝光机会。

其中需重点关注封面图点击率，即本场直播在直播频道页的曝光点击率，如果未曝光，则该指标为 0。

2）商业推广

商家在经营过程中，有可能会遇到流量瓶颈，如果想要快速获得更多流量，可以采取商业推广的方法获得广告流量，如图 7-79 所示。

图 7-79　直播推广

商家直播时使用较多的商业推广工具有超级直播和超级互动城。

a．超级直播

可以快速提升直播间观看人数，产生互动，促进转化。点击超级直播的"立即使用"按钮后，将会跳转到阿里妈妈"万相台"界面，选择"内容营销→超级直播"，新建推广计划即可，如图 7-80 所示。

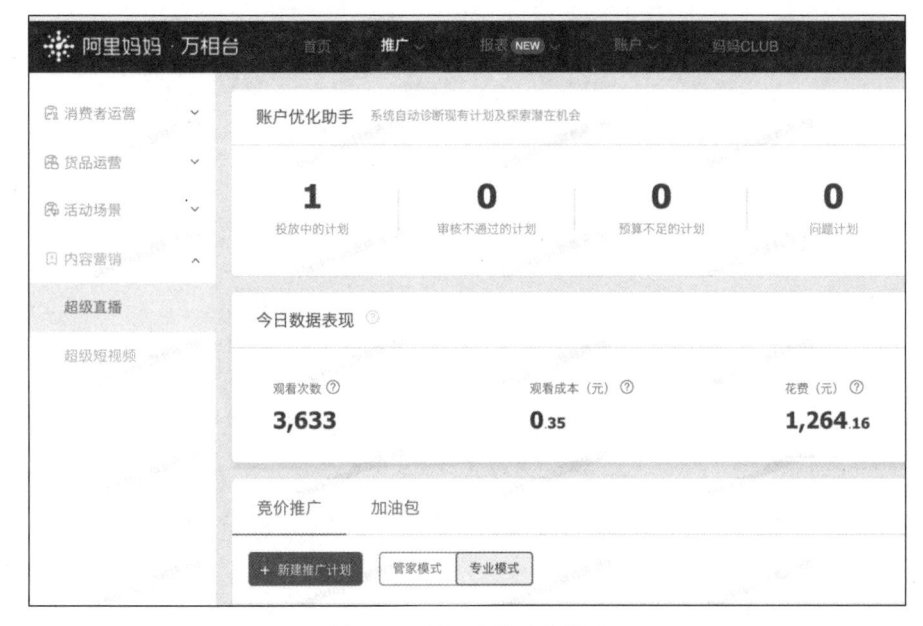

图 7-80 超级直播后台界面

在点击"新建推行计划"按钮后,有 3 种投放模式可供选择,如图 7-81 所示。

图 7-81 超级直播投放模式

这 3 种模式的具体使用注意事项,如图 7-82 所示。

商家阶段	新手期	稳定/高阶期	品牌客户
适合版本	管家模式	专业模式	加油包
产品定位	智能投放，简单易上手	自主出价，专业运营实时优化	固定价格，确定性流量保驾护航
竞价模式	RTB	RTB	定价保量
适用场景	新手商家 固定时段流量爆发 内容承接力强	综合能力强的商家 人群精细化运营 有明确运营节奏	综合能力强的商家 大促/店铺活动日 内容承接力强
操作终端	手机端 & PC端	PC端	PC端
人群定向	智能推荐人群 平台精选人群	智能推荐人群 平台精选人群 粉丝人群 达摩盘自定义人群	智能推荐人群 平台精选人群 粉丝人群 达摩盘自定义人群

图 7-82 超级直播投放模式差异

商家在投放时，选择"专业模式"的较多，下面以专业模式为示例，进行简单讲解，如图 7-83 所示。

图 7-83 基本信息设置

基本信息设置如下。

计划名称可以根据自己的需求填写。

投放方式选择"直播间"。

投放日期根据需求选择。

每日预算 300 元起。

优化目标分为 4 种。增加观看次数：以增加直播间的观看次数为投放目标，按直播间观看次数出价。增加粉丝关注量：以增加直播间的新增粉丝为投放目标，按直播间观看次数出价。增加商品点击量：以增加直播间的商品点击量为目标，按直播间观看次数出价。增加互动量：以增加直播间的互动量为目标，按直播间观看次数出价。商家可根据推广需求灵活选择。

投放方式：分为尽快投放和均匀投放两种。如直播间需要爆发式流量，可将预算集中投放，选择"尽快投放"；如直播间对流量需求不太迫切，可选择"均匀投放"。

投放时段：可根据实际需求选择，如需限制时段，可选择"限制"选项，灵活选择全天 24 小时的任意时间段。

基本信息设置完毕后，需对投放人群进行设置，如图 7-84 所示。

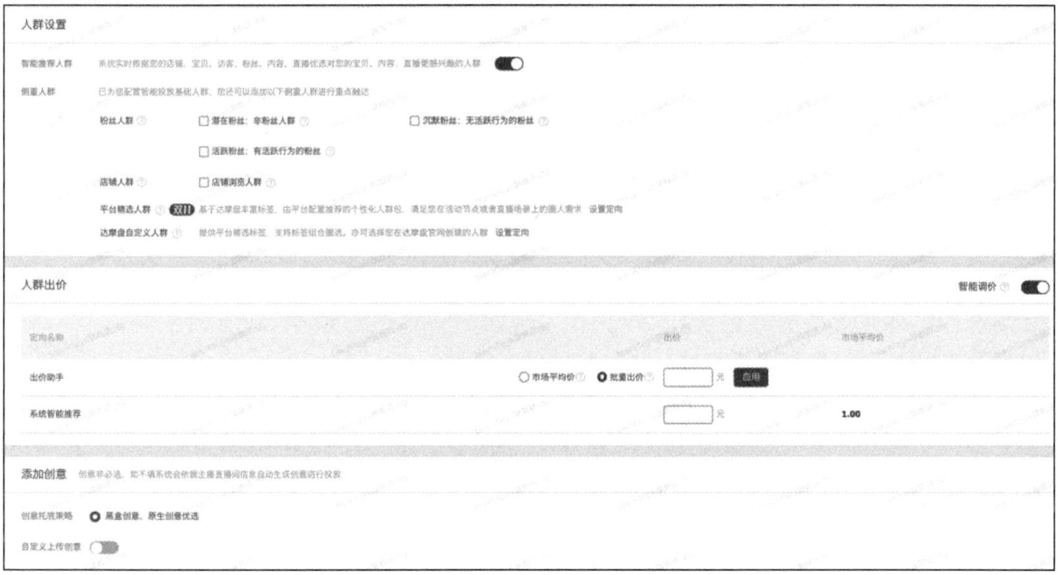

图 7-84　人群设置、人群出价、添加创意

人群设置如下。

智能推荐人群：系统实时根据店铺、宝贝、访客、粉丝、内容、直播优选对宝贝、内容、直播更感兴趣的人群。商家在投放时，常默认选择该人群。

侧重人群：分为"粉丝人群"（从内容领域/内容形式维度圈选的粉丝人群，满足粉丝维度的拉新诉求）、"店铺人群"（对本网店或相似网店有潜在兴趣的人群）、"平台精选人群"（基于达摩盘丰富标签，由平台配置推荐的个性化人群包，满足在活动节点或者直播场景上的圈人需求）、"达摩盘自定义人群"（提供平台精选标签，支持标签组合圈选，亦可选择在达摩盘官网创建的人群）。

商家在投放时，常选择"粉丝人群"和"店铺人群"，成交效果较好；如果直播间需破圈拉新，可选择"平台精选人群"进行投放；如果商家有较强的人群标签组合能力，且已开通达摩盘权限，可选择"达摩盘自定义人群"进行更精细的人群投放。

人群出价说明如下。

最低出价金额为 0.5 元，根据推广需求灵活调整。智能调价（支持针对猜你喜欢、直播广场的直播优质流量场景，为了有效提升 CVR，优化 ROI，基于客户的手动出价，系统会进行一定范围内自动调价）可选择打开。

添加创意说明如下。

创意非必选，如不填，系统会依据主播直播间信息自动生成创意进行投放，也可自定义上传创意，最多支持上传 5 个创意。

在设置完毕后，点击"下一步完成"按钮，等待计划冷启动后即可正常投放。

b．超级互动城

如需快速拉升直播间观看人数，在客户中建立品牌心智，也可使用该工具。超级互动城在天猫农场、金币庄园、省钱消消消等渠道均有资源位，通过任务机制的有效设计，吸引客户主动深度交互。15 秒的超长停留时间，能快速拉动直播间场内观众数据。

超级互动城的投放与超级直播基本类似，进入超级互动城后台后，选择"直播推广→新建推广计划"，如图 7-85 所示。

如图 7-86 所示，选择"直播推广"选项，以直播间为推广主体，投放至芭芭农场、金币小镇等手淘核心互动场景，以增加直播间的观看量为目标，把直播间推送给关联人群，最大化提升直播观看量。

图 7-85 超级互动城后台

图 7-86 选择"直播推广"选项

推广计划的设置界面与超级直播类似,如图7-87所示。投放时需注意出价方式为3种。

直播观看量控制：根据设置的每10分钟直播间期望观看量,系统将自动对每个流量精准报价,尽可能满足引流速度需求。

出价控制：系统将按照设定的出价参与竞价获取流量,需要根据投放结果即时修改出价,以获得更好的投放效果。

预算控制：在计划预算的范围内,系统根据选定的营销目标进行智能出价。

商家在投放时,常使用直播观看量控制和预算控制给直播间提供较平滑的流量。如果直播间需要爆发式流量,常选择"出价控制"出价方式和"尽快投放"投放策略进行组合使用。超级互动城还可对地域和时段进行更精准的设置。

图 7-87 基本信息

基本信息设置完毕后,还需对创意和人群进行相应的设置,如图7-88所示。

创意非必选项,如不填系统会自动生成创意进行投放,也可自定义上传创意,最多支持5个创意。

定向人群与超级直播类似,但超级互动城暂时无法投放"达摩盘自定义人群",无法自由组合人群标签。在实际投放中,相似店铺人群、相似宝贝人群建议选择投放,这部分人群是通过平台相似店铺、宝贝等数据，对圈定人群进行自动拓展而成的；也可投放关键词人群进行拓展，该部分人群是近期搜索过含该关键词或浏览过含该关键词商品的人群；如果近 30 天"超级直播、超级推荐、智钻触达人群"或者近 30 天"本账户站外媒体触达人群"有一定的人群数量，也可选择"再营销人群"进行投放；如果还需继续扩大人群规模，可以选择"达摩盘精选人群"进行破圈拉新。

图 7-88 创意及定向人群设置

定向人群设置完毕后，需进行人群出价设置，如图 7-89 所示，出价要求为：必须大于等于 180 元，小于等于 9999.99 元。请注意该出价要求有可能会调整，以投放时后台要求为准。如商家投放谨慎，可先从最低价格开始慢慢尝试，当有一定经验后，灵活根据市场价格进行实时竞价投放即可。

图 7-89 人群出价

超级互动城的主要资源位为"芭芭农场""淘金币""省钱消消消"等位置,这部分消费群体为一二线城市的高学历的"80 后""90 后"白领女性,互动消费能力强,注重品质也注重性价比,比较适合服饰、美妆、洗护、百货、食物、餐具、母婴、宠物等类目。在投放时,直播间需注意货品/权益匹配,突出拉新利益点,提升人群转化效率。

2. 直播流量承流方法简介

当直播间有一定流量进入后,商家常遇到"流量承接不住,客户流失很快"的问题。商家在日常直播需注意如下几个指标。

观看时长:尽可能让客户在直播间停留下来观看主播讲解商品,可通过红包、赠品等方法提升该数据。

转粉率:尽可能让进入直播间的客户关注成为粉丝,可通过有效表达品牌、商品、主播的关注价值实现。

转化率:尽可能让进入直播间的客户下单购买,可通过商品讲解、氛围营造、权益刺激等方法实现。

粉丝回访率:占领粉丝心智高地,让粉丝就算不买也愿意回来看。

如需提升单场直播的爆发力,还需注意累积要素和实时要素。

累积要素:活跃粉丝(铁粉以上)规模、商业化推广、直播间成交金额。

实时要素:单客户停留时长、单客户购买转化等。

在直播运营的过程中,商家需重点思考,如何提升客户的观看时长,并让客户在观看的过程中互动种草产生消费冲动从而成交购买。

1)互动权益

直播间常用的互动权益设计,包含拉新促活和成交转化两个方面,如图 7-90 所示。

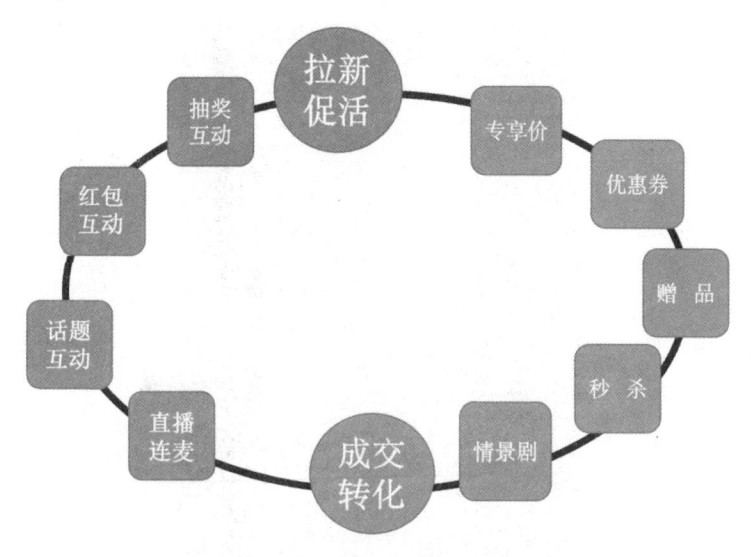

图 7-90 直播互动权益设计

商家在开播后，需重视对直播中控台的操作，将相应的互动权益推送进直播间让客户看到。

打开淘宝直播中控台，点击"直播管理"选项找到开播中的直播间，点击"直播详情"按钮，如图 7-91 所示。

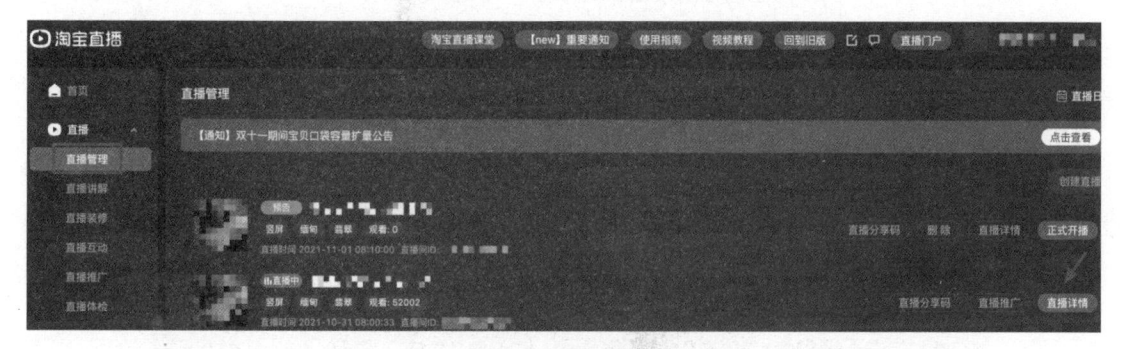

图 7-91 直播管理

点击"互动中心"列表可以看到有很多的互动工具，如图 7-92 所示。

因文章篇幅问题，无法对互动工具全部进行讲解，且互动工具也有可能随着玩法变化发生迭代，商家需要从工具设计中明白工具玩法原理。现选取使用频率较高的"福利抽奖"进行讲解，如图 7-93 所示。

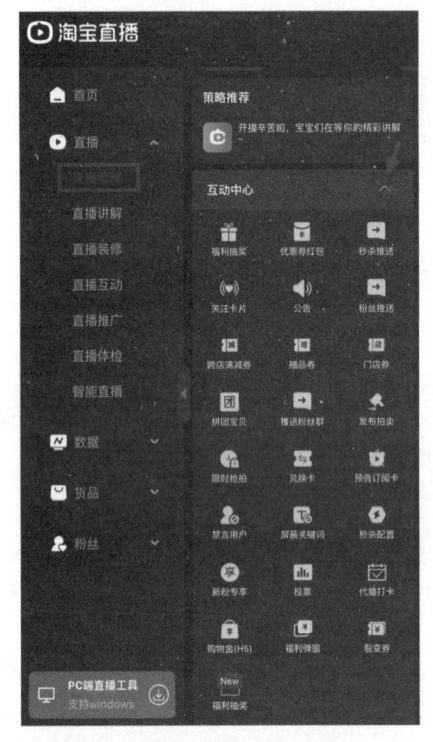

图 7-92 互动中心（开播状态）

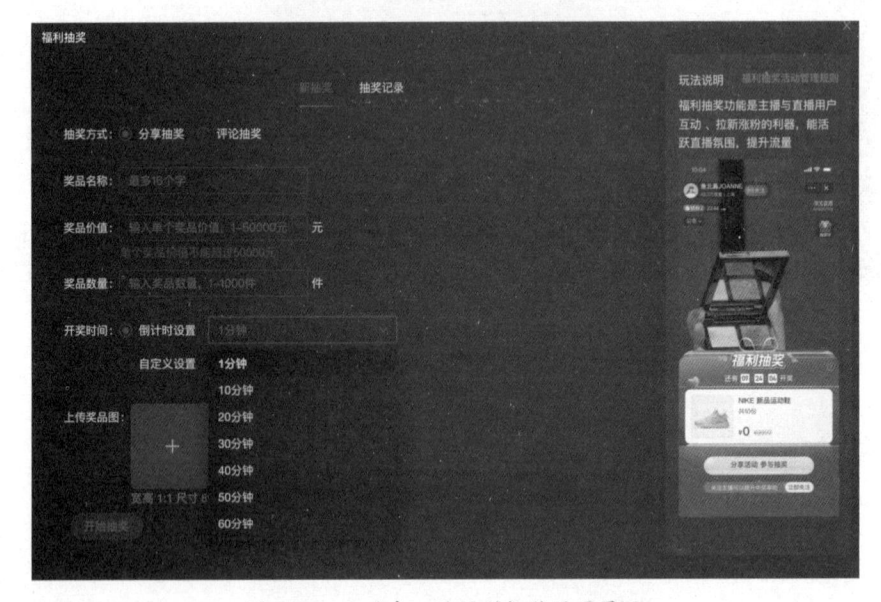

图 7-93 互动中心的福利抽奖设置界面

该互动工具是主播与直播间客户产生互动、拉新涨粉的利器,使用后可以活跃直播间氛围,提升观看时长,且能通过客户拉新助力的方式产生裂变促进涨粉。客户在参与抽奖的同时可以帮助直播间提升分享、关注及亲密度。

当打开配置界面后,需注意如下细节。

抽奖方式:选择"分享抽奖"(默认)。

奖品名称:输入要抽取的奖品的名称。

奖品价值:输入要抽取奖品的单价,最低 1 元,最高不得超过 50 000 元(含),价值可保留至小数点后 2 位,商品单价需如实填写,不得虚报。

奖品数量:输入要抽取奖品的数量,最低 1 个,最高不得超过 1000 个。

开奖时间:选择开奖的时间,设置好的话可以有效提升客户在线时长。两种设置方式:倒计时设置,可选择 1~60 分钟;自定义设置,可选择具体某一时间开奖(仅限当天 24:00 前)。

上传奖品图:上传奖品的图片,只需上传 1 张即可,尺寸为 800px×800 px,大小不超过 2MB,奖品图必须与奖品名称一致,图片信息不得误导客户。

开始抽奖:当所有项都填写完毕后,"开始抽奖"按钮变为高亮状态,点击后就可以在前台开启玩法啦!

注意 点击"开始抽奖"按钮前一定要确定各填写事项准确无误,一旦开始抽奖,是无法撤销的。

抽奖记录:可查看每次抽奖活动的获奖客户名单,记得在这里联系中奖客户发放奖品!

注意 在这里也可以查看本轮抽奖的数据(分享用户数、通过玩法带来的回流用户数)。

当"福利抽奖"设置完毕后,客户在直播间右上角可以看到一个倒计时的图标,点击后就可以看到商家发起的抽奖活动页面,如图 7-94 所示。

如果未关注该直播间的客户点击"福利抽奖"的图标,可以看到"关注主播可以提升中奖率哟"的字样,如果此时主播进行口播引导,客户转粉的成功率会更高。如果主播在口播时引导"分享直播间,中奖概率更高",还可以实现拉新裂变。由此可见,"福利抽奖"这个互动工具在设置时需注意开奖时间的长短以提升客户的观看时长,且主播可主动引导客户关注并分享直播间完成拉新裂变。

图 7-94　直播间福利抽奖客户界面

2）直播脚本

直播间通过相应的互动权益设计，提升了客户的观看时长后，就需要重点思考如何转化的问题，而转化又需要考虑如何在客户停留的这个时间之内，快速地呈现商品，并激发客户需求，从而产生购买行为。直播的本质是在最短的时间之内激发需求并满足需求，所以可以对单品讲解进行策划，制作单品解说脚本，如表 7-1 所示。

通过提出问题、分析问题、解决问题、打消疑虑、发出号召、营造氛围共 6 个步骤并辅以相应的物料，加速客户对商品的认知及快速决策。

表 7-1 直播单品脚本示例

			直播单品解说脚本示范		
步骤	讲解流程	细节技巧	话术参考		物料配合
1	提出问题	召唤痛点	通过生活中的话题，引入待介绍的商品，营造情景感	小仙女们平时在用粉底液时是不是会遇到厚重、闷痘、卡粉起皮的情况？	讲述
2	分析问题	激发需求	分析问题的原因，激发消费者兴趣	这有可能是平时大家在选择粉底液的时候没有重视××所造成的哈，这个跟粉底液的质量和用法关系挺大的。	讲述
3	解决问题	陈述卖点	从包装、材质、原料、使用体验等方面解说	今天我来给大家推荐一款既遮瑕，还能保湿的粉底液，×××小胖瓶，粉质细腻，易延展，遮瑕度更是没得说，选用的是××原料，来自××，用起来很放心。	讲述+展示产品
		演示证明	重点介绍演示卖点，突出自身商品优势	当我们选择好粉底液后，如果想要打造完美底妆，上妆得有诀窍，下面主播给大家演示一下这个粉底液的用法哈。 方法一：首先将粉底液涂抹到脸上再用美妆蛋把粉底液均匀地由内向外拍开，最后再轻轻按压，带走余粉。妆面自然服帖方法。 方法二：如果脸上是有红血丝、痘印、黑眼圈的妹子，用粉底刷上妆遮瑕效果翻倍噢，首先让粉底刷充分吃粉，然后由内到外、由上往下涂开，轻轻松松隐形毛孔、瑕疵，妆感完全不厚重，很轻薄，简直是滤镜级别的粉底液，而且这款粉底液还防水防汗哦，看，完全不脱妆，它的持妆效果，更是好到没话说噢。	讲述+演示产品
4	打消疑虑	实力背书	明星代言、权威证明、检测报告、销量数据、评价反馈等	我们家的这款粉底液经过了 SGS 权威检查，大家一起看一下，这是检测报告，并且这款粉底液，是我们店铺的热卖爆款，上架才半个月不到，卖了 1 800 瓶，用过的都说好，我也推荐给妈妈和闺蜜，也都在用这个喔。	讲述+图片+视频
5	发出号召	优惠报价	先报原价，再报直播间专享价，前后对比突出直播间专享福利	想要 get 这款超 A 雾面妆容的妹妹们，保证你一用就会爱上，今天直播间有优惠，店铺售价××元，今天直播间下单立减××块，只需××元，比平时购买省××元，还加送××，您马上下单就对了，太划算了。	讲述+图片
6	营造氛围	限时限量	营造紧张的抢购氛围	各位宝们请注意哈，这个价格只有直播间才有，限量××瓶，直播一结束就恢复原价，而且加送的赠品也没有了。所以喜欢这款粉底液的宝宝们赶紧下单，买到就是赚到。	讲述
		售后无忧	加强购买信心，促动下单	直播间下单付款的宝宝们，我们会第一时间安排仓库给您优先发顺丰快递，而且我们支持 7 天无理由退换货，要是遇到什么问题可以及时联系客服或者到直播间来找我解决处理，所以宝宝们可以放心拍，没问题。	讲述
		再次促动	关注粉丝留言，筛选有代表性做互动答复	刚看到有宝宝们在问是不是还有货，我刚去看了一下，库存马上快没有了，仅剩最后××瓶，还没拍到的宝宝们抓紧哈！	讲述
基础信息	人群洞察	学生、初入职场的女性			
	产品卖点	持妆控油、磨皮遮瑕			
	直播权益	价格：原价××，直播间优惠××，到手价××	赠品：送××	数量：限量××	
	产品链接				

商家在直播的过程中，常会遇到流程混乱失控的问题，如能使用单场脚本，对时间节点进行相应把控，就能有效解决该痛点问题，如表 7-2 所示。

表 7-2　直播单场脚本示例

\multicolumn{3}{c	}{×××直播单场脚本参考}				
直播时间	开播日期					
	开始时间					
	预计时长					
基础要求	直播主题					
	活动目的					
	直播标题					
效果预估	预估数据	观看人数	销售额	增粉	观看时长	
	优惠力度	\multicolumn{4}{l	}{奖品、秒杀、折扣、满减、优惠、免单}	
活动整理	店铺活动	\multicolumn{4}{l	}{与运营沟通后罗列清楚，确保主播知晓}	
	直播活动	\multicolumn{4}{l	}{确认直播间福利和店铺差异性，参与哪些店铺优惠，不参与哪些优惠。直播间单独福利与店铺的差别在哪里}	

	执行步骤	时长	内容	细节	技巧	备注
直播流程	预热开场	5分钟	开场导入	1.开播后与消费者进行亲密互动 2.传达品牌理念增加消费者信任感	1.观察消费者进入情况，与消费者打招呼 2.如有老粉进入，可表达感谢	
	过程时长	5~8分钟	活动宣讲	1.对本场直播的促销活动、福利、抽奖规则进行介绍 2.对本场直播的福利款、爆款、秒杀款新品款等进行预告剧透	1.预热时长根据直播间在线人数及氛围灵活控制 2.强调本场福利款、秒杀款、爆款的让利幅度及促销政策，并可以往中奖粉丝互动证明抽奖的真实有效性，给观众建立期待感	
		15分钟	产品介绍	1.按单品脚本依次进行产品介绍 2.控制节奏根据直播间氛围秒杀或抽奖	1.快速推出几款商品，重点强调热卖款和主推款的权益力度，选款时需注意受众广泛，成交概率大 2.引导消费者关注、点赞、分享、入会等，提升转粉率和互动率 3.调整主播状态，并掌握好过款节奏，不要让粉丝过久等候 4.进行抽奖活动预热，主播可引导消费者刷屏互动 5.主播注意观察评论区，选择重点通用问题重点回复	
		5分钟	抽奖秒杀	1.解读抽奖或秒杀规则及细节 2.与消费者进行互动 3.公布抽奖结果	1.营造抽奖倒计时氛围 2.预告下次抽奖时间和奖品 3.引导粉丝关注	
		15分钟	产品介绍	1.按单品脚本进行产品循环介绍 2.注意观察评论区回答粉丝问题，重点讲解咨询款 3.引导关注、点赞、评论、加购、成交	1.产品顺序根据客单价交叉宣讲 2.主播话术引导、场控弹券引导成交 3.持续引导消费者关注，点赞、评论、分享互动	
		3~5分钟	抽奖秒杀	1.解读抽奖或秒杀规则及细节 2.与消费者进行互动 3.公布抽奖结果	1.营造抽奖倒计时氛围 2.预告下次抽奖时间和奖品 3.引导粉丝关注	
		15分钟	产品介绍	1.按单品脚本进行产品循环介绍 2.注意观察评论区回答粉丝问题，重点讲解咨询款 3.引导关注、点赞、评论、加购、成交	1.产品顺序根据客单价交叉宣讲 2.主播话术引导、场控弹券引导成交 3.继续保持引导消费者关注，点赞、评论、分享互动	
	\multicolumn{5}{c	}{活动与产品讲解循环进行}	
	结尾部分	5~10分钟	下场预告	1.预告下一场在直播时间 2.预告下一场在直播活动、抽奖、利益点 3.预告下一场在直播商品	1.提前一个星期策划好活动（有条件排期15~30天） 2.结合利益点引导消费者关注 3.场控弹窗引导消费者订阅下一场直播	

第 7 章　内容运营 | 265

直播的脚本有很多种，可个性化制作，总的原则是让主播能有条理有节奏地控制直播间，能快速引导客户在较短的停留时间内对主播和商品产生兴趣、完成种草，并最终完成转化。

3. 直播与短视频联动简介

在内容营销时代，客户已经逐步养成了观看短视频的购物习惯，通过大量的短视频分发完成对客户的深度种草。在商家直播运营的过程中，可以通过相应的一些方法生产出大量的短视频素材供给商家发布订阅、逛逛等，并可投放到公域获得大量的曝光机会。

1）PC 端直播

直播讲解也叫直播看点，是主播在直播中讲解某款商品时，在淘宝直播后台的宝贝列表中或者在淘宝主播 APP 宝贝口袋里点击该商品的"开始讲解"按钮，系统同步录制主播对该商品的讲解后生产的短视频，如图 7-95 所示。

图 7-95　直播讲解录制界面

直播讲解录制完毕，也可以投放到商品详情页，作为辅助决策的内容，提升转化率，如图 7-96 所示。

客户也可以在直播间的宝贝口袋点击"看讲解"按钮，查看该讲解视频，快速定位到某款商品的讲解，极大减少了主播的工作强度。在此过程中，客户能快速了解到该商品的具体情况，加速客户决策速度。如某商品未录制直播讲解，客户也可在直播间宝贝口袋中点击"求讲解"按钮，主播可以快速响应，进行直播讲解的录制，如图 7-97 所示。

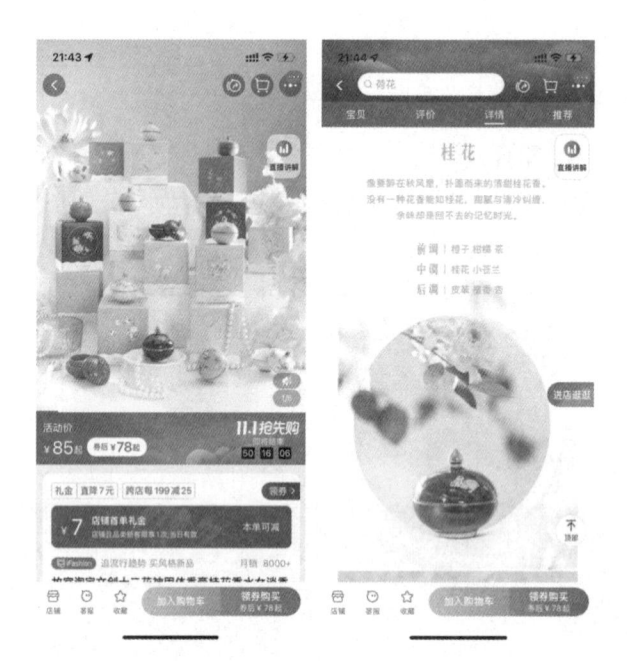

图 7-96 商品详情页的直播讲解

图 7-97 直播讲解直播间界面

在直播中正确使用"直播讲解"功能,所对应的商品讲解内容,将会有机会在主搜、频道、猜你喜欢、营销会场、商品详情页等模块分发,将有机会获得更多的公域曝光和成交机会。

直播讲解注意事项如下。

直播讲解能提升直播间的商品成交效率,也能优化客户观看直播的购物体验,还能获得更多的公域曝光机会,对商家来说至关重要,但很多商家在录制直播讲解时,常发现不符合系统要求,无法获得良好反馈,由此需注意如下细节。

a. 基础质量

直播间明亮清晰,无明显的噪点和大片阴影;讲解过程中,商品能清晰呈现;直播间不能空镜,主播不可长时间离开镜头或沉默不语;直播间内贴片总数小于3个,无明显遮挡商品或主播的贴片。

b. 录制标准

主播讲解逻辑通顺流畅,无不相关的内容(如吃饭、喝水、聊天);直播间布景专业,有品牌或主播特色,整体不杂乱,客户观感好;背景无过多不相关物品(如生活用品、快递袋等);被选中"直播讲解"的商品,需要确保商品主图中有一张白底素材图;确保正在讲解的商品和被标记"直播讲解"的商品信息吻合一致。

如需提升直播讲解的质量,可以按照表7-3所示,进行结构化拆解。

表7-3 直播讲解的结构化拆解

直播讲解内容537技巧					
5大关键动作	商品信息对齐 3秒内出现"主播+货品"	商品主体展示 特写细节展示	突出商品卖点 功能使用说明	直播权益讲解 引导沉淀粉丝	透传直播权益 秒杀/优惠/加赠
3分钟讲解时长	观看	停留	互动	关注	转化
7个关键内容	适用人群	购买原因	使用者痛点	消费者决策因素 竞品因素	内容拓展 活动信息

直播讲解视频管理方法如下。

在正确录制好直播讲解后,商家可以对这些视频进行管理,点击淘宝直播后台"直播讲解"选项,查看"全部讲解"列表后,可以看到主播录制的直播讲解内容,点击"编辑讲解"选项,如图7-98所示。

可对该段直播讲解进行编辑后下载到本地,在淘宝短视频进行二次分发,以获取更多流量曝光,吸引更多进店流量。

编辑视频时需注意:通过拖动下方时间轴的开始和结束标记可以调整讲解的开始和结束时间;调整完成后,需要点击"保存更改"按钮后才能生效;点击下载视频,在视频转码完成后,就可以将MP4格式的讲解视频保存到本地;转码过程中,请不要关闭弹窗;讲解的内容需要与实际的商品一致，否则无法通过审核；讲解的时间建议控制在 30 分钟以内。

图 7-98　编辑讲解入口

为了帮助商家在直播结束后拿到更多精彩的直播讲解片段，将短视频内容进行二次创作和站内外的分发，平台率先在男装、女装、家居服运动服、内衣、鞋子、童装等类目上线"直播智慧剪"功能，只需点击"直播讲解"选项，点击"讲解短视频"板块下的"预览并发布"按钮，即可将直播内容快速剪辑成短视频，在淘宝内二次分发，降低内容制作成本，如图 7-99 所示。

图 7-99　直播智慧剪入口

"直播智慧剪"是使用算法进行智能剪辑，无需商家动手，系统自动产出商品讲解视频。在主播进行直播讲解标注后，系统就开始自动剪辑并产出视频，保留商品讲解、特写展示、模特试穿等镜头，删除促销价格信息、主播回复评论与观众互动、空镜头等低密度或者过期信息，自动添加字幕、优化标题、封面图等，非常方便实用，直播中就可以使用"直播智慧剪"生产视频，无须下载到本地，可立即直接发布到公域，通过审核后获取更多的曝光机会，如图 7-100 所示。

图 7-100 "直播智慧剪"发布界面

同样，在录制直播讲解过程中也需注意如下事项。
- 主播脸和身体尽量全部露出来，不要被贴片挡住。
- 商品介绍部分尽量连贯。标记看点后，一分钟内集中讲完，呈现好商品的卖点。
- 讲解商品部分尽量连续。不被大量回复、评论和互动等打断，不连续会导致裁剪后视频内容跳跃。
- 注意收音。主播收音要清晰，避免因为声音太小被剪掉。

2）移动端直播精剪

商家平时在运营过程中，经常会使用到移动端的亲拍 APP 进行淘宝直播精剪，这是阿里巴巴为了帮助商家充分利用淘宝直播素材，同时降低剪辑成本设计的。商家在淘宝直播时标记讲解，直播片段自动被拉取至亲拍 APP。移动端直接剪辑，字幕自动识别，支持多种花字样式，一键发布"猜你喜欢"或"逛逛"频道。截至 2022 年 1 月，该功能正在内测中，后续频道会对商家全部开放。

当用卖家账号登录亲拍 APP 后，点击"拍立剪"频道，可以看到"直播翻拍""淘宝直播精剪"等功能，如图 7-101 所示。

图 7-101　亲拍 APP 的拍立剪界面

"直播翻拍"功能的操作非常简单，只需要在直播间架设一台手机录制直播，系统自动生成几十条短视频。生成的短视频自动删除敏感词、价格词、互动词，自动加字幕，可一键发到淘宝短视频。录制直播讲解时建议使用三脚架固定手机以保持画面的稳定性，并确保网络通畅不卡顿。该功能暂时只支持服饰行业商家，其他行业建议使用"淘宝直播精剪"功能。

"淘宝直播精剪"功能会在直播结束后最快 10 分钟内自动将直播回放片段同步到亲拍 APP 中，商家可将直播回放片段导入"视频剪辑"编辑器中，导入后可对片段进行自由编辑，可将直播片段一键发到"猜你喜欢"频道或保存到本地进行二次分发。

3）亲拍短视频拍剪

前文中讲述了直播切片在亲拍 APP 中的具体运用，可用于直播类视频素材的剪辑发布。在商家的实际运营过程中，为节省时间和成本，也可用亲拍 APP 来拍摄和剪辑大量视频，然后发布到"猜你喜欢"频道以获取更多的曝光机会。

亲拍 APP 拍摄短视频流程如下。

打开亲拍 APP，选择"电商相机"功能即可进行视频录制，使用时点击"开启构图"按钮，拍摄时注意被摄主体是否会被遮挡，如图 7-102 所示。

视频片段拍摄完毕后，可直接发布，或套用亲拍 APP 里提供的模板来提升剪辑质量，并支持一键发布到"猜你喜欢"频道。

图 7-102　电商相机拍摄视频

具体的操作步骤如下。

点击亲拍 APP 的"模板"频道，选择适合的视频模板，点击"去剪辑"按钮，导入相应的视频素材，点击"下一步"按钮，对视频片段进行相应的编辑，点击"确认"按钮，如图 7-103 所示。

图 7-103　模板剪辑

视频剪辑完毕后，将之导出并发布到淘宝"猜你喜欢"频道；导出过程中，请勿锁屏或切换应用；导出完毕后，填写相应的表单，重点注意对封面图进行编辑和填写合适的标题，并添加和视频相关的商品（挂品），在添加标题及分类后，点击"发布"按钮；系统上传视频后即可跳出"制作完成"字样，如图 7-104 所示。平台鼓励商家使用亲拍 APP 发布多样化且大量的短视频到"猜你喜欢"频道以获取更大的流量。

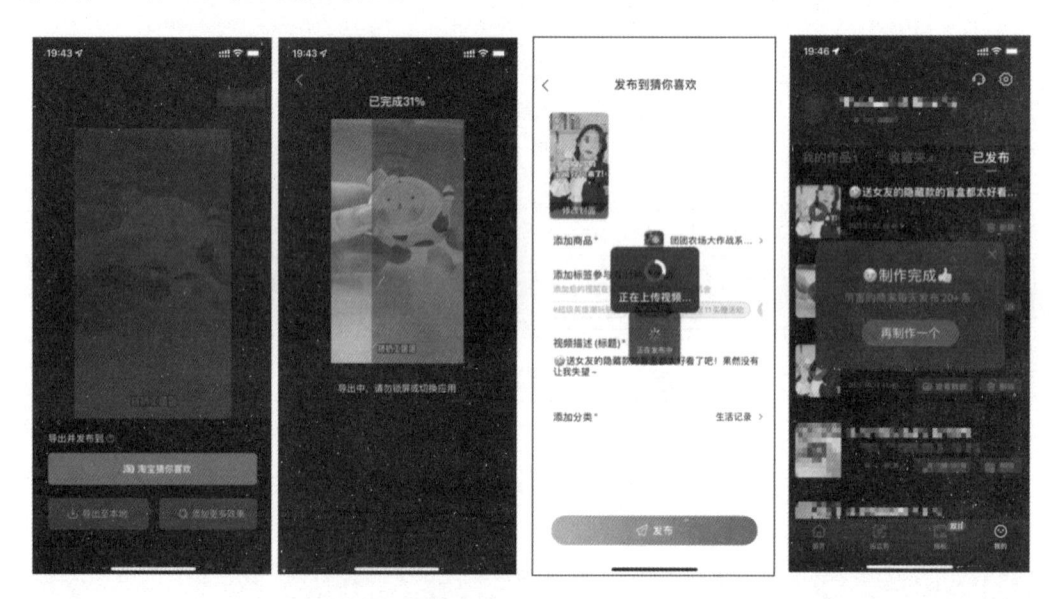

图 7-104　导出并发布视频到"猜你喜欢"频道

通过亲拍 APP 生产的视频在上传到"猜你喜欢"频道后，若想成为热门视频，需经历"冷启动期""助推期""放大期"3 个阶段，如表 7-4 所示，冷启动期重点考核"曝光点击率"指标；助推期重点考核"曝光点击率""有效播放率""进店率"指标；放大期重点考核"曝光点击率""有效播放率""进店率""加购率""下单转化率"指标。这些指标理解下来就是：短视频需要有人点击，点击进来的人会认真看，看了的人会加购、会成交。在此也建议商家按照短视频的分发机制进行视频拍摄发布，以获得大量的曝光机会，并完成客户种草成交。

表 7-4 短视频重点关注数据

短视频阶段	冷启动期	助推期	放大期
考核时间	发布后 24 小时内	发布后 7 天内	发布后 30 天以上，跟随产品的生命周期
考核指标	曝光点击率=消费者点击次数/视频曝光次数	曝光点击率	曝光点击率
		有效播放率=有效播放数（时长大于 3 秒）/总播放次数	有效播放率
		进店率（商品点击率）=引导商品详情页点击数/总播放次数	进店率
			加购率=加购件数/商品点击次数
			下单转化率=成交数/加购件数
数据提升注意点	封面：明确表达商品特征和卖点的高清高颜值与视频关联的图片	让消费者"亲眼"看到非常直观的商品特写及其使用效果，营造商家导购氛围	加购率：体现的是视频的导购带货能力
	标题：目标人群+使用场景+品类特征+效果卖点+价格优惠，如"比脸还大的芒果，几十块钱就能买一箱""铅笔牛仔裤，打造时尚潮流范儿"	根据商品的人群定位，找到合适的场景，充分表达商品的外观材质、质感细节、使用过程、效果卖点、价格优势	下单转化率：增加价格优惠锚点，刺激消费者快速决策
	按照曝光点击率对视频做排序，分析数值较高的视频，看看自己效果好的视频封面标题的特征是什么样的，进行复刻运用到新发布视频中	按照商品点击率对视频做排序，分析数值较高的视频，看看自己效果好的视频卖点展示和讲解的特征是什么样的，进行复刻运用到新发布视频中，进行内容生产的优化	对数据表现优异的视频进行分析，萃取方法论

7.4.3 直播数据查看

商家在直播运营中，需要对数据进行监测，及时调整直播策略，一般从实时数据和历史数据两个方面进行着手。

1. 实时数据查看

进入淘宝直播后台，选择"直播管理"选项，找到直播中的直播间，点击"直播详情"按钮，如图 7-105 所示。

点击后，即可看到直播中的数据概况，如需看到更详细的数据，可点击"数据大屏"按钮，如图 7-106 所示。

数据大屏共分为几大区域：数据总览、流量数据、成交数据、实时成交趋势、实时榜单、商品明细、在线人数及流量来源，如图 7-107 所示。

图 7-105　主播管理界面

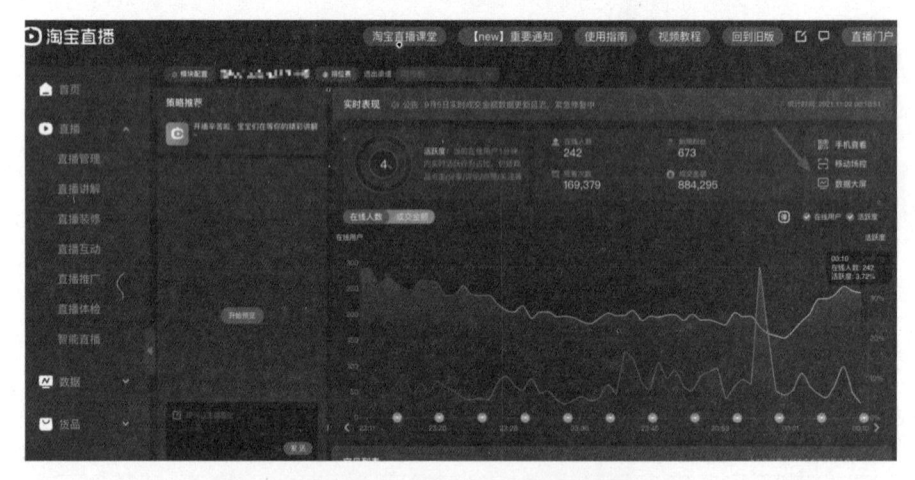

图 7-106　直播中数据概览界面

图 7-107　直播中数据大屏界面

（1）数据总览，如图7-108所示。

直播成交金额：本场直播累计成交金额。在线人数：本场直播当前在线观看人数。活跃度：本场直播当前一分钟内有过点赞、关注、评论、转发4种行为PV/当前一分钟内在线观看人数UV。

图7-108 直播中数据总览界面

（2）流量数据，如图7-109所示。

观看次数：本场直播累计观看次数。非粉丝观看次数占比：非粉丝观众累计观看次数/总观看次数。观看人数：本场直播累计观看人数（去重）。非粉丝观看人数占比：非粉丝观众累计观看人数（去重）/总观看人数（去重）。观看时长（秒）：本场实时直播中用户观看的人均时长，单位是"秒"。非粉丝观看时长（秒）：本场实时直播中非粉丝观众观看的人均时长，单位是"秒"。新增粉丝：本场直播新增粉丝数量。流量券消耗：本场直播流量券消耗带来的流量（PV）。

图7-109 直播中流量数据界面

(3)成交数据，如图7-110所示。

商品点击率：本场直播中有过点击宝贝口袋中商品行为的观众（去重）/本场累计观众（去重）。**非粉丝商品点击率**：本场直播中有过点击宝贝口袋中商品行为的非粉丝观众（去重）/本场累计非粉丝观众（去重）。**成交人数**：本场直播中完成下单的累计观众数。**非粉丝成交人数占比**：本场直播中完成下单的累计非粉丝观众/完成下单的累计观众数。**成交转化率**：本场直播中完成下单的观众（去重）/本场直播中有过点击宝贝口袋中商品行为的观众（去重）。**非粉丝成交转化率**：本场直播中完成下单的非粉丝观众（去重）/本场直播中有过点击宝贝口袋中商品行为的非粉丝观众（去重）。**成交件数**：本场直播累计成交件数。**非粉丝成交件数占比**：本场直播中由非粉丝观众完成下单的累计成交件数/本场直播累计成交件数。

图7-110　直播中成交数据界面

(4)实时成交趋势，如图7-111所示。

即每5分钟之内的实时成交金额趋势。

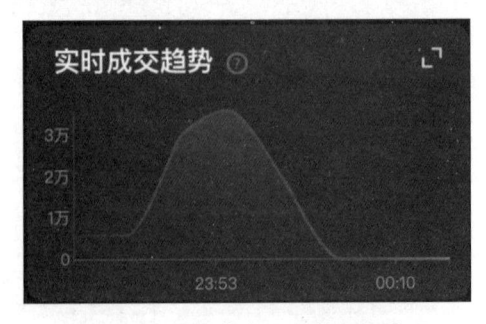

图7-111　直播中实时成交数据界面

（5）实时榜单，如图7-112所示。

可按累计观看次数或累计成交金额排序，展示当前正在直播的前30名主播，榜单中的主播下播后将不再被计入排名。

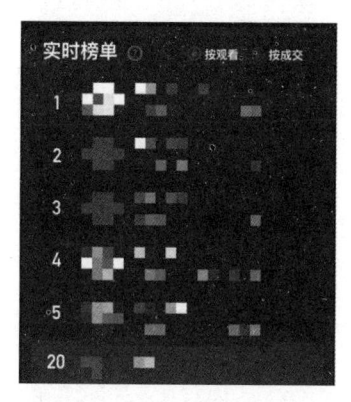

图7-112 直播中实时榜单界面

（6）商品明细，如图7-113所示。

点击人数：本场直播到目前为止，客户点击商品进入详情页的累计数量。成交件数：本场直播到目前为止，通过直播间直接引导支付成功的该商品总件数。成交金额：本场直播到目前为止，通过点击直播间该商品，支付成功的金额。预售定金：本场直播到目前为止，通过点击直播间该商品，支付成功的定金金额。可按上架时间、点击人数、成交金额等指标正序或倒序排列。

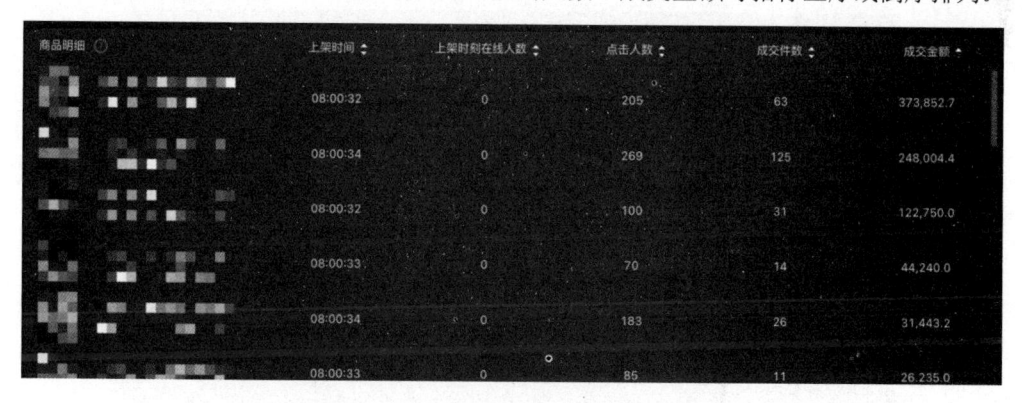

图7-113 直播中商品明细数据界面

（7）在线人数及流量来源，如图7-114所示。

在线人数：本场直播当前在线观看人数。活跃度：本场直播当前一分钟内有过点赞、关注、评论、转发4种行为的PV/当前一分钟内在线观看人数UV。小图只显示最新30分钟的趋势；大图显示全场直播数据（直播时长超出 16 小时，部分数据不展示）。

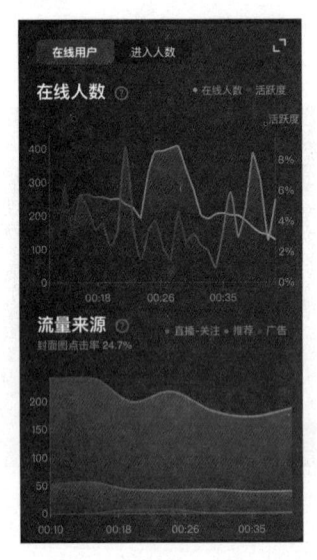

图 7-114 直播中在线人数及流量来源界面

商家在直播过程中，需重点关注"流量来源"板块，点击图 7-114 的右上角 图标即可看到实时的数据流量曲线，如图 7-115 所示，在直播过程中，可根据直播间的流量现状，及时调整直播互动策略进行优化。

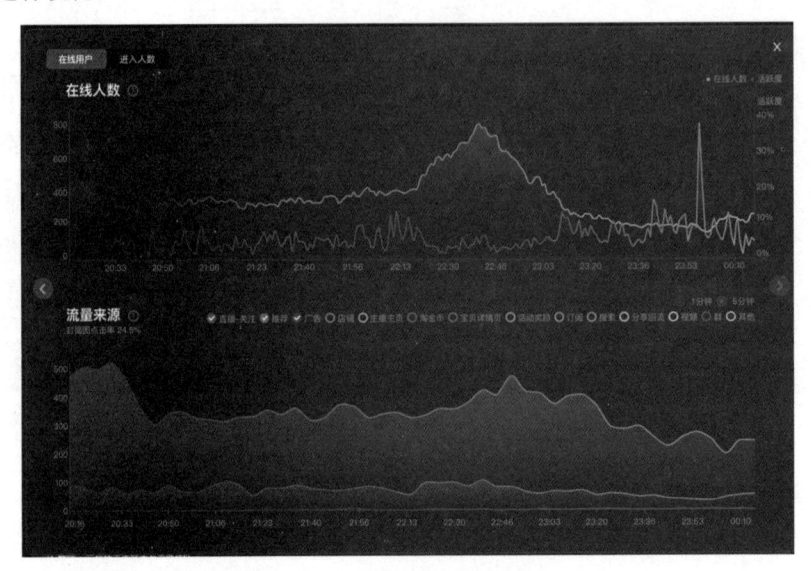

图 7-115 直播中流量实时数据界面

2. 历史数据复盘

商家在直播一段时间后，需对历史数据进行复盘分析，打开淘宝直播后台，点击"数据→直播业绩"，如图 7-116 所示。

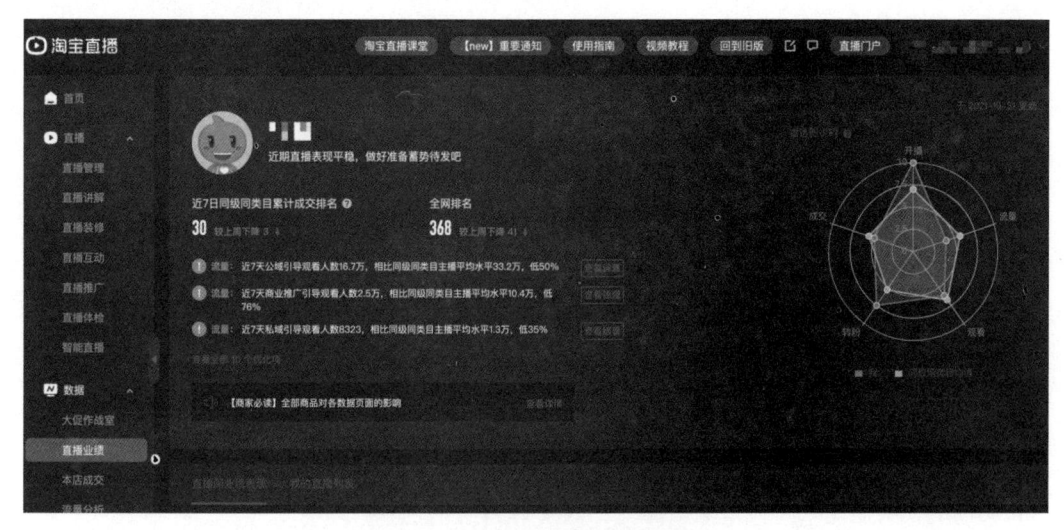

图 7-116　直播历史数据诊断界面

在该界面中，可以对该店的直播数据进行诊断，请注意观察雷达图。

直播诊断会从开播、流量、观看、转粉、成交 5 个能力项来判断本账号近 7 日成交金额与同等级同类目主播平均值或优秀值存在差异的原因。诊断结果每日都会更新，所有指标基于近 7 日的日均直播间数据计算得出。

5 个能力项数值如果均高于同等级同类目主播均值，则与同等级同类目优秀值（同等级、同一级主营类目、同主播身份下近 7 日直播成交 TOP 级的主播均值）进行比较，否则与同等级同类目均值进行比较。

具体的维度说明如下。

1）开播

有效开播天数：近 7 日累计有效开播天数/7，每天开播至少 30 分钟计为 1 个有效开播天。

日均有效开播场次：近 7 日累计有效开播场次/7，开播满 30 分钟计为 1 个有效开播场。

场均有效开播时长：近 7 日累计有效开播时长/近 7 日有效开播场次，单位为"分钟"。

2）流量

日均公域引导直播间人数：近 7 日从公域流量渠道访问直播间的人数。公域流量渠道包含：推荐、搜索、关注等。

日均私域引导直播间人数：近7日从私域流量渠道访问直播间的人数。私域流量渠道包含：网店、主页、详情页、微淘订阅等。

日均商业推广引导直播间人数：近7日从商业化流量渠道访问直播间的人数。商业推广流量渠道包含：超级直播、超级互动、直通车等。

3）观看

日均30秒留存率：1–停留30秒跳失率。停留30秒跳失率=近7日直播间跳失用户/访问用户数。跳失用户指停留时长少于30秒的用户。

日均人均有效观看时长：近7日直播间未跳失用户平均观看时长，单位为"秒"。未跳失用户指停留时长不少于30秒的用户。

4）转粉

日均非粉丝观看人数：近7日日均非粉丝观看人数。

日均转粉率：近7日日均非粉丝观看用户的平均转粉率。

5）成交

日均有效成交金额占比：近7日扣除已退款的种草成交金额/累计种草成交金额。

日均商品点击率：近7日日均商品点击人数/日均访问人数。

日均直播间新品数：近7日直播间新上架的商品数。

日均成交转化率：近7日日均种草成交人数/日均商品点击人数。

日均客单价：近7日日均种草成交金额/日均种草成交人数。

明确核心指标后，系统也会给出相应的优化建议，如图7-117所示。

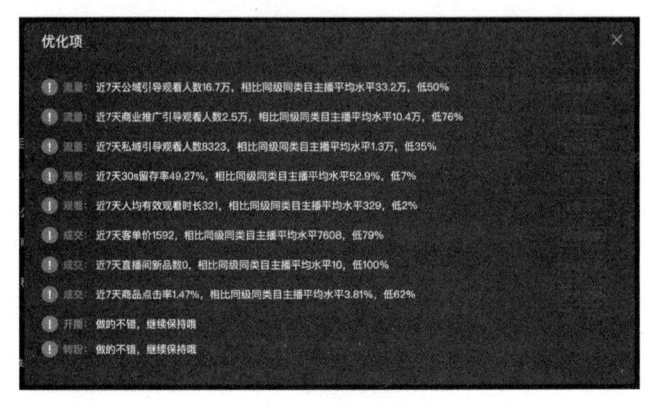

图7-117 直播数据优化建议

系统根据商家直播中存在的问题提出了很多专业的优化方案，在此建议广大的商家根据优化锦囊进行相应的策略方案调整，以提升相应的数据。

7.5 本章小结

通过本章的学习，我们了解到内容营销涵盖图文、短视频、直播等多种形式，所涉渠道包括订阅、逛逛、店铺直播等。随着平台的发展，还有可能有更多的玩法出现，但万变不离其宗，只需要思考清楚，按照认知、兴趣、购买、忠诚这个客户链路，就能够知道如何在更多的地方触达客户，并让客户产生兴趣激发需求。商家可将内容营销纳入整体网店运营规划中形成联动，坚持持续不断地优化迭代，促进整体销售业绩的提升。

第 8 章

营销工具

官方营销工具是淘宝给广大网店店主提供的免费使用的促销工具，网店可以根据自身所处的运营阶段，利用合适的营销工具，调整促销方式，从而提升网店的销售额。本章将对营销工具的原理、工作流程进行详细阐述。

学习目标： 通过对本章的学习，掌握官方营销工具的使用，针对网店所处的不同阶段和不同运营目标选择不同的营销工具，提升运营指标，从而完成网店销售额指标。

本章提要：
- 单品宝的使用
- 店铺宝的使用
- 搭配宝的使用
- 优惠券的使用
- 营销风险资损防控

8.1 单品宝的使用

8.1.1 单品宝功能简介

单品宝是支持设置单品折扣的官方折扣工具，其最基础的促销玩法表现在划线价[①]上。单品宝、店铺宝、搭配宝和优惠券又被称为"三宝一券"，如图 8-1 所示，是淘宝官方免费提供给商家使用的促销工具。

[①] 划线价指商品的专柜价、吊牌价、正品零售价、厂商指导价或该商品曾经展示过的销售价等，并非原价。

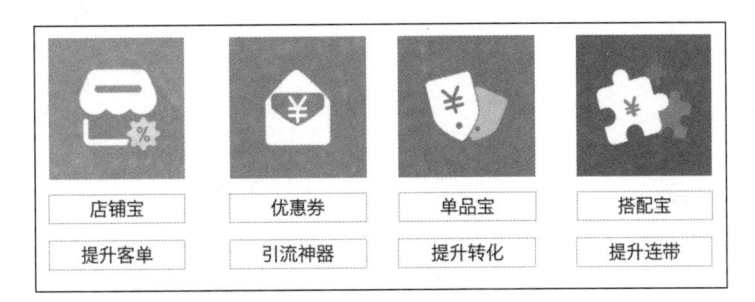

图 8-1　三宝一券

单品宝的功能如下。

（1）可支持 SKU 级打折、减钱、促销价。

（2）可设置定向人群。

（3）可设置单品限购（限购件数内客户以优惠价拍下，限购件数外只能以非优惠价拍下）。

（4）过期活动一键重启等功能。

8.1.2　单品宝活动设置

1. 设置入口

天猫店铺的单品宝设置路径为"卖家中心→营销中心→营销工具中心→单品宝"，如图 8-2 所示。

图 8-2　天猫商家推荐工具

淘宝店铺的单品宝设置路径为"卖家中心→营销→营销工具→单品宝"，如图 8-3 所示。

图 8-3　淘宝商家单品宝工具

2．设置活动

如图 8-4 所示，点击"创建单品宝"选项，可以直接选择"粉丝专享价""会员专享价""新客专享价"等模板设置单品优惠。填写基本信息，如图 8-5 所示，活动名称选择"日常活动"或者"官方活动"。"日常活动"下面的标签不能自定义，只能选择默认已有的标签；"官方活动"是指针对特定人群的单品优惠活动。优惠方式有：打折、减钱和促销价。优惠级别包括商品级和 SKU 级。定向人群可以设置部分人群享受该优惠，人群需要先到客户运营平台中创建。活动包邮可以设置"包邮"。

> **注意**　活动时间最长可设置 180 天。

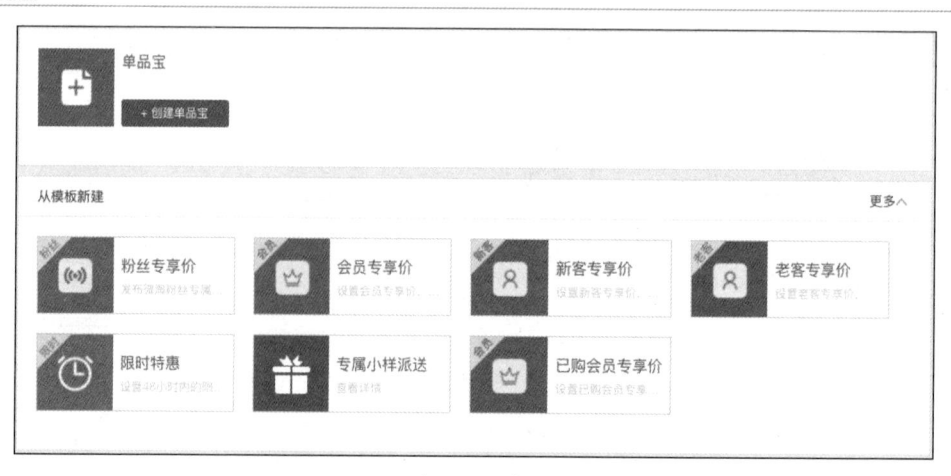

图 8-4　单品宝创建活动类型

图 8-5　单品宝基本信息

3. 选择活动商品

如图 8-6 所示，一个商品只能参加一个单品宝活动，已经设置了单品宝活动的商品如果参加了其他单品宝活动不能叠加生效，只对最低价格的活动生效。

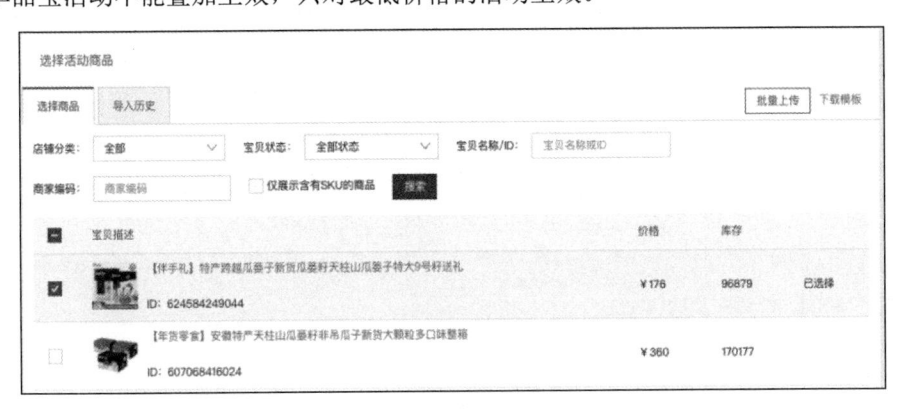

图 8-6　单品宝选择活动商品

4. 设置商品优惠

如图 8-7 所示，如果是 SKU 级优惠，也在该页面设置，然后点击"保存"按钮即可。此处的"限购"是指享受优惠的数量，超过限购数量需按原价购买。

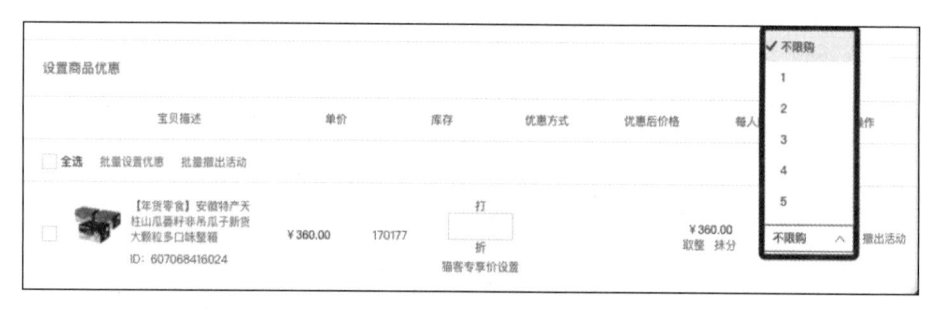

图 8-7 单品宝限购设置

另外说明如下。

（1）对于单个商品级活动，最大商品数量不能超过 200 个；对于单个 SKU 级活动，所有商品累计 SKU 数量不能超过 400 个。

（2）单品宝活动最多可创建 50 个，活动可以处于未开始、进行中和暂停三种状态。

8.1.3　单品宝展示效果

设置成功的单品宝优惠折扣默认会展示在以下页面。

（1）搜索结果页。PC 端和移动端的搜索页均会显示商品的折后价格。

（2）商品详情页。单品宝的活动名称会显示在该页面的价格区域旁边。单品宝 PC 端展示如图 8-8 所示。

（3）订单页面。在该页面的优惠方式中也会显示折扣信息。

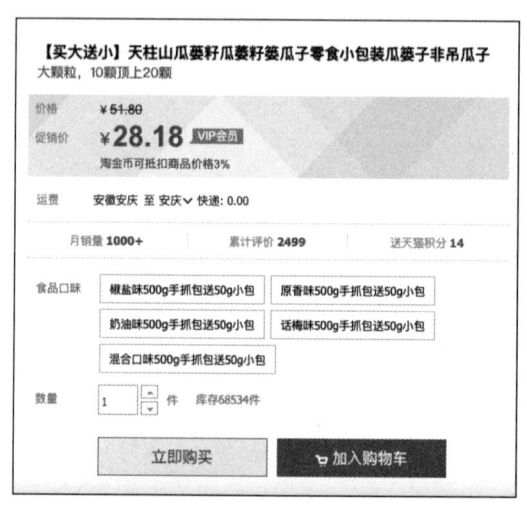

图 8-8　单品宝 PC 端展示

移动端商品详情页如图 8-9 所示。

图 8-9　单品宝移动端展示

8.1.4　单品宝活动修改

1．删除活动

如图 8-10 所示，在活动列表中点击"暂停"或"删除"，即可结束活动。

2．修改活动

在活动列表中，点击"修改活动"即可修改活动内容，点击"设置优惠"，就可以修改折扣力度。

3．重启活动

在活动列表中，活动状态选择"全部"，点击"重启"，即可重启已暂停的活动。注意，已删除的活动无法重启。

4．活动叠加

单品宝设置的单品折扣属于单品级优惠，可以和店铺级优惠（店铺宝、优惠券）、跨店级优惠（跨店满减）叠加使用。

图 8-10　单品宝删除/修改/重启活动列表

8.1.5　单品宝常见问题

1. 单品宝设置后不生效是什么原因？

（1）商品参加了天天特卖、聚划算、红包签到（详情页显示标：每日必买）等营销平台活动、大促活动，单品宝优惠就不会生效。

> **注意**　商品如报名聚划算或者大促活动（类似"年货节""新风尚""双 11"等），单品宝优惠就不会生效。

（2）单品宝设置了限购，则该优惠在搜索结果页不展示，但在商品详情页中展示。

（3）一个商品同时设置了两个单品宝优惠活动，一个是 SKU 级，另一个是商品级。优惠逻辑：哪个价格低哪个就生效，另外一个不生效。

（4）单品宝勾选了定向人群后，只有人群中的特定客户才能看到优惠价。

（5）单品宝设置了区域销售。商品如设置了区域销售，则展示区域销售价，取消设置即可。

（6）使用了第三方工具设置了优惠，且优惠价格比单品宝低。优惠逻辑：哪个价格低哪个就生效。

2. 创建单品宝活动提示"低于店铺最低折扣"应该怎么办？

为了防止商品叠加多个优惠后价格低于商家的期望值，每个网店均可以设置一个店铺最低折扣。若设置单品宝折扣出现提示"最终优惠力度低于店铺最低折扣"，可进入"卖家中心→营销中心→店铺营销工具"，如图 8-11 所示，修改店铺最低折扣。

图 8-11　单品宝优惠查询

3. 单品宝批量导入提示"文件上传失败"该怎么解决？

报错截图如图 8-12 所示。

图 8-12　单品宝导入状态

问题解决方案：使用官方模板且不要更改官方模板的字体字号等，按照表格格式填写后进行上传操作尝试。

4. 单品宝发布失败提示"价格保护期内当前销售价不得低于大促活动价"是什么原因？

主要有以下两个原因：第一，单品宝系统会校验该商品之前参与的官方活动，是否正处在 15 天价格保护期内；第二，单品宝系统会校验还未开始的官方活动，申报了大促活动价（如双 11、双 12、年货节、三八节等）都会被校验，单品宝活动价不能低于大促活动价。建议调高单品宝价格，使其不低于大促活动价（等于大促活动价也不行，必须高于大促活动价）。

5. 单品宝发布失败提示"活动正在修改，请稍等"是什么原因？

出现该报错有如下两种原因。

（1）单品宝活动设置时单次提交的 SKU 数及商品数越多，系统处理时间越长，建议等待 10 分钟，该报错会自动消失，再重新编辑处理即可。

（2）若需要修改商品价格或添加商品，通过路径"活动管理→设置优惠"或"活动管理→添加商品"即可进行设置，如图 8-13 所示。

图 8-13 单品宝活动管理

6．单品宝发布失败提示"已参加了其他活动"应该如何解决？

这是因为商品已经参加了其他单品宝活动，可以通过页面提示的活动 ID 在单品宝活动管理中搜索，活动状态选择"全部"，将该商品从活动中撤出，重新创建活动即可。

8.2 店铺宝的使用

8.2.1 店铺宝功能简介

店铺宝是可对全店商品及自选商品进行满×件打折、满×元减钱、包邮、送赠品、送权益、送优惠券等促销活动的工具。

8.2.2 店铺宝活动设置

1．设置入口

天猫店铺的店铺宝设置路径为"卖家中心→营销中心→营销工具中心→店铺宝"，如图 8-14 所示。

淘宝店铺的店铺宝设置路径为"卖家中心→营销→营销工具→店铺宝"，如图 8-15 所示。

图 8-14 天猫商家推荐工具

图 8-15 提升客单价工具

2. 创建活动

（1）如图 8-16 所示，点击"创建店铺宝"按钮并填写活动名称，活动名称最多填写 10 个字，活动名用于对店主区分店铺活动名称，客户是看不到店铺设置的活动名称的。

图 8-16 店铺宝活动创建入口

（2）如图 8-17 所示，选择优惠类型。自选商品指选定的商品享受活动，全店商品指全店商品享受此活动。自选商品类型可创建 50 个活动（包含未开始、进行中、暂停中）；全店商品类型可以创建 20 个活动。

（3）活动时间最长可设置 180 天，且大于或等于 15 分钟，活动预热时间最多可提前 22 天。

图 8-17 店铺宝活动基本信息

（4）低价提醒仅用于风险提示，当活动覆盖商品预测到手价小于或等于所填折扣时进行提醒，折扣=预测到手价/单品优惠价。

（5）定向人群：可以圈定的活动人群如图 8-18 所示，若不勾选定向人群，则默认向全网人群开放。

图 8-18 店铺宝人群选择

（6）活动目标包括日常销售、新品促销、尾货清仓或者活动促销。

3. 设置优惠条件

填写优惠条件、优惠门槛及内容界面如图 8-19 所示，支持满×件打折、满×元减钱、包邮、

第 8 章 营销工具 | 293

送赠品、送权益、送优惠券等促销活动；若需要多级优惠，可点击"增加一级优惠"选项，最多支持五级优惠，优惠力度需逐级增加，若要删除，则只能删除最近一级优惠。

图 8-19　店铺宝优惠条件设置

优惠内容包括以下几个选项。

（1）包邮：勾选"包邮"选项后，参加活动的商品对应运费模板中的运费将失效。

（2）送赠品：如果活动商品入菜鸟仓，但赠品未入菜鸟仓，会造成赠品无法发货，所以谨慎使用赠品功能。选择送赠品：赠品发布到"其他-赠品"类目或"其他-搭配"类目下，支持商品ID、名称及编码搜索，最多可选 8 个商品，设置赠品名称和每个客户可获得的赠品数量。还可以选择每个客户在一次活动中可以获得的赠品数量，比如选择了 1 个赠品，那么客户下单满足条件后，可以获得 1 个赠品，如图 8-20 所示。

图 8-20　店铺宝赠品示例

（3）送权益：需要进入"权益中心"先设置好对应的权益，例如淘宝教育好学卡、口碑立减券、虾米音乐等，如图 8-21 所示。

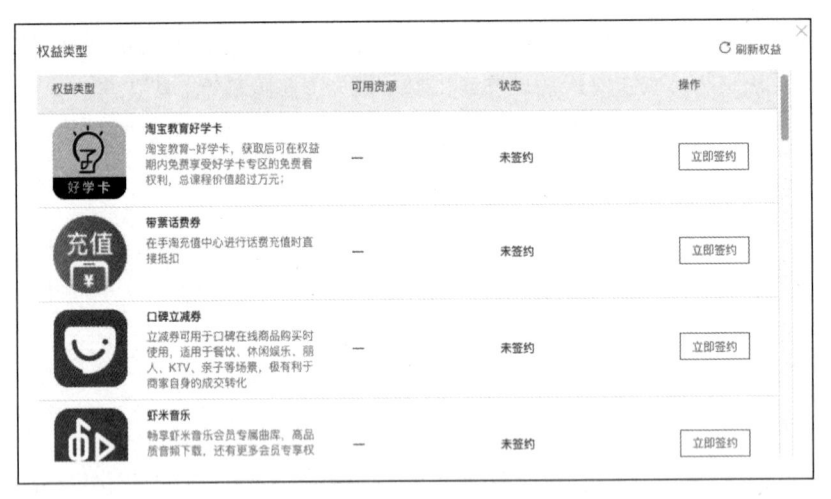

图 8-21 店铺宝权益类型展示

(4) 送优惠券：选择已有的优惠券，如图 8-22 所示，或点击"创建店铺优惠券"新建优惠券，如图 8-23 所示。

图 8-22 店铺宝选择优惠券

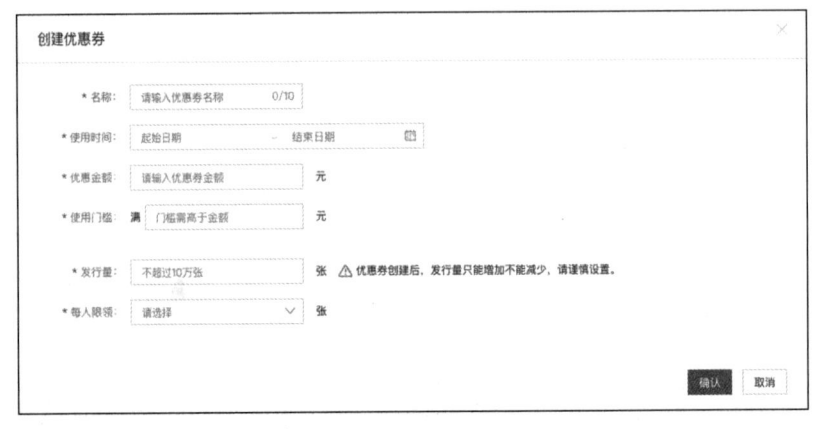

图 8-23 店铺宝创建优惠券

4．选择活动商品

（1）若要创建"全店商品活动"类型，则勾选"全店商品"选项。

注意 全店商品活动的范围指本活动时段内全店商品中未参加其他活动的所有商品；活动生效时段内新发布的商品也会参加到本活动中。

（2）若创建为"自选商品活动"类型，则有进行以下操作。

①下载模板，进行商品批量上传；也可在商品列表中勾选想参加此活动的商品，如图8-24所示。

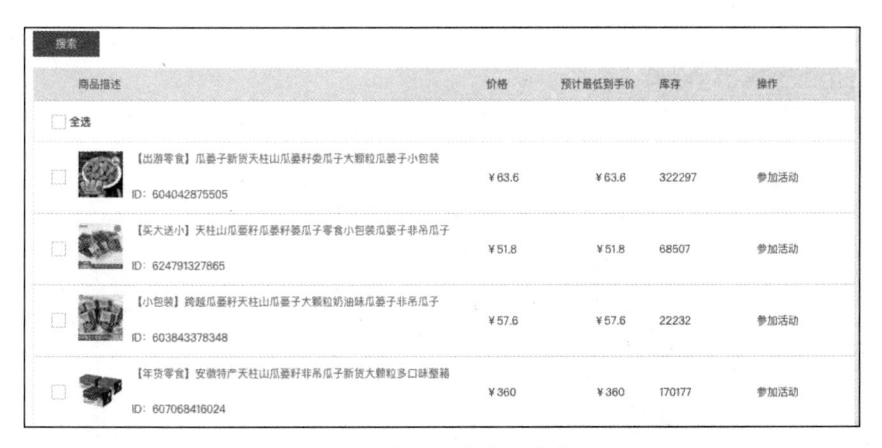

图 8-24　店铺宝自选活动商品

②点击"下一步"按钮，然后选择推广渠道，继续点击"下一步"按钮，即可完成设置，如图8-25所示。

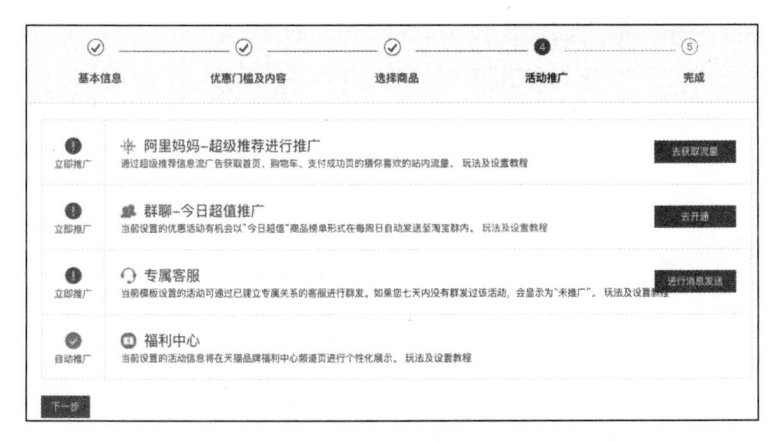

图 8-25　店铺宝推广渠道选择

8.2.3 店铺宝赠品设置

店铺宝赠品设置规则如下。

（1）被赠送的赠品商品在发布时需要被放置在赠品类目中，且赠品不会计入销售额。

（2）主商品和赠品的物流模板要一致。

（3）赠品必须是上架状态。

（4）赠品不允许是自动发货的商品。

（5）赠品库存不能为 0。

8.2.4 店铺宝展示效果

店铺宝设置多件多折之后，在前台呈现如图 8-26 所示的界面。

图 8-26　店铺宝多件多折的前台展示

设置好"2 件 7.5 折"后，PC 端显示如图 8-27 所示的界面。

图 8-27　店铺宝 2 件 7.5 折的前台展示

多层级优惠设置成功后，客户在移动端可以查看网店的优惠力度，显示界面如图 8-28 所示。

第 8 章 营销工具 | 297

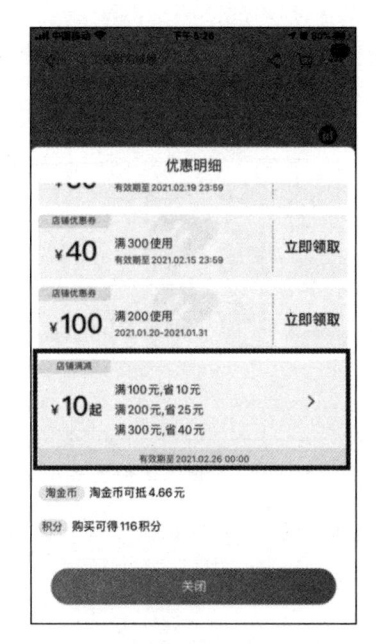

图 8-28 店铺宝多层级优惠移动端展示

8.2.5 店铺宝活动修改

店铺宝活动建立之后，可以对已经建立的活动内容进行修改，确保活动能够达到更好的效果。

删除活动：在活动列表中，点击"暂停"或"删除"，即可结束活动。

修改活动：在活动列表中，点击"修改活动"可修改活动内容，点击"设置优惠"可以修改折扣力度。

活动推广：在活动列表中，点击"活动推广"，选择推广渠道进行活动投放，也可以生成二维码在网店自有渠道进行推广，如图 8-29 所示。

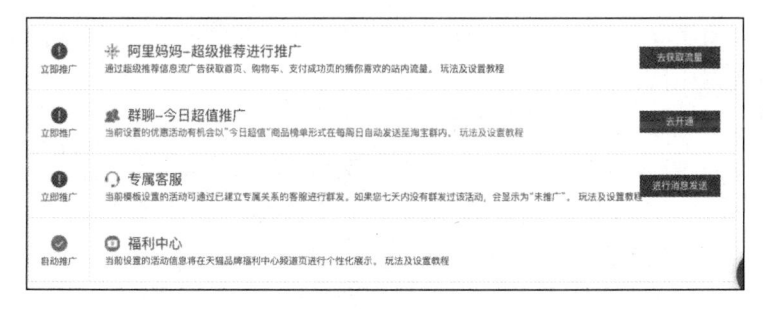

图 8-29 店铺宝推广

重启活动：在活动列表中，点击"重启"即可重启已暂停的活动，如图 8-30 所示。已删除的活动无法重启。

图 8-30　店铺宝活动重启

> **注意**　有一些活动是官方的招商活动，没有删除入口，这类活动不占用店铺宝模板，1个月后系统会自动删除。

8.2.6　店铺宝使用规则

（1）当存在多个店铺宝活动时，同一时间同一个商品只会生效一个店铺宝活动，因自选商品活动优先级大于全店商品活动，若两者同时存在，同一商品仅生效自选活动优惠，全店活动优惠中自选商品的优惠不会生效。

（2）满包邮规则如下。

参加了店铺宝满包邮活动的商品所对应的运费模板将失效。

设置全店包邮活动后，活动生效时段内新发布的商品也会参加到本活动中。

当一个商品配置了新全店包邮活动和自选商品包邮活动时，门槛更低的包邮活动会优先生效。

当一个商品配置了新全店包邮活动与其他全店或自选商品营销活动（例如满减、满赠等）时，两个营销活动可叠加生效。

（3）满送优惠券、满送赠品、满送权益的注意事项如下。

当客户订单满足赠送门槛时，订单确认收货即交易成功后才会赠送。

如果客户发生售中部分退款，不满足赠送条件，交易成功后是不会再发送赠品的，如果是售后退款，则不影响满送优惠券、权益的发放。

店铺宝活动价格计入天猫最低成交价，也计入营销平台最低成交价。

叠加规则：店铺宝属于店铺级优惠，可以和单品级优惠（如单品宝、搭配宝、搭配购）、跨店级优惠（如跨店满减）、优惠券、红包叠加使用。

8.2.7　店铺宝常见问题

1．店铺宝重启活动提示"已结束的模板活动不支持重启操作"是什么原因？

重启店铺宝活动时，需要活动失效时间晚于当前时间才能重启，若活动失效时间早于当前时间，就无法重启，此时重新创建活动即可。

2．店铺宝没有设置预热的选项是什么原因？

店铺宝预热功能目前只支持天猫商家。

3．店铺宝活动设置的赠品图片不展示如何解决？

将店铺宝活动中设置的赠品撤出，再勾选即可。

4．店铺宝的满送赠品活动订单，客户无法确认收货是什么原因？

在赠品未发货的情况下，赠品所关联的活动商品无法确认收货。请检查赠品是否发货，若未发货，需要将赠品发货且客户确认签收后才可以。

下面举例说明。

（1）单个赠品：买 A 赠 C，A 在 10 月 20 日确认收货超时，但此时 C 未发货，则 A 无法确认收货，直至客户收到赠品 C 时才能确认收货。

（2）多个赠品：买 A 赠 B 和 C，A 在 10 月 20 日确认收货超时，但此时 B 发货了，C 未发货，则 A 无法确认收货，直至客户收到赠品 C 时才能确认收货。

（3）主商品和其他商品一起发货：买 A 赠 C，同时买了 D，A 和 D 一起发货，在 10 月 20 日 A 和 D 一起确认收货超时，C 未发货。此时 D 可以确认收货但 A 无法确认收货，直至客户收到赠品 C 时才能确认收货。

5．设置店铺宝提示"商品同时参加活动数限制 20 个"如何解决？

目前同一个商品最多参加 20 个店铺宝活动，包括已过期的活动，将已过期的活动删除即可空出名额。

同一商品在同一时间可以参加全店商品、部分商品各一个活动。当同一商品在同一时间参加全店商品活动和部分商品活动时，优先生效部分商品活动，且两者不会叠加。

8.3 搭配宝的使用

8.3.1 搭配宝功能简介

搭配宝是为商家研发的全新商品搭配工具,可将几种商品组合在一起设置成套餐来销售,通过促销套餐可以让客户一次性购买更多的商品。

8.3.2 搭配宝活动设置

1. 设置入口

天猫店铺的搭配宝设置路径为"卖家中心→营销中心→营销工具中心→搭配宝",如图 8-31 所示。

淘宝店铺的搭配宝设置路径为"卖家中心→营销→营销工具→搭配宝",同样如图 8-31 所示。

图 8-31 淘宝提升客单价工具

2. 创建套餐

点击"创建套餐"按钮,如图 8-32 所示。

图 8-32 搭配宝-创建套餐

(1)选择商品,如图 8-33 所示。

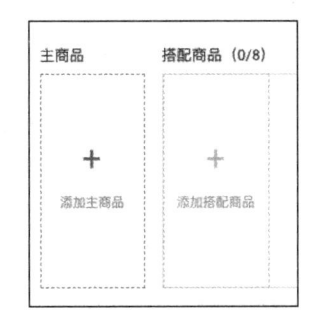

图 8-33 搭配宝-创建套餐-选择商品

首先添加主商品，选择主商品（不支持搭配及赠品类目下的商品）后，系统会自动推荐适合的搭配商品，如图 8-34 所示。也可根据实际需求，自行选择搭配商品，搭配商品最多可选择 8 个。

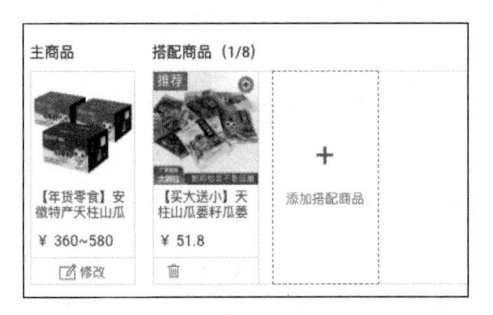

图 8-34 搭配宝-创建套餐-选择搭配商品

如图 8-35 所示，选择好搭配商品后进入下一步，设置基本信息。

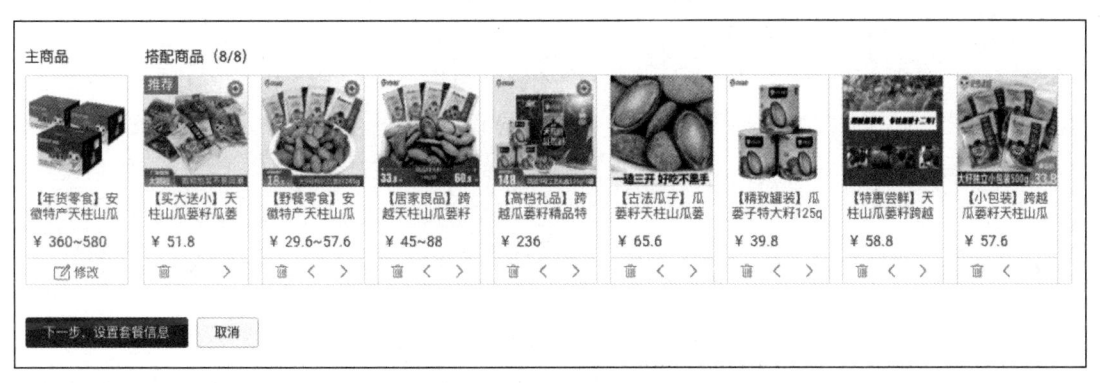

图 8-35 搭配宝的搭配商品选择

（2）设置套餐及搭配宝活动信息，如图 8-36 所示。

图 8-36 搭配宝-活动信息

套餐名称：套餐名称限 10 个字以内。

套餐介绍：用于介绍套餐的内容，限 50 个字以内，应突出套餐卖点和优惠力度。

套餐类型：自选商品套餐中的搭配商品，客户可以选择性地购买；固定组合套餐中的所有商品打包销售，客户需成套购买。

套餐属性：使用默认选择即可。

套餐图：套餐封面图可以自行上传或者智能合图，自行上传图片尺寸要求 1125px×1125px，建议最好上传 PNG 格式的透明底色的图片。点击"智能合图"选项后系统会自动生成封面图片。

套餐主图规范：请确保为白底图，并重点突出主商品，不要在图片上添加价格及促销文案，可下载行业模板作为参考（童装、童鞋行业请参考服饰行业模板），可根据实际情况微调（若不符合图片规范，套餐将不会在主搜上透出），设置套餐内商品的搭配价、搭配数量（即套餐内该商品可最多购买件数）。

（3）设置优惠：基础优惠如选择包邮，则单品运营模板失效。

在设置更多优惠时，可以选择使用优惠或者不使用优惠。若使用优惠，则根据商品给予折扣，参加套餐的商品至少有一个要设置优惠价；若不使用优惠，则套餐按照日常零售价销售，只是搭配套餐销售。

活动时间最长可设置 180 天，活动预热最多可以提前 11 天。

设置单品参加套餐的数量和价格后，点击"保存套餐"按钮，如图 8-37 所示。

图 8-37　搭配宝-活动设置

（4）完成并投放，系统生成二维码和链接，如图 8-38 所示，可以通过分享链接和二维码推广搭配的套餐。

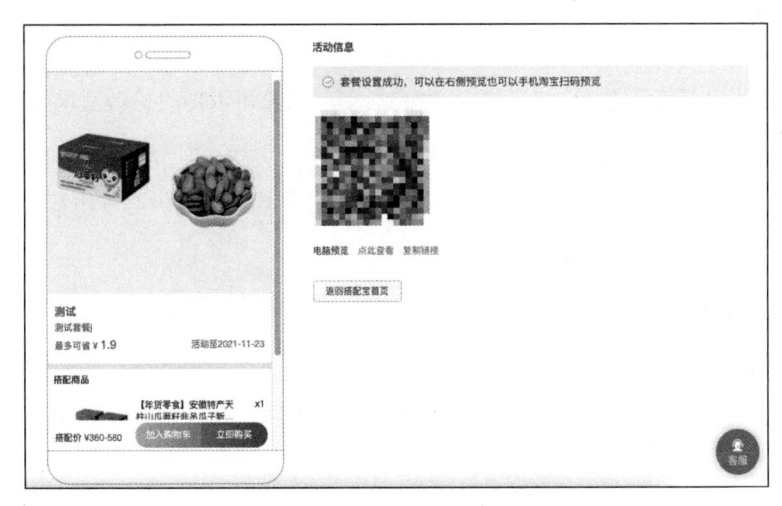

图 8-38　搭配宝活-动信息

8.3.3　搭配宝展示效果

利用搭配宝进行活动设置后，目前只支持移动端和 PC 端展示，且仅限于移动端购买搭配宝套餐产品。设置后的效果展示如图 8-39 所示（最多展示 3 个套餐，支持横向滑动查看）。

图 8-39　搭配宝移动端效果展示

8.3.4　搭配宝活动修改

利用搭配宝进行活动设置后，对于进行中的活动，商家可以即时修改活动力度和增减商品。

1．天猫店铺搭配宝修改路径

天猫店铺的删除/修改路径为"卖家中心→营销中心→营销工具中心→搭配宝→套餐管理"。

2．淘宝店铺的搭配宝修改路径

淘宝店铺的删除/修改路径为"卖家中心→营销→营销工具→搭配宝→套餐管理"。

3．修改界面

在套餐管理界面中可以对当前正在进行的套餐进行编辑、暂停和删除，如图 8-40 所示。

4．叠加规则

搭配宝属于单品级优惠，可以和店铺级优惠（如店铺宝、优惠券）、跨店级优惠（如跨店满减）叠加使用。

图 8-40　搭配宝套餐管理

8.3.5　搭配宝常见问题

1. 搭配宝智能合图时报错，提示"系统异常"的解决办法有以下 4 种。

（1）将商品的主图图片格式设置为 JPG、JPEG、PNG 格式，系统不支持 GIF 和 BMP 等格式。

（2）参与智能合图的多个商品中有一个是不能合图的，尝试去除其中某个商品，然后进行合图操作。

（3）进行智能合图操作时，偶尔会存在系统不稳定的情况，稍后刷新页面再试一下即可。

（4）不要在千牛工作台上创建搭配宝，因为千牛工作台的兼容问题会存在创建的页面显示为空白，无法进行下一步的问题，用主账号登录浏览器操作更加快捷、高效。

2. 搭配宝活动显示"套餐已失效"是什么原因？

可能存在以下情况。

（1）商品有正在预热或已开始的聚划算活动，若商品同时设置了聚划算活动与搭配宝活动，则优先生效聚划算活动，不生效搭配宝活动。

（2）套餐中的商品状态可能不正常，如商品存在下架、删除、监管等情况，建议调整商品状态后重新尝试，或重新创建套餐尝试。

3. 搭配宝提示"套餐详情暂不支持 PC 端查看及购买"的原因是什么？

搭配宝 PC 端展示为新增功能，目前仅实现了展示搭配套餐详情操作，暂不支持 PC 端查看及购买，客户可以通过手机淘宝或者天猫客户端扫描二维码，在手机上查看购买。

4．搭配宝活动价格是否计入历史最低价？

"双11"活动商品的订单价格均不计入最低价（包括天猫、聚划算、淘抢购等营销平台）；非"双11"活动商品的订单价计入天猫，计入聚划算、淘抢购等营销平台的最低价。

搭配宝活动价格会计入最低成交价。搭配宝是单品级优惠，可以与店铺级优惠和跨店级优惠叠加，不可与单品级优惠叠加。

5．新搭配宝设置的套餐价在"双11"当天生效吗？

大促商品：作为单品购买时，仅生效"双11"大促价；作为搭配商品购买时，生效低的价格（最终价格以下单页为准）。

非大促商品：作为单品购买时，仅生效单品最低价；作为搭配商品购买时，生效低的价格（最终价格以下单页为准）。

6．为什么设置新搭配宝没有在 PC 端展示？

目前新搭配宝只支持移动端展示，仅限于在移动端购买搭配宝套餐产品。

7．新搭配宝中套餐内商品的搭配数量填什么？

即套餐内该商品一次可购买的固定件数。

8．哪些商品无法设置搭配宝？

下架或删除状态的商品、虚拟类目商品、拍卖商品、秒杀商品、跨店商品、美妆小样（不能作为主商品）、家装带服务标商品、禁止购买的商品、部分汽车类目商品均无法设置搭配宝。

9．退款金额如何计算？

答：每笔子订单的最大可退金额为该子订单的实付款。

8.4 优惠券的使用

8.4.1 优惠券功能简介

优惠券是指一些可通过多种渠道推广的电子券，通过设置优惠金额和使用门槛，可以刺激转化，提高客单价。优惠券包括店铺优惠券、商品优惠券和裂变优惠券。店铺优惠券指全店铺全商品通用优惠券；商品优惠券指仅限制部分商品使用的优惠券，可以1对1，也可以1对多，创建方式与店铺优惠券一致，区别在于需要选定优惠券可使用的商品范围；裂变优惠券是以优惠券工具为基础，通过增加分享优惠券、邀请朋友领取优惠券的玩法，帮助商家实现老客带新客、新客裂变的方式，以极低的拉新成本获得更多的网店流量的承接、裂变和转化。

8.4.2 优惠券活动设置

1. 创建店铺优惠券和商品优惠券

（1）设置入口。天猫店铺的优惠券设置路径为"卖家中心→营销中心→营销工具中心→优惠券"，如图 8-41 所示。

图 8-41 淘宝商家店铺引流工具

淘宝店铺的优惠券设置路径为"卖家中心→营销→营销工具→优惠券"，同样如图 8-41 所示。

（2）选择新建的优惠类型。点击"创建店铺券"选项或者"创建商品券"选项，如图 8-42 所示。

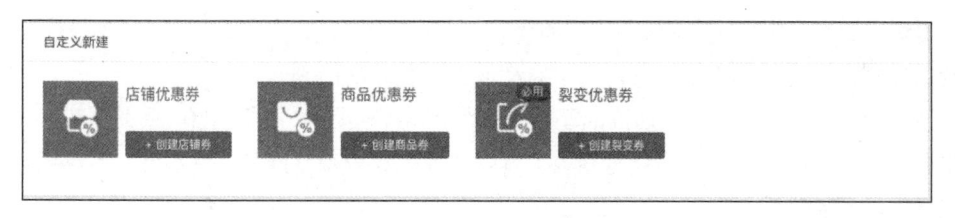

图 8-42 自定义新建优惠券

（3）选择推广渠道。如图 8-43 所示，全网自动推广是创建允许在全网传播的通用券；官方渠道推广是创建阿里妈妈推广、官方活动招商等官方渠道的专用券；自有渠道推广是创建用于社群、站外、千牛等自有渠道的不公开券。

图 8-43 优惠券推广渠道

（4）填写基本信息。商品优惠券基本信息界面如图 8-44 所示。

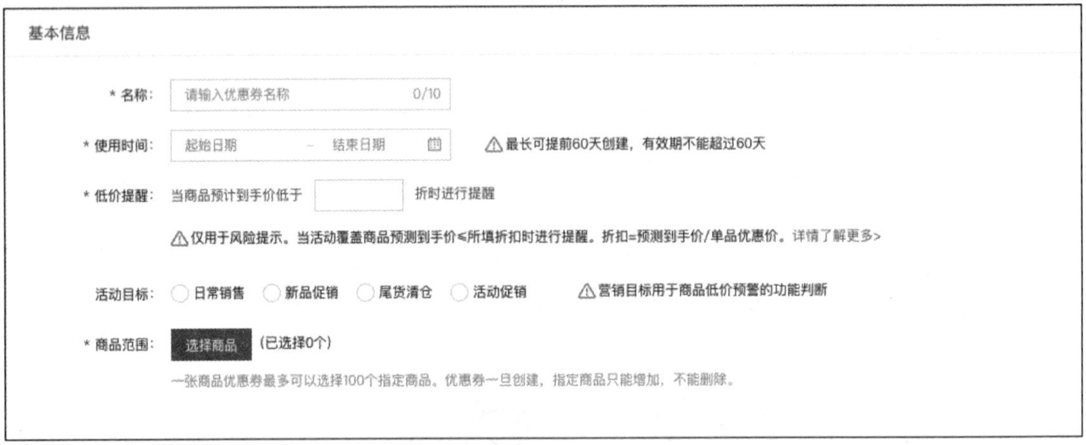

图 8-44 商品优惠券-基本信息

名称：填写优惠券的名称，最多 10 个字，填写的名称用于日常运营人员区分优惠券的种类，不对客户展示。

使用时间：起始日期和结束日期不能超过 60 天，优惠券最长可以提前 60 天创建。

低价提醒：当商品预计到手价低于某个折扣时，系统会按填写的低价折扣来抓取存在风险的商品，并及时提醒。低价提醒仅用于风险提示。当活动覆盖商品预测到手价小于或等于所填折扣时进行提醒。折扣=预测到手价/单品优惠价。

活动目标：可选填或者不填写，用于商品低价预警的功能判断。

商品范围：店铺券默认的全店商品基本信息如图 8-45 所示，不用选择。商品优惠券需选择参加优惠券活动的商品，一张商品优惠券最多可以选择 100 个指定商品。优惠券一旦创建，指定商品只能增加，不能删除。

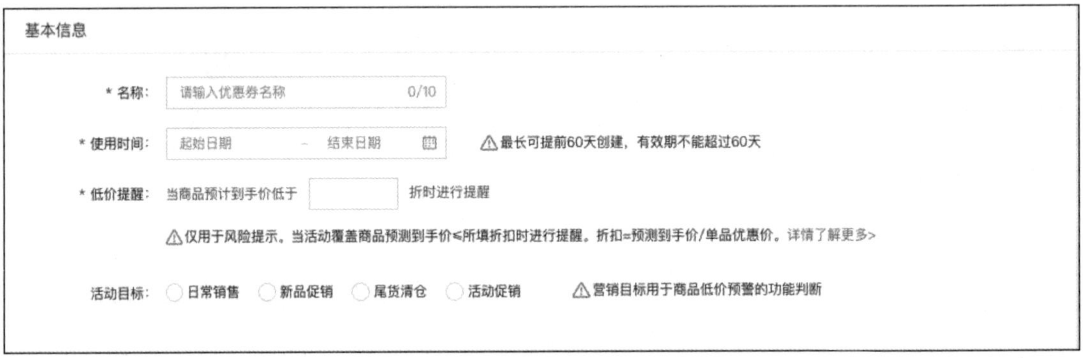

图 8-45 店铺优惠券-基本信息

（5）面额信息设置。面额信息设置界面如图 8-46 所示。

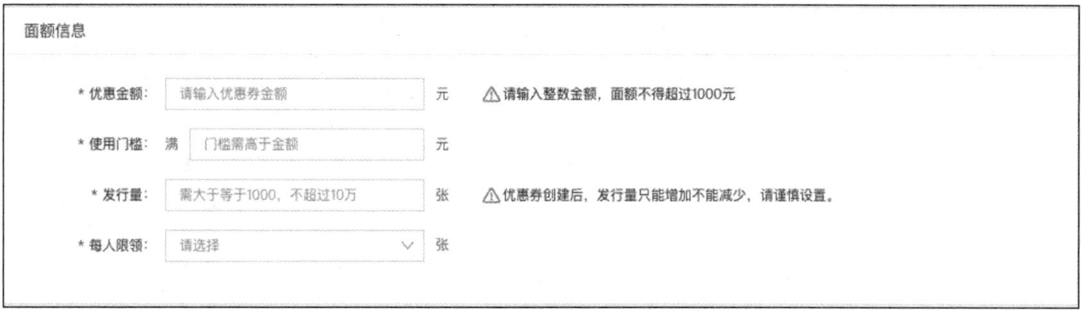

图 8-46　商品优惠券-面额信息

优惠金额：输入整数金额，面额不得超过 1000 元。

使用门槛：门槛金额需要高于优惠券金额。

发行量：发行数量需大于或等于 1000 张，不能超过 10 万张。优惠券创建后，发行量只能增加，不能减少，因此应谨慎设置。

每人限领：限领数可以是 1 至 5 张，或者不限。

点击"资损风险校验"按钮即可创建优惠券活动。

注意　店铺优惠券可设置多种面额的优惠券，点击"增加新面额"选项，如图 8-47 所示，可增加面额，创建多张优惠券，最多可设置 3 种面额。面额信息设置跟商品券相同。

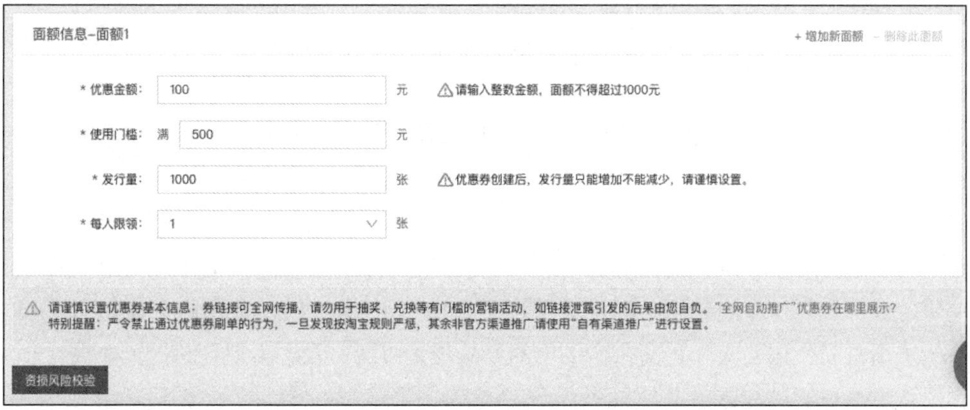

图 8-47　店铺券-增加新面额

2. 创建裂变券

（1）打开优惠券，在"自定义新建"界面中点击"创建裂变券"按钮，如图 8-48 所示。

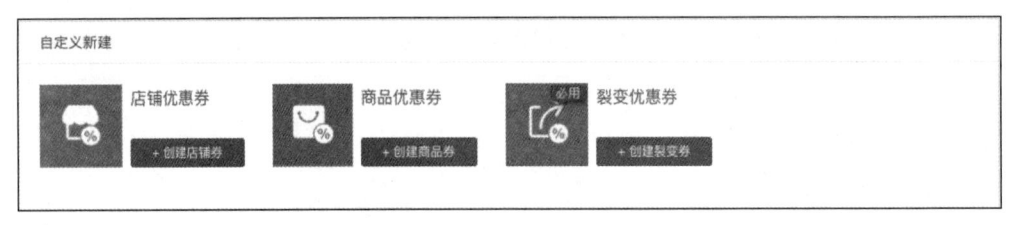

图 8-48　自定义裂变优惠券

（2）创建优惠券。"通用渠道的券店铺置顶展示"选项如图 8-49 所示。选择"是"，则创建完通用渠道的裂变券后，裂变券模块会自动透出到网店首页，选择"否"则不展示。由于网店首页会贡献裂变券 90%的效果，建议勾选"是"。

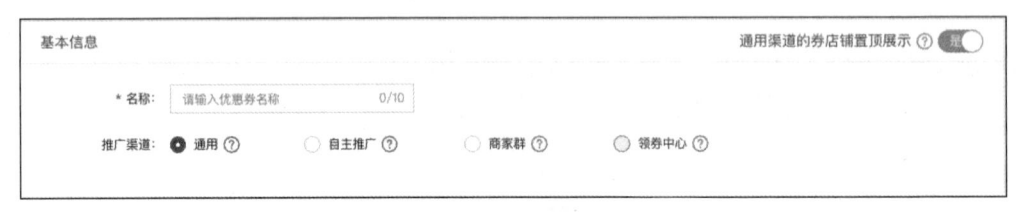

图 8-49　裂变优惠券基本信息

通用：设置后可在商品详情页、直播间、优惠券领券后页面、店铺宝活动页面、店铺装修模块中自动展示，也可直接一键置顶到网店首页。拉回的流量默认回到网店。

自主推广：设置后不会自动透出，可用券链接用于定向渠道（如网店首页、商详页、客服首问、站外等）传播。拉回的流量默认回到网店。

商家群：是淘宝群群内裂变的玩法，仅支持在商家群内部发放，给群成员定向发送裂变优惠券。拉回的流量默认回到网店。

领券中心：设置后即可自动被领券中心公域抓取，大促时也可报名享受额外的领券中心流量。拉回的流量默认回到领券中心频道，点击"使用"按钮可进入网店。

（3）设置分享者优惠券信息（父券）。分享者优惠券设置如图 8-50 所示。

券类型：选择店铺券或者商品券。

使用时间：该裂变券的使用时间，最长可提前 60 天创建，有效期不能超过 60 天。

开始透出时间：该裂变券在商家店铺内的开始透出时间，设置后仅在该时间点开始在店铺首页、详情页、直播间进行透出。

优惠金额：输入 1/2/3/5 及 5 的整数倍金额，面额不能超过 1000 元。父券力度建议高出同时期店铺券力度 50%及以上，或保证 20 元权益差。门槛可比同时期店铺券门槛高（大促时，裂变券客单价是大盘的 3 倍）。父券、子券力度都必须高出同时期店铺券。

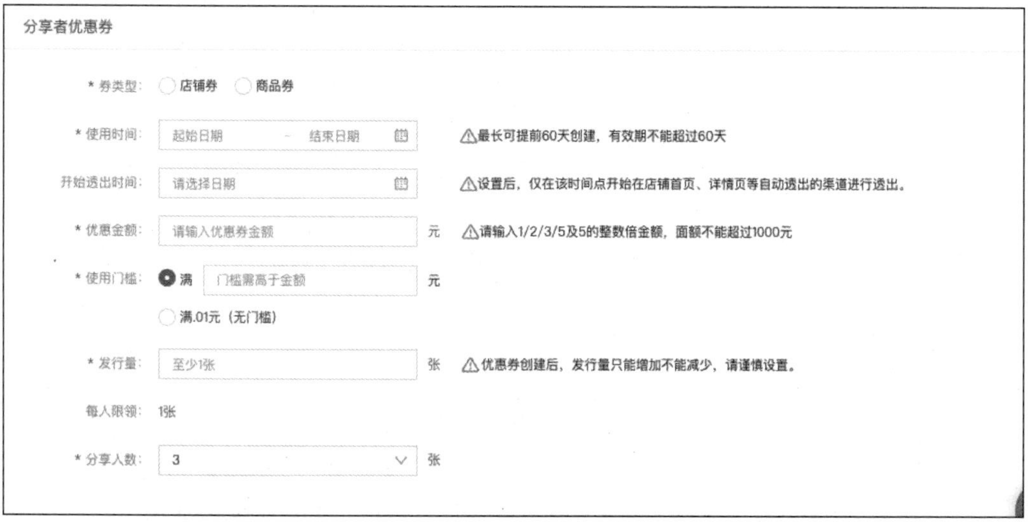

第 8 章 营销工具 | 311

图 8-50 分享者优惠券设置

使用门槛：该裂变券父券使用门槛，最低满 0.01 元（即无门槛使用）。

发行量：根据店铺活动设置优惠券的数量，优惠券创建后，发行量只能增加，不能减少，请谨慎设置。

分享人数：2、3、5、10 都可以选。如果店铺分享率低于 30%，建议设置两人券保证分享率。

（4）创建被分享者优惠券（子券）。被分享者优惠券信息界面如图 8-51 所示。

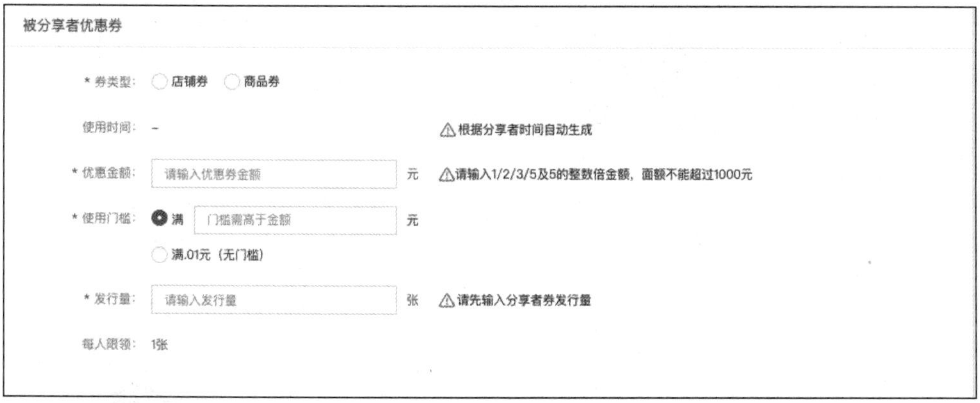

图 8-51 被分享者优惠券设置

券类型：分店铺券和商品券。根据需求设置即可。

使用时间：根据分享者时间自动生成，不用再设置。

优惠金额：子券面额。输入 1/2/3/5 及 5 的整数倍金额，面额不能超过 1000 元，具体设置方法参考父券设券力度指导。

使用门槛：子券使用门槛，最低满 0.01 元（即无门槛使用）。

发行量：为保证活动有效进行，充分让父券发完活动才有效结束。系统会自动计算子券最低库存。

点击"确认创建"按钮，即可创建完成被分享者优惠券信息。

8.4.3 优惠券展示效果

优惠券的推广渠道分为：全网自动推广、官方渠道推广和自有渠道推广。

1. 全网自动推广

店铺优惠券创建后，会在商品详情页、购物车自动透出，移动端详情页透出上限 10 张；商品优惠券仅支持在移动端商品详情页展示，若存在多张商品优惠券，上限展示 3 张，优先展示优惠力度较高的券。

移动端商品详情页展示如图 8-52 所示，移动端购物车展示如图 8-53 所示。

图 8-52　优惠券移动端详情页展示　　　　图 8-53　优惠券移动端购物车展示

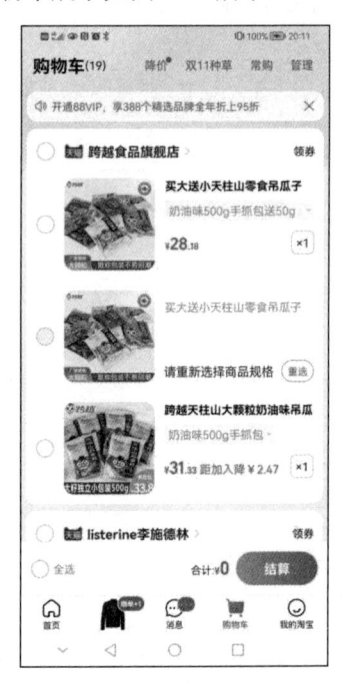

2. 官方渠道推广

该类型优惠券设置后不会自动透出，需要在指定渠道设置后才会展示和推送，不同渠道优惠券的推广方式可查看对应的教程，如图 8-54 所示，目前只有"粉丝专享券"在设置后会自动透出。

图 8-54　优惠券官方渠道选择

3. 自有渠道推广

分为通用领券链接和一次性链接，该类优惠券设置后客户看不到。通用领券链接（不公开/隐藏优惠券）设置后可提取链接进行站外推广；一次性链接设置后可对指定客户发放链接，客户领取后就自动失效，无法被再次领取。

8.4.4　优惠券活动修改

对网店已经创建或者正在使用的优惠券，可以修改优惠力度或者添加网店其他商品，如图 8-55 所示。

修改优惠券：活动进行中的优惠券支持修改优惠券的发行量，但不能修改券面额和门槛。

删除优惠券：活动已结束的优惠券才支持删除，在优惠券列表中，点击右侧的"删除"即可；未结束的优惠券需先点击"结束"，再点击"删除"。

结束优惠券：活动进行中的优惠券支持"结束"，在优惠券列表中，点击右侧的"结束"即可。

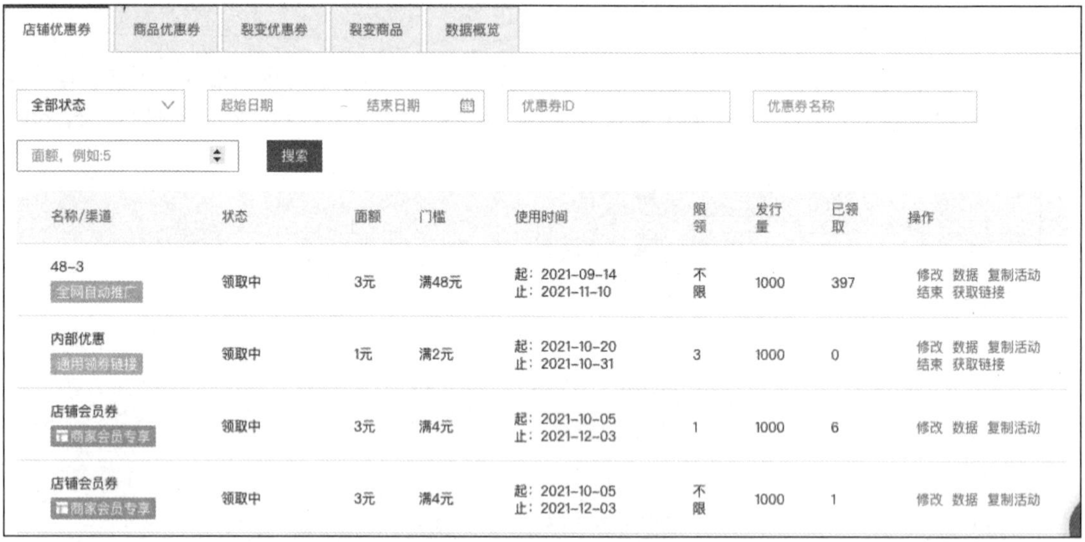
店铺优惠券
商品优惠券
裂变优惠券
裂变商品
数据概览
全部状态
起始日期
结束日期
优惠券ID
优惠券名称
面额，例如:5
搜索
名称/渠道
状态
面额
门槛
使用时间
限领
发行量
已领取
操作
48-3
全网自动推广
领取中
3元
满48元
起：2021-09-14
止：2021-11-10
不限
1000
397
修改 数据 复制活动
结束 获取链接
内部优惠
通用领券链接
领取中
1元
满2元
起：2021-10-20
止：2021-10-31
3
1000
0
修改 数据 复制活动
结束 获取链接
店铺会员券
商家会员专享
领取中
3元
满4元
起：2021-10-05
止：2021-12-03
1
1000
6
修改 数据 复制活动
店铺会员券
商家会员专享
领取中
3元
满4元
起：2021-10-05
止：2021-12-03
不限
1000
1
修改 数据 复制活动

图 8-55 优惠券活动列表

删除/结束功能仅支持“全网自动推广”和“自有渠道推广”的优惠券。“官方渠道推广”的优惠券设置后不支持结束和删除功能，没有删除入口，只要不设置对应的渠道推广，客户端无法领取（“粉丝专享券”“商家会员券”除外），如果设置了渠道活动，只要结束对应的活动即可。

8.4.5 优惠券使用规则

（1）同一客户最多同时持有 10 张同一网店的优惠券。

（2）一个订单中只能使用一张优惠券，店铺优惠券和商品优惠券不能叠加使用，默认优先使用优惠力度大的优惠券。

（3）优惠券仅限于在本网店购物，不可跨店使用；在设置的有效期内，订单金额（不包括邮费）满足时才能使用。

（4）关联子订单交易关闭时，退回相应的尚在使用有效期内的优惠券，已失效的优惠券不会退回。

（5）其他类目下的邮费、赠品等链接也可以使用店铺优惠券，优惠券被删除后，已被领取的优惠券只要在有效期内，客户就可正常使用。

（6）优惠券叠加规则如下。

优惠券可以和单品级优惠（如单品宝活动）、店铺级优惠（如店铺宝活动）、跨店级优惠（跨店满减）叠加使用。

优惠券之间不可以叠加使用，商品优惠券和店铺优惠券（不论何种渠道设置）不能叠加使用，系统默认生效优惠力度最大的优惠券。

淘金币可以和优惠券叠加使用。

8.4.6 优惠券常见问题

1. 设置优惠券提示"创建失败"，应该怎么办？

可能存在以下情况，建议逐一排查。

（1）优惠券名称不能使用特殊符号，如（）、#、￥、！等，建议将优惠券名称修改为纯文字形式。

（2）已经订购了优惠券却提示未订购，是由于优惠券活动使用时间超过了订购服务时间，把优惠券活动结束时间设置为服务订购到期日的前一天即可。

（3）如果已拥有100张优惠券，就无法设置新的优惠券了。如需发布新的优惠券，建议通过路径"卖家中心→营销中心→优惠券"删除无用的优惠券，然后再次发布优惠券。

2. 优惠券是否计入历史最低价？

（1）店铺优惠券：天猫活动价格规则升级调整，需要区分优惠券推广渠道来分别看是否计入最低成交价（具体请以设置页面展示为准）。全网推广应计入最低成交价；官方渠道推广的优惠券在部分渠道不计入，具体可以在设置页面查看对应页面的提示，自有推广渠道应计入最低成交价。

（2）商品优惠券：所有推广渠道的商品优惠券都计入最低成交价。

（3）裂变优惠券：计入最低价（淘宝商家不计入最低价，万券齐发招商的裂变券不计入最低价）。

（4）第三方工具创建的店铺优惠券计入最低价，第三方工具创建收藏有礼等优惠券都计入最低成交价。

8.5 营销风险资损防控

8.5.1 营销风险资损防控简介

营销风险资损防控是指商家通过营销健康中心防止因营销让利过度而引发的资损。如优惠活动错设、多设导致商品到手价低于成本价，系统会自动计算，并通过千牛工单、钉钉、电话外呼等渠道发送风险预警，网店在收到预警后可以进行风险整改。营销风险资损防控工具适用于淘宝、天猫、天猫国际全部商家，且均免费使用。

8.5.2 营销风险资损防控工具

1. 进入健康中心后台

天猫店铺的营销健康中心设置路径为"卖家中心→营销中心→营销健康中心",如图8-56所示。

图 8-56 天猫营销健康中心

淘宝店铺的营销健康中心设置路径为"卖家中心→营销→营销健康中心",如图8-57所示。

2. 设置商品资损价格

1) 功能说明

为了更准确地判断资损风险,需要根据活动设置后的到手价 A 与商品会产生资损的价格 B(红线价)进行对比,价格 A 为系统根据客户下单场景模拟计算可能的最低到手价,价格 B 需要手动填写同时辅助参考系统的预测值。当系统预测客户购买商品的最低到手价低于红线价时,商品会被识别为有资损风险,规则默认对全店商品生效。

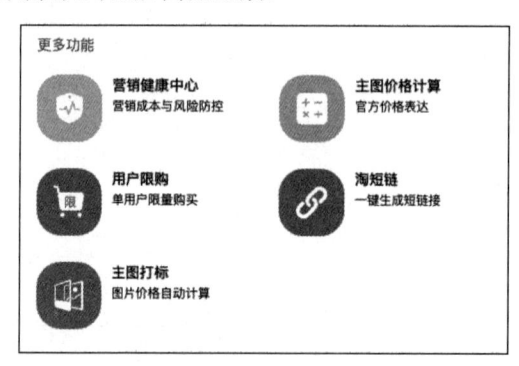

图 8-57 淘宝营销健康中心

2) 设置操作

(1) 设置店铺红线价。进入"营销风险诊断"选项卡,点击"设置店铺红线价规则"选项,如图8-58所示。

第 8 章 营销工具 | 317

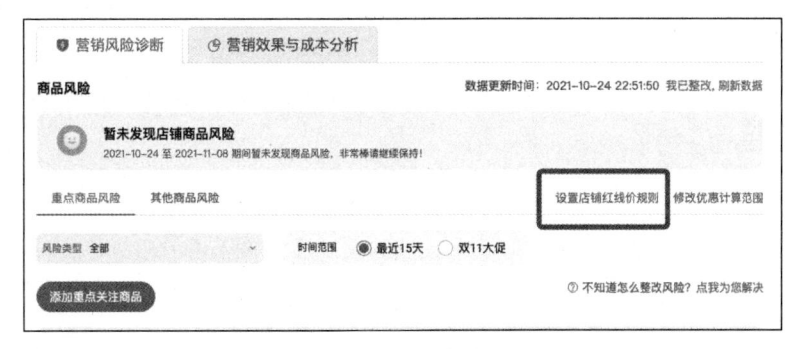

图 8-58 店铺红线价设置

设置店铺红线折扣，折扣公式为：折扣率=当前优惠后最低到手价/当前商品标价（标价为展示购买价格，非划线价），其中，商品标价指商品详情页展示的商品价格，即单品级优惠后的价格，若为商品单独设置了商品红线价，则优先生效单独设置的商品红线价。输入折扣数字，点击"确认提交"按钮即可，如图 8-59 所示。

图 8-59 店铺红线价规则确认

（2）商品维度设置。可以对单个商品设置商品红线价，当商品下有 SKU 时，商品红线价会直接作用到指定 SKU。商品维度设置优先级高于店铺维度设置。

3．商品查询

商品查询是一个以商品 ID 为识别条件的商品查询工具，使用该功能可以查询到商品相关信息，目前支持查询商品未来 15 天价格趋势、最低标价、商品资损风险、商品价格竞争力、商品营销效果与成本分析，以及商品全部优惠等，如图 8-60 所示。

图 8-60 商品查询

4. 订单查询

订单查询是一个以订单 ID 为识别条件的订单优惠查询工具，使用该功能可以查询指定订单的优惠明细，如图 8-61 所示。

图 8-61　订单查询

5. 昨日经营概况与经营目标概览

"昨日经营概况"板块展示昨日确认收货订单总支付金额、享受了营销优惠订单支付总金额和营销支出总金额。"经营目标"板块展示已设置的本月经营目标以及达成情况，可以自行管理目标数据，如图 8-62 所示。

图 8-62　昨日经营概况

6. 营销风险诊断

系统每日凌晨会计算网店商品健康度，诊断商品资损风险与价格竞争力，并将重点商品健康度和网店其他商品的风险情况展示在页面列表中，方便网店及时查看与整改。可以通过页面的数据更新时间来识别当前页面数据更新的时间，若数据更新时间存在延迟，可以通过"商品查询"功能，实时查看指定商品的健康度，也可以在修改后点击"我已整改，刷新数据"按钮来刷新列表数据，如图 8-63 所示。

图 8-63　营销风险诊断

7．资损风险诊断

系统根据商品预估到手价是否低于商品红线价来预测商品是否有资损风险，若商品预估到手价低于商品红线价，则商品将识别为有资损风险。

1）预估到手价诊断

①当单件商品单品优惠后价格满足店铺级、跨店级优惠门槛时：

预估到手价 = 单品优惠后价格 – 店铺级优惠抵扣金额 – 跨店级优惠抵扣金额

②当单件商品单品优惠后价格不满足店铺级、跨店级优惠门槛时：

预估到手价 = 单品优惠后价格 –店铺级优惠单件商品上的让利金额 – 跨店级优惠单件商品的让利金额

③单件商品的让利金额=单品优惠后价格×（优惠面额/门槛）

2）整改资损风险

在商品查询中输入商品 ID，根据页面指引来解除商品风险，如图 8-64 所示。目前有以下 3 种整改方式。

①修改商品优惠。调整优惠让利力度，减少让利支出。

②修改商品红线价。设置符合经营成本的红线价，使风险识别更准确。

③修改优惠计算范围。若不希望某些优惠加入到手价计算，可以通过修改优惠计算范围将其关闭。

图 8-64　商品营销详情

8．商品价格竞争力诊断

系统根据商品明日预估券后价是否低于商品竞争力价格来预测商品价格的竞争力高低。若商品明日预估券后价高于商品竞争力价格,则商品将被识别为价格竞争力低。

(1)明日预估券后价计算逻辑如表 8-1 所示。

表 8-1 优惠计算工具表

优惠层级	优惠工具	优惠计算
单品级优惠	全量单品优惠	当单件商品单品优惠后价格满足优惠使用门槛时,优惠将被计入券后价计算;当单件商品单品优惠后价格不满足优惠使用门槛时,优惠将不被计入券后价计算
店铺级优惠	店铺宝	
	聚划算满减满折	
	店铺优惠券	
	商品优惠券	
	会员店铺券	
	店铺红包	
跨店级优惠	跨店满减	
	品类券	
资金类优惠	红包	
	新享礼金	
其他优惠	付定立减	

(2)商品竞争力价格逻辑:商品竞争力价格由系统根据商品历史成交价、商品预估券后价等因子综合产出。

(3)降低价格竞争力低的风险:可以通过价格竞争力诊断页面的优化建议,进行优惠修改和创建。

9. 重点关注商品的健康营销

系统会为商家自动选取网店近 30 天销量 TOP 10 商品作为重点关注商品,也可以手动添加商品为重点关注商品,页面如图 8-65 所示。一旦商品被添加为重点关注商品,不管商品是否有风险,都会展示在列表中,方便快速查看商品健康度。

图 8-65 重点商品风险信息

10．其他商品的健康营销

除了重点关注商品，若系统诊断网店的其他商品有资损风险或价格竞争力低，则商品会展示在其他商品风险列表中，如图8-66所示。若商家确认商品无风险，可以将商品加入免预警名单，那么商品将不再展示在商品风险列表中，但商家仍然可以通过商品查询来查看商品风险或将商品移出免预警名单。

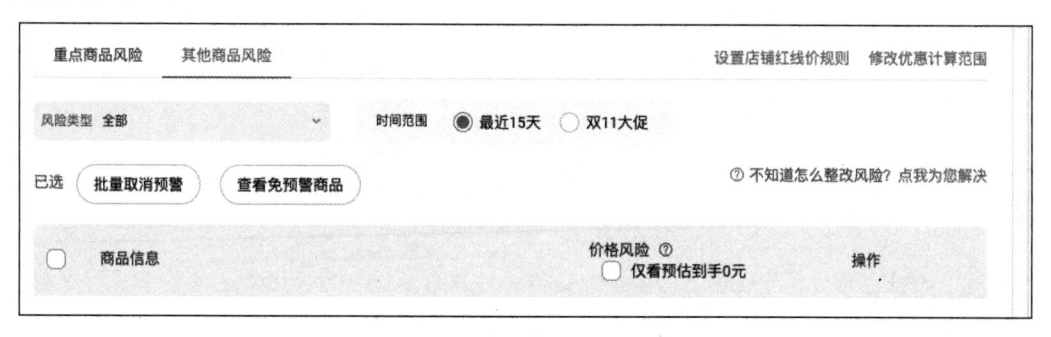

图8-66 其他商品风险信息

8.5.3 营销效果与成本分析

为了方便分析网店营销效果与成本，系统提供了从店铺、营销工具、营销活动、商品全链路视角的营销效果与成本数据，可以点击"营销效果与成本分析"选项卡进行查看，如图8-67所示。

图8-67 营销效果与成本分析页面

8.5.4 风险消息推送渠道

网店存在资损风险时,系统会通过不同渠道对网店进行预警,点击"消息推送设置"选项可选择系统消息的推送渠道,完成后点击"确定"即可,如图8-68所示。关闭相应渠道的消息通知后,系统不再推送该渠道的风险预警,只能通过后台查看风险。

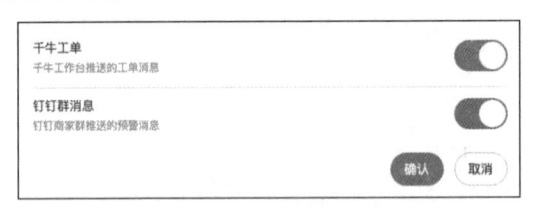

图 8-68 消息推送设置

> **注意** 各渠道的消息推送均有 24 小时延迟,建议每日进入健康中心主动查看实时更新的存在风险的商品。

8.5.5 平行满减规则

1. 平行满减的计算规则定义

平行满减即店铺级和跨店级优惠都直接根据商品的单品优惠价来计算是否符合门槛,只要单品优惠价或单品优惠价总和满足各优惠层级门槛,则可同时享受各可用优惠。

单品优惠价指单品级优惠后的价格(商品详情页价格)。

单品优惠价总和定义:若购买多个商品,计算门槛就是多个商品的单品优惠价总和。

单品级优惠指针对单个商品的打折、减价、促销价等打折方式的优惠,比如活动价、前几位客户优惠价等直接在商品详情页展示的价格。

2. 营销工具的优惠层级

优惠类型分为单品级优惠、店铺级优惠和跨店级优惠,具体分类如表 8-2 所示。

表 8-2 优惠层级表

单品级优惠	单品宝、搭配宝、预售、官方活动价、天猫大促价、聚划算、前几位客户优惠、猫客手机专享价、ISV 的单品优惠等
	特征:针对单个商品的打折、减价、促销价等打折方式
店铺级优惠	店铺宝、优惠券(包含但不仅限于店铺优惠券、商品优惠券、有价商品优惠券、有价店铺优惠券、阿里妈妈优惠券)、第三方工具满就减/满件折等
	特征:针对全店商品或部分商品的满就减/满件折

续表

跨店级优惠	天猫购物券、购物津贴、品类券、跨店满减
	特征：针对全网商品跨店使用

除以上3个层级，还有特殊的优惠层级——个人资产类，包含如下几项。

（1）淘金币：淘金币的抵扣金额是在单品优惠价的基础上进行抵扣，如商品优惠价100元，淘金币抵扣比例5%，即可使用淘金币抵扣5元。

（2）88会员折扣：88VIP的折扣是以叠加完单品级优惠、店铺级优惠和跨店级优惠之后的价格作为计算门槛。

（3）品牌兑换卡：品牌兑换卡已在购买时锁定了商品的优惠价格，所以购买及使用时不用额外叠加其他优惠，包括跨店满减、品类券、优惠券等，同时兑换卡不可抵扣运费。如果一个商品同时支持兑换卡和购物金，则优先使用兑换卡，客户可以切换成购物金。如果是多笔订单一起下单，则只能用购物金。

3．优惠叠加逻辑

商品到手价=单品优惠价（单品优惠价总和）–店铺级优惠–跨店级优惠–其他（比如个人资产类优惠）

举例：店铺单品级优惠商品A的单品优惠价为150元，客户可享有店铺级优惠2件5折和优惠券满299元减149元，如客户购买2件商品A，即商品优惠总价为300元，最终成交价是多少？

答：最终到手价为150×2×0.5–149=1元。

4．优惠券叠加逻辑

优惠券（包含店铺优惠券、商品优惠券、有价优惠券、裂变券、阿里妈妈优惠券等）属于店铺级优惠，可与单品级优惠、店铺级优惠一起叠加使用。优惠券之间不能叠加使用，一个订单只能使用一种优惠券，默认生效折扣力度最大的。特殊场景下，若一个订单中的多款商品分别有各自的商品优惠券，可一起使用。

特殊场景举例：A商品活动价为100元，B商品活动价为150元，商家分别针对两款商品设置了两张商品优惠券100–10和150–20，客户同时下单A、B两款商品，需支付金额为（100–10）+（150–20）=220元。因为这两张优惠券分别是针对商品A和B各自设置的商品优惠券，所以同时下单时可以一起使用。

5．特殊场景满减原则

（1）预售商品。

可叠加店铺级和跨店级优惠，尾款支持与现货合并支付，同时客户拥有的现金红包等支付工具也可享受。

（2）店铺宝。

同一个商品如果在同一个时间范围内设置了自选商品活动和全店商品活动，默认生效自选商品活动。

（3）×元任选。

可叠加单品级优惠、跨店级优惠（如跨店满减、品类券等）、店铺优惠券。

不可叠加商品优惠券、其他店铺级优惠叠加（如店铺宝的满减/满折）。

（4）商品优惠券和店铺优惠券能叠加使用吗？裂变优惠券和阿里妈妈优惠券能叠加使用吗？

优惠券之间不能叠加使用，一个订单只能使用一种优惠券。

（5）优惠券和店铺宝能叠加使用吗？

优惠券和店铺宝能叠加使用。

8.6 本章小结

通过对本章的学习，读者可以了解多种营销工具的主要功能，以及官方工具和第三方工具的差异，学到不同工具的使用方法，以及使用之后对网店运营指标的作用。读者主要掌握在不同的网店运营场景、不同官方活动工具单独使用或者多工具联合使用时，营销风险资损的防控方法。

第 9 章

活动营销

活动营销是淘宝网给广大网店店主提供的营销场景,是促进商品销售的一种营销方式。通过参加官方活动营销,网店可提高销量,提升品牌的知名度、美誉度和影响力,本章将对活动营销的原理、工作流程进行详细的阐述。

学习目标:通过对本章的学习,掌握活动营销的报名和运营流程,针对网店所处的不同阶段、不同运营目标选择不同的活动营销,提升运营指标,从而完成网店销售额指标。

本章提要:
- 聚划算
- 淘金币
- 天天特卖
- 百亿补贴
- 活动执行

9.1 聚划算

9.1.1 聚划算简介

1. 聚划算定义

聚划算旨在与具有一定市场影响力和商品竞争力且诚信经营的商家合作,共同为客户提供具有竞争力的高性价比的商品团购平台,给予客户普惠,塑造聚划算超高性价比团购网站的客户心智,同时实现聚划算与商家品牌形象提升、销售业绩增长的共赢目标。聚划算是阿里巴巴集团旗下的团购网站之一,已经成为展现淘宝商家服务的互联网客户首选团购平台。

2. 聚划算开团形式

主要包括单品团、品牌团、主题团，具体介绍如表 9-1 所示。

表 9-1　聚划算开团形式

开团类型	团型介绍
单品团（含直降单品团）	单品团（含直降单品团）是指汇聚淘宝和天猫的优质单个商品，以单个商品参团的活动形式
品牌团	品牌团是指汇集国际、国内知名品牌（含知名淘品牌），以单个网店单个品牌的多款商品同时参团的活动形式
主题团	主题团是指针对某一特定主题，由 2 个以上符合该主题的网店同时参团的活动形式

3. 聚划算频道

根据不同的客户需求有不同的招商频道，具体业务类型介绍如表 9-2 所示。

表 9-2　聚划算业务类型

业务类型	业务介绍
聚名品	聚名品以汇集国际高端、知名品牌商品为目标，致力于打造成为时尚人士购买品牌商品的首选团购聚集地，从而更好地为客户挑选性价比更高的商品
品牌清仓	品牌清仓是为品牌提供库存货品销售渠道，同时为广大客户带来高性价比品牌商品的活动形式，品牌清仓分品牌团、主题团、单品团和大牌常驻，具体活动形式请参考活动招商页面
全球精选	全球精选汇聚了全球进口商品，向客户提供极具性价比的海外商品体验，所有商品均为原装进口，商家来源于淘宝、天猫（含天猫国际）经营进口商品的网店

4. 聚划算活动入口

天猫商家的入口为"卖家中心→营销活动中心→活动报名→聚划算"。

淘宝商家的入口为"卖家中心→营销中心→活动报名→聚划算"。

9.1.2　聚划算准入要求

网店在报名活动之前，对于聚划算的规则必须要做全面的了解，包含招商标准、客户保障相关、资费标准。大型的活动是双刃剑，活动运营效果好，整个网店会上一个台阶，若因对规则不了解，导致活动失败，则对于网店是摧毁级的。

天猫商家的准入要求入口为"卖家中心→营销活动中心→活动报名→聚划算→规则中心"，淘宝商家的准入要求入口为"卖家中心→营销中心→活动报名→聚划算→规则中心"，如图 9-1 所示。

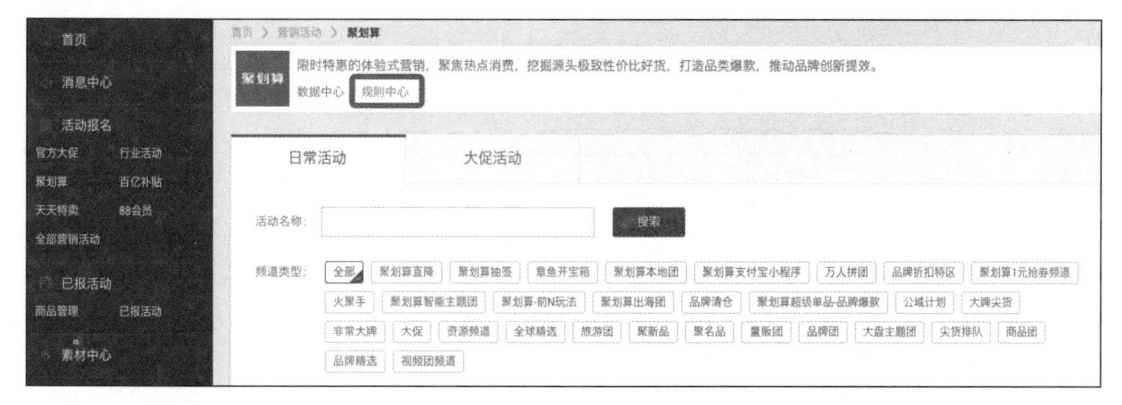

图 9-1 聚划算规则中心

9.1.3 聚划算收费标准

聚划算的收费模式分为两种，一种是特殊收费模式，另一种是基础收费模式，如图 9-2 所示。

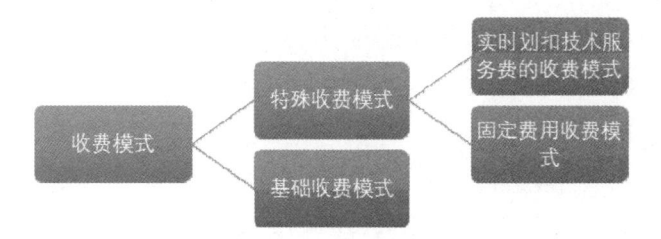

图 9-2 聚划算收费模式

1．基础收费模式

即基础技术服务费（简称"基础费用"）、实时划扣技术服务费、封顶技术服务费（简称"封顶费用"）的组合模式，基础费用及封顶费用标准均与天数相关。具体含义如下。

（1）参聚商家在商品获得审核通过后，需要提前支付一笔基础费用至其绑定支付宝内，在所有商品正式参团时，基础费用将被划扣至聚划算账户且不予退回。

（2）开团后，在累计确认收货交易订单金额根据对应类目技术服务费的费率，计算出的技术服务费等于或低于开团时已扣除的基础费用前，系统将不会执行实时划扣技术服务费操作。

（3）在累计确认收货交易订单金额根据对应技术服务费的费率，计算的技术服务费高于开团时已扣除的基础费用后，系统将对超出免扣技术服务费成交额（免扣技术服务费成交额=基础费用/对应类目技术服务费的费率）部分按照对应类目技术服务费的费率实时划扣技术服务费，直至扣除的基础费用及实时划扣的技术服务费合计达到封顶费用时（如表 9-3 所示），系统停止扣费。

表 9-3 团型费用明细

团　型	基础费用	封顶费用
单品团	2500 元/天	25 000 元/天
品牌团	25 000 元/天	60 000 元/天
主题团	20 000 元/天/团（按该团审核通过商家数分摊费用）	60 000 元/天/家
市场营销活动单品团	1000 元/天	40 000 元/天
市场营销活动品牌团	10 000 元/天	80 000 元/天

2. 特殊收费模式

特殊收费模式具体包括两种。

（1）实时划扣技术服务费的收费模式：即免除基础费用的缴纳要求，也不设置封顶费用，仅按照确认收货的成交额及对应类目的技术服务费费率实时划扣技术服务费，且部分业务或者品牌按照对应类目的实时划扣技术服务费费率的 8 折扣费。

（2）固定费用收费模式：即商家应在获得审核通过后提前支付一笔固定技术服务费至商家绑定支付宝内，并于开团时由系统划扣至聚划算，开团后系统将不再实时监控确认收货成交额，商家也无须再缴纳实时划扣技术服务费。

3. 聚划算参聚佣金

由于类目划分较细，二级类目、三级类目技术服务费费率不同，网店在参加前可通过"营销活动中心→聚划算收费实施细则"查询网店参聚（参加聚划算活动）商品类目佣金费率，如图 9-3 所示。

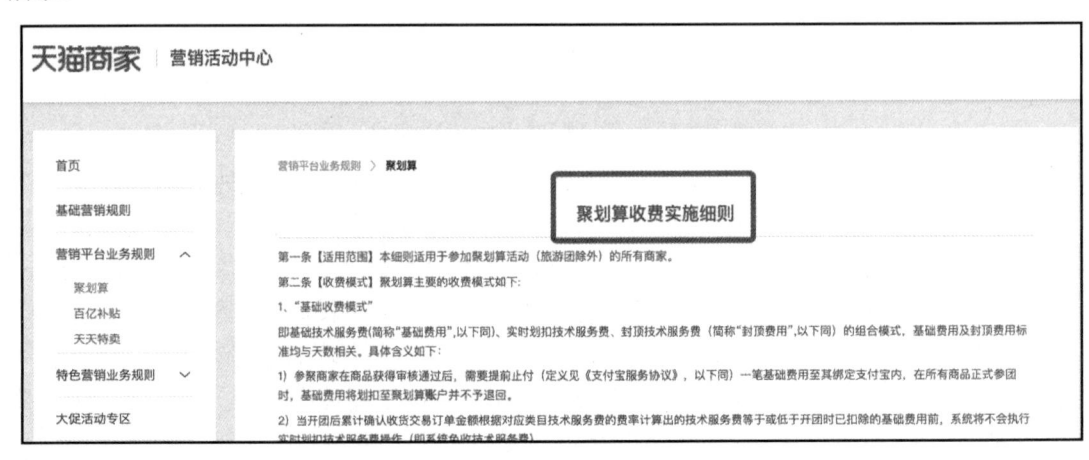

图 9-3　聚划算收费实施细则

4．聚划算参聚佣金计划举例

案例：某天猫旗舰店，销售商品为狗粮、猫粮、狗零食、猫零食。

根据聚划算收费细则，查询大部分类目参聚佣金费率为 3%，宠物类目参聚佣金费率为 5%。商家参加聚划算的坑产要求计算方法如下。

1）主题团

（1）聚划算 10 家团 3 天主题团报名入口（10 家 3 天团）。

基础坑位费：2000 元/天/家。商品提报数量：50 个/家。坑产要求：粮/零食类商家 7 万元/天，其他商家 4 万元/天。

计算方式：基础坑位费/参聚佣金=2000/3%（5%）≈7 万元（4 万元）

（2）2021 年量贩主题团报名入口（4 家 3 天团）。

基础坑位费：5000 元/天/家。商品提报数量：125 个/家。坑产要求：粮/零食类商家 17 万元/天，其他商家 10 万元/天。

计算方式：基础坑位费/参聚佣金=5000/3%（5%）≈17 万元（10 万元）

2）品牌团

2021 年聚划算量贩品牌团报名入口。

基础坑位费：25 000 元/天。商品提报数量：250 个/家。坑产要求：粮/零食类商家 84 万元/天，其他商家 50 万元/天。

计算方式：基础坑位费/参聚佣金=25 000/3%（5%）≈84 万元（50 万元）

3）智能主题团

反向邀约制，无法直接报名。坑位费：0。坑产要求：0。仅收取佣金。

4）注意事项

（1）参聚需要提前支付整个团的参聚坑位费（如 10 家 3 天团，每家需要提前支付 6 万元，后续会返还）。

（2）如果坑产要求符合品牌团，但是未达到主题团封顶，则优先报名品牌团。

（3）如果参聚达不到坑产要求，仅收取坑位费，达到坑产要求，仅收取参聚佣金，基础坑位费相当于提前充值，佣金从里面直接划扣。

9.1.4　聚划算价格要求

1．商品报名价要求

商品活动报价应小于或等于近 15 天（校验期）的最低报价，即该商品在天猫/淘宝网向客户公布的并以非划线价形式在页面标示的最低价格。

（1）不计算最低标价的类目如表 9-4 所示。

表 9-4　不计算最低标价的类目

一级类目	二级类目
珠宝/钻石/翡翠/黄金	黄金首饰（新）；铂金/PT（新）；K 金首饰
新车/二手车	全部
摩托车/装备/配件	摩托车整车
整车（经销商）	全部
水产肉类/新鲜蔬果/熟食	新鲜水果；新鲜蔬菜/蔬菜制品；生肉/肉制品；冰激凌/冻品；海鲜/水产品及其制品；蛋/蛋制品
鲜花速递/花卉仿真/绿植园艺	鲜花速递（同城）；婚礼鲜花布置；商务用花；花艺包装/材料
保险	全部

（2）以下场景的标价不会被计入最低标价：积分加钱购、秒杀、免费试用、天猫 U 先样品试用、洋葱盒子试用、新人极致货品、聚划算限时秒杀玩法、聚划算客户端分时秒杀玩法、新粉购、天猫特殊大型营销活动预售、新零售订单（天梭交易、特权定金及现场分阶段成交交易、家装&汽车行业的快捷收银订单、本地化交易）、天猫优选项目、Lazada 平台淘宝精选、天猫大型营销活动/聚划算等活动中官方组织的前几件及前几分钟优惠玩法。

（3）天猫"双 11"、天猫"618"、淘宝"双 11"、淘宝"双 12"的活动价不会被计入最低标价。

2．商品价格审核要求

日常商品参聚预计普惠成交价折扣率＜0.92（任意 SKU 都要＜0.92 折），笔记本电脑、平板电脑参聚预计普惠成交价折扣率＜0.95，DIY 电脑参聚预计普惠成交价折扣率＜0.94，电脑周边参聚预计普惠成交价折扣率＜0.93。

大促必须双报，先报天猫，然后才能报聚划算，价格与天猫一致。

（1）预计普惠成交价：系统预估此次活动中，该商品大多数客户能够买到的成交价格（会员券、前几种优惠等非普惠的优惠不会计入）。

（2）15 天平均成交价：参聚报名前 15 天的平均成交价（不含聚划算、淘抢购、天天特卖、百亿补贴等营销活动订单）。

注意　该价格是实时变动的，因此折扣率也会实时变动，所以务必留意折扣率是否高于 0.92。

（3）预计普惠成交价折扣率：预计普惠成交价折扣率=预计普惠成交价/15 天平均成交价。

> **注意** 生效时间一般在报名 3 小时后，所以需要提前报入商品。

满足以下条件的优惠会被计入预计普惠成交价。

1）购物津贴/跨店满减

2）品类券

3）店铺优惠券、商品优惠券（含聚划算渠道券）

以下条件必须都满足才会计入。

- 全网自动推广的店铺优惠券或聚划算专有渠道券。
- 优惠券领取时间为覆盖活动预热+正式全时段（若活动已开始预热/售卖，则需要覆盖从当前时间到活动结束的整个时段）。
- 优惠券使用时间为覆盖活动正式售卖全时段（若活动已开始售卖，则需要覆盖从当前时间到活动结束的整个时段）。
- 剩余可领取张数为 1000 张及以上。

4）满减满折

（1）店铺宝：以下条件必须都满足才会计入。

- 使用时间：店铺宝设置时间（预热+活动阶段）需要覆盖活动时间（预热+正式阶段），且不能为定向人群活动。
- 活动类型要求为：满元减、满件折。
- 活动状态要求为：未开始或进行中。

（2）聚划算满减满折玩法库存需要超过活动库存的 50%才计入，否则不计入。

（3）第三方工具创建的不计入。

5）国际税费等优惠

可以在商品后台点击"商品详情"选项看预估普惠成交价折扣率，或者通过预估普惠成交价/15 天平均成交价人工计算；15 天平均成交价是 15 天内的日常订单到手成交价，不含参聚订单（除了"618"等特殊大型营销活动）；活动折扣率越大，可获得的资源可能越多。

9.1.5 聚划算管理规则

1．活动后降价情形

是指商家的商品在参加营销平台活动结束后 15 日内，出现实际成交价格低于其参加营销平台活动期间实际成交价格中位数的情形。

2. 中位数

是指将活动中所有订单按照实际成交价格从高到低排序后，居于中间位置订单的实际成交价格。如中间位置对应两个订单且实际成交价格不一致，则取两者中较高者作为实际成交价格中位数。

3. 中位数查询办法

商家可以在活动结束后通过保价查询页面查询实际成交价格中位数（保价针对 SKU 维度进行评估）。

天猫商家商品保价查询路径为"卖家中心→营销活动中心→规则中心→商品保价查询"；淘宝商家商品保价查询路径为"卖家中心→营销→营销活动→规则中心→商品保价查询"，如图9-4所示。

图 9-4　商品保价查询

4. 注意事项

（1）注意提前结束的活动的价格保护期的起算时间，举例：8.12—8.15 的活动，若 8.13 提前结束活动，则价格保护期时间为 8.13—8.30。

（2）商品若以商品维度参加活动，则后续任一 SKU 在价格保护期内降价都会构成活动后降价。

（3）商品若以 SKU 维度参加活动，则后续会以 SKU 维度来校验价格保护期内是否构成活动后降价。

（4）处罚申诉处理办法：商家应自营销平台执行活动后降价处罚之时起 72 小时内发起申诉，如申诉成功，则处罚撤销，逾期将无法进行申诉。

（5）不构成活动后降价情况如下。

①鲜花速递/花卉仿真/绿植园艺（鲜花速递（同城）、婚礼鲜花布置、商务用花、花艺包装/材料）类目商品。

②88VIP 付费会员，用宠物卡、支付宝花呗立减等支付的。

③天猫/淘宝发起的特殊大型营销活动期间产生的订单。

④天猫发起的普通大型营销活动过程中使用的官方优惠玩法：前几件打折、2 件 75 折等。

⑤处于平台营销活动期间（聚划算、淘抢购、百亿补贴、天天特卖等）。

9.1.6 聚划算运营要点

聚划算作为平台大型的活动，流量和爆发力比网店日常销售要高很多，想要做好一场聚划算就离不开活动前、活动中、活动后的整体规划，成功的聚划算要做好以下5个步骤。

1. 制定战略目标

在制定目标前要思考：为什么做聚划算？做聚划算的目的是什么？预期达到什么样的效果？对于活动结果团队愿意付出多少？这些问题看似简单，但实则关乎活动成败的战略纲要，对后面的部署、执行起到至关重要的指导作用。

参加聚划算对于商家来说，有以下几个好处。

（1）拓展市场，提高销售份额。

（2）推广品牌，提升商家形象。

（3）提高店铺层级，撬动网店免费流量。

（4）推出新商品，能够快速接触到客户，沉淀拉新。

（5）锻炼团队，通过活动适应电商平台活动节奏。

活动目的不同，对于目标的设定就会不同，但是坑产目标是每场聚划算必须要完成的，若坑产目标完不成，就会导致在后续的活动中不能正常报名。在制定活动的目标时，要做好年度活动目标和单次活动目标，年度活动目标是根据网店年度商品规划安排活动节奏的，如图9-5所示，通过活动来带动商品的销售。而单次的活动目标是参聚必须要完成的目标，如表9-5所示。

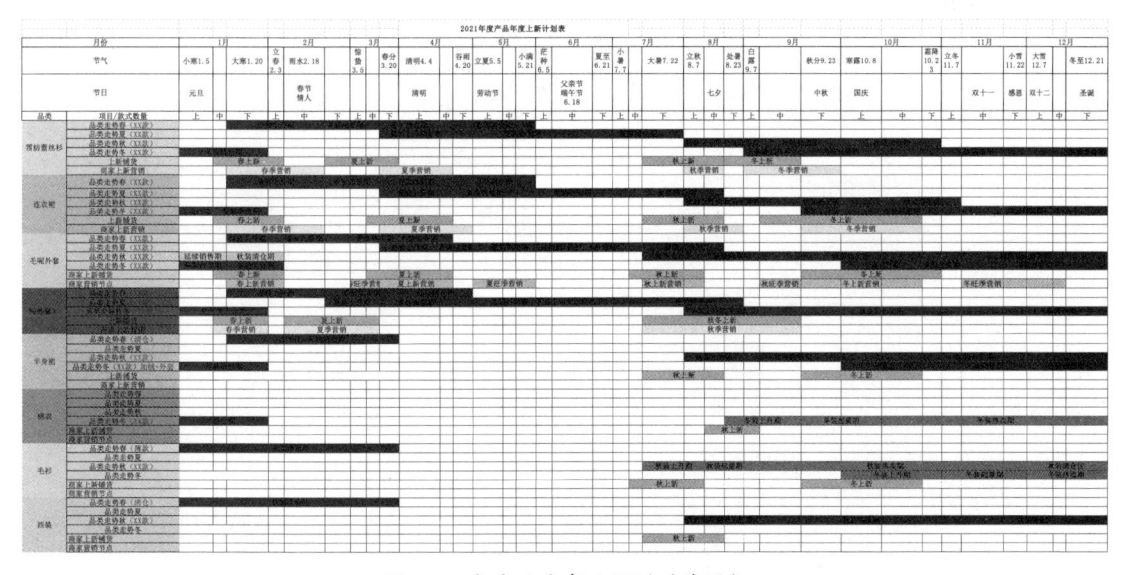

图9-5 年度网店商品规划（截图）

表 9-5 聚划算单次目标

流量需求		推广计划			促销方案	
流量细项	预计费用		直通车	引力魔方	促销1	第一名成功付款享受免单，点击开团提
预计销量	800	活动前	400	1200	促销2	减 第2~50名立即减300元
预计转化率	10%	活动中	400	800	促销3	减 第51~100名立即减200元
需求流量	8000	累计	800	2000	促销4	减 第100~500名立即减100元
预估活动流	5000	50000			促销5	入会专享20元无门槛优惠券
店铺流量	2000					
直通车（p	800	2400				
引力魔方	2000	2000				
		54400				

	预热					活动当天	
	1	2	3	4	5	6	7	累计
直通车	50	60	60	60	70	100	400	800
引力魔方	300	180	180	220	180	200	800	2060

单次活动目标制定的难点在于活动目标值。日常制定活动目标可以参考三个维度：第一个维度是官方的坑产要求，这是最低目标值；第二个维度是同行竞品参加聚划算的销售额；第三个维度是往期自己网店的参聚销售额。根据这三个维度制定一个参聚的目标，根据运营万能公式：销售额=流量×转化率×客单价，拆分商品和流量需求。例如：本次活动目标是 10 万元，报名销售价是 100 元，则需要的商品数量=100 000/100=1000，也就是需要准备 1000 个单位的商品。

2. 准备活动商品

通过目标计划计算出商品数量（活动报名货值/活动报名单价），接下来就要做商品盘点，如表 9-6 所示，确保活动商品不能断货。

表 9-6 商品盘点

产品分类	活动款	引流款	利润款	形象款	清仓款
库存销售周期					
生产周期					
上单时间					
到店时间					
下单量					

根据工厂的反馈再选择活动报名的时间。需要注意的是，首先要确保供应链时间，再根据供应链时间来选择活动时间，如图 9-6 所示。

注意 不是先把商品生产好拉到仓库再报名，而是需要先确定供应链时间再报名，做好报名活动后生产的衔接，避免货生产出来活动报名不成功导致的库存积压。

图 9-6　选择活动时间

3. 活动整体部署

计划和活动准备好之后，就要做整体的部署了，如流量计划、任务分工、节点控制、应急措施等。

能否完成目标，一个重要的因素就是流量。聚划算平台本身有流量的扶持，要想完成目标，还需要通过其他的流量渠道来补充，从而完成制定的销售额目标，根据"销售额=流量×转化率×客单价"公式，销售额是报名前制定的，报名的客单价是固定的，转化率指标可以根据路径"生意参谋→竞争→竞品分析"了解同行活动竞品的转化率和网店往期参加聚划算的转化率指标，也是一个相对固定的值。而剩下的就是去做流量计划，根据这个公式，计算出此次参加聚划算的流量缺口。计算出缺口之后就是完成引流计划，通过免费、付费、自主、站外渠道完成活动期间所需的流量。当然提升转化率指标也是运营必需的动作。

活动玩法：活动玩法是指活动期间网店的促销设置，可通过路径"生意参谋→流量→访客分析→访客对比"查看网店客户的营销偏好，如图 9-7 所示，根据偏好设置促销手段，也可根据表 9-5 设置多重优惠。

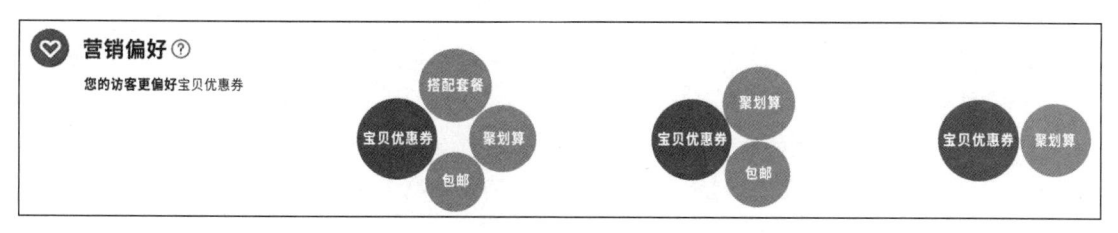

图 9-7　营销偏好

岗位分工：聚划算活动有周期短、爆发力强的特征，要参加聚划算，对于团队岗位既要有目标的设置，还要有岗位的分工明细，如图 9-8 所示。

	活动前	活动中	复盘
仓库	活动前3天备好货		
	活动前2天打包好500个单独包		
客服	再次熟悉单品知识，店长负责培训		
	熟悉关联产品推荐技巧，快捷回复设置		
	售后安装知识考核		
	活动要点，引导入会等重要内容必须熟知流程		
美工	聚划算平台详情页设计（3套方案）		
	聚划算平台主图设计（3套方案）		
	店铺内二级页设计（2套方案）		
	店铺海报方案（5个方案）		
	推广直通车图（10个方案），点击率不低于3%		
	引力魔方（15个方案），点击率不低于3.5%		
	店铺首页（前三屏活动预热、点击进入活动二级页面）		
	店招设计（点击进入活动二级页面）		
	店铺关联产品设计		
	详情页侧栏预热方案（高度500）		
推广	直通车预热，提前一周预热，每日150UV进店		
	引力魔方预热，提前一周预热，进阶式投放，7天至少进店1000UV		
	每日数据监控，流量不足，广告费用补上		

图 9-8　分工明细（截图）

4．活动监督执行

活动前期的准备工作做得越充分，活动开团后的操作就越简单，但是在开团期间还是需要做好岗位的协同，力求完美。

1）客服

售前服务培训：客服一定要事先培训，包含商品、促销、物流等方面，并整理所有的快捷回复。售后服务培训：售后服务要站在客户的角度去处理问题，并且把问题总结起来，复盘时针对问题做运营优化。

2）美工

做好关联销售、店面装修，营造网店活动氛围，关注页面数据工作。

3）运营推广

运营做好人员安排，包括审单、售后各岗位的人员数，以及网店流量变化，异常情况的处理等工作。

4）仓储

训练物流人员加快包装、发货等流程。

5．活动收尾复盘

活动结束后要迅速做好二次营销的规划，及时调整推广模式，以减少活动人群对网店人群标签的影响。活动之后针对目标总结复盘，如图9-9所示，还要对活动效果进行评估，对竞争对手进行数据分析，等等。其中最重要的一项工作就是对竞争对手进行数据分析，不管是不是战胜目标竞争对手，都可以通过数据分析来进行自我提升，积累经验，给接下来网店的操作定一个正确的方向，为下一次活动做更全面的布局规划打好基础。网店运营没有沉淀就没有爆发。

成本核算						促销方案成本		
进价	1999	1999	1999	1999	1999	促销方案成本	单项成本	备注
售价	2780	2780	2780	2780	2780	促销1（免）	2699	
扣点（5%）	139	139	139	139	139	促销2（减）	14700	
快递费用	35	35	35	35	35	促销3（减）	10000	
会员无门槛	20	20	20	20	20	促销4（增）	40000	
毛利额	587	587	587	587	587	促销5（CRM）	10000	
估计销量	100	200	300	400	500		67399	
备货需求	600	600	600	600	600			
预计销售额	278000	556000	834000	1112000	1390000			
预计毛利额（不）	58700	117400	176100	234800	293500			
促销方案成本	67399	67399	67399	67399	67399			
流量成本	54400	54400	54400	54400	54400			
预计毛利额（含）	-63099	-4399	54301	113001	171701			

图 9-9　目标复盘（截图）

9.2　淘金币

9.2.1　淘金币简介

淘金币是淘宝客户的激励系统和通用虚拟积分系统。客户通过登录、购物、互动游戏等正向行为获得金币，并在全网使用金币交易获得折扣，参与互动享受乐趣，如图 9-10 所示。

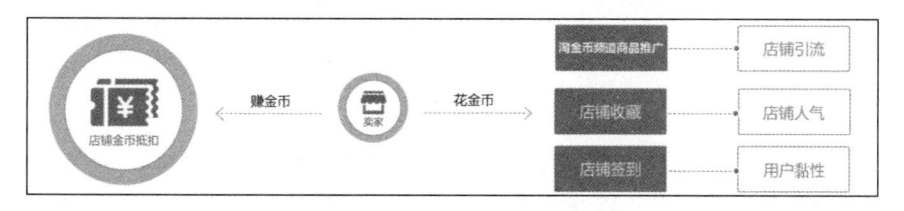

图 9-10　淘金币示意图

淘金币抵扣金额=商品活动价×抵扣比例。举例：商品活动价 100 元，金币抵扣 3%。则当客户金币充足时，该最终客户最高可抵扣的金额= 100 元×3% =3 元。

注意　淘金币可抵扣金额只与商品活动价相关，以活动价为基础计算，不以各种打折工具的折后价计算。

9.2.2　淘金币活动入口

天猫商家的入口为"卖家中心→营销中心→淘金币营销→淘金币卖家服务中心"；淘宝商家

的入口为"卖家中心→营销中心→淘金币→淘金币卖家服务中心",如图9-11所示。

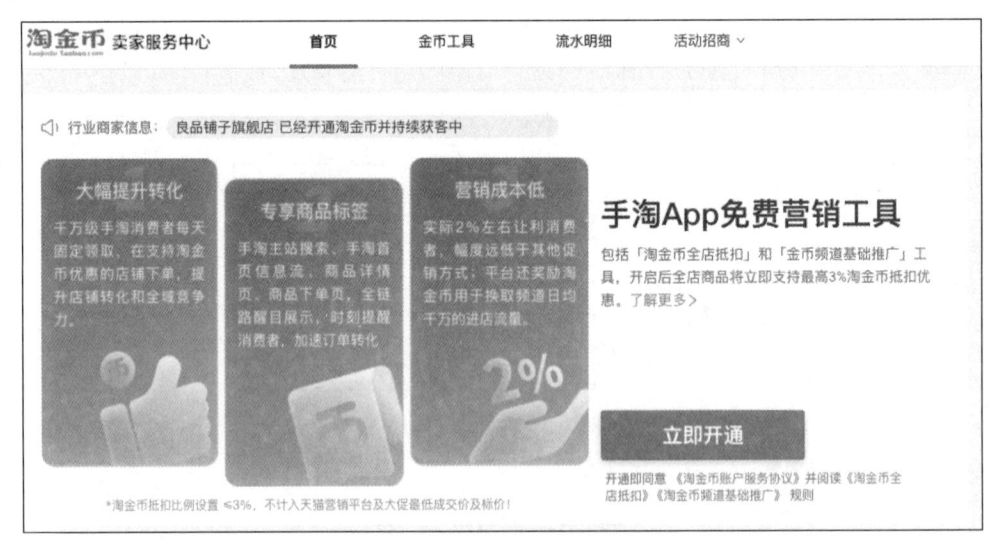

图 9-11 淘金币卖家服务中心

9.2.3 淘金币日常工具设置

淘金币日常运营是指商家利用淘金币提升店铺流量、转化率和客单价的日常工具设置,常用的日常淘金币工具有全店淘金币抵扣、淘金币频道推广、淘金币店铺粉丝运营、直播亲密度工具、淘金币流量保障5种,下面逐一介绍这5种淘金币工具的设置方法。

1. 全店淘金币抵扣

优惠、透标、得淘金币。商家通过设置淘金币抵扣优惠让利客户,获得手淘搜索、猜你喜欢、商品详情等醒目透标,吸引千万名淘金币高活客户下单。商家设置后即可实时生效,如表9-7所示。

表 9-7 淘金币抵扣门槛

门槛类型	门槛要求
店铺星级	无门槛
开店时间	无门槛
近90天店铺支付宝成交额	>0
账户B类违规处罚	<12分
账户C类违规处罚	<12分

全店淘金币抵扣设置规则如下。

- 全店抵扣比例：有 3%、5%、10% 共 3 个淘金币抵扣比例选项，必选其中一个，如图 9-12 所示。
- 高比例抵扣设置：选填项，设置好全店抵扣比例之后，可最多选 10 个商品做 5% 或 10% 抵扣。
- 不抵扣设置：选填项，设置好全店抵扣比例之后，可最多选择 10 个商品不参与淘金币抵扣。

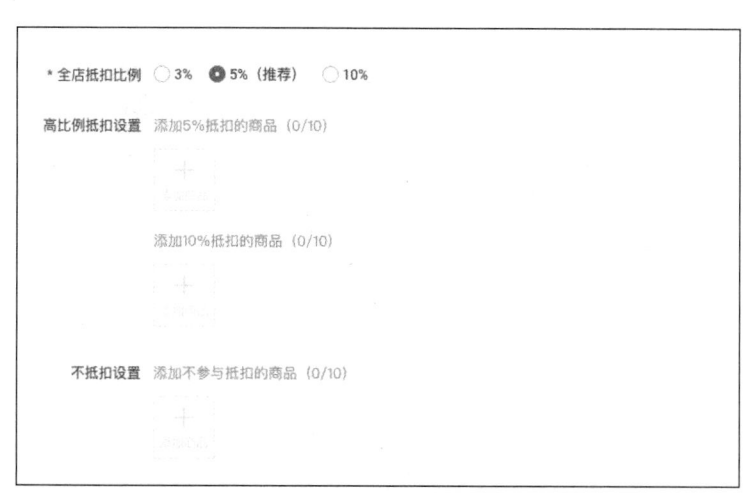

图 9-12 淘金币全店抵扣工具

2. 淘金币频道推广

商家用获得的淘金币在淘金币频道的搜索区和推荐区获取流量，推广商家店铺、商品、直播等，并按客户点击消耗商家淘金币。为达到精准推广、成交转化的目的，商品展现算法个性化推荐，系统自动识别转化效率较高的推广类型（商品/店铺/直播/短视频类型），并按客户点击消耗商家淘金币，全方位、综合性提升展示效率，助力商家金币频道成交转化，消耗门槛为搜索区 10 000 淘金币起，推荐区 10 000 淘金币起。淘金币频道推广分为基础推广和高级推广工具，如图 9-13 所示。

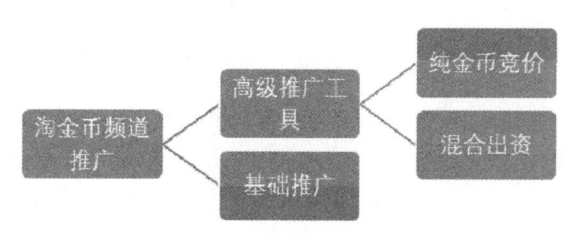

图 9-13 淘金币推广渠道

1）基础推广

商家被推广的商品/店铺/直播/短视频按对应类目的费率实时划扣淘金币。推荐区域指定类目按 72 淘金币/点击计费，其余类目按 45 淘金币/点击计费；搜索区域指定类目按 112 淘金币/点击计费，其余类目按 70 淘金币/点击计费。同一个 ID 在 24 小时内重复点击同一个商品不重复收取淘金币。

推荐区域和搜索区域的指定类目如表 9-8 所示。

表 9-8　淘金币搜索和推荐指定类目

推荐区域和搜索区域的指定类目		
水产肉类/新鲜蔬果/熟食	零食/坚果/特产	厨房电器
品牌台式机/品牌一体机/服务器	珠宝/钻石/翡翠/黄金	宠物/宠物食品及用品
床上用品	住宅家具	粮油米面/南北干货/调味品
DIY 电脑	女鞋	咖啡/麦片/冲饮
酒类	生活电器	电子词典/电纸书/文化用品
手表	服饰配件/皮带/帽子/围巾	基础建材
影音电器	居家日用	3C 数码配件
洗护清洁剂/卫生巾/纸/香薰	电子/电工	孕妇装/孕产妇用品/营养
女装/女士精品	保健食品/膳食营养补充食品	户外/登山/野营/旅行用品
茶	运动服/休闲服装	汽车/用品/配件/改装
彩妆/香水/美妆工具	传统滋补营养品	箱包皮具/热销女包/男包
男装	童装/婴儿装/亲子装	尿片/洗护/喂哺/推车床
ZIPPO/瑞士军刀/眼镜		

2）高级推广工具

a. 纯金币竞价

若商家同时开通竞价，则竞价部分为纯金币抵扣，在遵循原竞价规则的基础上，给相应的流量加权。具体设置方式如下。

商家的竞价区间为当日消耗的 1～5 倍，最终单次点击竞价消耗由系统在竞价区间范围内根据商品各方面情况综合确定，竞价一旦设置，竞价立即生效，当淘金币可用余额不足 10 000 时，已生效的竞价立即停止，如图 9-14 所示。

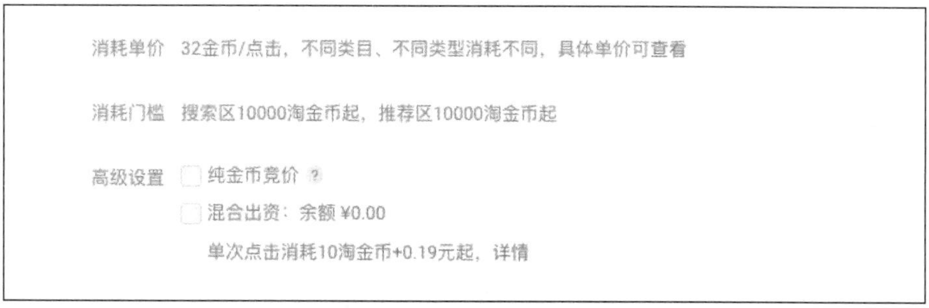

```
消耗单价   32金币/点击，不同类目、不同类型消耗不同，具体单价可查看

消耗门槛   搜索区10000淘金币起，推荐区10000淘金币起

高级设置   □ 纯金币竞价 ?
          □ 混合出资：余额 ¥0.00
             单次点击消耗10淘金币+0.19元起，详情
```

图 9-14　淘金币频道基础推广

b. 混合出资

若商家淘金币不足，则可选择参与"淘金币+现金"出资方式，以此来缓解淘金币不足的压力。

商家在淘金币频道内按商品被点击的次数支付"淘金币+现金"给淘金币官方账户的方式进行商品推广。仅当客户点击推广商品时收取费用，各类目当日消耗基础价格见上述推广区域扣费标准。

商家被推广的商品按对应类目的费率实时划扣费用（淘金币+现金）。同一个 ID 在 24 小时内重复点击同一个商品不重复收取费用。

符合淘金币频道商品推广资质门槛条件的商家可设置混合出资。当卖家淘金币资金账户内的余额少于单次点击所需的资金时，系统会暂停混合出资。

商家设置混合出资功能将由系统根据客户的喜好以及客户的购买偏好对客户进行展示的方式在淘金币频道进行展示。

推广次月起商家可根据实际消耗（现金出资部分）申请开具上月发票，淘金币消耗部分为非现金折扣。

商家开通混合出资生效期间，商品在推荐区左上角有热门标签。

混合出资和纯淘金币出资需同时开通。扣费关系：按系统费率扣费，商家当日消耗明细第二天可通过淘金币卖家中心的淘金币流水查看。

竞价和混合出资可同时开通，混合出资的计费标准默认按竞价系数等比例出资。

3. 淘金币店铺粉丝运营

主要操作有拉新、增粉、引流、定坑推商品、直播。商家可开通浏览订阅店铺、首推商品、浏览直播间等网店私域互动玩法，增加与粉丝间的互动，为网店长期拉新、引流。"淘金币店铺粉丝运营"在淘金币频道公域流量布点，官方提供淘金币发放给每日完成浏览店铺、关注店铺、点击定向商品、观看直播等任务的客户作为奖励，通过大数据算法"千人千面"地帮助商家精准找到潜在客户和成交客户，留存为网店粉丝客户，并引导粉丝点击定向商品、观看直播，促进日常粉丝活跃度，全面呈现粉丝运营的推广价值。

淘金币粉丝运营店铺开通要求如表 9-9 所示。

表 9-9　淘金币粉丝运营店铺开通要求

指标项	准入门槛	
	集市商家	天猫商家
店铺信用等级	≥3 钻	无要求
开店时长	≥90 天	无要求
本年度内一般违规行为累计扣分	<12 分	<12 分
本年度内严重违规行为扣分	<12 分	<12 分
本年度内出售假冒商品违规行为扣分	≤0 分	≤0 分
DSR 三项评分	≥4.6 分	≥4.6 分
店铺淘金币账户余额	≥0	≥0
是否开通"全店金币抵扣"工具	是	是

必须开通"淘金币店铺粉丝运营"工具，并且同时满足卖家淘金币账户内的可冻结淘金币大于或等于 10 000 个且充值账户余额大于或等于单次点击所需的资金及淘金币，网店才能在淘金币频道内好店推荐专区推广。当卖家淘金币资金账户内的余额少于单次点击所需的资金及淘金币时，系统会暂停"淘金币店铺粉丝运营工具"推广；当卖家淘金币账户内的淘金币大于或等于 10 000 个及资金总额大于或等于单次点击所需的资金及淘金币时，系统重新启动"淘金币店铺粉丝运营工具"推广。

4．直播亲密度工具

利用该工具可进行互动、促活。开通后，直播间将获得更高的流量加权。商家通过发放淘金币奖励，引导粉丝更多地参与直播间内的互动和购买。消耗单价最高 170 金币/人，消耗门槛 3000 淘金币起，如图 9-15 所示。

```
消耗单价    最高170金币/人
消耗门槛    3000淘金币起
高级设置    直播亲密度工具管理
```

图 9-15　淘金币直播亲密度工具

开通后，直播间将获得更高的流量加权。可设置亲密度任务、商品抵扣，使粉丝更多地参与直播间内的互动和购买。当卖家淘金币账户余额小于 10 000 个时，该工具在前台自动失效。

5. 淘金币流量保障

有利于活动蓄水、品牌营销。商家通过选择需要保量的时间和量级，获取确定性量级的流量到网店或直播间，短期获得大量流量。

工具分为"店铺保量"和"直播间保量"两种形式，通过保量计划，商家可以根据自己的需求，自由选择进店或进直播间的确定性展示机会，更好地为网店或者直播间引流吸粉。

保量定义：商家通过在淘金币频道开通的工具和服务，实现从淘金币各渠道至商家网店首页或者商家直播间的确定性流量。

淘金币流量保障工具的优势如下。

- 确定性：给予商家确定数额的工具调用次数，以保障网店或直播间可获得确定性的展现和曝光。
- 自主性：工具开通后，商家可根据自己网店促销节点选择适合的工具使用周期及调用量进行投放，投放方式更自主、可控。
- 短期流量打爆：通过设置投放计划，可实现商家在短期内获取足够的流量保障。
- 品牌曝光：网店及直播间的超强曝光，助力品牌商家的品牌曝光。
- 粉丝转化：保量工具可为网店及直播间强效引流，帮助商家实现粉丝高价值转化。

9.2.4 淘金币招商要求

淘金币招商活动是指商家通过淘金币频道报名的活动，对比日常工具设置，淘金币招商活动力度更大，对应的商家获取的流量也更大，淘金币目前的招商活动有"超级抵钱-30%、50%抵扣""天天特卖-30%抵扣""聚划算超级抵钱"，如图9-16所示。

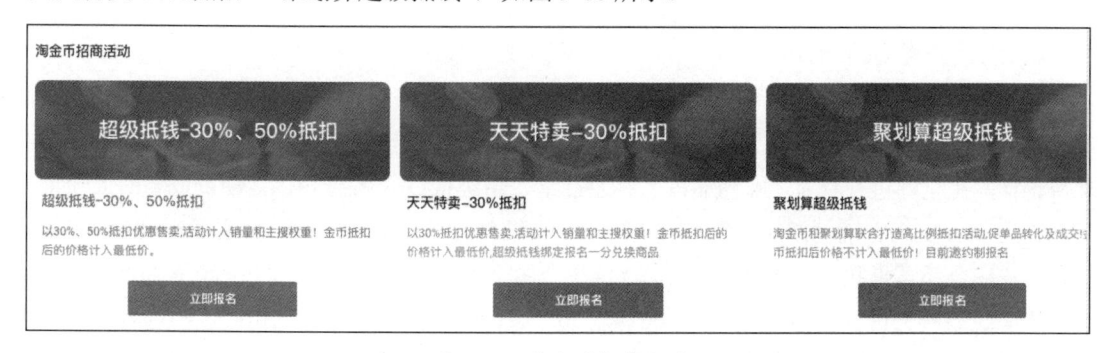

图 9-16 淘金币招商活动

1. 超级抵钱-30%、50%抵扣

以 30%、50%淘金币抵扣优惠售卖，活动计入销量和主搜权重，金币抵扣后的价格计入最

低价。

该活动中的所有销量（包含30%或50%兑换部分销量）计入销量、计入评价、计入主搜权重。

卖家淘金币奖励规则：客户购买活动商品时所使用的淘金币的70%奖励给商家，当客户确认收货后，淘金币奖励自动发放到淘金币账户。

活动商品会呈现在淘金币超级抵钱频道，根据客户关注度与偏好，采取"千人千面"的随机展示方式，即具体活动商品展示与否及展示时长均由系统自动实现。

关于商家和商品准入要求，可以从以下渠道了解详细规则。

天猫商家了解规则路径为"卖家中心→营销中心→淘金币营销→淘金币招商活动"；淘宝商家了解规则路径为"卖家中心→营销中心→淘金币→淘金币招商活动"，如图9-17所示。

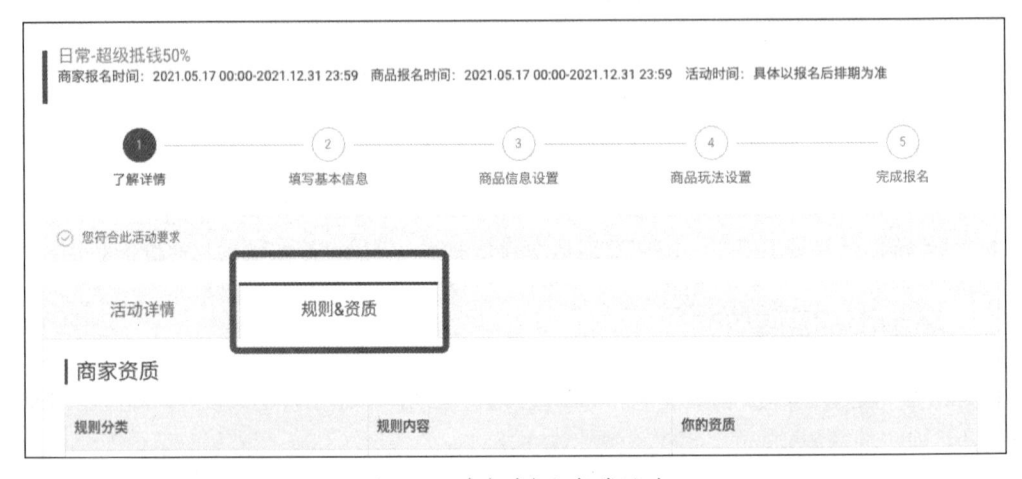

图9-17 淘金币超级抵钱活动

2. 天天特卖-30%抵扣

以30%淘金币抵扣优惠售卖，活动计入销量和主搜权重，金币抵扣后的价格计入最低价。

举例：单件商品活动时间为7天，系统会根据商家提报的活动类型，在活动期间锁定相应的优惠价格，在全网进行售卖。A商品报名并通过了"超级抵钱-30%抵扣"活动，报名的天天特卖活动价为10元，则在活动期间，系统会认定A商品报名的活动价为10元，并在此活动价基础上，支持客户淘金币再抵扣30%的优惠，此优惠价在全网全渠道生效。当客户手中有足够的淘金币时，客户购买商品所支付的金额为"7元+300淘金币"〔注：实际淘金币可抵扣的金额以客户手中的淘金币存量为准，本案例中客户最高可抵活动价的30%（有多少淘金币可抵多少元），每100淘金币可抵1元〕。淘金币分成机制：对应的成交淘金币，按照3∶7分成给商家，比如上例中的300淘金币，其中70%也就是210个淘金币返回给商家，30%也就是90个淘金币由平台回收了。

3. 聚划算超级抵钱

淘金币和聚划算联合打造高比例抵扣活动，促单品转化及成交，金币抵扣后价格不计入最低价。目前仅被邀约的商家及被邀约的商品才能报名。

9.2.5 淘金币运营要点

淘金币活动是商家常态化的活动，商家在日常淘金币运营中需要做到：了解淘金币展现的逻辑，获得更多淘金币流量的扶持；掌握赚取淘金币的技巧，让商家有更多淘金币用来操作；熟悉淘金币的引流技巧，让淘金币活动助力网店运营。

1. 淘金币展现逻辑

淘金币在手淘首页有着非常显眼的入口，如图9-18所示，由此可见平台对淘金币的重视，商家怎么做才能获得更多展现机会呢？

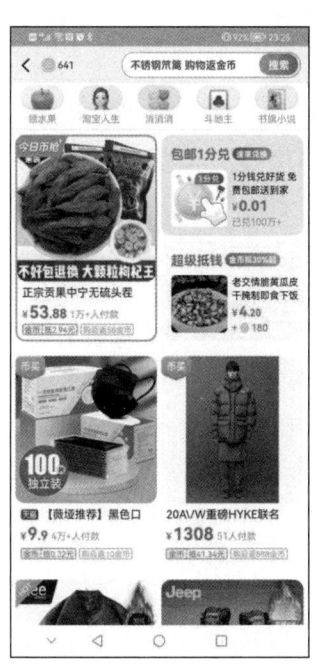

图9-18　淘金币位置

第一，获得频道内商品个性化推荐展示。商家在日常运营中的商品标签越精准越好。

第二，掌握品牌汇栏目推荐逻辑。符合入围标准的商家的商品，系统自动选择品牌知名度、网店综合能力、商品综合质量、客户偏好度高的淘金币抵扣商品进行个性化推荐，在商品入围后，每天都有被推荐展示的机会。

(1) 品牌知名度越高,被推荐机会越大。

(2) 网店综合能力越强,商品被推荐机会越大。

(3) 商品综合质量越好,被推荐机会越大。

(4) 商品与客户的喜好关联度越高,被推荐机会越大。

2. 赚取淘金币技巧

商家可以开通淘金币抵扣工具,开通后,客户花淘金币购买了抵扣的商品,则客户抵扣的淘金币的 70%将进入商家淘金币账户,举例:商品活动价 100 元,淘金币抵扣 3%,则客户购买价格为"97 元+300 淘金币",最终 300×70%=210 淘金币将进入商家淘金币账户,商家就可以赚取淘金币了。

可通过开通混合出资工具获取流量,被邀内测商家才有权限,后续会逐步放大内测名单;目前已有部分商家有内测权限,需要商家通过路径"后台→我要花金币→高级设置→混合出资→充值"进行设置,充值之后不能申请退款;混合出资可以根据实际消耗资金申请开具增值税发票,本月消耗,次月申请。只能次月申请。

3. 淘金币引流技巧

商家想获取淘金币频道流量,必须保证在活动开始前 3~5 天开通淘金币抵扣工具和淘金币频道推广工具,在两个工具开通的 3~5 天后商品进入淘金币流量推荐池(注意:淘金币账户内淘金币超过 10 000 个,商品才能入推荐池被淘金币频道展示),淘金币抵扣比例 3%及以上的商品才能在金币频道获取流量(手机、婴童尿裤、大家电、移动/联通/电信充值类目允许 2%抵扣)。在淘金币引流中经常遇到花不出去淘金币或者设置的不抵扣商品不生效的情形。

1) 淘金币花不出去,没有流量

淘金币入池权重说明:系统将根据网店综合评分、商品综合竞争力,以"千人千面"的原则把优质商品推送给客户,即便设置了推广计划,如果商品的综合打分及竞争力弱于同期商品,也不一定会被曝光。系统将根据商品综合竞争力,以"千人千面"的原则进行区分投放,系统会优先曝光具有以下特征的商品:商品月销量越高越好;7 天日均转化率越高越好;网店 DSR 评分越高越好;好评率越高越好;网店热销 TOP 单品、应季大品类,全网比价越低越好。

为什么流量忽然降了很多?

(1) 关注一下自己竞争对手是否强势入驻淘金币。

(2) 关注自己网店操作,是否存在关闭抵扣的操作,一旦关闭重启,流量会"断层"5 天左右。

（3）关注网店淘金币存量，淘金币存量影响推荐。

（4）如果网店都完成正常，数据忽然某天下降，只需耐心等待5天，一般这种异常情况5~6天后恢复。

（5）如果持续流量低迷10天以上，那应该就是被"PK"了，系统判断商品可能还不够优质。

（6）需要调整一下策略，做一下单品的关联优化之类的操作，做一下重点单品试试，比如参加一下超级抵钱活动，提高单品的转化率。

2）设置的不抵扣商品不生效

（1）看操作是否正确，操作流程为"修改不抵扣商品→复制所有不抵扣商品重新添加进去→确认设置→发布修改"。

（2）一般设置完3小时后会生效。

（3）主搜的淘金币抵扣标识一般T+1天生效，即取消抵扣后，第二天才会把这个标去掉，但是实际上设置不抵扣后3小时左右，下单就已经不抵扣了。

（4）如果不是以上3种情况，请排查一下是不是自己参加了超级抵钱活动。如果商品参加了超级抵钱活动，那么在报名通过之后到活动结束期间，不抵扣设置都是不生效的。

在网店开通抵扣工具期间，如果网店新上一个商品，则该商品默认处于淘金币抵扣状态，请务必注意，按需及时更新不抵扣商品。若要将新上架的商品设置为不抵扣淘金币商品，首先让新品先上架，然后进入淘金币后台更新商品，将所有不参加淘金币活动的商品重新设置为"不抵扣"并确认设置发布修改，如此操作后，即便该商品未来下架并重新定时上架，也会默认设置为"不抵扣"状态。

修改网店抵扣比例和不抵扣商品无须关闭抵扣，直接进行比例调整或点击"更新商品"将所有不抵扣商品重新设置一遍！最后务必点击发布修改，方能生效！务必注意：每次关闭后重新开启，系统都要一段时间（3~5天）重新抓取网店商品到淘金币频道展示，逐渐匹配流量，会导致断流。

4．淘金币运营注意事项

淘金币抵扣比例设置≤3%，不计入最低成交价，也不计入最低标价；设置5%及以上抵扣比例计入最低成交价，淘金币抵扣工具可以随时开启和关闭，但不建议频繁操作，以免影响流量获取及流量稳定性。

淘金币设置全店淘金币抵扣，抵扣比例≤3%是不会导致活动价格保护扣分的（如出现扣分，则是因为淘金币全店抵扣引起的）。

9.3 天天特卖

9.3.1 天天特卖简介

天天特卖致力于为客户提供更具性价比的商品和更便捷安心的购买体验。参加天天特卖的活动商品可在全渠道享受面向目标人群的流量扶持。

天猫商家的报名路径为"卖家中心→营销中心→营销活动中心→活动报名→天天特卖";淘宝商家的报名路径为"卖家中心→营销中心→活动报名→天天特卖",如图 9-19 所示。

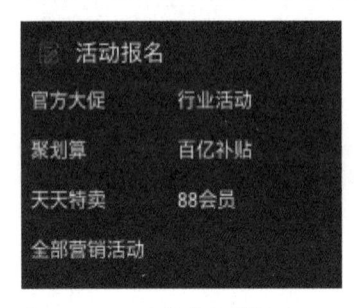

图 9-19 天天特卖活动报名入口

9.3.2 天天特卖服务保障

为了提升客户在天天特卖活动中的购物体验,天天特卖活动对商家有退款、价保、发货的服务保障的要求,如图 9-20 所示。

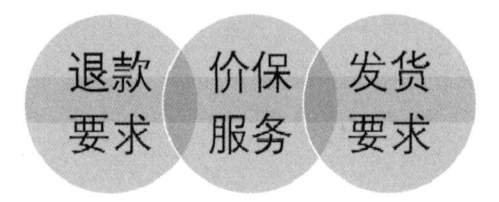

图 9-20 天天特卖服务保障

1. 退款要求

为全面提升频道客户的退款体验,报名参加天天特卖活动的商品,若存在延迟发货情况且交易状态为"买家已付款,等待卖家发货"情形的,除以下订单类型外,针对交易诚信记录良好客户申请的退款,平台将默认达成退款申请,按退款申请的金额直接退款给客户处理(不适用平台直接退款的订单类型:单笔订单退款金额超出 200 元的订单)。

2. 价保服务

报名天天特卖的商家（含天猫、淘宝网、天猫国际）须为客户提供价保服务。即客户在天天特卖购买支持价保服务的商品，在下单后 15 天内，若同一商家的同一商品出现降价的情形（不含红包、运费），则客户可申请差价补退。

3. 发货要求

参加天天特卖活动（“天天特卖&淘金币-超级抵钱 30%抵扣”和“天天特卖超级抵钱 50%抵扣”活动除外）的商家（含天猫、淘宝网、天猫国际）48 小时揽收及时率须≥90%，且活动订单需要在付款后48小时内发货；参加天天特卖&淘金币-超级抵钱30%抵扣和天天特卖超级抵钱50%抵扣活动的商家（含天猫、淘宝网、天猫国际）24 小时揽收及时率须≥80%，且活动订单需要在付款后 24 小时内发货。否则平台将依据天猫店铺和淘宝店铺延迟发货条款处罚规则对网店进行处罚，具体规则详见“关于天天特卖新增发货要求规则公示通知”，如图 9-21 所示，该通知可在淘宝官网上找到。

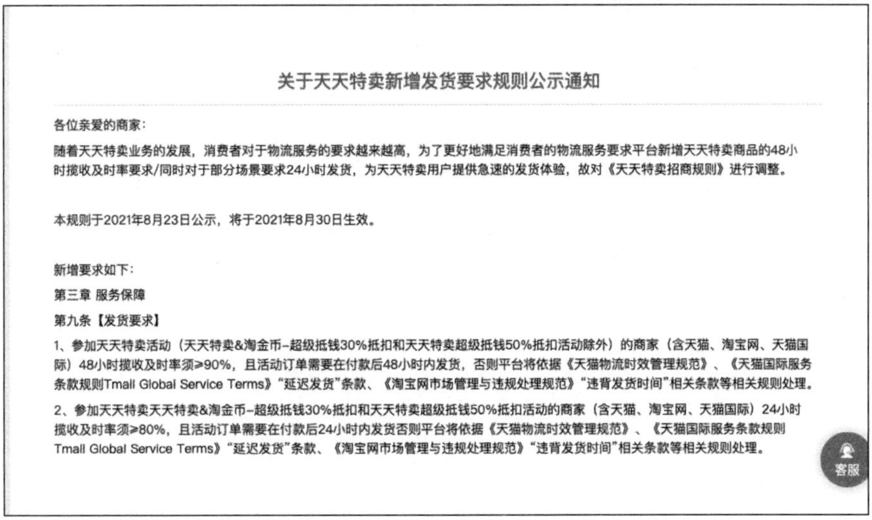

关于天天特卖新增发货要求规则公示通知

各位亲爱的商家：

随着天天特卖业务的发展，消费者对于物流服务的要求越来越高，为了更好地满足消费者的物流服务要求平台新增天天特卖商品的48小时揽收及时率要求/同时对于部分场景要求24小时发货，为天天特卖用户提供急速的发货体验，故对《天天特卖招商规则》进行调整。

本规则于2021年8月23日公示，将于2021年8月30日生效。

新增要求如下：

第三章 服务保障

第九条【发货要求】

1、参加天天特卖活动（天天特卖&淘金币-超级抵钱30%抵扣和天天特卖超级抵钱50%抵扣活动除外）的商家（含天猫、淘宝网、天猫国际）48小时揽收及时率须≥90%，且活动订单需要在付款后48小时内发货，否则平台将依据《天猫物流时效管理规范》、《天猫国际服务条款规则Tmall Global Service Terms》“延迟发货”条款、《淘宝网市场管理与违规处理规范》“违背发货时间”相关条款等相关规则处理。

2、参加天天特卖天天特卖&淘金币-超级抵钱30%抵扣和天天特卖超级抵钱50%抵扣活动的商家（含天猫、淘宝网、天猫国际）24小时揽收及时率须≥80%，且活动订单需要在付款后24小时内发货否则平台将依据《天猫物流时效管理规范》、《天猫国际服务条款规则Tmall Global Service Terms》“延迟发货”条款、《淘宝网市场管理与违规处理规范》“违背发货时间”相关条款等相关规则处理。

客服

图 9-21　天天特卖发货要求

9.3.3 天天特卖审核标准

针对所有报名商品，天天特卖根据以下几个维度择优选择高品质商品参加活动，商品符合要求才能提高活动商品的报名通过率。

（1）为了真正实现让利客户的目的，为客户筛选极致性价比商品，天天特卖会根据商品的全网竞争力(包括款式、品质、价格等)等择优选择商家、商品开展合作。

(2)优选厂家直销/产地直供型商家、特价热销型商家、品牌折扣型商家,并综合网店日常销售、网店营销平台表现等维度进行商家优选。

(3)综合报名商品的价格、商品成交额、网店主营类目的日销排名等维度进行商品优选。

(4)参考网店 DSR、纠纷退款率、诚信经营等体现网店服务和质量水平的指标维度。

9.3.4 天天特卖运营要点

作为官方活动之一,天天特卖活动主要体现商品的极致性价比,商家可针对商品不同的生命周期选择天天特卖的各频道进行报名,天天特卖玩法频道分为秒杀类、抵扣类、特卖类、互动券类,如图 9-22 所示。可通过路径"活动报名→天天特卖→日常活动"查看活动招商要求,对于天天特卖各频道店铺和商品都有详细招商要求介绍,商家在报名前要知晓频道规则后方可报名。

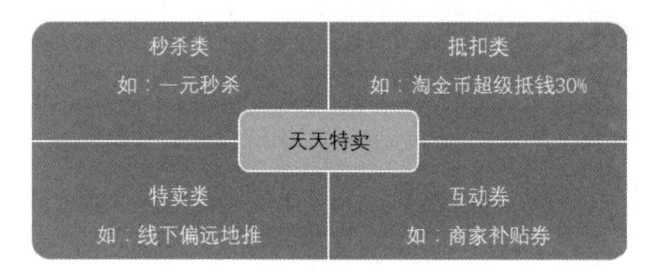

图 9-22 天天特卖活动分类

1. 活动介绍

1)天天特卖一元秒杀说明

活动介绍:天天特卖一元秒杀玩法主打渠道专享一元好货,如图 9-23 所示,为客户提供超值商品,限时售卖、团期内售罄后持续享受流量曝光,商家可以快速打造新品、爆品,网店成长加速。商家报名商品通过审查,商家自行确认参团场次,团场为每天 4 场,在每日的 0 点、9 点、14 点、20 点开团,每个商品团期为 24 小时。商家了解规则频道后即可报名。

2)天天特卖&淘金币-超级抵钱 30%抵扣活动说明

活动介绍:天天特卖超级抵钱是由天天特卖和淘金币联合推出的淘金币高比例抵扣优惠活动,是助力商家快速积累商品销量、打造高转化率单品的优质活动。商家以及报名商品通过审查后,自商品在天天特卖&淘金币-超级抵钱 30%抵扣活动上线之日起,每个商品团期为 5 天。

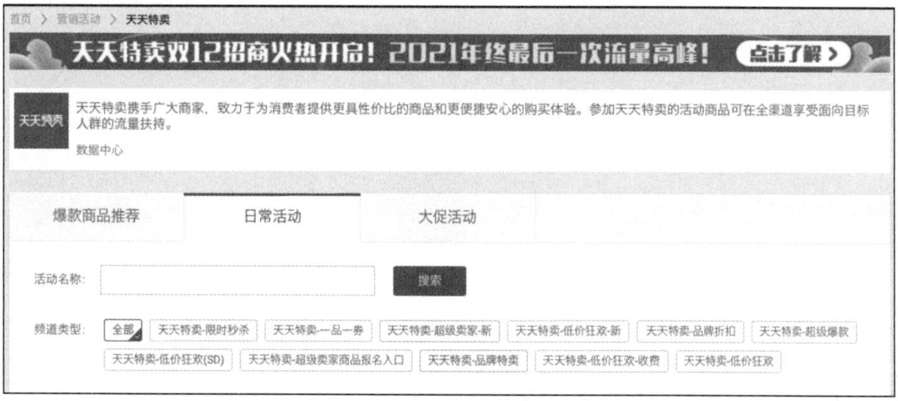

图 9-23　天天特卖频道规则

3）天天特卖商家补贴券活动说明

活动介绍：天天特卖商家补贴券致力于在全网不乱价的基础上帮助商家拉新，商家可设置一定额度的新人补贴券，新人补贴券在特卖频道有外化的表达。新人补贴券活动商品将在特卖频道有单独的商品表达，同时有机会在商家新人补贴栏目定向曝光。

4）天天特卖线下偏远地推说明

活动介绍：天天特卖致力于携手广大产业带商家为客户提供极致性价比商品和省心安心服务，商品参加活动后可在全渠道（包括搜索推荐）享受面向目标机会人群的流量扶持，每个商品团期 60 天。线下地推渠道针对线下人群推广。

天天特卖除上述 4 种频道活动外，还有其他的活动频道，商家在选择报名前可在"活动报名→天天特卖→日常活动"中了解各频道规则，如图 9-24 所示。

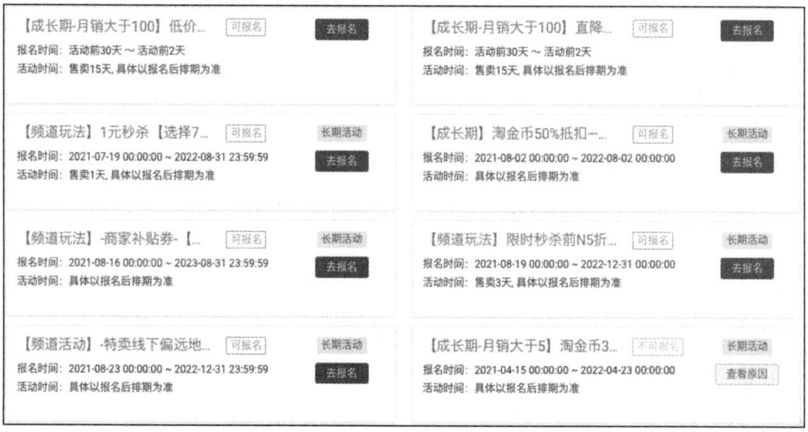

图 9-24　天天特卖频道介绍

2. 活动运营

1）活动的作用

与其他活动相比，天天特卖活动商品获取利润的难度较大，那么商家为什么还要选择天天特卖活动进行报名呢？主要因为天天特卖活动目前是免费的而且流量扶持力度很大，而商家在日常销售中需要通过付费工具进行引流，天天特卖则可以节省这部分的推广费用以达到促进销量的目的。除费用之外，天天特卖活动还有以下六大作用，如图9-25所示。

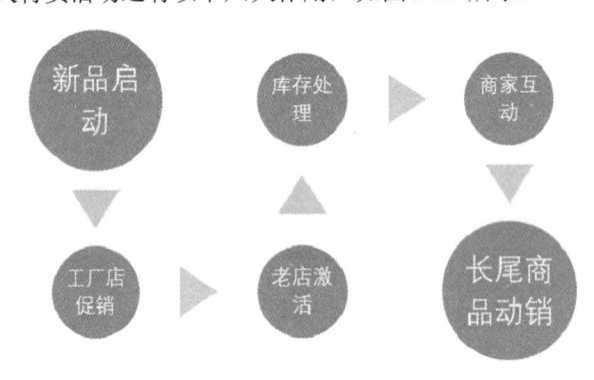

图9-25　天天特卖活动的作用

- 新品启动：商品在导入期需要快速起销量和评价，才能在后面的成长期和爆发期获利，而天天特卖秒杀类活动能够帮助商品实现新品起销量和评价的作用。
- 工厂店促销：作为工厂店优势明显，有强大的供应链支持，而劣势就是库存管理稍有不慎就会有大量商品积压，而天天特卖能够帮助工厂店清理库存，不会让库存占用资金，从而商家可以有更多的精力和资金投入新品的研发和销售。
- 老店激活：很多网店由于运营不当，导致网店休眠没有访客，对于这类网店首先考虑的就是激活网店，而天天特卖的极致性价比能给网店带来大量的访客和订单，活动结束后可通过人群再定向激活网店。
- 库存处理：由于商品的种类繁多、核算不及时不仔细、运营不当等原因导致的商家库存积压，会对电商类的企业造成资金和运营上的压力，商家可以通过天天特卖活动清理库存。
- 商家互动：互动营销可以提升客户和商家的黏性，增加网店的流量，从而降低网店的营销成本，商家通过官方的天天特卖活动发送优惠券，提高优惠券的到达率，增加网店的受众。
- 长尾商品动销：网店的动销率会影响网店的权重和客户购物体验，网店可以通过抵扣类活动或者互动券带动长尾商品的动销，提升网店的权重。

2）活动的优势

天天特卖作为官方活动，有官方的活动背书和流量扶持，商家报名后能够得到活动的流量扶持，带动商品销售，对商家来说，最重要的是天天特卖活动中的销量是计入主搜和计入销量的，如图9-26所示，这样商家在活动中通过让利，能在活动结束的日销中提高排名和商品的权重，撬动更多的免费流量。

图9-26 天天特卖活动优势

3）活动运营的核心

天天特卖作为官方活动，官方会投入人员及资金对活动进行引流，流量最终分配给参加天天特卖的活动商家，平台的官方运营小二也会对参加活动的商品进行考核，最重要的两个考核指标就是点击率和售罄率。

点击率反馈的是客户对于商品的喜好度，若点击率低，则系统会判定商品不受欢迎，再次报名的通过率也就降低了。影响天天特卖活动点击率的主要因素有活动图主体不突出、利益点不明确、同质化严重，客户在不点击的情况下，根本不可能产生购买行为。现在网店的流量基本来自移动端，若移动端展示个体图片的比例偏小，如图9-27所示，从活动列表中很难识别活动的具体商品，则会大大降低客户的进店率，所以商家在参加活动时要做到活动图片商品清晰、卖点和利益点突出、构图差异化，从而提升网店参加活动时的点击率。

图9-27 天天特卖活动案例

售罄率反馈的是商家的活动运营能力，售罄率低会影响商家后续参加天天特卖活动的持续性，商家在报名天天特卖活动之后，除天天特卖活动渠道的流量外，也要通过付费流量和其他私域流量进行补充。

4）活动注意点

天天特卖官方活动定位是极致性价比，活动定位也导致活动客户人群对于价格很敏感，活动期间沉淀的客户基本属性（性别、年龄、地域、淘宝账号等级）、客户最近行为属性（自然搜索、商品浏览、收藏加购的商品，以及商品的购买记录等）、客户订单属性（商品的客单价、类目偏好、风格特征、款式，以及购买次数、购买渠道和购买方式等）和网店日销有所不同。如果出现活动人群标签打乱日销人群标签的情况，会导致店铺的转化率下降，而商家在活动结束之后应该及时利用直通车来修正商品的人群标签。

商品活动后新建一个直通车计划，根据活动前的单品高转化人群（生意参谋→品类→商品360→客群洞察）或者店铺转化率（生意参谋→人群→行业策略）圈定目标人群，提高优质人群溢价，一方面会强化标签，另一方面会提升店铺转化率。转化率高，相应的权重就会高，标签就会越来越精准，从而提高自然流量，形成一个良性的循环，如图9-28所示。

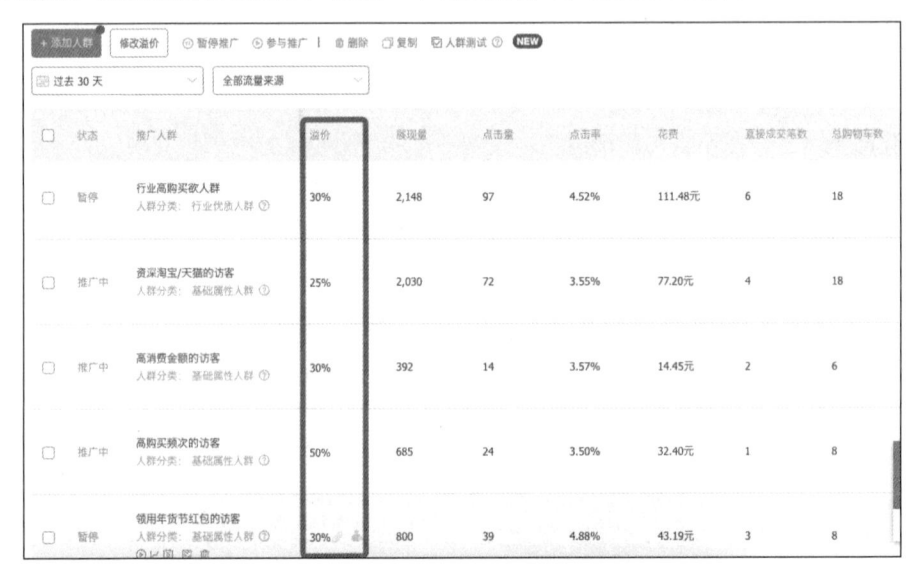

图9-28 活动后的直通车计划

9.4 百亿补贴

9.4.1 百亿补贴简介

百亿补贴是在商家供货价格基础上给客户一定比例的让利金额，为客户优选品牌低价让利的商品，为品牌提供全域营销解决方案，打造品牌超级补贴日。

天猫商家的报名路径为"卖家中心→营销中心→营销活动中心→活动报名→百亿补贴";淘宝商家的报名路径为"卖家中心→营销中心→活动报名→百亿补贴",如图9-29所示。

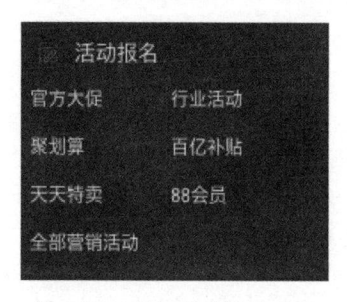

图9-29　百亿补贴报名入口

9.4.2　百亿补贴招商标准

报名参加百亿补贴的商家及商品须符合营销平台基础规则的要求,同时须符合商家和商品条件。

1. 商家条件

(1)网店开店时长:主营一级类目为整车(经销商)及新车/二手车的天猫店铺无开店时长要求;其他网店开店时长在30天及以上;新车/二手车、整车(经销商)、医疗及健康服务类目的商家,参加百亿补贴必须支持售中未使用退款和过期自动退款。

(2)天猫店铺"基础服务考核"中的"物流体验"维度得分要求:≥3分,如图9-30所示。

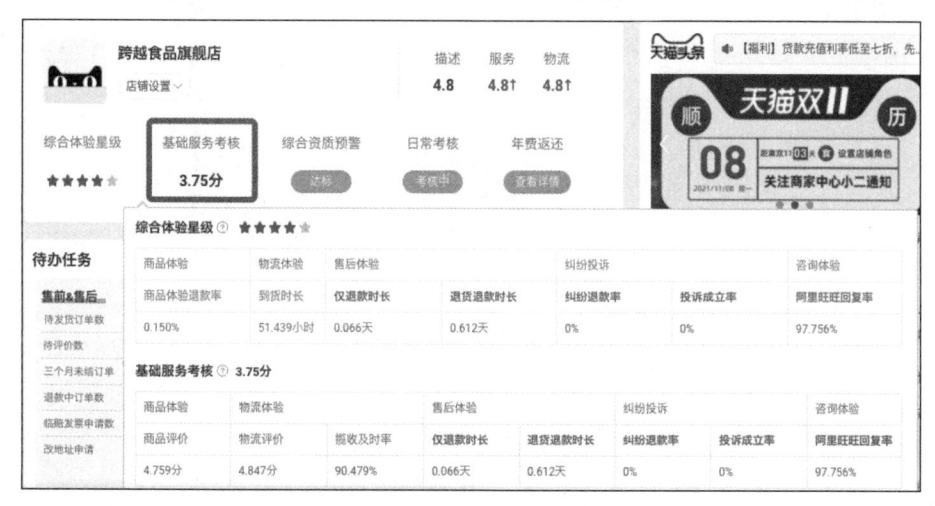

图9-30　天猫商家基础服务考核

2. 商品条件

（1）品牌认证：品牌商品必须有品牌方提供的售卖证明，或者报名商品有品牌方开具的购买发票，或者有品牌渠道商的资质证明；自有品牌商品提供自有品牌的相关证明。

（2）商品价格要求如下。

①百亿补贴活动商品的报名价格不得高于天猫特殊大型营销活动最低标价，具体最低价标准规则详见淘宝官网上的"百亿补贴招商规则"，如图9-31所示。

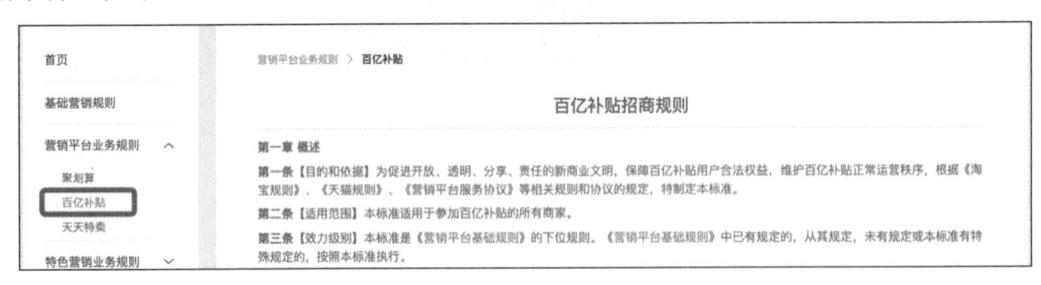

图9-31　百亿补贴招商规则

②为保障活动效果，百亿补贴提供"商品价格力"管理工具，帮助商家更好地管理活动商品价格。"商品价格力"会影响商品在百亿补贴活动中的审核通过率及活动资源。百亿补贴商品价格力取决于"预计普惠成交价 vs 天猫最低价"。

③商品活动期间，如价格竞争力不足，在系统提示后仍未优化调整，则百亿补贴对该商品采取在百亿补贴频道内展示资格的降级、取消或做商品清退处理。

3. 服务要求

为了提高客户在百亿补贴的购物体验，百亿补贴活动对于参加活动的商品有正品保障、价保服务、运费险、服务时效、物流时效的要求，如图9-32所示。

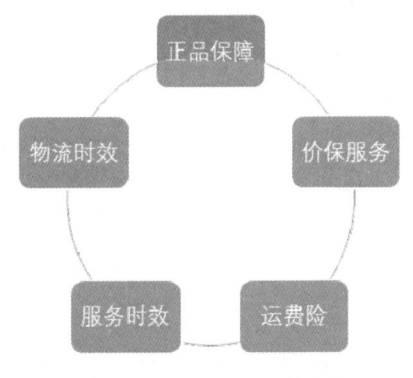

图9-32　百亿补贴服务要求

（1）正品保障：百亿补贴活动商家承诺客户在百亿补贴购买商品后，若收到货后确认该商品非"正品"，则商家需向客户退还商品的实际成交金额，并向客户支付商品实际成交金额的9倍赔偿金。

（2）价保服务：报名百亿补贴的商家须为客户提供价保服务。即客户在百亿补贴购买支持价保服务的商品，在购买后的15天内，若同一商家的同一商品出现降价的情形（不含红包、运费），则客户可申请差价补退。

（3）运费险：报名百亿补贴的商家须为客户提供"免费退货服务"，并投保相应运费险。

（4）服务时效：协同工单是平台联动商家共同保障客户购买体验的重要工具。商家收到协同工单后，应主动联系客户，并在24小时内完成工单反馈，否则视为超时工单。如商家近30天出现超时工单的天数大于或等于3天，将被限制参加百亿补贴活动。如百亿补贴活动商品出现超时工单，百亿补贴将对该商品进行下架处理。

（5）物流时效：参加百亿补贴活动商品的订单需要满足对应平台的发货时间要求，若该商品订单48小时揽收及时率低于90%，百亿补贴将取消该商品在百亿补贴频道内的展示资格，订单72小时揽收及时率达到95%以上后恢复展示资格；若商品订单48小时揽收及时率低于85%，百亿补贴将对该商品执行清退处理。

9.4.3　百亿补贴审核要求

为了提高百亿补贴商品活动报名通过率，商家应从如下维度选择报名参加活动。

（1）优先选择国际、国内知名品牌和TOP淘品牌的商品。

（2）报名商品从商品日常爆发潜力、纠纷退款率等综合维度进行考量。

（3）网店主要从日常销售、百亿补贴活动销售和网店历史活动、诚信经营表现等综合维度进行筛选，如近30天店铺成交额、上次参加百亿补贴成交额和售罄率等维度。

（4）为了真正实现让利给客户的目的，为客户筛选超高性价比商品，百亿补贴会根据商家对天猫、淘宝客户的专注度和商品的全网竞争力（包括款式、品质、价格等）等择优选商家、商品开展合作。

9.4.4　百亿补贴运营要点

1. 活动流量规划

售罄率是百亿补贴活动审核的重要指标，单次参加百亿补贴的售罄率指标是活动运营的重点，商家为了连续报名成功，要完成售罄率指标，需按照活动目标进行流量规划。

根据销售额=流量×转化率×客单价来规划活动所需的流量，客单价为此公式中的已知项。活动运营的运营重点就变成流量和转化率运营。

首次参加百亿补贴的商家通过路径"生意参谋→竞争→竞品分析"参考竞品转化率和流量,如图9-33所示,计算流量缺口,然后根据流量缺口进行引流。

第二次或者多次参加百亿补贴的商家可以根据网店以往百亿补贴转化率计算流量缺口,然后根据缺口制订引流计划。

对比指标	⊙访客数	○客群指数	○支付转化指数	○交易指数		
流量来源					竞品1 访客数	操作
手淘其他店铺商品详情 ⑦					258	趋势
聚划算百亿补贴					256	趋势
手猫其他店铺					210	趋势

图 9-33 百亿补贴流量查询

流量规划表格如图9-34所示,按照表格执行每个渠道的引流工作,考虑活动流量会受时间和同行竞品的影响,除要完成表格中的流量计划外,运营同时还需要提高转化率,流量和转化率指标越大,售罄的概率也就越大。

			百亿补贴流量预估和销量分解								
目标成交额	活动价	客单价	预估备货量	所需UV	预估活动UV	流量缺口	购买转化率	卖出订单数	平均购买件数	流量补缺计划	最总流量缺口
1000000	59	118	16949.15254	28248.58757	20000	8248.587571	0.3	8474.576271	2	5000	3248.587571
原预估跟销量产出分解		预估带来流量值		流量UV总和	平均点击成本	所需花费	转化率	成交人数	人均成交件数	售出数量	成交金额
流量来源入		预热期间	活动期间				根据行业值				
站内付费流量	直通车	200	800	1000	3	3000	0.05	50	3	150	8850
	引力魔方	500	1000	1500	1	1500	0.03	45	3	135	7965
	淘宝客	500	500	1000	6.8	6800	0.07	70	2	140	8260
	达人流量	500	1000	1500	1	1500	0.03	45	3	135	7965
	万相台	500	1000	1500	1	1500	0.03	45	3	135	7965
	其他			0		0		0		0	0
站外付费流量	列/导航层	500	1000	1500	1.8	2700	0.018	27	3	81	4779
	站外直播	500	1000	1500	0.8	1200	0.03	45	3	135	7965
	站外其他	500	1000	1500	0.75	1125	0.03	45	3	135	7965
免费流量	自然搜索	150	350	500	0	0	0.05	25	3	75	4425
	推荐	1000	1500	2500	5	12500	0.15	375	3	1125	66375
	老客户	500	2000	2500	1.7	4250	0.1	250	3	750	44250
百亿补贴	动平台-首	2000	3000	5000	0	0	0.3	1500	3	4500	265500
	平台-分	3500	5500	9000	0	0	0.3	2700	3	8100	477900
	平台-无	800	2500	3300	0	0	0.3	990	3	2970	175230
	其他										
	汇总			33800		36075		6212		18566	1095140

图 9-34 百亿补贴流量规划(截图)

2. 活动发货规划

百亿补贴为了打造百亿补贴频道优质的客户体验,对于未能符合"发货时效规定"的订单(属于延迟发货的订单),会触发赔付规则,以赔付红包的方式向客户进行赔付,除定制、预售及其他特殊情形等另行约定发货时间的商品订单外，平台将根据物流公司回传信息判定并执行赔付。赔付红包面额计算标准如下。

- 天猫商家：为商品实际成交金额的 5%，单笔交易最低赔付不少于 5 元，不高于 50 元。
- 淘宝商家：为商品实际成交金额的 10%，单笔交易最低赔付不少于 5 元，不高于 100 元。

商家在活动报名成功后，要根据活动报名的数量做好备货、打包的预备工作，提前打包很多商家容易忽略，应根据报名的数量合理安排打包人员进行提前打包，如表 9-10 所示，确保 48 小时内发货并有揽收记录，揽收后 24 小时内有物流更新记录。

表 9-10　打包调研表

打包员工姓名	打包数量：个/天	往期出错率平均
员工 A	350	1.2%
员工 B	370	3%
员工 C	375	4.1%
员工 D	390	3.7%
合计	1485	

9.5　活动执行

网店运营流量渠道分为免费流量、付费流量、活动流量、自主流量，活动流量作为流量日常运营的重要流量渠道之一，对于网店的成功与否起着至关重要的作用，前面的章节介绍了聚划算、淘金币、天天特卖、百亿补贴等活动的概况与运营，而一场成功的活动需要对于整个活动流程有充分的把握。本节重点讲解活动运营，活动运营分为活动目的及主题确认、活动类型及时间确认、活动商品数据化选款、活动策划和执行监控、活动效果复盘 5 个步骤，整个活动运营流程不仅适用于前面章节介绍的活动，还适用于其他的平台活动和站外活动。

9.5.1　活动目的及主题确认

1. 活动目的

活动作为网店运营过程中常态化的引流手段，在开始前首先要确定的是活动的目的，一般来说活动的目的有网店引流、提升商品排名、打造爆款、清理库存、拉新沉淀、激活老客户、锻炼团队、推新品/品牌等，对于平台活动多元化，活动更大的作用是信任背书，活动运营中要根据活动目的，用简短且有号召力的文案为活动设计一个主题。

2. 活动主题

活动主题就是参加活动的理由，可以设计成活动海报，如图 9-35 所示。如果说这个理由不好，或者看上去没有那么新颖，对客户没有吸引力，整个活动结果也会不尽如人意。网店活动想要成功，就要借助一个好的主题，这样促销活动才能事半功倍。活动主题策划需要注意有明确主题且表达清晰，还要注意以下几点。

（1）与本次活动目的是否统一。
（2）与品牌的定位与风格是否一致。
（3）主题是否通俗易懂。
（4）主题是否能打动客户。
（5）主题是否具备延展性。
（6）主题是否有规划性及累积性。

图 9-35　活动海报

9.5.2　活动类型及时间确认

1. 活动类型

活动类型比较多，有平台活动、类目活动、内容活动、自主活动，商家在选择活动的时候可以根据网店的发展阶段、商品生命周期、时间节奏，合理地安排网店活动。

- 平台活动：聚划算、百亿补贴、天天特卖、淘金币、淘抢购、"88 会员"、"618"、"双11"、"双 12"、"38 女王节"等。
- 类目活动：新锐卖家、风格店铺、众创先锋、鞋柜、潮鞋汇、淘宝吃货、极有家、520 亲子节、潮电街等。
- 内容活动：有好货、爱逛街、直播、ifashion、达人活动等。

- 自主活动：购物车营销、店铺会员日、店铺上新、店庆主题活动等，如图9-36所示。

图9-36 店铺会员日活动

1）根据网店发展阶段确认活动类型

网店在不同发展阶段，团队、供应链、资金情况不同，合理地安排活动对于网店的成长至关重要。比如新店开业，团队只有两个人，若参加聚划算或者百亿补贴这种量级的活动，就有可能导致货物不能正常发出，而触发活动规则，导致网店被关，网店应该根据活动订单量、供应链能力、团队能力和资金能力几个维度在网店不同阶段参加不同的活动，如图9-37所示。

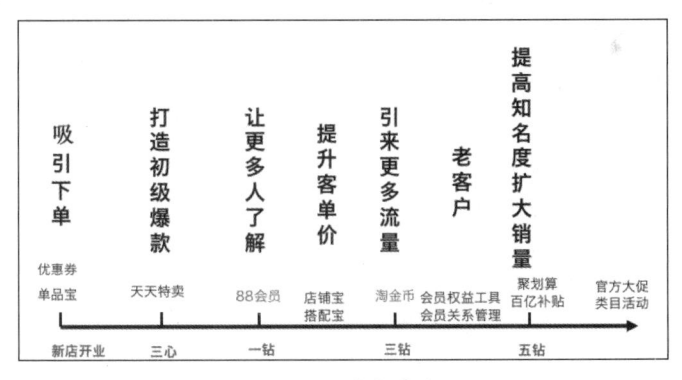

图9-37 网店发展阶段

2）根据商品生命周期确认活动类型

在不同的生命周期商品运营手段是不同的，而单品在不同生命周期借力活动运营，也需要区别对待，在导入期的商品需要单品权重，这个时候可以借助自有活动、内容活动、平台的天天特卖和淘金币活动来打造单品权重，而在后面的成长期、爆发期以及衰退期的运营策略又会有差异，总之，在不同的商品阶段要选择不同的活动运营方式，如图9-38所示。

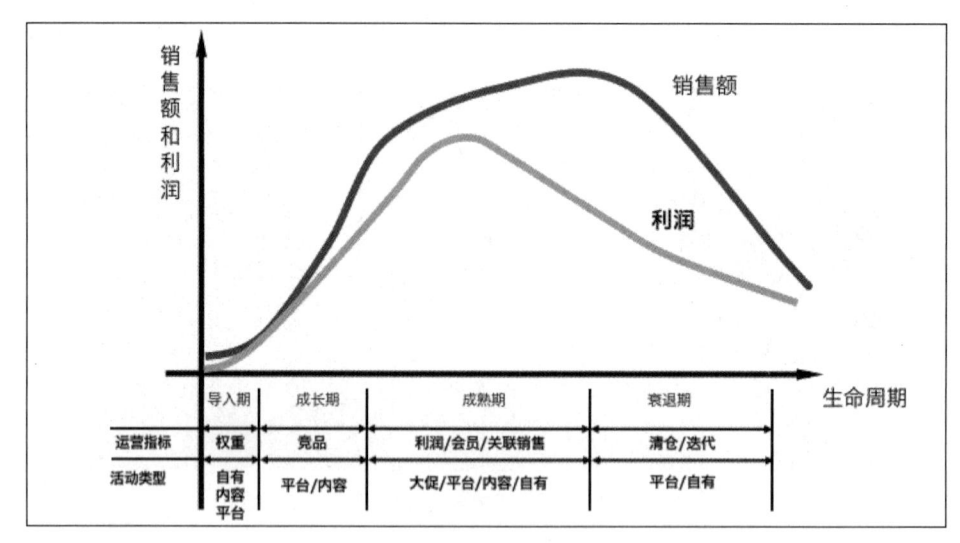

图 9-38　生命周期

3）根据时间节奏确认活动类型

第一类是淘宝平台大型活动，比如"双 11""双 12"，这类活动的特点是平台自创大型活动日早已随着时间的发酵而被熟记于心，所以客户会有很高的期待值和购买欲。第二类是节假日，如圣诞节、元旦、春节、"三八"妇女节、七夕节，节假日的时间是固定不变的，这类活动有可预知性，有足够时间来做准备。第三类是热门事件，比如世界杯、冬奥会、影视剧热映、抖音出现热门商品，热门事件可以分为可预知性和突发性两种，但不管是哪一种，都会自带流量。第四类就是网店自由组织的，比如周年庆、会员日，这类活动灵活性高，需要网店的运营人员有快速反应能力和事情捕捉能力，快速设计好活动方案和对应的活动运营计划。

对于可预见的活动，网店应该提前做好规划，如表 9-11 所示，再根据网店流量情况和商品销售节奏安排活动。

表 9-11　年度时间表

月份	1月				2月				3月				4月			
周别	1	2	3	4	1	2	3	4	1	2	3	4	1	2	3	4
节日节点活动计划	元旦				春节	情人节			妇女节				愚人节			
常规活动计划	每周二上新+类目活动				每周二上新+类目活动				每周二上新+类目活动				每周二上新+类目活动			
大型活动计划													天猫周年庆			
其他活动安排									1		1		1			

续表

月份	5月				6月				7月				8月			
周别	1	2	3	4	1	2	3	4	1	2	3	4	1	2	3	4
节日节点活动计划	劳动节													七夕节		
常规活动计划	每周二上新+类目活动				每周二上新+类目活动				每周二上新+类目活动				每周二上新+类目活动			
大型活动计划	天猫主题活动（主题活动）						618		店庆月（主题策划）				清仓季（时尚周）			
其他活动安排	1				1				1				1			

月份	9月				10月				11月				12月			
周别	1	2	3	4	1	2	3	4	1	2	3	4	1	2	3	4
节日节点活动计划			中秋节		国庆节											圣诞节
常规活动计划	每周二上新+类目活动				每周二上新+类目活动				每周二上新+类目活动				每周二上新+类目活动			
大型活动计划							秋促		11.11				12.12			
其他活动安排	1				1				1				1			

2．活动时间

活动时间决定运营发力的时间和资金投入的时间，也就是常说的运营节奏。在参加活动时，应该关注活动的时间，活动时间是制定运营方案的基础。在报名官方活动时的活动介绍中，有活动的开始和结束时间，如图 9-39 所示，自主活动根据网店的主题确定好活动时间，活动时间确定好之后要明确活动前、活动中、活动后的运营事项，做好明细的规划，做好人、货、场、资金的规划工作。

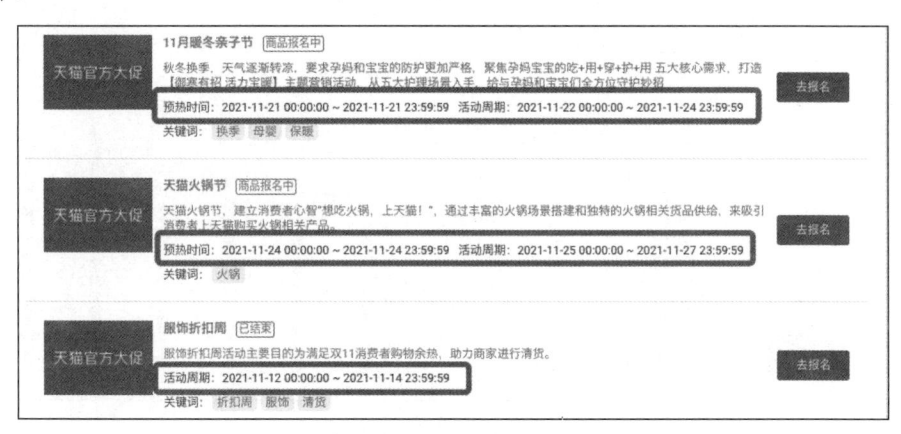

图 9-39　活动时间

9.5.3 活动商品数据化选款

活动选品的成功,是活动成功的前提,好商品加上好的运营才会事半功倍,活动选品的方法有竞品选品、热门事件选品、老客户反馈选品、供应链选品等,不管采用哪种选品方法,都要结合淘宝的数据来进行分析,这样才能对于活动商品有全面了解。

1. 选品客户调研

对客户进行调研,要知道将要把商品卖给谁,也就是要有客户的人群画像,这一点直接决定活动中的海报、文案、利益点设计,比如20岁的女性和50岁的女性喜欢的视觉和商品的利益点大概率是不同的,通过路径"生意参谋→流量→访客分析和市场→客群分析工具"分析,如图9-40所示,对网店客户性别、年龄、学历、职业、消费能力、忠诚度、购物习惯、地域、活跃度等方面进行分析,确定活动的目标群体,将目标作为选品的依据之一。

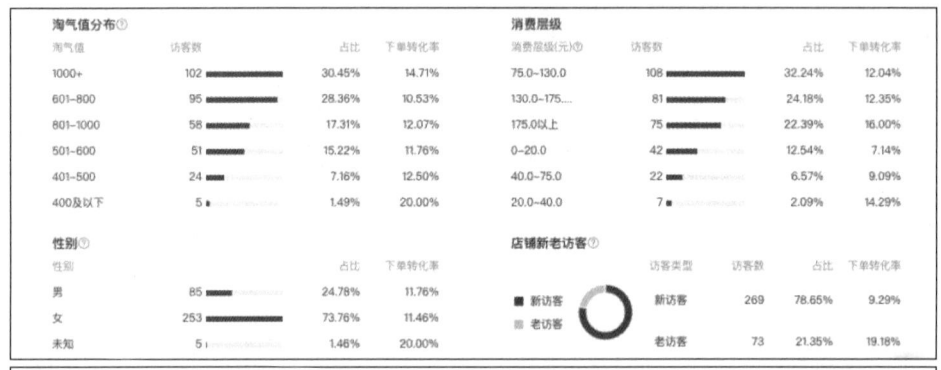

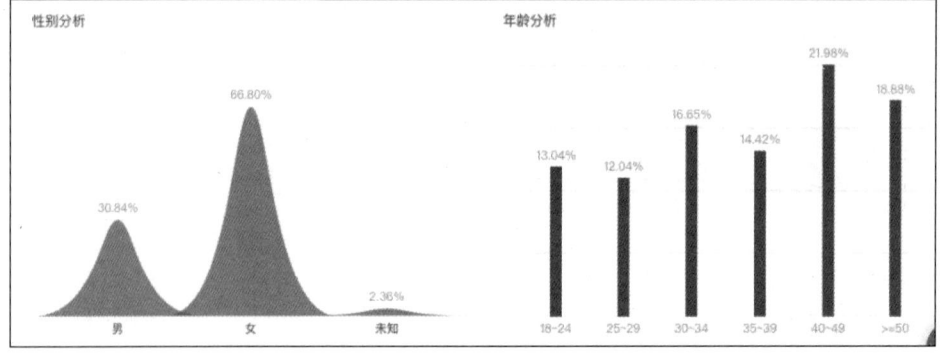

图 9-40 客群画像

2. 活动选品四要素

选品特征:商品转化率高,销售爆发能力强,比同类目属性下的对手有价格或其他方面的优势，并且在后期带来免费流量，商品有普适性，非小众商品。

选品逻辑：商品在市场中需求量大，点击率高，转化率高，品质好，地域限制少，无差评，客户投诉风险低，供应链没问题，不会有缺货风险。

价格策略：基于毛利率中间偏低水平的要求定价，价格偏低，体现商品性价比。

库存策略：保证商品供应，适度储备安全库存，参加活动时，库存力度加大，不能断货。

3. 数据化选品

商品的交易指数和支付买家数直接反映商品的市场销售情况，可以根据交易指数和支付买家数选择活动商品。交易指数是根据商品交易过程中的核心指标如订单数、买家数、支付件数、支付金额等，进行综合计算得出的数值。数值越大，反映交易的热度越高。支付买家数是通过对应渠道进入网店访问的访客数中后续支付的人数。对于有多个来源渠道的访客，支付买家数统计会体现在多个来源中，是以路过原则计算其支付的转化指标的。把网店的商品属性按照图9-41所示列入Excel中，并且通过路径"生意参谋→市场→机会洞察→属性洞察"把属性对应的交易指数和支付买家数填入表格中，然后按照Excel的降序排列，可找到对应高交易指数和支付买家数的属性。

材质属性				风格属性			款式属性			品牌		
排名	属性值	交易指数	支付买家数	排名	属性值	交易指数	支付买家数	排名	属性值	交易指数	支付买家数
1	硅胶	425674	267592	1	简约	556812	430619	1	保护壳	771723	690563
2	塑料	362177	192997	2	日韩	451585	236667	2	翻盖式	330029	108277
3	金属	353689	104562	3	卡通	397769	253532	3	后盖式	287423	101374
4	tpu	332301	204365	4	奢华	291610	74923	4	边框式	279688	78042
5	仿白	251614	87709	5	欧美	252836	56526	5	钱包式	64209	5385
6	真皮	174944	13639	6	商务	237796	54251	6	臂带式	34080	2109
7	铝合金	164619	30311	7	中国风	142008	61853				
8	软胶	150922	42816	8	英伦	105586	15757				
9	亚克力	122987	22676	9	时尚	11532	457				
10	蚕丝	86253	14746	10	水钻	9956	175				

品牌列：
排名	属性值	交易指数	支付买家数
1	pple/苹	696066	462696
2	awei/华	288953	107017
3	IUI/小米	272538	128737
4	OPPO	192382	69923
5	VIVO	303349	86393

图9-41 属性分析（截图）

把各项属性排列好之后，通过波士顿矩阵找到A区商品，如图9-42所示，也就是找到高交易指数和高支付买家数的属性，根据A区的属性找到对应的网店商品。

如：材质A区的是硅胶；风格A区的是简约；款式A区的是保护壳；品牌A区的是苹果。可以选择一款苹果的简约风格的硅胶保护壳，然后根据人群画像做视觉和文案的呈现。

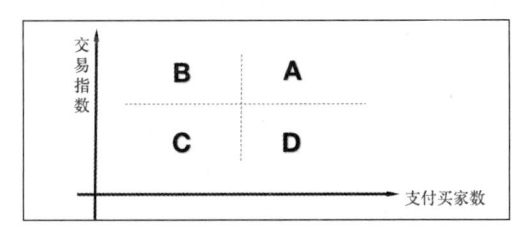

图9-42 波士顿矩阵分析

9.5.4 活动策划和执行监控

1. 活动准备期——活动前

一次成功的活动离不开活动策划，活动策划需要做好活动的分析工作，考虑以下工作要点：制定活动目标、了解活动规则、跟踪商品数据、确定活动形式、安排岗位分工和活动预热造势。

1）制定活动目标

目标是活动运营的方向，要根据活动的目的，制定合理的活动目标。目标可以是多样性的，要可量化。运营目标、流量目标、会员目标、店铺层级目标、服务目标、视觉目标、供应链目标、团队目标等，都可以成为活动目标，如图 9-43 所示。如果活动的目的是为网店打基础，提升网店权重，就要利用活动去提升销量、评价、收藏加购量等。如果活动目标为销售额目标，就去增加流量渠道、提升客单价和转化率等，如表 9-12 所示。目标之间也是相辅相成的，比如收藏、加购的数量增加，相应的销售额也会增加。

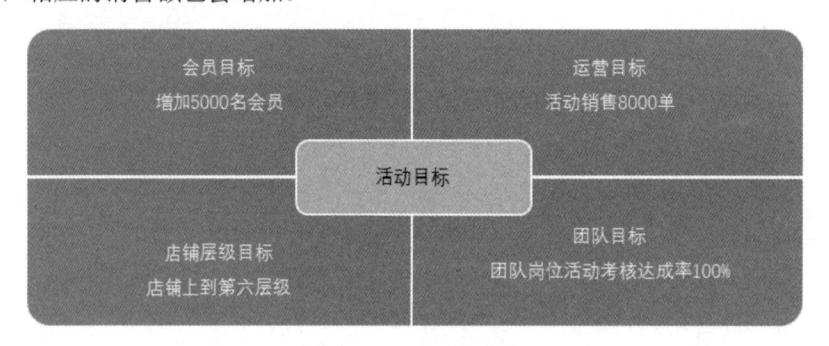

图 9-43 活动目标举例

表 9-12 活动目标

	维度	目标	完成措施	完成日期	责任人	完成情况
销售额目标	流量					
	转化率					
	客单价					
	订单数					
	销售额					
	售罄率					

2）了解活动规则

淘宝官方活动或第三方平台的每个活动都有活动的规则，参加之前需要有充分了解。自己店铺内的活动也要明确活动规则并且透出活动规则。

3）跟踪商品数据

选择好活动商品并报名后，要关注活动商品的市场数据，再结合自身的商品供应链来做出判断，是否需要调整商品的仓库深度和流量计划。

通过路径"生意参谋→竞争→竞品分析"可加入行业竞品，如图 9-44 所示，可关注活动竞品近期活动数据，如商品销量、价格段、流量渠道等。

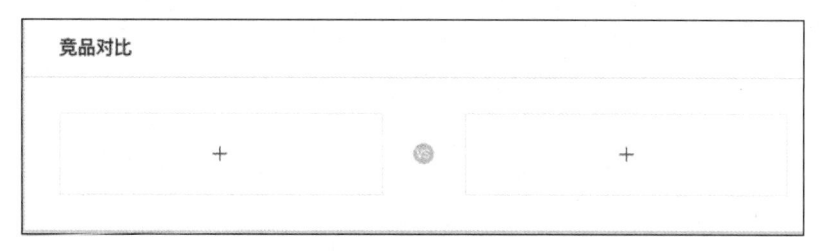

图 9-44　竞品对比

还要关注自身单品数据，如收藏量、加购量、优惠券领取数量、搜索量、关注店铺数量等，通过这些维度的数据来改变运营策略。

4）确定活动形式

活动的形式或者说促销方法不外乎几种，如图 9-45 所示，客户购买活动商品最终还要看优惠力度。要做好一个活动，必须有新的创意，但是活动的玩法切勿过于复杂，不要给客户提出过多的要求。活动商品尽量不要选用超过 3 种活动形式，而且在定活动折扣时，要做好活动优惠的资损计算，避免活动亏损。

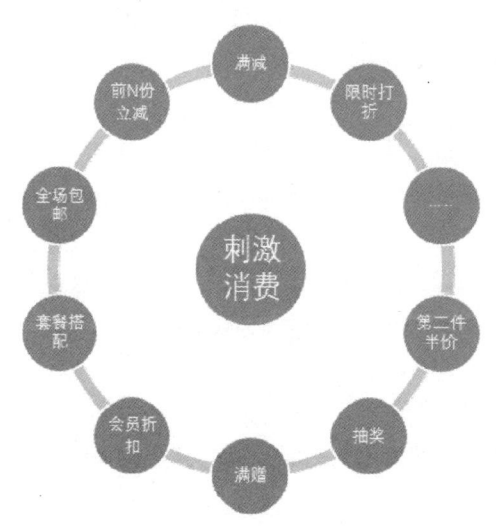

图 9-45　活动形式

5）安排岗位分工

对于活动期间的岗位做好提前分工与工作明细，运营做好活动中的调度和紧急情况处理，每项工作落实到个人，如图 9-46 所示。

活动步骤	工作内容	负责岗位	工作详情	现状	目标	时间节点	责任人	完成情况
准备期			价					
	确认库存	运营	确认最终库存，保证有足够货发出					
	推广预算	运营	预估活动销量，核对活动成本，算出利润，根据推广占比，反推推广预算，从而确认玩法					
	策划玩法	运营	根据推广预算和产品特性，确定活动玩法					
		策划	与运营商讨，确认最终玩法					
	推广计划	运营	根据推广预算，规划活动的推广手法：直通车、引力魔方、淘宝客、站外等					
		策划	配合运营，策划出推广页面，素材					
报名通过	页面优化	运营	跟进聚划算描述、玩法页头、详情页优化、互联侧栏和banner、钻展素材、直通车素材的完成进度，确保在页面锁定前完成上传					
		策划	提供相关素材的文案及排版					
		美工	聚划算主图					
			玩法页头					
			详情图优化					
			互联侧栏和banner					
			直通车素材					
	更换图片准备	运营	活动过程中，活动后需要更换的页头、产品主图等，需要提前准备好					
		策划	配合活动，提供相应文案和排版					

图 9-46 活动岗位分工（截图）

a. 客服分工

售前客服做好接待顺序设置，不能因为活动咨询量大而遗漏订单。

催款客服安排专人分别负责店小蜜、短信、千牛等方式的催付。

售后客服则分为处理退款、和仓库对接异常订单、处理投诉等的专职人员。

b. 推广分工

及时跟进流量变化，找准价值流量，加大推广力度。

及时跟进商品变化，针对关联较好的商品或者流量关联较大的商品及时调整。

c. 美工分工

关注客服提供信息，针对经常出现的相同问题迅速调整页面，减少客服压力。

关注商品变化，针对售罄商品和关联较好的商品及时优化页面位置。

d. 主播分工

做好活动商品的促销讲解，分散客服接待压力。

做到网店关联商品推荐，利用活动流量带动网店其他商品销售。

6）活动预热造势

活动结果是不是达到预期值，在很大程度上取决于网店预热阶段，预热做好了则事半功倍。

很多活动不成功，往往是没重视活动前期预热阶段。预热是整个活动节奏的最重要的环节，如图9-47所示。

（1）淘内预热：针对老客户、收藏客户、购物车客户做流量补充（通过引力魔方、直通车等）。

（2）淘外预热：通过微博、微信、抖音、小红书等能够让客户感知网店或者品牌的通道。

（3）客服准备：提前做好快捷回复、店小蜜快捷回复设置等。

（4）仓储准备：清点库存，准备礼品、营销材料，提前打包，检查各环节流程和物流配送方案。

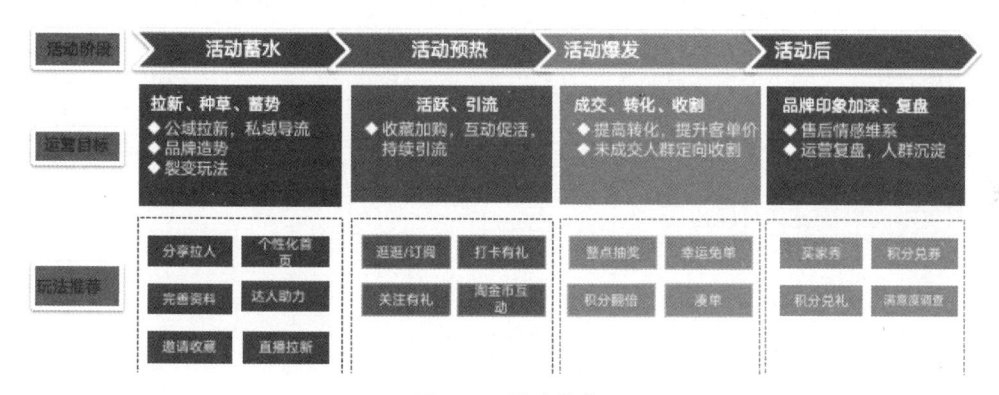

图 9-47　活动节奏

2. 活动引爆期——活动中

1）跟踪活动情况

（1）流量跟进：查看活动流量是否达到计划的效果，如果没有达到预期效果，则及时调整流量结构，加大引流渠道的引流力度，如表9-13所示。

表 9-13　活动流量规划

来源		访客	转化率	费用	蓄水期	预热器	开团半小时	开团 2 小时	开团 12 小时	结束后半天
淘内免费	搜索									
	推荐									
淘内付费	直通车									
	引力魔方									
	淘宝客									
自主访问										
站外流量										
其他流量										

续表

来源	访客	转化率	费用	蓄水期	预热器	开团半小时	开团2小时	开团12小时	结束后半天
目标									
实际流量									
差距									

（2）销量跟进：查看活动商品的销量是否达到预期效果，分析商品销量变化的原因，如客服转化、流量不足、商品价格、利益点的设置、客户购买时的关注点。

（3）库存跟进：若出现需求旺盛库存不足，是否能调配资源，若出现库存积压，后续是否有解决办法。

（4）紧急状况：库存超卖，淘宝系统出现问题，店小蜜自动回复设置、千牛咨询量超出承接范围、断电断网等情况都可能出现。

9.5.5 活动效果复盘

活动介绍对于活动商品评价的维护直接影响商品的后续日常销售，活动结束后要做好活动的订单处理，以及活动过程中积累的客户的盘活，主要做到以下几项。

1．异常订单的处理

（1）对购买未付款信息进行催付，如千牛、短信、店小蜜催付。

（2）对信息问题订单进行跟进，如地址错误、电话异常等。

（3）对部门衔接问题进行跟进，如礼品承诺或者分批发货问题等。

2．发货处理

（1）流程监控：订单从网店后台流转到审单组再到仓库，做好 ERP 设置，每一个环节都应该有处理异常的机制，订单如果流转不通畅，则会影响网店 DSR 评分和网店售后评分，甚至可能导致网店被关闭。

（2）发货速度提升：提前做好活动商品的打包工作，对接好快递取货时间，以及包裹的物流准备，比如包材、DM、礼品等，在活动规定时间内完成发货事项。

（3）跟进物流情况：对已经出库在路上出现异常的订单，及时跟快递公司沟通，同时尽量主动向客户解释快递问题。

3．活动商品价格调整

活动结束后流量会下降，但是整体来看，仍然比日销流量要大。对相关库存较大的商品进行有针对性的调整。活动商品的价格慢慢提高，一般在三天之后恢复正常价格。调整过早不利于充分消化活动尾期流量，调整太晚会让活动期间购买的客户产生认知失衡，会增加网店退款率，不利于网店 DSR 评分。

4．活动复盘

1）活动复盘的意义

（1）认清问题本质：复盘可以帮助团队避免犯同样的错误，可以固化流程、校验方向、认清问题背后的问题，发现和产生新的想法与知识。

（2）行动落地：复盘现场的分析、输出，无论在战略还是策略层面，均需进行高质量的成果分析及行动计划，但战略、策略是需要执行力去落地的，而落地与否，可以通过质询去引导员工反思与总结行动获得。

（3）团队学习：无论在日常活动中还是在复盘中，商家都不仅仅希望员工在某一段时间、某一个地点进行团队学习，而且希望这种团队学习形成一种文化，形成团队的 DNA。要使这种文化传承，必须开展持续一段时间的复盘会议，使该团队成员养成习惯。

（4）个人能力的提升：在复盘的持续过程中，不仅能够沉淀文化，而且能够甄别出每一位成员的管理、计划、组织、领导及控制能力，为网店发展储备力量。

2）活动复盘的内容

（1）开展会员维护：统计客户的信息，数据建档，完善会员标签信息，逐级区分管理会员，根据消费客单价对客户进行会员等级分类，后期展开回访活动（通过邮件、千牛、店小蜜等），开展 CRM 营销，促成回头购买率，要让活动积累下来的客户带来网店的流量红利。

（2）目标总结：对于活动前制定的目标进行总体复盘，总结整个活动流程，对于表现好的部分，沉淀运营经验，对于活动的不足之处分析原因，找到问题的根源，避免后续活动犯同样错误。

（3）商品信息总结：总结在活动中销量好的商品是否有什么共性，客户在网店欣赏商品的关注点在哪里，这一点会影响后续网店商品开发，或者一段时间内网店主要商品的推广方向。

（4）客户信息总结：分析大部分客户在进行购买的时候，询问客服的是关于商品的哪一部分，客服在沟通的时候是否能够了解到客户看中的卖点是什么，由客服统计反馈给运营人员，为后期商品文案提供市场依据。

（5）流量信息总结：分析活动的流量渠道和对应的转化率指标，结合数据改变后期活动的引流渠道。

（6）资料沉淀：对于活动整个流程形成网店活动运营手册，总结活动经验，作为整个团队的学习资料，培养新人和激励老员工向更高的水平成长，如图 9-48 所示。

序号	类别	存在的问题	根源	改进方向
1	美工	设计风格欠缺明确品牌属性	缺乏明确的品牌定位	5月初确定品牌定位
2		版面设置改动频繁	缺乏前期页面规划	分为常规及活动页面来确定
3		活动内页不完整发布，修改频繁	修改信息不明确；缺乏发布前的检测环节	建立页面设计发布的流程
4		信息与活动内页不符		
5		页面信息错误		
6		商品上下架信息欠明确	欠缺信息管理规范	建立后台商品信息管理规范
7		一个商品多个页面		
8	推广	淘宝硬广点击率较低	广告设计欠缺系统分析	建立广告投放流程
9		店铺活动欠缺前期沟通准备，匆忙启动		
10		促销工具设置出错或不及时等	缺乏活动系统规划	建立店铺活动流程
11		促销活动临时性高，缺乏配套准备		
12	运营	人员职责不够明确	缺乏明确分工	明确人员分工
13		相关人员之间沟通机制欠通畅		
14		客服前期培训不够系统完整	缺乏活动系统规划	建立店铺活动流程
15		客服话术不够完善		
16		新系统缺乏时间检查测试		
17	物流仓储	外包公司信息衔接不够通畅	缺乏完善的对接流程	建立完善的合作对接流程
18		发货错误：发错、发漏等	缺乏完善的仓储管理机制	建立SKU规则与库位管理
19		缺货	在大型活动期间对热卖品提高安全库存	对热卖商品预留备用库存

图9-48 活动复盘档案（截图）

9.6 本章小结

本章课程主要学习网店活动中聚划算、淘金币、天天特卖、百亿补贴等具体活动的运营，了解了不同活动的规则和作用，通过对活动运营的学习，知道如何策划活动，掌握在日常网店运营中通过活动来增加网店流量的技能，提升网店的知名度。

第 10 章

客户管理

客户管理是网店可持续运营的重要保证，也是店铺运营的重要工作。客户应该怎样管理，由哪些岗位的人员来进行管理，使用什么工具和方法，怎样评判管理的质量？本章将从客户管理的原理到工作的流程对这些问题进行详细阐述。

学习目标：通过对本章的学习，掌握客户分层的方法和工具、客服管理的方法和工具、售后处理的方法和工具，从而完成网店运营中对客户的个性化服务和维护。

本章提要：
- 客户分层管理
- 客户管理工具
- 客户服务管理
- AI 客服工具
- 客户评价管理
- 客户售后处理

10.1 客户分层管理

网店的客户管理一般把客户分成两大类，一类是新客户，另一类是老客户。没有浏览过店铺和商品的客户、浏览过但是没有其他动作的客户、收藏过或关注过但没购买过的客户、咨询过和拍下过商品但没有付款的客户，都归为"新客户"。而购买过的客户，无论是退款退货的，还是交易成功的，包括回头购买的，都称为"老客户"。所以简单地讲就是：有过成交的客户就统称为老客户，没有成交过的客户就是新客户。管理新客户主要靠提升店铺的拉新的能力。管理老客户主要是提升他们对店铺的忠诚度。但是对于管理和运营店铺来说，仅仅把客户分为新老客户还不够，还需要对客户进行分层管理。

10.1.1 客户分层的重要性

1. 影响营销成本

客户的分层管理主要针对老客户。老客户的主要特点是营销成本比较低。如果老客户管理得当，留住一个老客户的成本大概是获取一个新客户成本的 1/5，相比于新客户，老客户的流失率会降低 5%，利润能够增加 25%到 85%。一个满意的老客户会带来 8 笔生意，一个不满意的老客户会影响 25 个人左右。如果忽略老客户的管理，五年内会流失掉 50%的老客户，而 50%到 60%的新客户会来自老客户的推荐。

2. 影响转化率

分层管理后的老客户的转化率会更高。如图 10-1 所示，这是一个店铺的新老客户的数据表现，新客户（即新访客）的转化率是 4.56%，老客户（即老访客）的转化率是 23.38%。

图 10-1　某网店新老客户转化率对比

3. 影响流失率

老客户的流失主要有以下 6 个原因。

（1）初始印象欠佳。
（2）购物的体验较差。
（3）仅对活动敏感。
（4）感觉活动力度不够。
（5）没有赠品。
（6）商品或者包裹与客户需求不符。

如果没有对客户进行分层管理，以上 6 点很难全部达到客户预期和要求，老客户的流失就在所难免。

4．影响店铺健康可持续发展

客户管理对于店铺的影响可以通过两个数据查看，一是新客户的数量，二是老客户的占比。

以淘宝为例，这两个数据无法在店铺后台直接获取，但我们可以获取另外两个数据，一是支付客户数，一是支付的老客户数。通过支付的客户数减去支付的老客户数，就可以得到支付的新客户数。同时可以通过老客户数除以支付的客户数，得到老客户的占比。

为什么老客户参考数据是占比呢？因为在店铺拉新的过程中新客户的数量增加，间接导致老客户的数量增加。如果只参考老客户的数量，就无法客观反映老客户的维护工作是否做到位。

店铺新老客户的数据对比，可以将店铺健康度定义为3种类型。用图表表示时，一般用折线图表示新客户数量的变化，用柱状图表示老客的占比。

（1）粗犷增长型的店铺：新客户数据呈增长趋势，老客户的占比呈下降趋势，如图10-2所示。

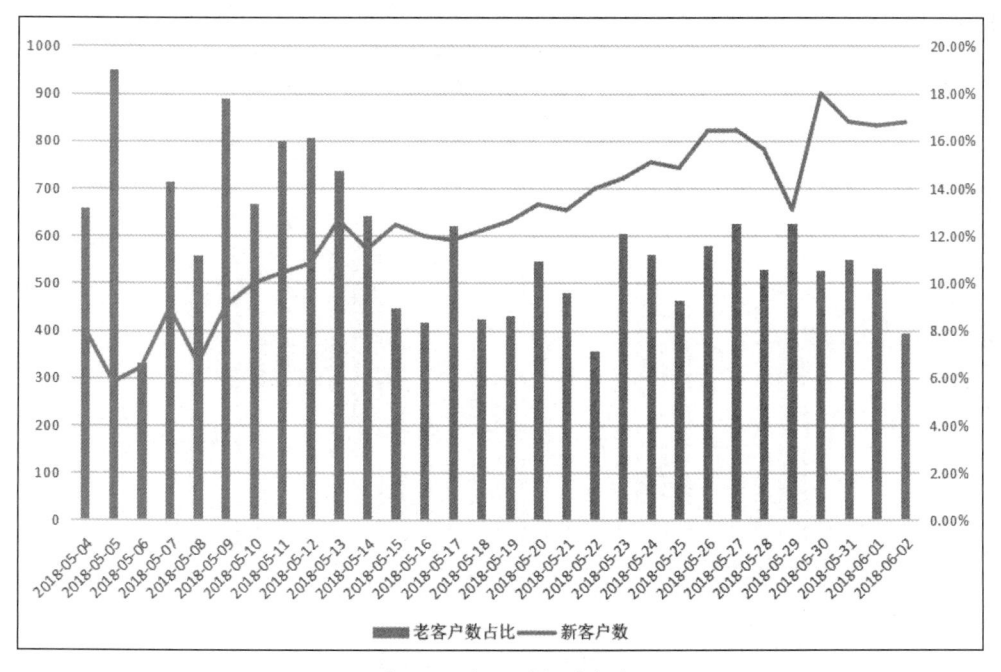

图10-2　粗犷增长型店铺

（2）失血型店铺：新客户的数量降低，老客户占比增加，如图10-3所示。

（3）质量并增型店铺：新客户的数量增长，并且老客户的占比也增长。这是比较健康的店铺类型，如图10-4所示。

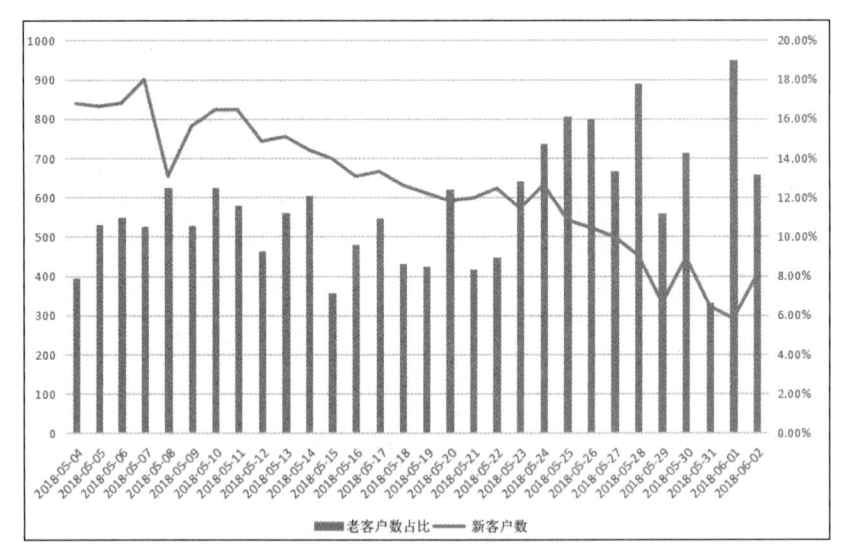

图 10-3　失血型店铺

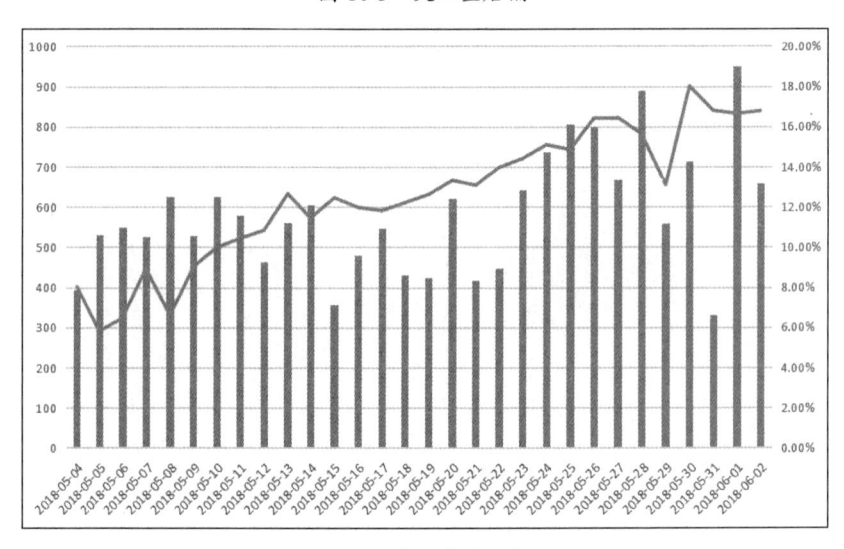

图 10-4　质量并增型店铺

客户分层管理的目的是将店铺从粗犷增长型店铺或失血型店铺转变为质量并增型店铺。

10.1.2　客户分层的方法

客户分层的方法有多种。新客户可以按照客户属性来进行划分。比如说客户的地理位置、行为特征、生活习惯等。但是客户的管理主要针对老客户，分层的方法一般有如下几种。

1. RFM 分层法

老客户分层的主要划分方式是按照 RFM 进行划分的，RFM 分别代表不同的 3 个数据指标。

（1）R（Recency）是最后一次购买的间隔。R 值代表了客户在最后一次购买到现在的时间长短，R 值越小越好，R 值会影响客户对于店铺的记忆以及对于店铺的接触感受，还有其复购的可能性大小。

（2）F（Frequency）是指购买的频次。F 值代表客户在单位时间内购买的次数，F 值越大越好，F 值越大，代表客户越忠诚。F 值会影响客户对于店铺商品和服务的满意度。对于 F 值不同的客户，要投入不同的资源和差异化的服务。

（3）M（Monetary）指购买的金额。M 值是指客户平均一次购买的金额，M 值越大越好。M 值反映了客户的消费能力，M 值越大，代表购买能力越强。从营销的角度来讲，对于不同 M 值的客户，要考虑以何种形式投入资源，是直接提供折扣，还是提供特色的服务。

根据 RFM 值的大小来对客户分层，可以分为黄金客户、重点价值客户、重点发展客户和普通客户，如表 10-1 所示。

表 10-1　RFM分层表

老客户分类	老客户特征			策略
黄金客户	R 值小	F 值大	M 值大	促进参与
重点价值客户	R 值小	F 值小	M 值大	提升黏性
	R 值大	F 值小	M 值大	加强沟通
重点发展客户	R 值小	F 值大	M 值小	增进关联
普通客户	其他表现客户			展示调性

针对不同的客户类型，有不同的营销策略。黄金客户的特点是购买的频率很高，每次购买的金额也比较大，并且最近也购买过，对于这样的客户，主要的营销策略是让他们参与到营销当中去，而不是提供简单的活动和打折。因为无论对他们做什么样的营销活动，他们都还是会继续买，并且买得很多。

对于重点价值客户，根据 R 值的大小分两种情况。他们的主要特征是忠诚度不够高，但是每次购买的力度比较大，像这样的客户是比较有购买能力的，需要根据 R 值的大小进行策略的区分。R 值比较小时，说明客户最近购买过，对于店铺还有一定的记忆，可以通过商品的包裹、活动、体验等，来促使客户记住商品或者店铺。R 值比较大，则说明客户很长时间都没有购买过商品，这时需要对其做"唤醒"，比如用短消息、个性化的海报、电话等形式去唤醒，告知优惠活动，使其重新产生商品记忆。

对于重点发展的客户，其特点是忠诚度比较高，但是每次购买的金额都比较小，需要做一些关联营销或者提供搭配套餐，使其下次购买时能够多消费。

除以上类型客户外的客户统称为"普通客户"。对于普通客户，需要更多地展示商品和服务的调性，即让商家从"人设"、特征上看起来和客户是同一类型的人，只有同类人群才能更好地沟通和交流，客户才会产生信任感。

2. 活动分层法

除了 RFM 分层法，还有其他的客户分层方法。比如按照活动敏感度来进行划分，可以把客户分成活动敏感型客户和活动不敏感型客户，活动敏感型的客户又可以按照活动的类型进一步划分，比如"双 11""双 12"等官方大促敏感型客户、聚划算等官方活动敏感型客户、新品敏感型客户和促销品敏感型客户。

官方大促敏感型客户：平时购买不多，有大促活动时就会集中购买。

聚划算等官方活动敏感型客户：喜欢包邮的商品，对价格敏感，价格划算时就会购买。

新品敏感客户：只要店铺商品有更新，他们往往就会购买。

促销品敏感客户：对品牌没有太高的忠诚度，对活动和促销忠诚度更高。

3. 会员等级分层法

另外一种客户划分的方式是按照会员等级来划分的，如图 10-5 所示。在店铺后台可以设置店铺自己的客户体系，根据客户的购买频次以及购买的金额，把客户分成普通客户、高级客户、VIP 客户和至尊 VIP 客户，或者叫 VIP1、VIP2、VIP3 和 VIP4，不同等级的客户在店里购买商品的时候，享受不同折扣。这样可以增强客户的归属感，让他们体会到被尊重的感觉。

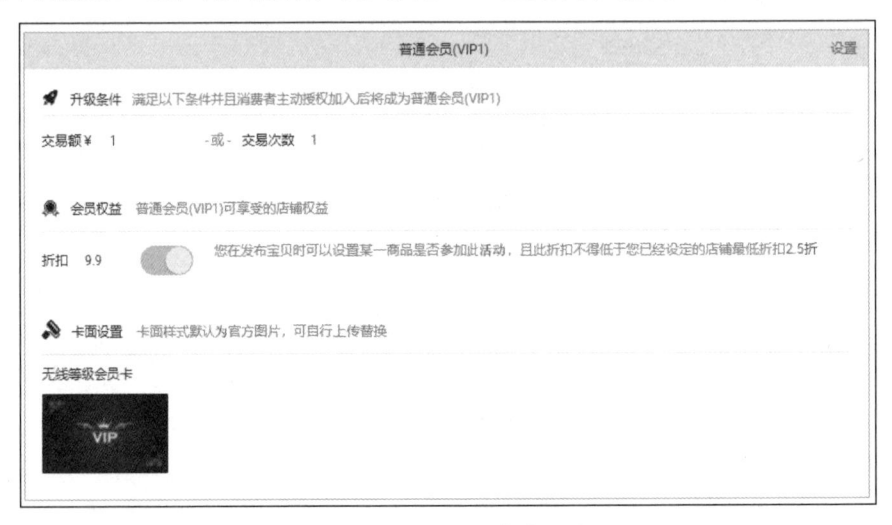

图 10-5　后台 VIP 客户设置

4．信用等级分层法

第四种分层方式就是按照信用等级来划分的。以淘宝平台为代表的各大电商平台，对客户进行客户信用等级划分，按他们收到的商家评论分成星级买家、钻级买家、冠级买家和超级买家，客户的划分等级和商家基本上是一致的，如图 10-6 所示。

分数区间	等级
4分-10分	
11分-40分	
41分-90分	
91分-150分	
151分-250分	
251分-500分	
501分-1000分	
1001分-2000分	
2001分-5000分	
5001分-10000分	
10001分-20000分	
20001分-50000分	
50001分-100000分	
100001分-200000分	
200001分-500000分	
500001分-1000000分	
1000001分-2000000分	
2000001分-5000000分	
5000001分-10000000分	
10000001分以上	

图 10-6　客户信用等级划分

10.1.3　客户分层的维护

已经进行客户分层的店铺，要对不同的客户进行不同的维护。在维护过程中，需要考虑到 4 个方面：客户的分层管理、分层后的日常维护、分层后的物流关怀、分层后的异常处理。

1．客户的分层管理

工欲善其事，必先利其器，对于已经分好层的客户，需要通过工具进行管理。第一种是用即时通信工具进行管理，比如千牛卖家平台内嵌的卖家版旺旺可以把客户按照不同的类型或者不同的层次来进行分组。如图 10-7 所示，某网店把客户分为新客户、促销型客户、价格敏感客户、高价值客户、忠诚客户等。这种客户的分组方式类似于按照 RFM 或活动的敏感度的分组方式，是根据自己日常的维护进行的分组。

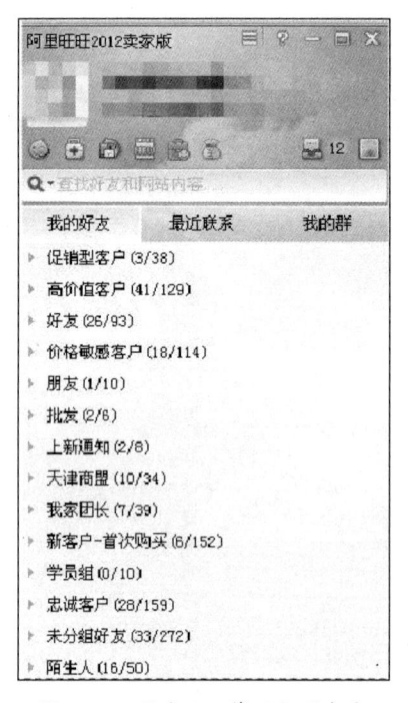

图 10-7 通过旺旺管理分层客户

第二种是通过社群管理工具来进行管理，比如淘宝群聊可以在淘宝后台设置不同的淘宝群，一个店铺里可以有多个群，每个群里可以放不同类型的客户。比如说可以把重点价值客户都放在一个群里面，针对重点价值客户的一些促销活动就可以单独在这个群里面进行宣传。

第三种是通过自媒体工具对客户进行管理。比如可以通过微博@重点价值客户，跟他们形成对等的和良性的互动。

其他的工具，比如电话、短信、邮件等都可以用来对客户进行分层管理和维护，具体选择什么样的工具，主要根据客户的喜好、网店商品和服务的特点来选择。

2．分层后的日常维护

日常维护有 3 种类型：根据属性做维护、根据购买的周期做维护和在特定日期做维护。

（1）根据属性做维护的主要依据是客户的年龄、职业以及所购商品的特征，比如鞋的尺码、衣服的长短，以及母婴用品类宝宝的性别、年龄等。在维护不同客户群的时候，对于不同分层属性的客户可以有不同的维护方案。

（2）根据购买周期来进行维护是因为不同分层的客户购买周期不尽相同。比如某网店商品的重点价值客户在商品上架 0 到第 30 天的时候处于活跃期，对于店铺商品印象比较深刻，在第 30 到第 60 天会进入沉默期，在第 60 天到第 90 天会进入睡眠期，90 天以后就会进入流失期。如果客户进入了沉默期或者沉睡期,则需要对"沉睡"的客户进行"唤醒",具体的做法我们在 10.2 节详细阐述。

(3)在特定的日期做维护是指在节假日、客户生日或者某个纪念日用来联络客户的感情,以达到维护管理的目的。不同层级客户的特定日期有所不同,维护方式也不尽相同。比如对于活动敏感型客户,可以在生日前 3 天赠送生日优惠券,在生日当天告知优惠券未使用,在生日后第 5 天告知优惠券快要过期了。对季节特别敏感的商品以及对地域比较敏感的商品,适合特定日期维护策略。

3. 分层后的物流关怀

根据物流的阶段对不同层级客户做不同的维护也是客户分层管理的重要部分。比如在发货的时候以及货物到达客户所在城市的时候对客户做提醒,在客户收到货物以后做回访,这几个阶段的具体维护方法会在 12.4 节详细阐述。

4. 分层后的异常处理

订单异常风险主要有 3 种情况。

(1)系统异常。这种情况目前很少出现,但不能完全排除,比如系统卡顿、付款不成功、下单不成功等,遇到这样的情况时,客服要主动向客户说明。

(2)气候异常。这种情况会影响物流,比如夏天某些区域会出现暴雨、泥石流,陆路运输的货物有可能会出现物流停滞或延误。提前了解天气异常,对"高风险线"上的客户进行提示是分层后异常处理的重要工作。

(3)社会异常。主要是指难以预测的不稳定的社会因素。比如疫情时期某个城市里出现高风险区或中风险区导致该区域货物的派送受到影响。遇到突然状况,需要有应急预案,在进行客户分层管理时,需要把风险区域内的客户单独分为一组,单独维护和管理。

10.2 客户管理工具

分层后的客户管理主要使用两种工具。一种是 CRM 工具,另一种是社交工具。通过 CRM 工具可以获取客户数据,设置客户类型,并对不同层级的客户进行个性化的运营。通过社交工具可以将不同类型的客户进行分组打标,按照不同的维护标准,进行沟通互动。本节以淘宝后台的客户运营平台为例讲解 CRM 工具,以淘宝群聊为例讲解社交工具。

10.2.1 客户运营平台的使用

1. 客户运营的关键点

客户运营是指把潜在客户变成粉丝的过程。图 10-8 所示为通过旺旺进行客户分层管理的过程。潜客（潜在客户）通过浏览或咨询了解商品后决定下单，成为新客户。在发货的过程中即需要对新客户做物流方面的关怀。当客户确认收货后，客服在客户购买周期内对其进行"唤醒"或者活动推送。如果客户进行复购，则成为老客户，此时客服需要对老客户进行分层，并告知老客户有哪些权益。后期如果老客户很长时间不进行复购，处于休眠状态，则需要客服通过活动营销或者节日营销等再次对其进行"激活"。多次复购后的老客户成为粉丝或会员，能"裂变"出更多新客户，形成闭环。

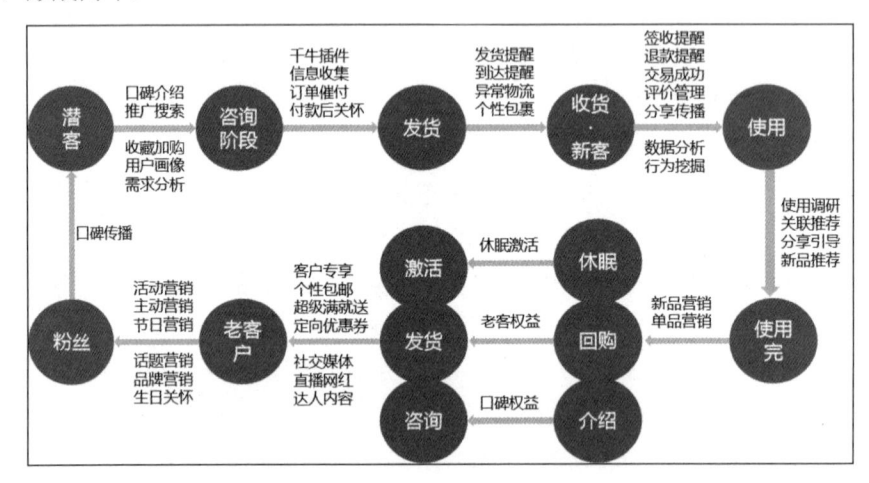

图 10-8　通过旺旺进行客户分层管理

客户运营的关键点之一是客户激活。怎样让长期未再购买的客户再次购买？可以从营销的类型、工具和手段 3 个方面进行考虑。营销类型分为主动营销、商品周期营销和情感营销。营销可以用到一些社交工具，比如微信、微博、旺旺、CRM 软件等，也可以通过购物车和客户收藏的页面做营销。营销的手段也包括在包裹里放一些营销物料等。

客户运营的另外一个关键点是提升客户的忠诚度。可以从订单流程服务、个性化包裹和情感服务几个方面进行考虑。订单流程服务就是在物流的进度上做提醒，对于中差评定期做维护，对于异常的包裹要做跟踪等。个性化的包裹服务，就是对内外包装分别进行设计，比如在包裹里面可以放一些感谢信、小礼物等。情感服务需要客服热情、专业，能够解答客户的问题。

2. 客户运营平台的功能

客户运营平台是淘宝后台自带的官方 CRM 工具。进入路径为"卖家中心→营销中心→客户运营平台",也可以通过链接直接进入。

利用客户运营平台可以对客户进行数据化的管理和运营,客户运营平台具有三大功能。

(1) 获取客户的数据。

(2) 对客户进行分群管理(即分层管理)。

(3) 对客户进行个性化运营。

客户运营平台如图 10-9 所示,注册淘宝卖家后可免费使用该平台。

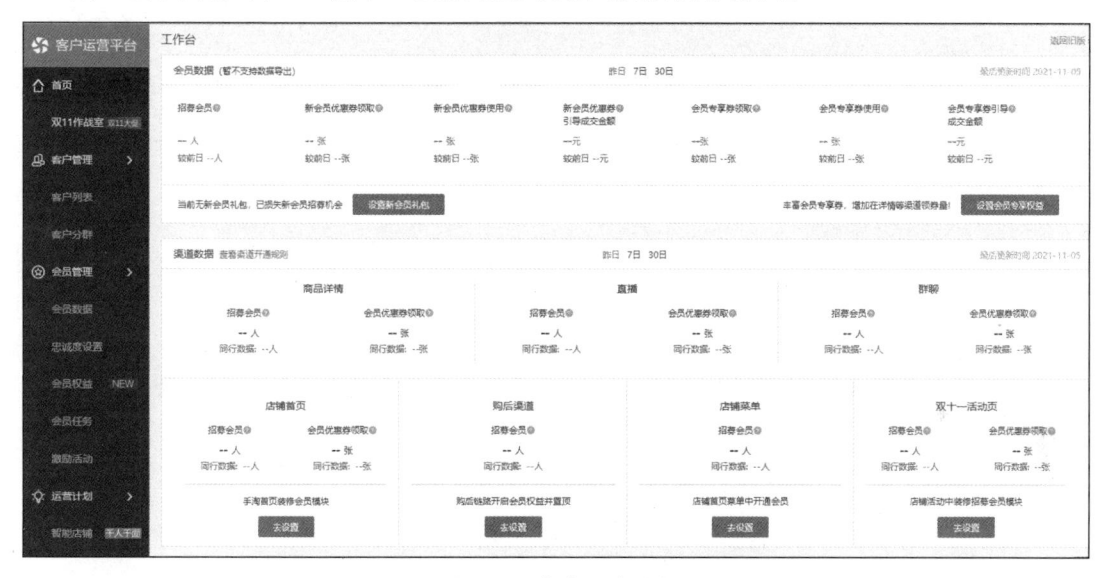

图 10-9 客户运营平台

3. 用客户运营平台管理客户

(1) 获取客户数据。客户运营平台会提供当前店铺的所有客户数据,并对其进行分类。系统默认把客户分成 3 种类型:成交客户、未成交客户和询单客户,并提供每种类型客户所对应的数据。

成交客户是已经完成交易的客户,未成交客户是没有完成交易,但是有浏览、收藏或加购记录的客户,询单客户是与客服有过交流的客户。所有类型的客户数据都能在后台获取,但后台未提供下载功能。如需进行进一步的客户数据分析,需要通过鼠标拖曳的方式把数据复制到 Excel 等处理工具中,如图 10-10 所示。其中有几个重要的数据指标:交易金额、交易笔数、平均交易金额和上次交易时间。可对照 10.1 节中的 RFM 模型对客户数据进行分层处理。

客户信息	会员级别	交易总额（元）	交易笔数（笔）	平均交易金额（元）	上次交易时间
***庭**3456		129.86	1	129.86	2021/6/21 Thursd*y
q45***9943		245.68	2	122.84	2021/6/14 Thursd*y
全废***		109.86	1	109.86	2021/6/14 Thursd*y
自*****览器		87.36	1	87.36	2021/6/9 S*turd*y
小猪妈0605*5		146.58	2	73.29	2021/6/12 Tuesd*y
南瓜***		71.86	1	71.86	2021/6/14 Thursd*y
流星雨撒在你眼前		127.72	2	63.86	2021/6/19 Tuesd*y
***06*5		45.68	1	45.68	2021/6/27 Wednesd*y

图 10-10　客户数据表实例（截图）

图 10-10 中的交易笔数对应 F 值，平均交易金额对应 M 值，用当前时间减去上次交易时间即为 R 值。RFM 客户分层理论可以根据图 10-10 进行实施。

（2）客户分层。如图 10-11 所示，客户运营平台会把现有客户分为 3 类客户群。

图 10-11　客户运营平台默认分群

兴趣人群：3 到 10 天内有过收藏或加购行为但是没有购买的客户。

新客户人群：720 天内只交易过一次，且这次成交是在 180 天内。

复购人群：买过店铺复购率高的商品并且处在复购周期中的客户。

另外，还可以根据客户运营的需求，对客户进行个性化的人群划分。如图 10-12 所示，在客户运营平台的自定义客户分群里，可以根据个性化的分析方法对客户进行自定义分群管理，比如可以根据客户的性别、地域、购买频次、购买时间、转化率等数据把客户归入自定义人群。

通过拖曳对应的客户的数据至右侧编辑窗口，并完成阈值设定，实现自定义人群分类。左侧的客户数据有 3 种类型：基础信息、店铺关系和全网属性。

例如，设置一个 RFM 类型的客户人群时，可以点击左侧的"店铺关系"按钮，把对应的数据"最近成功交易时间"、"成功交易次数"和"客单价"拖入编辑窗口，点击铅笔图标设定或修改阈值，最后定义一个名称，即可生成自定义人群。正常情况下，数据包会在 24 小时内生成。

图 10-12　自定义人群

（3）会员管理。通过路径"客户运营平台→会员管理→会员数据"，可以查看店铺会员管理状态、商家成长、商家贡献、会员规模和会员活跃度等，并可以将客户划分成不同的 VIP 等级。通过路径"客户运营平台→会员管理→忠诚度设置"，可设置不同的 VIP 等级门槛，设置依据是购买次数、购买金额等，并可设置不同等级会员的折扣和个性化的页面，如图 10-13 所示。

图 10-13　设置会员等级

会员一般设置成 4 个等级：普通会员（VIP1）、高级会员（VIP2）、VIP 会员（VIP3）和至尊 VIP 会员（VIP4）。

针对不同的会员等级可以设置不同的折扣。商品是否参与会员折扣活动，可以在上传或编辑商品的页面选择。需要注意的是，会员折扣会与店铺的优惠活动叠加，有可能导致某些活动商品出现资损风险。

除了设置折扣，还可以设置不同等级会员的专项权益，比如可以设置新会员礼包，结合本书 8.4 节的内容，可以通过优惠券工具将新会员专属的优惠券礼包推送给新会员人群。

4．用客户运营平台做客户运营

用客户营运平台可以对分层后的不同客户做个性化的营销。我们需要用到 3 个"智能"：智能店铺、智能营销和智能场景。

1）智能店铺

智能店铺可以实现不同等级的会员看到不同的海报。通过在线的智能海报功能全自动生成海报，并用定向海报功能进行定向的人群投放。

（1）设置智能海报。通过路径"客户运营平台→运营计划→智能店铺"，可以设置智能海报，如图 10-14 所示，经过以下 4 步即可快速生成海报。

①设置模板与文案。

②选择图片。

③合成并交由平台审核。

④审核通过后生成海报。

图 10-14　设置智能海报

（2）设置定向投放。通过路径"客户运营平台→运营计划→智能店铺",选择定向海报进行定向的人群投放,投放的人群是客户运营平台中的系统默认人群和自定义人群。如图10-15所示,经过以下4步,即可快速完成定向投放。

①选择人群包。可选系统默认的人群包,也可选用自定义的人群包。

②设置海报的图片。可以选择智能海报功能生成的图片。

③设置海报的名称,不超过12个汉字。

④定向投放。通过路径"卖家中心→店铺管理→店铺装修"进入淘宝旺铺,找到需要装修的页面,在图文模块中选择定向模块,将定向模块拖到待装修的页面即可。

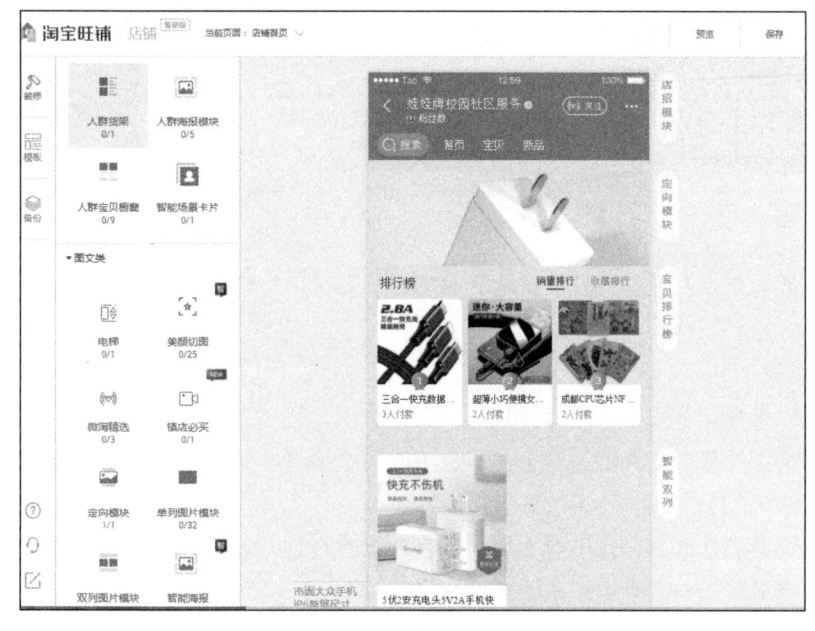

图 10-15 设置定向投放

2）智能营销

对于客户的运营,除了在网页中对不同的人群展示不同的海报,还可以给不同的人群推送不同的消息。客户运营平台中有多种智能营销的工具：新老客户提醒、短信营销、兴趣客户转化、智能复购提醒和购物车营销等。如图10-16所示,无论使用哪种营销工具,都大致可以按照以下3个步骤来进行。

①选中营销人群,可选择系统默认的人群包,也可选用自定义的人群包。

②选择营销商品。

③选择优惠活动。

图10-16 设置智能营销

例如，需要给重点发展客户发放搭配套餐的优惠券，以短信营销为例，首先选择自定义人群包，选中重点发展客户。再选择商品进行搭配，就可以完成对这个重点发展客户人群的定向营销。

3）智能场景

通过路径"客户运营平台→运营计划→场景营销"，可以选择8个不同的营销场景。

①店铺潜力大的非会员人群。对于在平台中有入会偏好，但非本店铺会员的客户，可以邀请入会。

②品类潜力大的新客户。对于对本店铺类目产品有喜好，但未在本店购买过的客户，可以发放入会礼包，引导其入会，做进一步营销转化。

③可运营的新会员。对于在180天内成交过的会员，可以通过营销活动召回并转化。

④潜力大的会员。对于180天内有成交但最近30天没有成交的会员，可以通过营销活动召回并转化。

⑤高贡献会员。对于180天内成交两次以上的会员，以及近30天内成交一次的会员，可以继续转化。

⑥大促偏好会员。对于对大促活动敏感的会员，可以通过营销活动召回并转化。

⑦高传播属性会员。对于偏好传播分享的会员，可以通过裂变等方式帮助店铺召回客户，并进一步做营销转化。

⑧去年大促参与人群。可以在某一次大促的30天内召回这个人群。

对于以上智能场景，客户运营平台已经设置好了对应的营销策略，可以在选中商品和活动后，直接使用这些场景。

10.2.2 淘宝群聊的使用

1. 淘宝群聊概述

淘宝群聊是面向商家、会员及粉丝的实时在线运营工具。通过淘宝群聊商家可以高效地触达客户，结合群内丰富的玩法和专享权益形成商家和客户的互动，促进客户进店和转化。淘宝群聊可以显示在店铺的首页以及商品的详情页上，主要的特点是快、狠、准。

"快"是因为群聊是可以通过页面直达的聊天工具，也可以在手机设置允许的情况下直接通知到手机屏幕上。

"狠"是因为群聊具备很多营销的工具和玩法，可以实施个性化的营销活动。

"准"是因为群聊对不同人群可以精准设计不同的营销活动。

群聊是淘宝内部唯一能够实现高效触达并且一对多的实时互动的工具，可以帮助商家拥有稳定的流量保障，实现店铺的高转化率和高复购率，同时又是内容孵化的阵地。营销内容在公开发布之前可以在粉丝内部进行传播，测试点赞、评论、转发等各种数据。

2. 淘宝群聊的创建

创建淘宝群聊要求店铺最近 30 天成交数大于 30 笔。在卖家后台可以通过"自运营中心→淘宝群"来建立淘宝群聊。

创建淘宝群聊时需要进行基础设置：群头像、群组名、群介绍、人数、群类型、是否公开、入群门槛等。

（1）群头像：建议设置品牌图或 LOGO 等一些能体现店铺特点的图片。

（2）群组名：需要根据店铺或品牌进行设置，如易博老客户群、易博会员活动区、易博粉丝等。

（3）群介绍：可包含群的规定，比如不可以讨论政治、不可以宣传虚假新闻等。同时也要写明进群的客户有哪些"特权"或"福利"，突出利益点。

（4）人数：每个子群的人数上限是 500 人，如果创建的时候选择了 5000 人，那么系统会默认创建一个 5000 人的大群，但是群内会自动创建 10 个子群。需要注意的是，这 10 个子群不会同时生成，系统会首先默认建立子群 1，等子群 1 达到人数上限 500 人后，系统会继续默认创建子群 2，以此类推。

（5）群类型：目前只有店铺群一种类型。对于此类型的群聊，其他商家不允许进入。

（6）是否公开：群信息默认公开。如果选择"否"，则只有收到商家主动邀请的客户才能加入群聊。

（7）入群门槛：可以设置"是否购买""消费金额达标""指定人群""必须关注""密码入群"等多个入群门槛。

设置完毕后，点击"完成"按钮便完成了淘宝群聊的创建。还可以为群聊设置管理员，管理员分为超级管理员和普通管理员。两种管理员的管理权限如表10-2所示。

表10-2 管理员权限对比

管理员身份	入群门槛	群公告	自动回复	"踢人"与"拉黑"	设置管理员	群活动设置	群数据查看
超级管理员（店铺子账号）	√	√	√	√	√	√	√
普通管理员（客户）	×	×	×	√	×	×	×

可以通过路径"卖家后台→自运营中心→淘宝群"设置管理员，点击群组上方的"设置"按钮，找到"群组超级管理"，点击"+"按钮添加子账号即可。

超级管理员只能由店铺的子账号担任，拥有跟群主一样的权限。普通管理员可以由客户担任，属于客户人群中的KOL（意见领袖），会被赋予更多的权限，帮助商家进行客户管理。管理员的设置应该注意以下4点。

（1）有开店记录的买家账号无法成为管理员，普通管理员必须是一个单纯的买家账号。

（2）设置超级管理员目前只能在PC端进行。

（3）一个管理员最多在两个群组内。

（4）群组管理员的上限是4人（不含群主）。

3. 群聊邀请

淘宝群创建之后，需要推广群并添加成员，常见的推广方法是在页面添加群聊模块和通过聊天互动邀请。

（1）在页面添加群聊模块有两种设置方式：直接设置和间接设置。

直接设置：路径为"卖家中心→店铺管理→手机店铺→立即装修→手淘首页→立即装修页面"。如图10-17所示，在装修模块中选中"营销互动类"，选择"淘宝群模块"，将其移动到店铺首页即设置成功。同样，也可以把群聊模块直接添加到详情页，添加方法与添加到首页一致。

间接设置：通过设置一个自定义的图文模块，并在其中添加群聊链接的触点，再将该模块添加到网店的页面中，如图10-18所示。群聊链接可以通过路径"卖家中心→自运营中心→淘宝群→选中群组设置"获取。接下来通过路径"卖家中心→店铺管理→手机店铺→立即装修→手机图文"，找到图文模块，在对应的图片下添加群聊链接，即完成群聊的间接设置。

图 10-17　直接设置

图 10-18　间接设置

将群聊模块添加到页面中时要注意以下几点。

第一，增加模块以后自动生效，如果预先设置了入群门槛，则需要清除门槛。

第二，门槛条件相同的情况下会优先推荐活跃度比较高的群。如果已入群客户又点击群聊模块，则客户会加入一个新的群。

第三，除了主账号和管理员，对名下有店铺的账号不展示群入口。

（2）通过聊天互动邀请。在卖家工作台的旺旺聊天窗口里有"互动服务窗"，可以通过互动服务窗添加群聊邀请。在旺旺互动服务窗内找到"自助菜单"，并选择"进群问"，或者选择自定义互动窗，通过自定义链接，复制群聊到自定义的互动窗口里，就可以通过旺旺的聊天窗口底部向正在聊天的客户推荐对应的群聊。

也可以通过旺旺聊天由客服定向邀请。点击"智能客服"按钮，选择"客户信息"下方的邀请入群信息栏，点击"邀请入群"按钮，跳出"群组列表"，选择想要的群组，即可将入群邀请发送给特定客户。

4. 群聊运营技巧

群聊提供了很多客户运营活动，如限时抢购、提前购、红包喷泉、群红包和投票等。如图10-19所示，可以通过路径"千牛工作台→自运营中心→淘宝群→后台管理→设置营销活动"进行选择和设置。

图10-19 淘宝群聊运营活动

1）限时抢购

群聊成员可以在活动时间内购买折扣商品或者限量好货。商家通常能通过群里的限时抢购完成清仓。由于群聊限时抢购只能面向群内成员，不能通过搜索或在店铺页中展示，所以它是一个比较封闭的群内的活动。

限时抢购有以下几个注意事项。

第一，放入仓库的商品不能参与活动。

第二，一个店铺最多有 10 个商品同时参与限时抢购活动。

第三，仅支持单 SKU 商品参与限时抢购，不支持多 SKU 的商品。

第四，需提前设置开始时间，活动时间精确到分。抢购持续时间最长为 24 小时。若提前发布活动，群内应有提前预热通知。若发布时间与抢购时间一致，则活动立即开始。

第五，限时抢购商品库存无法锁定，活动商品库存设置不能高于商品现有库存。

2）提前购

通过提前购活动，在商品正式上新（新商品上架）前群成员可提前购买，以作为店铺给群成员的特殊权益。该活动也能帮助商家做新品预告、潜力爆款的打造。参与提前购活动的商品需同时满足以下两个条件。

第一，商品属于"定时上架"类商品，且商品上架时间距离当前 24 小时以内。例如，10 月 15 日 10 点的活动，只能选择 10 月 16 日 10 点以前上架的商品。

第二，一个商家最多可以创建 10 个未结束的提前购活动。例如，某店铺内已有 3 个提前购活动在进行中，则该商家最多可再创建 7 个活动。

3）红包喷泉

群成员可通过群内红包喷泉活动领取店铺现金红包和优惠券，在大促当天使用。商家通过红包喷泉，可以促进客户在店铺内加购、成交，为大促当日成交"蓄水预热"，并且可以培养群成员定时打开群的习惯，提升群内活跃度。

红包喷泉的奖品种类分为现金红包和店铺优惠券，需提前设置完成。支持两种奖品在同一场活动中出现，奖品的设置数量不可高于奖品池剩余数量。

4）群红包

群红包跟其他的社交软件里所看到的红包类型是一样的，可以增强客户对店铺的好感，也可以用来打赏一些重点客户，或者作为群成员专享优惠福利，提升群内客户的活跃度，也能间接带动店铺成交。

5）投票

投票支持文字、图片、商品等类型的投票，可以增加群内的互动气氛，也可以通过投票了解客户的想法，还可以做一些对应的商品、活动的调研。投票的设置需要进入阿里创作者平台进行。

（1）通过路径"阿里创作平台→互动中心→投票"进入。

（2）填写投票基础信息，如名称、链接、活动时间等。

（3）选择投票类型（文本图片/商品），填写投票项，可选择单选或多选。

（4）活动发布成功后，勾选要投放的群（默认为所有群），点击"推广"按钮即可。

10.3　客户服务管理

"客服"有时指客户服务，有时指客户服务人员，即在网店经营过程中，充分利用各种通信工具，为客户提供相关服务的人员。对客服进行有效的管理，可以提升店铺整体的转化率、客单价和好评率等，能有效减少客户投诉、退款和纠纷，是店铺运营的重要工作之一。

10.3.1　客服工作概述

1. 客服工作内容

客服工作内容主要分成三大部分：第一部分是售前，第二部分售中，第三部分是售后。售前主要工作是商品推荐、关联营销，售中主要做催付（催客户付款），售后做退换货处理、纠纷处理以及客户关怀。

2. 客服基本素质

客服基本素质包含知识储备和技能素质。

知识储备是要求客服必须完全熟悉平台交易规则、商品相关知识、物流相关知识和话术知识。

技能素质是指客服的行为规范，包括使用礼貌用语、正确的称呼和规范的对话用词等，比如使用请、麻烦、先生、女士等词语。

3. 客服相关指标

评价客服服务的数据指标比较多，常见的有首次响应时长、平均响应时间、平均接待时长、答问比、回复率、退款率、客服销售额、询单转化率、客单价、客件数、推荐成功率等。

10.3.2　客服工作内容

1. 了解客户

1）了解新客户

在进行客服工作之前，需要对客户进行充分了解。对于已经有过咨询行为的客户，可以通过历史聊天记录和客户备注快速了解其特点，而对于第一次接触的客户，则需要通过查看客户的信用等级和注册时间做快速了解。

第一种客户：客户信用等级比较低，注册时间比较长。这种客户是安全感低、价格敏感型客户，他们每次买的商品获得的商家评价并不多，或者并不好。对于这种客户要多推荐性价比高的商品或活动。

第二种客户：客户信用等级比较低，注册时间比较短。这种客户是典型的新客户，他们对平台和系统都不太熟悉。这种客户也有优点，就是他们上网的时间短，价格对于他们的影响比较小。

第三种客户：客户信用等级比较高，注册时间比较长。这种客户是典型的成熟型客户，他们很会比价，相对比较理性。对于这种客户尽可能少用营销套路，应该真诚表达商品和店铺的情况并进行推荐。

第四种客户：客户信用等级比较高，注册时间比较短。这种客户是冲动型客户，也有可能是某一个成熟客户注册的新账号。对于这种客户，可以对他们多使用一些优惠活动来进行触动，他们有可能会对活动或者促销很敏感。

2）了解老客户

可以通过客户反馈分析来了解老客户。客户的反馈会出现在三个地方：一是商品的评价页，二是商品页的"问大家"板块，三是客户与客服的聊天记录。不管是哪种反馈，都可以通过词频分析工具，把反馈中的高频词提取出来，高频词能比较客观地反映出客户对商品的需求。

2. 商品推荐

1）推荐原则

在客户进行商品咨询时，可以进行商品推荐来提升转化率。商品推荐有如下3个原则。

（1）每位客户在商品需求和使用情况上都不同，客服需要结合客户的特点，分析客户的具体需求，有目的性和有针对性地推荐商品。

（2）当客户咨询商品信息时，客服要快速接待，主动推荐商品信息。

（3）对客户在购买过程中表现出的犹豫心理进行有效分析，针对不同的需求主动引导客户进行选购。

2）推荐要点

在推荐的过程中需要考虑以下4个要点。

（1）明确要推荐的优势，比如货源的优势、质量的优势、价格的优势。

（2）要参考的数据，比如店里的销售走势和库存情况，尽量推荐热销且库存量充足的商品。

（3）不要盲目推荐商品，做到"七分听三分问"，多跟客户打交道，了解他们的需求后再推荐。跟客户的交流过程中，提问是为了挖掘需求。

（4）推荐时站在客户角度思考，当有优惠活动的时候及时告知。

3）推荐话术

推荐商品的常用话术是 FAB 法。F（Feature）指特点，A（Advantage）指优势，B（Benefit）指利益。在推荐一个商品或者活动时，话术一般按照 FAB 的结构来组织。首先讲商品的特点，然后讲商品的优势，最后讲商品的利益。

比如，推荐一个手拿包，可以这样描述：这个手拿包是牛皮的，它比人造包柔软得多，拿在手上舒适又透气。注意这 3 句话，完全是按照 FAB 原则组织的。

3．关联营销

在客户确定购买某件商品时，可以进行商品的关联营销来提升客单价。

1）关联方式

关联营销有 4 种方式：替代式关联、延展式关联、互补式关联和热销式关联。

替代式关联是同类型商品之间的关联，一般用于缺货或者缺码的情况。如果客户选择的商品缺货，可以向其推荐替代型的，比如其他颜色或者型号的商品。

延展式关联是关联功能上有联系的商品。比如当客户咨询手机的时候可以延展推荐充电宝或者手机壳。

互补式关联是关联有互补关系的商品。比如客户咨询上衣的时候可以向其推荐裙子或围巾、挎包等，与上衣形成互补搭配。

热销式的关联是关联爆款商品，由于爆款（热销商品）本身转化率较高，可以在相关商品成交时用爆款来进行搭配，提升客户的成交金额。

2）关联时机

关联营销要注意时机，在客户静默下单时要尽快联系客户，在客户刚下单的时间点上做关联成功率是比较高的。客户决定购买商品的瞬间是他们对商家最信任的时间点。

4．催付

如果遇到客户下单之后并不付款的情况，则需要催付。

1）不付款的原因

催付首先要搞清楚客户为什么不付款。常见的不付款原因有以下 4 种。

（1）客户操作不熟练。这种客户可能是因为年纪比较大，或者刚刚学会上网，他们对于平台以及手机的操作不太熟悉，对于这种客户要热情地帮助，准备好一些操作的视频教程，在遇到这种客户的时候可以直接发送给他们。

（2）客户的余额不足。这种情况可以告诉客户请他人代付的操作流程，或者让其请子女帮助付款。

（3）客户有所担心。比如对客服心存不满或者正在货比三家。遇到这种情况要对自己的竞店和竞品了如指掌，通过优劣势对比帮助客户分析。

（4）客户议价不成功。有的客户会跟客服议价，而客服又没有相关的权限，或者价格没有下降空间。如果是新客，可以运用两种手段进行挽留：一是送赠品，赠品不会降低商品的价格，避免商品零售价受到影响。二是赠送下次消费的优惠券，既给了客户优惠，又增加了复购的概率。

2）催付的流程

如图 10-20 所示，首先抓取后台中已下单未付款的订单，检查是否有聊天记录，然后分析客户不付款的原因，是操作不熟练、余额不足还是在货比三家，根据原因确定催付的方法，以及确定催付的时间和话术。最后对客户进行催付。如果催付成功，就可以在后台备注对应的催付信息，比如优惠承诺。另外一种情况是催付失败，也需要分析对应的原因，总结并向主管进行反馈。

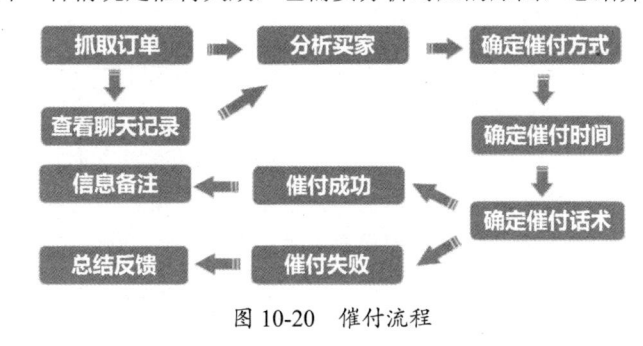

图 10-20 催付流程

3）催付的技巧

催付有 6 种主要的方式。

（1）打情感牌，为客户做贴心服务，比如问他们遇到了什么问题，有什么需要自己帮助的。

（2）制造一些紧迫感。比如发货的时间是下午 5 点，如果错过了这个时间，就明天下午 5 点发货。或者告诉他们库存比较紧张，现在这个尺码只剩下两件，如果再不购买很可能售罄。

（3）如遇大客户，则需要用电话进行催付，因为电话是触达客户比较直接且快速的方式。

（4）如遇活动或大促，则可以配合使用第三方软件，比如客户运营平台。可以使用短信营销功能对没有付款的客户进行统一的短信触达。

（5）如遇店铺活动，则需要根据活动情况调整催付时机，比如预售活动应在预售结束时集中催付。

（6）如果遇到自身失误造成客户不付款，则需要立刻进行补救。比如优惠设置时间太短导致客户来不及付款，则需要对商品活动做及时调整。

10.3.3 客服基本素质

1. 基础操作要求

客服工作绝大部分情况下是使用电脑完成的，因此客服最基本的操作技能是要熟悉电脑的操作，要会使用 Office 软件和千牛等客服工具。

1）熟悉基本操作

熟悉 Windows 系统，会使用 Word 和 Excel，会发送电子邮件，会管理电子文件，熟悉上网搜索找到需要的资料。至少应该熟练掌握一种输入法，打字速度快；反应灵敏，能同时和多人聊天，对客户有耐心。

2）熟悉千牛工具

客服使用的工具主要是千牛嵌入的即时沟通工具——卖家版旺旺。千牛在第 2 章已经有过详细介绍。旺旺嵌入千牛方便客服打开，而且可以和后台管理完全打通和联动。

如图 10-21 所示，在千牛后台的旺旺里可以看到聊天工作台的功能。在左下角有订单管理、店铺管理，以及直接跳入卖家中心和卖家工作台的链接。右上角有三个主要的栏目：一是商品，二是机器人，三是智能客服。通过商品栏目，可以查看正在聊天的客户曾经浏览过的商品。通过机器人栏目，可以设置阿里的店小蜜来替代人工客服进行回复。通过智能客服栏目，可以设置最近的活动或者智能回复。

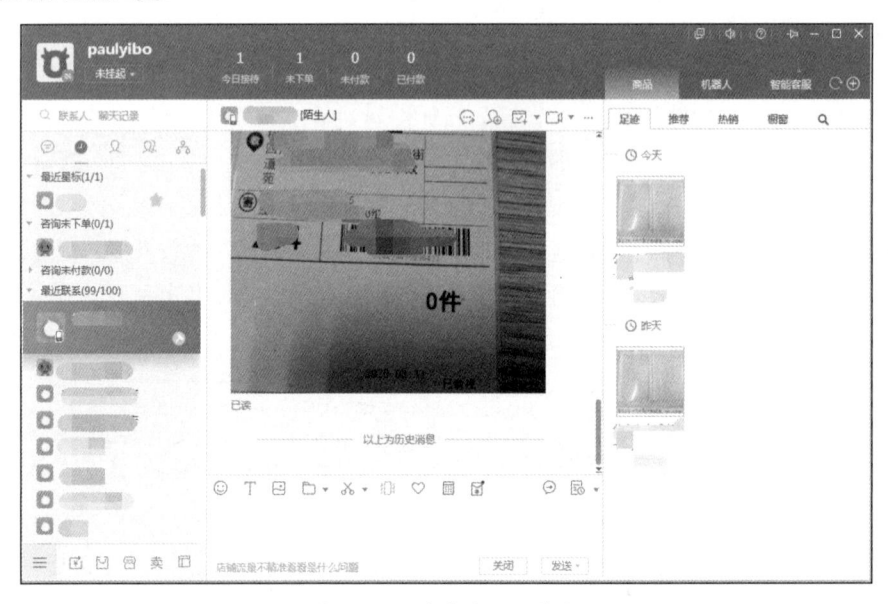

图 10-21　千牛聊天工作台

在左上角还可以看到旺旺的状态，和其他的社交软件一样可以设置在线或者挂起，挂起的概念相当于暂停接待。如果某个客服账号挂起，则系统会自动把咨询该客服的客户分流到其他客服账号。

2．基础素质要求

基础素质要求包含以下 3 种。

（1）心理素质，在客户服务的过程中，能承受各种压力、挫折。

（2）品格素质，包括能够忍耐与宽容、热爱企业、热爱岗位、谦和、博爱、勇于承担责任、有强烈的集体荣誉感、热情主动、有良好的自控力。

（3）技能素质，包括文字语言表达能力、沟通技巧和谈判技巧、商品的专业知识、观察力和洞察力、人际关系沟通能力、倾听能力。

3．对商品知识的了解

商品知识包含商品专业知识和商品周边知识。商品专业知识包括商品的种类、材质、尺寸、用途、注意事项等，客服最好还应当了解行业的有关知识，对其他同类商品也要有基本的了解。

了解商品的基本知识，可以从几个方面入手：商品的重量、大小、等级、容量、纯度、长度等。特别是 3C 数码类这样的专业度极高的商品，当客人问到这个商品的某些专业知识的时候要能够对答如流。

4．对平台交易规则的了解

所有的平台对于商家的要求大同小异，一般来讲主要有以下 3 种对应的基本规则。

（1）交易的规则，包括准入、交易的流程，以及受过的处理。

（2）支付的规则，通过什么样的方式来支付，以及支付的工具和支付的入口。

（3）物流的规则，怎样去发货，如何处理发货过程中的意外情况。

所有的电商平台都有对应的规则频道，在平台首页就能方便地找到并自学。

5．熟悉聊天技术

1）文字相关技术

使用尊称，少用"我"字，多使用"您"或者"咱们"这样的字眼：让客户感觉客服在全心全意为自己考虑问题。

使用礼貌用语："请""欢迎光临""认识你很高兴""希望在这里能找到满意的商品""好""请问""麻烦""请稍等""不好意思""非常抱歉""多谢支持"。

使用规范用语，尽量不要有错别字。

避免使用负面语言，比如不能说"我不能"，正确的说法是"看看能够帮您做什么"，不能说"我不会做",客服的语言中也没有"这不是我应该做的",正确的说法是"我很愿意为您做"。

2)沟通技术

在沟通过程中合理运用语气和表情。尽量使用一些活泼生动的语气,不要让客户感觉敷衍或怠慢。多使用旺旺的正面表情,比如笑脸、玫瑰等。同一句话在加了表情以后会让客户感受到聊天时的表情和状态。

在沟通过程中尽可能多使用一些快捷回复,特别是对于客户问得比较多的问题,可以把常用的回复保存起来,设计到快捷用语里面一键回复,比如优惠活动、节假日的标准话术。

3)成交技术

沟通时运用客人的消费心理来促成成交,主要有以下 5 种成交技术。

(1)利用客户怕买不到的心理制造紧迫感促进成交。

(2)利用客户希望快点拿到商品的心理促进成交。

(3)利用二选一的技巧来促进成交。

(4)利用帮助准客户挑选商品促进成交。当客户没有下单时站在客户立场用专业角度帮他们挑选商品更容易和客户达成一致。

(5)利用巧妙的反问促进成交。

4)谈判技术

客服还会遇到谈判场景,特别是在售后过程中,客户会提出一些商家无法满足的要求,需要客服有良好的心理素质,要能在不伤害客人的情况下尽可能争取到自己的利益。谈判时注意以下 5 点。

(1)调节气氛,以退为进。

(2)争取同情,以弱克强。

(3)消除防范,以情感化。

(4)投其所好,以心换心。

(5)寻求一致,以短补长。

10.3.4 客服相关指标

1. 核心指标

评价客服工作是否达标,以及工作效果,可以参考对应的客服数据指标。常见的客服指标有销售额、询单转化率、客单价、旺旺回复率、响应时间等。

1)销售额

销售额是指询单客人总共带来了多大的经济价值,是客服的核心指标。

销售额=询单人数×询单转化率×询单客户客单价。

其中询单转化率和询单客户客单价两个重要的指标，是对客服技术的综合考核指标。

2）询单转化率

询单转化率=询单后成交人数/询单人数×100%。

客户进行了询单，一般就代表有比较强烈的购买需求。让有需要的客户购买是客服的主要工作，询单转化率也代表了客服工作的质量。

3）客单价

客单价是指成交客户的平均成交金额。客服不仅要做问题答疑，还要在跟客户的交流过程中起到营销的作用。通过良好的客服技术，让客户每次花更多的钱，来提升询单客单价。提升客服的询单客单价，很重要的几点就是：了解客户的需求和大致预算，找到询单的关联商品，在合适的时间进行营销。

4）旺旺回复率

旺旺回复率=客服回复的条数/客户询问的条数×100%

在对客人的服务过程中，对客户的询问有求必应是客服的基本工作要求。正常情况下，回复率应该达到100%，如果低于100%，则代表客户的有些问题没有得到响应。

5）平均响应时间

响应时间是指从客户提问到客服回答的平均时间。用这个指标可以评价客服的热情程度。响应时间越短，则客服给客户的感觉就越热情。在缩短响应时间的方法中，AI技术现在被大量使用，能把客户经常提的问题进行数据识别和自动响应。

6）答问比

答问比=客服消息数/客户消息数。

答问比代表客服的热情程度。正常情况下，回复的字数越多，代表客服越热情。

2. 客服数据来源

客服数据可以通过对应的客服管理后台获取。在淘宝后台的生意参谋中可以获取对应的客服数据。全店客服整体情况可以通过路径"生意参谋→服务→核心监控→月→下载"查看最近1～3个月月度客服相关数据。单个客服的数据可以通过路径"生意参谋→服务→核心监控→月→客服排行"进行查看。对每一个客服的服务数据进行分析和排名，把询单转化率比较低的客服筛选出来，进行后期的培训提升。

3. 客服数据考核

对于客服的考核可以通过两个维度，一个是工作量，另一个是工作效果。工作量的主要考核指标是销售额，同时参考询单人数、在线时长、客单价，通过工作量可以划定客服的基本工资。

工作效果主要考核客服的询单转化率，同时参考答问比、旺旺回复率、平均响应时间，以及违规次数（包括不良评价和聊天错误次数）和态度投诉数量。通过工作效果，可以划定客服的绩效奖。

如表10-3所示，以客服绩效为例，通过7个数据就可以统计客服的绩效，张三拿到了62分，李四拿到了84分，王五拿到了60分。

表10-3 客服绩效考核表

客服		平均响应时间	答问比	旺旺回复率	询单转化率	不良评价	聊天错误	态度投诉	绩效分
张三	数据	19s	113	100%	48%	0	0	0	62
	分数	80	50	100	40	0	0	0	
李四	数据	14s	133	100%	50%	0	0	0	84
	分数	100	100	100	60	0	0	0	
王五	数据	15s	119	100%	63%	0	1	0	60
	分数	100	50	100	100	0	-30	0	

在表10-3中，客服的数据指标对应的绩效分，以及每个指标在整体绩效分中所占的比例，都可以根据店铺的设计情况来设定对应的阈值。表10-4和表10-5所示是数据指标对应绩效分的参考表格。

表10-4 客服转化相关指标绩效考核标准

客服指标	含义	得分权重(%)	衡量指标（可以自定义）	评分
平均响应时间	每次响应客户的时间的平均值	20	<18s	100
			≥18s 且 <20s	80
			≥20s 且 <22s	60
			≥22s 且 <24s	50
			≥24s 且 <26s	30
			≥26s	0
答问比	客服消息数/客户消息数	20	≥130%	100
			≥120%且<130%	80
			≥110%且<120%	50
			≥100%且<110%	30
			<100%	0
旺旺回复率	（接待人数-未回复人数）/接待人数×100%	20	100%	100
			≥99.99%且<100%	80

续表

客服转化相关指标绩效考核标准

客服指标	含义	得分权重(%)	衡量指标（可以自定义）	评分
			≥99.98%且<99.99%	60
			≥99.97%且<99.98%	40
			≥99.96%且<99.97%	20
			<99.96%	0
询单转化率	询单后购买人数/询单人数×100%	40	≥60%	100
			≥55%且<60%	80
			≥50%且<55%	60
			≥45%且<50%	40
			≥30%且<45%	20
			<30%	0

表 10-5　客服绩效扣分项

客服绩效扣分项

项目	描述	数量	分数
不良评价	1个月中服务过的客户在评论中包含与服务相关不良评价数	1	-30
		>1且≤3	-60
		>3	-100
聊天错误	过度承诺或商品服务等不实描述	1	-30
		>1且≤3	-60
		>3	-100
态度投诉	态度问题被客户投诉	>1	-100

通过绩效考核标准表，可以自由制定自己的客服绩效指标。以表10-4为例，客服平均响应时间在18~20s之间对应的绩效分是80分，由于每个店铺、类目甚至每个客服团队所面临的情况都不一样，分数阈值必须由自己制定。阈值确定之后，数据指标就能有对应的分数。然后将每项指标的分数加权求和，即得到最后的客服绩效分数。比如平均响应时间的权重是20%，则是指平均响应时间指标分数在总分中的占比为20%。如果某客服在平均响应时间指标中得分100，相当于总分中获得了20分。阈值可以根据不同的情况来进行调整。比如某客服团队的旺旺回复率比较低，则可以把旺旺回复率的权重调得更高，以此来提升客服的服务质量。

另外还会有一些扣分项，也要根据店铺的实际情况进行设定。以表10-5为例，若不良的评价一个月出现1次，则总分扣30分，出现2次或3次则总分扣60分，大于3次直接扣完。同样，聊天错误和态度投诉也有对应的扣分项。

以王五得分为例，王五平均响应时间得分 100 分，相当于总分得分 20 分；答问比得分 50 分，相当于总分得分 10 分；旺旺回复率是 100 分，相当于总分得分 20 分；询单转化率得分 100 分，相当于总分得分 40 分。四项指标总得分 90 分，但因为有一个聊天错误，扣分项对应扣除 30 分，最后的结果就是 60 分。

不同的绩效分对应不同的绩效奖，通过奖金激励客服在关键指标上的提升。至于提升的具体方法，旺旺回复率可以通过自动回复、互动服务窗、店小蜜的设置来提升，答问比可以通过回复所有客户咨询进行提升，还可以查看数据较差的客服的聊天明细，确定回复少的原因。响应时间可以通过设置快捷短语、设置店小蜜自动/半自动响应、加强客服业务培训来缩短。

10.4 AI 客服工具

客服数据指标提升的重要途径是设置智能 AI 客服。在进行常见问题的问答，以及常见场景服务时，智能客服可以有效缩短服务响应时间，提升旺旺回复率，从而提升询单转化率。本节以阿里巴巴官方提供的 AI 客服工具——阿里店小蜜为例，讲解 AI 客服工具的使用方法。

10.4.1 阿里店小蜜的介绍和开通

1. 认识店小蜜

阿里店小蜜是阿里官方提供的 AI 客服工具，具备全自动接待和智能辅助接待两种工作模式，可以在需要客服接待时，帮助甚至替代客服进行客服工作。人工客服主要用来回答复杂问题。每个店铺的阿里店小蜜目前都有赠送的免费体验流量和一个智能辅助座席，可以关联一个店铺旺旺账号（主账号或子账号），在客服接待时辅助客服，实现部分场景的自动回复和部分场景的推荐回复。阿里店小蜜可以通过路径"千牛工作台→客户服务→阿里店小蜜"进入，如图 10-22 所示。

2. 店小蜜的基础设置

在使用店小蜜进行自动服务前，首先要开启店小蜜的工作模式。店小蜜有两种工作模式：全自动接待和智能辅助接待。

1）全自动接待

全自动接待就是系统自动托管，服务助手账号独立接待客户，解决不了时转接人工客服，可大幅降低店铺人力成本。开启全自动服务以后，可以把店小蜜当作一个客服人员进行使用，使用前需要对店小蜜做一些基础知识库的问答设计。

图 10-22 阿里店小蜜操作后台

对于全自动的服务设置有 3 种方式：人工优先模式、机器人优先模式和混合模式。人工优先模式是店小蜜先不介入聊天，优先由人工接待客户，在人工客服都挂起或离线时由店小蜜自动接待。机器人优先模式是优先由店小蜜接待客户，在店小蜜解决不了时转人工处理。混合模式为同一时间的客户咨询流量，在遵循旺旺分流规则的基础上，按设置的百分比分给店小蜜，剩余流量分给人工客服。如图 10-23 所示，设置路径为"卖家后台→店铺管理→子账号管理→客服分流→高级设置→机器人配置"。

图 10-23 机器人配置

2）智能辅助接待

智能辅助接待就是店小蜜辅助人工客服快速回复客户的一种智能服务模式。如图 10-24 所示，通过路径"阿里店小蜜→智能辅助接待设置→座席授权"进行设置。授权状态分为 3 种：不允许使用、长期占用和按需抢占。

不允许使用：该子账户无权使用智能辅助。

长期占用：该子账户长期占用一个授权，无须抢占，也不能被别的账户抢占。

按需抢占：该子账户可在千牛接待窗右侧"机器人"区抢占空闲的授权。

图 10-24　智能辅助座席授权设置

另外，常用话术是店小蜜通过机器学习总结出的店铺 15 天内的高频客户问题及答案，分为店铺话术和个人话术。常用话术会定期更新，并支持编辑及删除。

店小蜜智能辅助有两种回复方式：自动回复和推荐回复。自动回复是指遇到高度匹配的问题时，店小蜜会自动以客服身份，代替客服回复客户。推荐回复是指客户问题被识别匹配但不属于高度匹配范围时，在旺旺窗口中会出现推荐回复供客服选择，如图 10-25 所示。

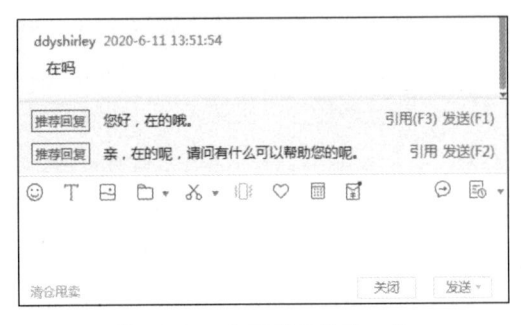

图 10-25　智能辅助推荐回复

3）欢迎语设置

欢迎语是客户咨询店小蜜时店铺给出的表示欢迎的回复，可以依照自己店铺的特色来进行设定，让客户更有亲切感。如图 10-26 所示，在设置欢迎语时，还可以设置欢迎卡片。欢迎语卡片上最多可以带 9 个问题，问题字数不超过 15 个字。客户点击卡片问题后自动回复的答案会从官方知识库或自定义知识库中获取。每一个问题都需要关联知识库的知识，卡片问题一般用来设置客户提问中的 TOP 问题，可以在客户看到欢迎语后就立刻进入主题。

图 10-26　设置欢迎语

点击"+新增卡片问题"即可添加问题。点击"编辑"按钮，弹出关联问题编辑框后，可以选择要放在欢迎语卡片内的问题从哪个知识库里面筛选。若问题较多，不清楚具体在哪个板块下，也可以通过搜问题、搜答案或搜商品 ID 来进行选择。被选中的知识会直接被关联在欢迎语卡片问题上。客户咨询卡片问题时，店小蜜回复的答案即为关联的知识答案。将鼠标光标放在一个问题上，可以展现当前问题配置的答案。设置完成后，可以点击"确定"按钮。

10.4.2　问答知识库配置

1. 问答知识库简介

店小蜜之所以能够服务好客户，是因为店小蜜本身具备"智能大脑"，即知识库，里面存储了很多可以给客户回复的知识和信息。店小蜜的工作原理是在客户咨询问题的时候去搜索知识库中相同或相似问题的答案，所以知识库的创建和维护对店小蜜的使用至关重要。目前阿里店小蜜中已默认包含了一些客服常见问答，并按照不同的类目存储在云端。这些知识库问答包是免费的，商家可以根据店铺的类目下载对应的数据包，加载到知识库里。知识库中的核心部分是店铺知识，店铺知识又按照售前、售中、售后的不同阶段将日常的咨询问题分为多个大类，每个大类下又有若干小类问题。

2. 维护官方知识答案

通过修改、增删已经加载的官方知识库的内容可以对已有的知识库进行维护，使店小蜜的知识库更接近商家店铺的实际情况。官方知识库的问题被分为 7 类，如图 10-27 所示，可以逐类查看官方知识库问题内容，并进行维护。

图 10-27　维护官方知识库

根据店铺实际情况，可以对官方默认答案进行修改，如果官方知识库的默认答案已经生效且可以回复给客户，就可以根据回复内容区左上角的"默认"标识是否点亮，来确定该条答案是官方默认回复内容，还是新增或修改的内容。若单一回复不能满足需求，可以增加多个个性化答案。

如果文字答案不易懂，可以添加图片，用"文字+图片"的形式进行回复。截至 2021 年 10 月，店小蜜的图片和表情还不能同时使用，若已经添加了图片，则回复话术中的表情无法生效。添加答案或编辑答案，都会弹出答案编辑对话框。对话框支持图文编辑，可以将答案关联上具体的生效时间，那么答案仅在该段关联时间内为有效答案。也可以点击"+新增可选时效"按钮进入答案时效的快捷设置与管理页面。设置关联商品的个性化答案，通用答案默认关联全部商品，也可以针对指定商品进行关联。操作时，支持按类目搜索、按关键词搜索和用商品 ID 来定位商品。若想批量关联商品，也支持按店铺指定分类进行关联（优先级：指定商品＞指定分类）。

知识库维护完毕后,在客户问到关联商品时,就会显示关联答案。当设置多个通用答案时,则会随机出答案。若要去掉其中几个已关联的商品,就可以打开关联商品的页面,去除商品前面的对钩,点击"保存"按钮即可。若需要再添加,就可以重新搜索来进行补充勾选。

3. 添加自定义问题

若官方知识库无法满足需求,可以向知识库内添加知识内容。添加方式分为手动添加和批量导入。

1)手动添加

如图 10-28 所示,点击"新建自定义场景"按钮,可以增加最多不超过 100 个自定义问题。在弹出的新窗口中选择"问法编辑"框中输入自定义问题,最多不超过 25 个字。自定义知识库具有"热度"功能,可以显示一个知识点被匹配回复客户的次数。点击"+增加问法"来增加自定义问题的相似问法(最多不超过 10 个相似问法),如果自定义问题与官方知识库中的类似或完全一样,则在保存时无法审核通过。如果要重新修改问题内容,则可以点击编辑按钮。若需要删除,则可以点击红色删除按钮。设置好客户问题后,可以针对这些问题点击"+增加答案"来编辑回复话术。

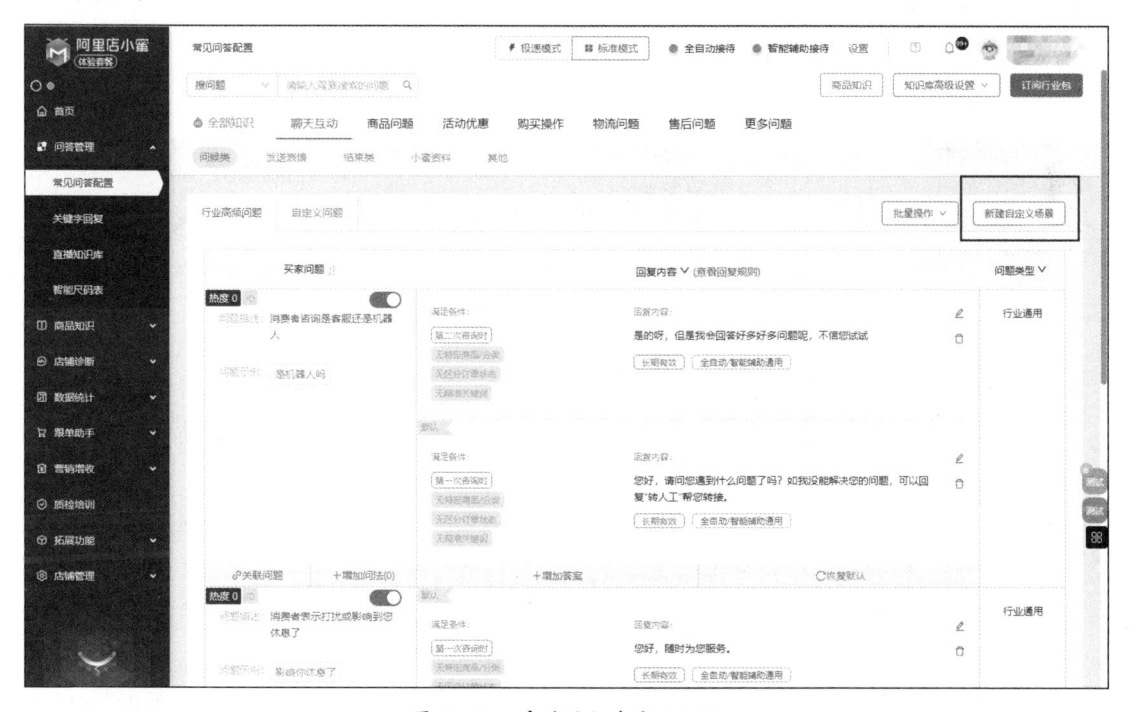

图 10-28 手动添加自定义问题

2）批量导入

如果有现成的聊天话术手册，可以把自己的话术手册转换为店小蜜能够识别的标准文件，直接导入店小蜜，这样就可以把很多问题同时加载到店小蜜的知识库中。如图10-29所示，通过路径"批量操作→新增自定义知识"，即可批量上传问答知识库。但批量导入目前仅限于文字，如果要设置关联时效或关联商品等功能，还需要人工对知识内容再次进行编辑处理。进行"批量导入"前，需要先行"下载模板"，按照模板要求填入后再进行上传，模板中已经设置了填写格式，操作前也可以先阅读"温馨提示"。

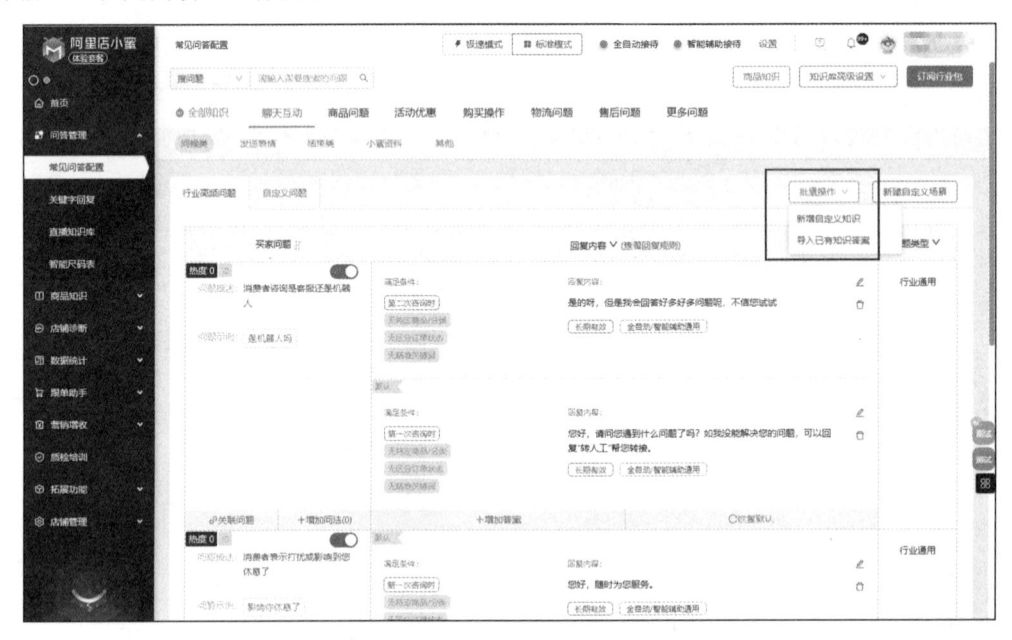

图10-29　批量导入自定义问题

4．设置关键词回复

关键词回复的作用是，当遇到客户问的问题匹配不上知识库里的任何问题，同时人工服务处于繁忙或者应急的状态时，店小蜜会启动应急关键词回复，会从客户问的问题中找到可以和关键词回复匹配的关键词，进行应急回复。通过路径"阿里店小蜜→问答管理→关键词回复"，可进入关键词回复设置，如图10-30所示。

点击"添加关键词组"配置关键词，关键词中配置好的问题的答案优先级高于官方知识库和自定义问题。配置前可以先阅读黄色方框内的注意事项及配置规则。点击铅笔图标可以对关键词内容进行修改，点击垃圾桶图标可以删除内容。每一组最多可以设置10个关键词或词组，一个店铺最多可以同时使用10组关键词，由于其优先级较高，建议谨慎使用。

图 10-30　关键词回复设置

10.4.3　服务数据复盘

对于店小蜜的服务情况可以通过数据来进行诊断和优化，可以通过"阿里店小蜜→数据统计"查看店小蜜的数据。在店小蜜的服务数据中，可以查看到今日数据大屏（实时数据）、全自动数据和智能辅助数据。在全自动和智能辅助数据中可以查看排名、接待与回复率、询单转化率。

1. 实时数据

在今日数据大屏中可以查看店小蜜当天接待的商品排行榜，可以查看咨询客户所在的地域和被咨询的商品。店小蜜当天接待数据每 30 分钟更新一次，在下方会有接待客户的具体数据、商品排行和问题排行。全自动数据和智能辅助数据包括接待人数、接待支付人数和支付金额。通过接待数据问题排行榜可以看到当天被咨询比较多的问题，如图 10-31 所示。

2. 全自动数据

如图 10-32 所示，对于店小蜜的全自动接待服务情况，系统分排名、接待和转人工率、询单转化、智能催拍、商品推荐、主动营销几个维度进行数据展示。下面重点讲解排名、接待和转人工率。

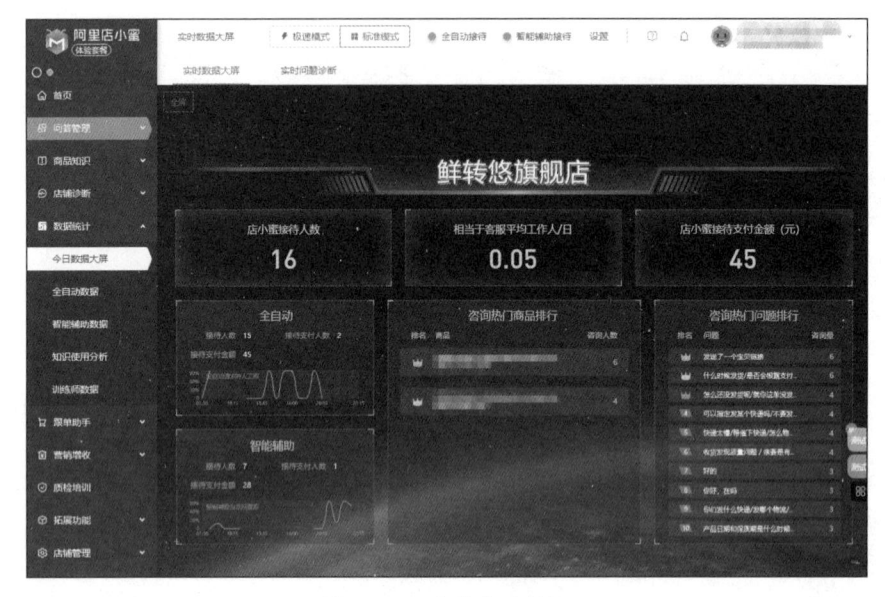

图 10-31 查看实时数据

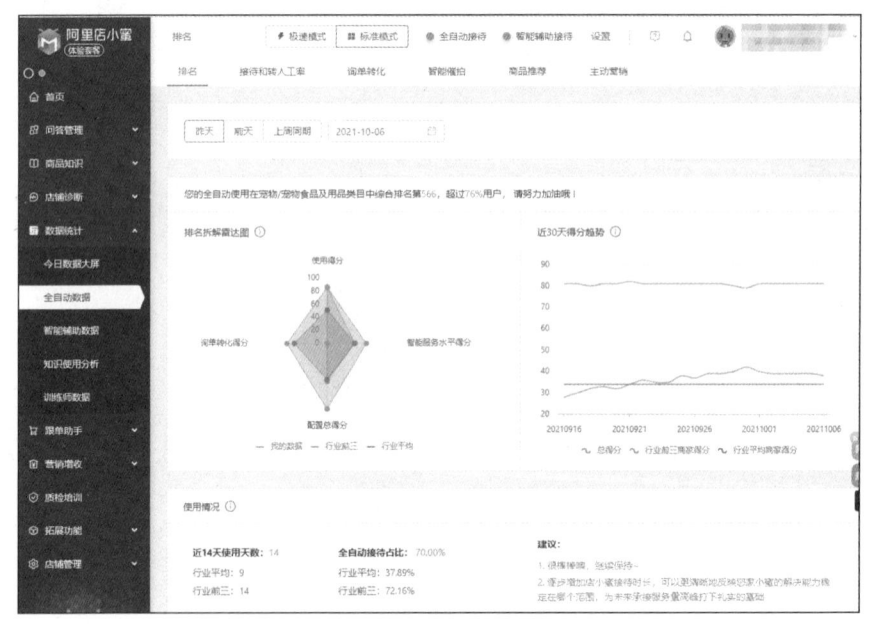

图 10-32 全自动接待数据

1) 排名

排名拆解雷达图：每一项有一个具体的得分，分值越高越好，比如询单转化得分能反映询单转化率的大小，但是不等于询单转化率的真实数据。由于存储压力，数据最多保留 365 天。

近 30 天得分趋势：包括细分维度得分和总得分，在这些得分中，智能服务水平的权重较高。数据最多保留 365 天。

使用情况：接待占比是全自动店小蜜当天接待的人数/店铺当天总接待人数，都过滤掉店铺内客服之间对话。数据最多保留 365 天。

智能服务水平：转人工率越低，越能降低人工客服的压力。数据最多保留 365 天。

知识库配置情况：根据知识库是否配置答案和是否配置通用答案计算完善度，并用"首问语卡片点击人数/欢迎语卡片展示人数"计算首问语点击率。

全自动服务询单转化率=全自动服务参与的成交金额/店铺当天总成交金额（含静默下单等）。

全自动成交占比=全自动服务参与的成交金额/店铺当天总成交金额（含静默下单等）。数据最多保留 365 天。

2）接待和转人工率

通过图表展示全自动接待和转人工率数据，包括全自动接待人数、全自动接待占比、全自动请求转人工率、相当于客服工作人/日。通过表单展示全自动接待和转人工率数据，包括店铺接待人数、全自动接待人数、接待会话数、接待占比、请求人工人数、请求人工会话数、相当于客服人/日等。表单提供下载功能。接待和转人工率数据如图 10-33 所示。

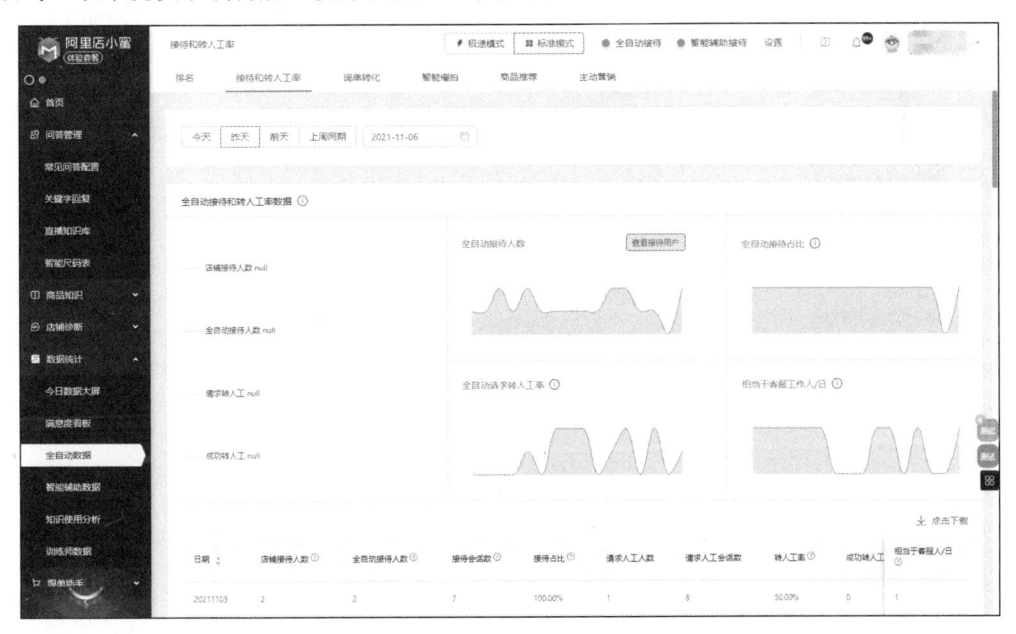

图 10-33 接待和转人工率数据

接待会话数：指客户一共来了几次。假设客户上午来1次问了3句话，下午来1次问了2句话，则接待会话数算作2人次。这么拆解的原因是能尽可能把客户的诉求区分开来。

咨询问题：分为命中知识、命中后无答案的知识、命中看到答案要求转人工、未命中知识的问题等几个方面，并且提供数据的下载功能。

咨询商品：目前只能统计点击链接来到页面或者手动发送链接中带的商品 ID 的数据，如果没有发送链接，只发送订单信息，则不会被统计。根据数据，目前50%左右的咨询商品行为可以被统计到。

3. 智能辅助数据

如图 10-34 所示，对于店小蜜的智能辅助服务情况，系统分为排名、接待与回复率、询单转化、催拍数据、营收报告、商品推荐。我们重点讲解排名、接待与回复率、询单转化率3个数据。

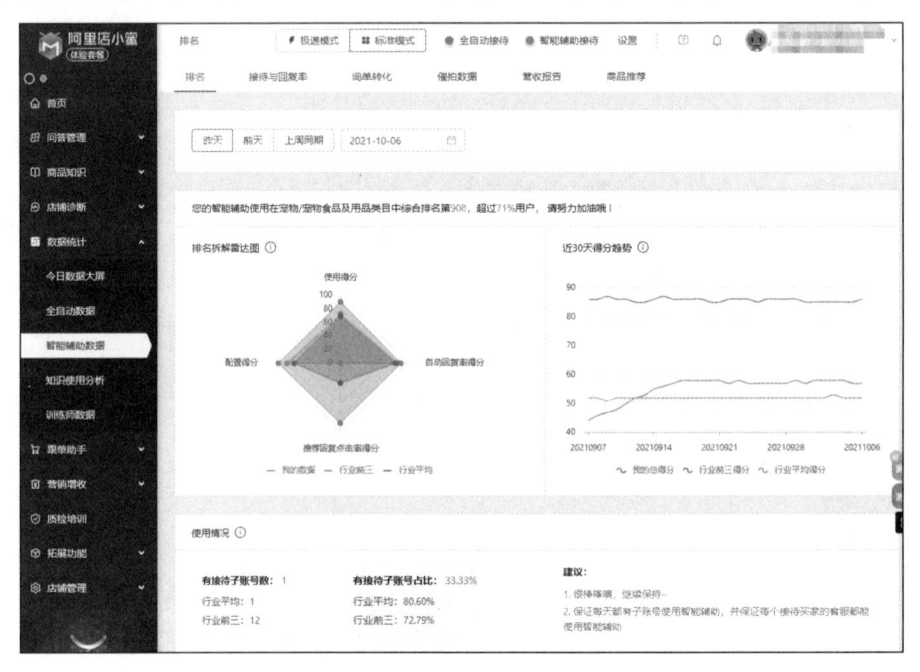

图 10-34 智能辅助数据

1）排名

在排名数据中，排名拆解雷达图、近 30 天得分趋势和知识库配置情况 3 个数据板块和全自动数据相同，不再赘述。其他数据如下。

使用情况：使用天数是指智能辅助接待过客户的天数，有接待子账号数是指智能辅助有接待行为的子账号数，有接待子账号数占比是指智能辅助有过接待行为的子账号数/店铺有接待行为的子账号数。

自动回复率=智能辅助自动发送的次数（不包含客服点击发送的）/智能辅助收到的咨询次数。

推荐回复点击率=子账号点击智能辅助推荐的次数/子账号收到智能辅助推荐的次数。

2）接待与回复率

通过图表展示智能辅助接待数据，包括智能辅助接待人数、智能辅助回复率、使用子账号数。

通过表单展示智能辅助接待数据，包括接待人数、接待次数、使用子账号数、出答案率、回复率、自动回复率、手动回复率、推荐回复点击率。表单提供下载功能。

通过表单展示授权子账号近 7 天的数据，包括智能辅助接待人数、接待次数、出答案率、智能辅助回复率、自动回复率、询单转化率。表单提供下载功能。

3）询单转化率

通过图表展示智能辅助参与询单的总体数据，包括智能辅助参与询单转化率、智能辅助参与询单付款金额、智能辅助参与询单转化 vs 纯人工询单转化。

通过表单展示智能辅助参与询单明细数据，包括智能辅助参与询单人数、智能辅助参与下单人数、智能辅助参与付款人数、智能辅助参与付款金额、智能辅助参与询单转化率、纯人工询单转化率。

通过图表展示智能辅助催拍挽回数据，包括发起催拍挽回人数、催拍挽回后付款人数、催拍挽回后付款金额。

10.5 客户评价管理

客户在完成购买后可以对商家和商品进行评价。因此，评价也分为对商品的评价和对店铺的评价。评价会影响商品和店铺的转化率，同时也会影响平台流量的获取。因此，对于客户评价的管理是客服的重要工作之一。

10.5.1 评价基础知识

1. 评价分类

评价分为商品评价和店铺评价。

1）商品评价

客户会根据商品的性能、规格、材质、使用寿命、外观等设定一个可量化的评价体系，由客户来进行使用价值评价的过程。

商品评价在淘宝平台主要分成图文视频评价以及好评、中评和差评。商品获得好评，则店铺的信誉度就加 1 分，中评不加分，差评减 1 分。

商品评价在天猫除了图文视频评价，还能按照分数进行评价，从 1 到 5 对商品描述是否相符进行打分，评价对于商品会产生一定的影响，客户可以在公开页面查询到某一个商品的评价数据。天猫的商品评价分数也是店铺评价的一部分。

商品评价的查看可以通过路径"卖家中心→交易管理→评价管理"找到对应的评价数据，可以查阅本店的商品评价数据，包括评价治理和评价统计。评价治理用于对问题评价、商家被投诉后的评价等进行统计，也包含平台主动防控、提示商家处理的数据。每日投诉的数量从每日 0 点起计算。评价统计会统计全店一周、一个月或者半年内好中差评的数据，还有全店累计的评价数量，让商家可以对全店的评价数目一目了然。

2）店铺评价

店铺评价分为两种：DSR（店铺动态评分）和店铺信用等级（仅限淘宝）。DSR 是店铺半年内的描述相符、物流服务和服务态度 3 项得分的平均分。而店铺信用等级则反映了历史上获得的所有好中差评情况，商家每得到一个"好评"，就能够积累 1 分，中评不得分，差评扣 1 分，根据分数不同，等级从"1 心"到"5 金冠"不等。

两种评价中最重要的是 DSR，动态评分的三项指标会用三种颜色进行标注。如果动态评分高于行业平均水平，则被标为红色。如果动态评分与行业平均水平持平，则被标成灰色。如果动态评分低于行业平均水平，则被标为绿色。如果有一项出现绿色，就代表店铺的服务水平或者运营水平低于行业平均标准，会影响全店所有商品在整个平台中获取流量的能力。DSR 的评价会统计店铺里连续 6 个月的平均值，可以精确到小数点后面 4 位。DSR 会因为新增评价而实时变化，并保留 180 天的数据。

2．评价的影响

1）影响转化率

淘宝的评价（包括问答）等客户反馈，包含了大量的"卖点"和"痛点"，可以作为客户购买的参考，一般评价较高的店铺商品，服务和人气都不错，客户更愿意购买。而如果中差评较多，则可能会损失一些潜在的客户。因此商品评论对转化率影响较大。

2）影响搜索和推荐

淘宝站内两个最主要的曝光渠道是搜索的结果和"猜你喜欢"。淘宝商品的"综合排序"离不开商品好评率，一旦中差评过多、好评率过低必将影响商品搜索排名，导致人气及流量下降。另外，系统也不会去推荐评价数据太差的店铺和商品。因此，如果评价比较差，就会严重影响店铺的流量。

3）影响店铺的活动报名

大部分的平台活动像聚划算、淘抢购、天天特价等，规定了报名活动的 DSR 门槛。如果店铺评价过差，很难报名成功，使店铺失去活动流量。根据淘宝规则，以"天天特卖"活动报名为例，近半年店铺 DSR 评分 3 项指标分别不得低于 4.6（开店不足半年的自开店之日起算）。其他的一些官方活动和付费推广渠道，都对店铺的评分做了量化要求。

10.5.2　商品评价优化

优化商品评价可以提升商品的转化率。常规的优化过程是根据商品评价数据，找到问题商品，从提升好评率、降低中差评率两个方面入手，对商品评价进行优化。

1. 商品评价数据获取

商品评价数据包括负面评价商品数据、商品评价趋势和商品评价分析 3 个方面。

1）负面评价商品数据

通过路径"生意参谋→服务→售后评价→评价概况→TOP 负面评价商品（近 30 天）"查看负面评价商品排行榜，可以快速找到包含负面评价信息（包括好评中的负面评价）的商品，对重点商品和服务进行提升，如图 10-35 所示。

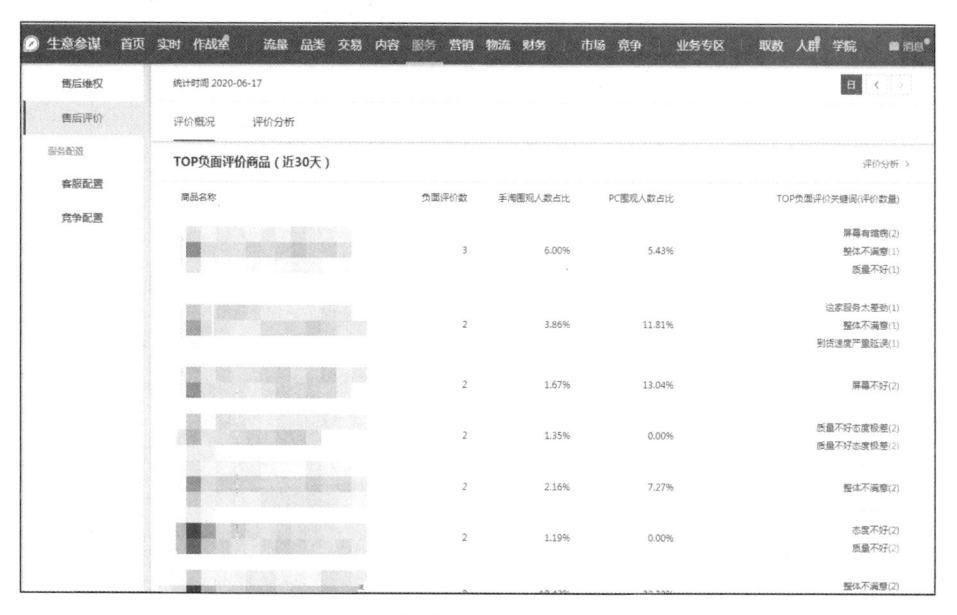

图 10-35　TOP 负面评价商品（近 30 天）

需要注意的是，负面评价并不一定是差评，在好评里也有可能出现负面的评价，比如好评的文字内容中出现"屏幕不好"四个字，就是负面评价。系统会通过大数据分析把评价中负面的评价筛选出来，并且做数据排序。

2）商品评价趋势

通过路径"生意参谋→服务→售后评价→评价分析→评价趋势"可以看到商品评价的趋势，如图10-36所示，趋势会通过图表和列表两种形式进行展现。一般需要关注4个指标：主动评价数、评价数、负面评价数和老买家负面评价数，根据评价的变化趋势可以判断店铺评价管理的效果。如果主动评价数比较少，说明客户评价商品意愿不足。负面评价数是商品获得的负面评价的总数，可以分析出现最多的负面评价是哪些。最后老买家的负面评价数体现了粉丝或忠诚客户的不满意度，这个数据的增加可能反映了商品在某一个地方做得比以前更差。

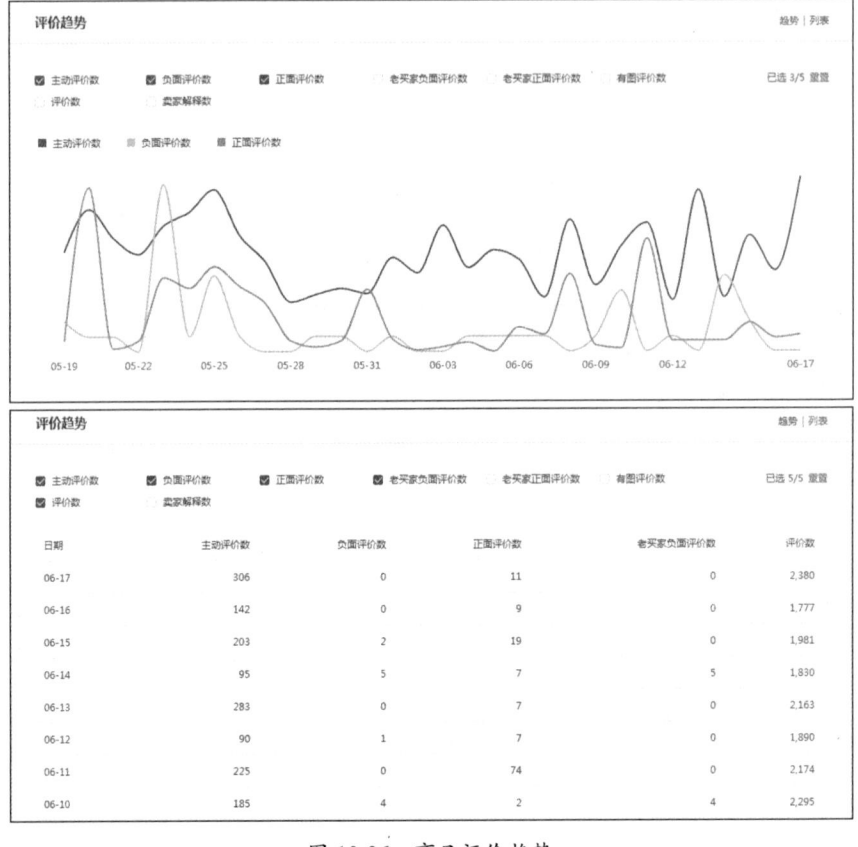

图10-36 商品评价趋势

3）商品评价分析

通过路径"生意参谋→服务→售后评价→评价分析→商品评价分析/评价内容分析"，可以查看对于商品评价的分析数据，如图 10-37 所示。评价和内容的分析是从单品和整体两个维度，对全店商品的评价进行数据统计。把评价中的高频词提取出来，高频词又分为正面的和负面的，但是无论正面的和负面的，都是客户非常关心的点，需要对正面的特点进行保持，对负面的特点不断改进。

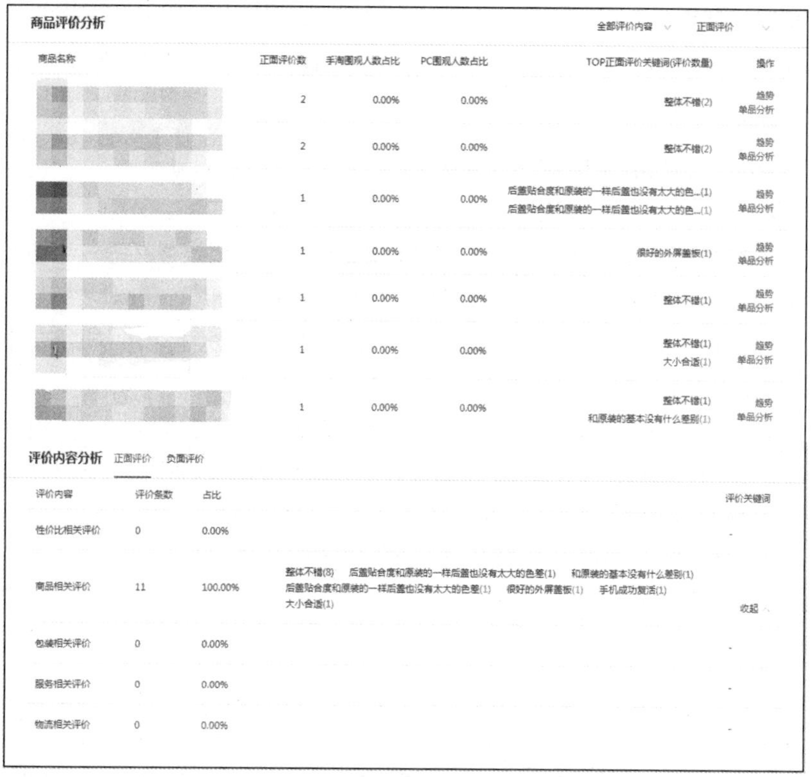

图 10-37　商品评价分析和评价内容分析

2．提升好评率

客户愿意主动给好评的原因无外乎产生了超出预期的惊喜。因此，可以使用超预期的体验和服务触动客户好评。从体验感上，可以使用优惠触动法；从服务上，可以使用客服引导法。

1）优惠触动法

赠送小礼物，随订单发放，让客户有意外的惊喜，收到商品后进行评价，或者制作好评引导卡片，随订单发放，通过好评后可以联系客服送优惠券等利益点主动引导客户进行好评。

2）客服引导法

由于大部分满意客户并不评价，客服可以主动联系客户，对已经收货的客户进行商品回访，以聊天的形式，触动满意且未评价客户做出评价。主要有如下两种形式。

第一种，利用老客户的好评去影响当前客户写好评。通过商品描述页面、帮派等地方展示老客户的好评，不但能推动店铺的客户成交，还可以在潜意识里引导客户的从众心理，让客户给予类似的好评。

第二种，商家温馨提示。在客户等待收货的期间，建议以短信的形式提示客户发货和物流信息，做客户关怀。在有条件的情况下以电话的形式做客户回访，顺便提醒客户在收货之后给予评价。

3．降低差评率

中差评的优化可以通过单独和集中两种方式进行处理。

1）单独处理

在中差评不多时，可以单独处理。首先，找出问题关键所在，改善流程，杜绝类似问题再次出现。其次，联系客户协商解决差评并对质量做出保证。评价人可在做出中差评后的 30 天内，对信用评价进行一次修改或删除，30 天后评价不得修改。但是要避免对客户形成骚扰。

2）集中处理

通过路径"卖家中心→交易管理→评价管理"可以快速找出问题关键所在，对中差评集中处理，如图 10-38 所示。对于恶意的中差评，可以在平台进行投诉，平台审核认定为恶意中差评后，可对恶意中差评进行删除处理。

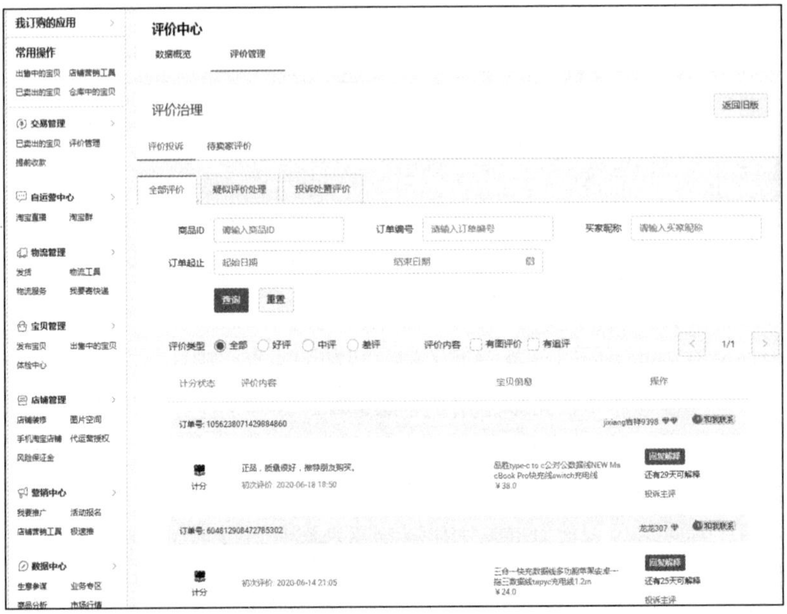

图 10-38　评价管理后台

10.5.3 店铺评价优化

1. 店铺评价数据获取

路径为"生意参谋→服务→售后评价→评价概况→评价总览/评价趋势",如图10-39所示。查看DSR总览以及描述相符评分、物流服务评分和卖家服务评分3项指标的店铺得分和行业平均分,精确到小数点后面5位,这是后台能看到的最精确的数据,并且有和前一日的比较。在评价趋势中,可以看到描述相符评分、物流服务评分、卖家服务评分3项指标的变化,可以分为图表和列表两种形式显示。通过实时掌握DSR的动态数据,并根据其增长和下滑的趋势,可以有针对性地对DSR各项指标进行优化。

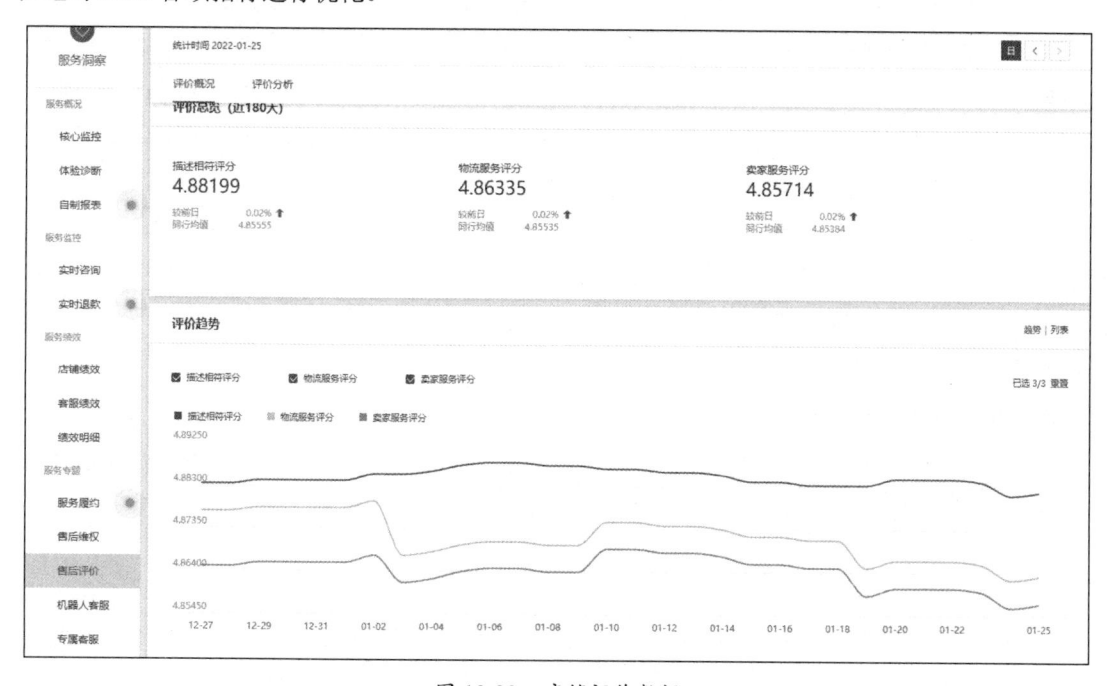

图10-39 店铺评价数据

2. 描述相符分数提升

DSR商品描述相符分低于行业均值影响店铺权重,并且描述不符影响店铺转化,所以要提升商品描述相符分。

1) 问题商品优化

商品描述相符分数偏低大多是因为商品质量与描述或客户心理期望值相差太大,比如客户在色差、品质、性价比等方面有心理落差。遇到该问题需要根据客户评价的内容进行总结,聚焦问题出处。通过路径"生意参谋→服务→TOP 负面评价商品",查看是哪些商品的哪些原因导致了评分较低。根据这些问题优化好商品详情,防止后期客户给低分。

2)未评商品促评

看看已卖出的商品,有哪些订单已经到货但客户未做评价,通过旺旺或者电话联系客户做调查,询问对商品质量是否满意,如果客户表示满意,便邀请其做 5 星的评价。如果客户表示存在问题,则商家要先道歉并记录问题,并且根据客户反映的问题做改进,给客户传递商家负责的印象,期望其不会给店铺打低分。

3. 服务态度分数提升

DSR 服务态度分低于行业均值,会影响店铺权重。该得分主要受解答问题的满意度、文明用语、回复速度、回复率等参数影响。除了加强客服培训,还可以在旺旺自动回复里面添加客服在线时间说明,为客户经常会问到的问题设置自动回复。以下是几个自动回复的示例。

(1)客服在线时间为 8:00—24:00。其余时间请自助下单哦。有什么问题可以留言,客服看到会第一时间回复。

(2)本店物流默认发中通、申通。其余快递请联系客服备注,如需顺丰,则需要补差价,具体价格请咨询客服。

(3)下单后有货的商品会 48 小时内发货。少数商品没有库存则需要等货,拍下前建议咨询客服。

4. 物流服务分数提升

DSR 的评分中最容易出问题的就是物流服务分数。服务态度和商品描述两个指标都是可控的数据指标,而物流服务大多数情况下是不可控的。因此物流服务分数提升需要做到 3 点:设置发货时间、设置自动回复和设置详情页标注。

1)设置发货时间

根据自己的实际发货能力设置发货时间。过度承诺可能会引发客户不满,一般情况下,发货时间尽量控制在客户付款后 24 小时之内。如果不能尽快发货,应该在物流模板中设置发货时效,路径为:"千牛卖家工作台→物流管理→物流工具"。

2)设置自动回复

大部分店铺在售后阶段客户问最多的问题是物流相关问题。比如什么时候发货或者什么时候能收到货。对于高频问题,可以设置统一的自动回复。

比如"18 点以前订单当天发货,18 点以后的订单次日发货,按照下单先后顺序逐一发货",把这些问题说清楚,客户也不会追问了。

3）设置详情页标注

在详情页里对于发货的内容进行补充，也是有效提升DSR物流分的办法。比如疫情期间可以在详情页里以醒目的颜色提醒：某某地区暂时无法发货，发货时间待定。类似于这样的情况说明以后，在客户下单前即告知其物流情况，能得到其谅解，避免出现纠纷。

10.6　客户售后处理

客户在完成购买后可以对商家和商品进行评价。因此评价也分为对商品的评价和对店铺的评价。评价会影响商品和店铺的转化率，同时也会影响平台流量的获取。因此客户评价的管理是客服的重要工作之一。

10.6.1　售后规则和流程

1．退货和退款

1）退款时效

申请退货、退款条件是：订单状态为客户已付款或商家已发货状态，即交易还没有成功的时候，客户可退款。与退货、退款相关的影响店铺和商品流量获取的指标是退款时长、退款率和退款纠纷率。其中退款时长即是退款的时效性。如果在客户申请退款3天（72小时）后，还没有就退款和商家达成一致，则可以申请小二介入（这时的订单状态必须是：退款中），小二介入形成退款纠纷。因此商家在客户申请退款的72小时内，及时处理完退款或者和客户就退款问题达成共识，就能大大降低退款纠纷率。

2）退款类型

退款的类型分为以下4种。

（1）未发货状态下的退款。特别注意的是，如果是因为商家缺货造成的无法发货，客户可以申请货款30%的最高不超过500元的先行赔付。赔付款项会从商家的消费者保障计划的保证金中扣除。

（2）未按约定时间发货。需要特别注意的是，如果超过了承诺时间，客户同样可以申请30%的最多不超过500元的先行赔付。付款72小时后客户可申请。比如，商家在运费模板中承诺24小时内发货，如果在客户拍下商品后24小时内商家没有发货，或者48小时内无物流信息，都算作未按约定时间发货。

（3）客户拍错了或者订单信息填错了。

（4）客户不想买了。

在未发货状态下，如果客户选择的退款原因不是"商家缺货"或"未按约定时间发货"，是不涉及赔付的，商家可以设置自动完成退款。而如果客户选择的退款原因是"商家缺货"或"未按约定时间发货"，而商家实际不存在这两种情况时，可以先联系客户修改退款原因，来降低退款率。

3）退款的原因

客户在退货的时候是需要选择原因的，客户后台会出现10种可供选择的原因：7天无理由退换货、参数不符、退运费、商品瑕疵、商品质量问题、收到商品不符、少发漏发、收到假货、发票原因、其他。

其中只有"7天无理由退货"属于客户原因，其他原因都是属于商家原因。凡是属于商家原因的退换货，都会对店铺的服务质量评估产生影响。因此，尽量让7天无理由退货的客户不要选错了退换货的原因，特别是涉及假货、发票等违规违法问题时尤其要谨慎。

4）退换货的流程

如图10-40所示，退换货需要客户发起商家同意，如果双方无法达成一致，则需要人工判定。如果进入人工判定流程，则退款就会变成纠纷，纠纷的数量和比例会影响全店所有商品的流量获取能力。如果商家选择同意，则和客户达成一致，退款就能达成。如果是还需要退货的退款，则需要客户在退货退款流程中填写退货运单号，当商家收到退回的货以后会退款给客户。

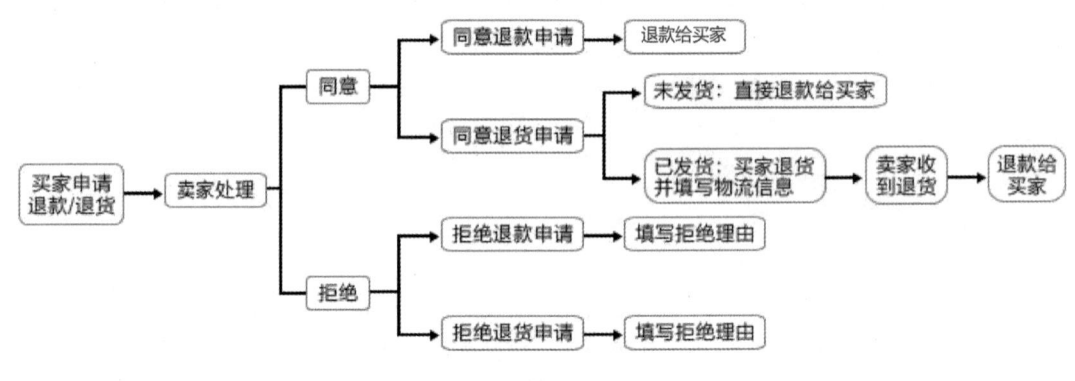

图10-40 申请退货退款流程

2．消费者权益

订单状态变成"交易成功"后的0~15天内，客户可以申请售后维权，售后维权目前暂没有数量的考核，投诉成立就算维权成功。包含两种维权：未收到货时的维权和收到货之后的售后保障服务，比如正品保障、消费者保障服务、7天无理由退换货。如图10-41所示，通过路径"千牛卖家中心→淘宝服务→加入服务"，可以提升店铺消费者权益。增加售后保障服务可以提升店铺服务形象，同时提升店铺商品搜索权重。但是如果违反了保障服务承诺，可能会引发售后维权。

图 10-41　消费者权益

3. 投诉

客户在收到商品后可以对商品和服务发起投诉。投诉主要分为两种类型：违背承诺和描述不符。

1）违背承诺

违背承诺有以下 4 种情况。

（1）发票问题，特指企业商家拒绝提供发票或要求客户承担发票税点，此种违规一旦成立，就会扣 6 分。

（2）在客户付款前无特殊约定的情况下，商家拒绝成交、拒绝发货，或者单方面关闭订单，此种违规一旦成立则扣 1 分。

（3）明确承诺的赠品或服务等实际并未兑现。比如没有在页面注明的情况下，换快递要求客户额外付费，此种违规一旦成立则扣 4 分。

（4）参加官方活动，未按照活动要求服务客户，此种违规一旦成立则扣 6 分。

2）描述不符

描述不符有以下 3 种情况。

（1）是商家对商品的材质、成分、信息等的描述与客户收到的商品信息严重不符，导致客户无法正常使用。

（2）商家未对商品瑕疵等信息进行披露或对商品的描述与客户收到的商品不相符，且影响客户正常使用。

（3）商家未对商品瑕疵等信息进行披露或对商品的描述与客户收到的商品不相符，但未对客户正常使用造成实质性影响。

3 种违规虽然都是描述不符，但严重程度不一样。第一种情况是"严重不符"，商品属于劣质品，这种情况会扣 12 分，店铺面临关店的风险。第二种情况是影响正常使用，商品不是残次品，具有一定的功能，但是功能不全，这种情况会扣 6 分。第三种情况是有瑕疵但不影响正常使用或者没有造成实质性的影响，商品功能不完全或有瑕疵，这种情况也会被扣 3 分。

描述不符是指客户收到的货品与达成交易时商家对商品的描述不相符，因此商家需要对商品可能会出现瑕疵的情况（比如保质期等信息）进行披露。

3）投诉处理流程

投诉处理流程分为 4 个环节，分别是买家申请投诉、买家和卖家协商处理、淘宝介入处理、投诉完结。在协商处理的环节中，卖家须在 24 小时内进行处理，而买家也要在 48 小时内确认是否得到妥善处理，在淘宝介入处理后，双方均有 72 小时的举证期，卖家有 24 小时的预处理期，淘宝方面会有 4 个工作日的处理，如图 10-42 所示。

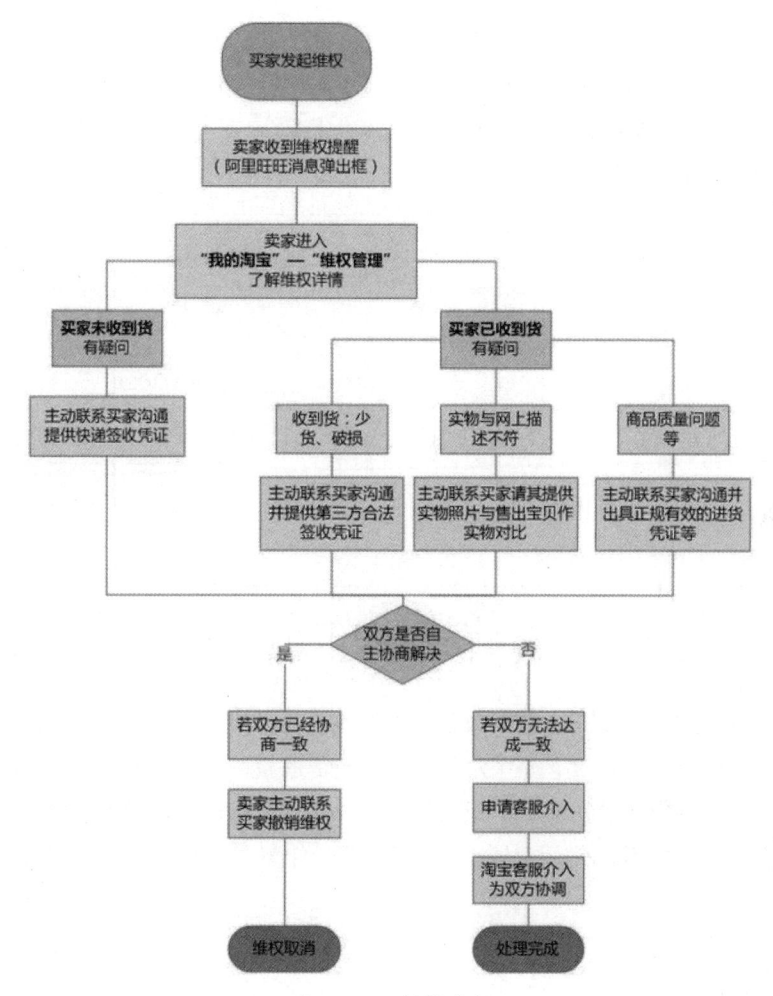

图 10-42　投诉流程

10.6.2　售后数据分析

1．售后数据采集

1）维权概况

对店铺的售后数据要做科学的评判。售后数据是判断店铺售后服务是否合理健康的重要依据，在淘宝的后台通过路径"生意参谋→服务→售后维权→维权概况"，可以采集到包括退款率、纠纷退款率、介入率、投诉率、品质退款率、纠纷退款笔数、品质退款商品个数、退款完结时长共 8 个指标。这 8 个指标代表店铺售后环节的服务质量，也影响了全店所有商品的搜索权重和推荐入池。

如图 10-43 所示，指标下有两个对比数据：一个是跟前一日相比或者跟前一个月相比是上升还是下降；另一个是用同行均值做参考。比如某店铺维权介入率是 0.0272%，同行的均值是 0.909%，则说明该店铺优于行业平均水平。

图 10-43　维权概况

2）维权趋势

通过路径"生意参谋→服务→售后权益→维权概况→维权趋势"，同样可以查看对应的维权图和表，如图 10-44 所示，需要重点关注的依然是退货退款率、介入率、纠纷退款率、退款率和退款完结时长等几个重要的指标在 30 天内的变化。这几个指标也是越小越好，如果发现这个指标呈现上升趋势，说明店铺的售后数据质量有所下降，上升的指标要在售后客服或者商品质量中挖掘背后的原因。

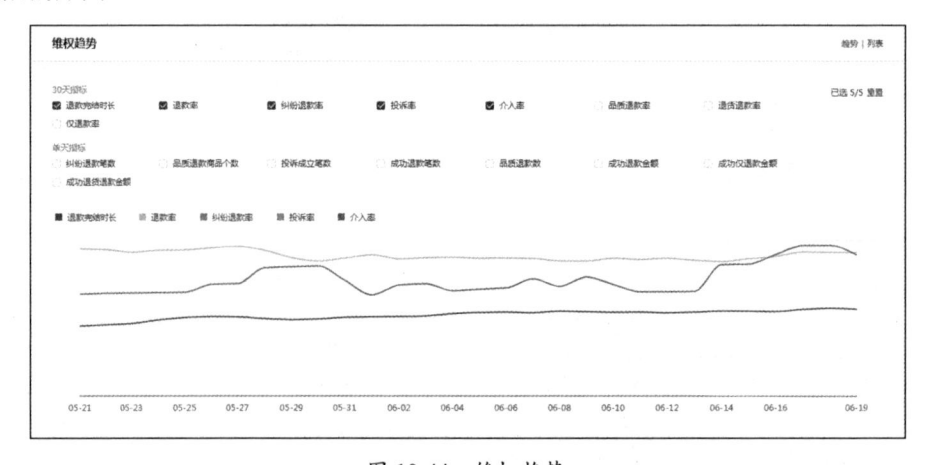

图 10-44　维权趋势

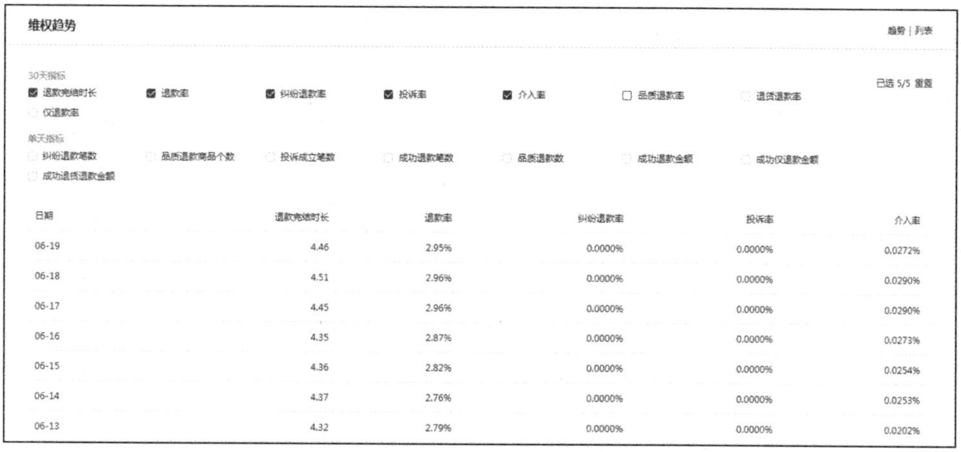

日期	退款完结时长	退款率	纠纷退款率	投诉率	介入率
06-19	4.46	2.95%	0.0000%	0.0000%	0.0272%
06-18	4.51	2.96%	0.0000%	0.0000%	0.0290%
06-17	4.45	2.96%	0.0000%	0.0000%	0.0290%
06-16	4.35	2.87%	0.0000%	0.0000%	0.0273%
06-15	4.36	2.82%	0.0000%	0.0000%	0.0254%
06-14	4.37	2.76%	0.0000%	0.0000%	0.0253%
06-13	4.32	2.79%	0.0000%	0.0000%	0.0202%

图 10-44　维权趋势（续）

2．售后问题统计

售后问题的统计有两种方式：通过生意参谋和通过人工统计。通过生意参谋可以快速找到问题商品和问题客服，但总结问题的原因还需要在工作中不断收集客户反馈信息并进行统计。

1）退款商品统计

通过路径"生意参谋→服务→售后→维权→维权概况"，可以查看 TOP 退款商品，如图 10-45 所示，按照成功退款金额、成功退款笔数或者退款率来进行排序。同时能够找到每个商品的 TOP 退款的原因，从而分析商品可能存在的问题。

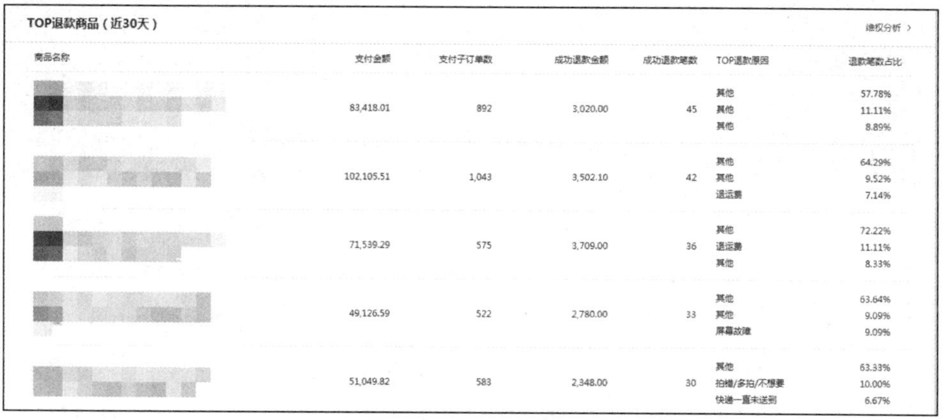

商品名称	支付金额	支付子订单数	成功退款金额	成功退款笔数	TOP退款原因	退款笔数占比
	83,418.01	892	3,020.00	45	其他 其他 其他	57.78% 11.11% 8.89%
	102,105.51	1,043	3,502.10	42	其他 其他 退运费	64.29% 9.52% 7.14%
	71,539.29	575	3,709.00	36	其他 退运费 其他	72.22% 11.11% 8.33%
	49,126.59	522	2,780.00	33	其他 其他 屏幕故障	63.64% 9.09% 9.09%
	51,049.82	583	2,348.00	30	其他 拍错/多拍/不想要 快递一直未送到	63.33% 10.00% 6.67%

图 10-45　TOP 退款商品

2）退款原因统计

通过路径"生意参谋→服务→售后维权→维权分析→退款原因和退款商品"，在选中的某一个时间段内，可以看到退款原因，同时显示该段时间内退款的商品，如图10-46所示。

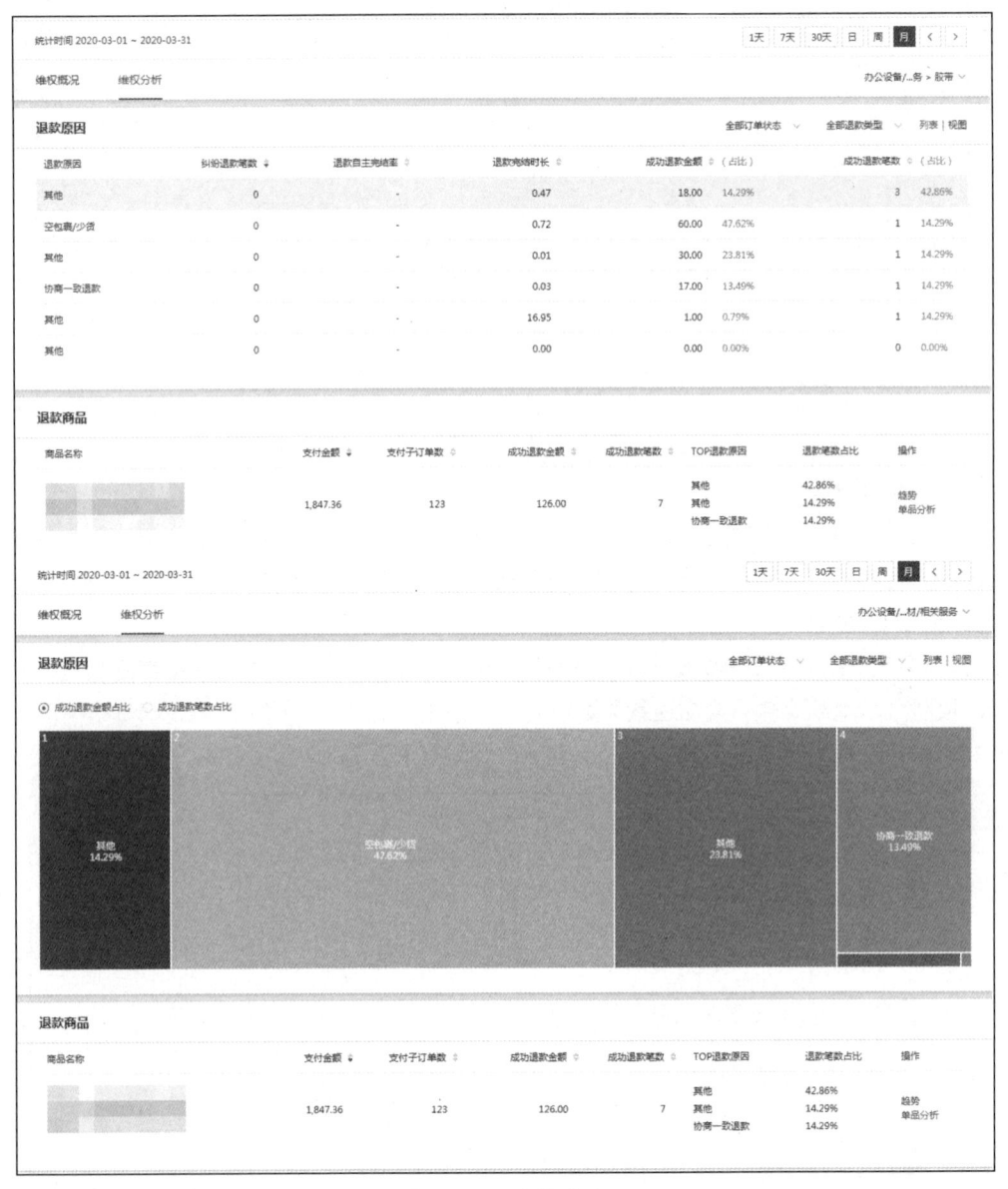

图 10-46 退款原因

3）人工统计

只通过生意参谋去看商品退货原因的统计，数据的"颗粒"是比较大的。系统只统计客户在退货时勾选的退货原因，而真正的原因很有可能更加精细。因此对于售后问题的统计必须引入人工统计的机制。售后原因的统计工作一般由售后客服来做，如表10-6所示。通过这张表，当有客户退货时，售后客服需要主动跟进。除了平复客户的情绪，防止退货的产生，还要了解导致他们退货的真实原因，并填在退货原因表中。这张表格里原因的项目仅作参考，售后客服需要根据实际情况编辑原因项目。可以用共享文件的形式便于所有的售后客服填充这个表。

表 10-6 退货原因表

登记时间	退/换款	客户旺旺ID	退货原因									商品名称	商品数量	SKU属性	商品图
			尺寸不合适	客户不喜欢	质量问题	发错货	免费修改	优惠折扣	缺货	其他	预售				

根据客服统计的"退货原因表"，可以统计出单品或者店铺的真实退货原因，以及退货件数的排名。根据排名可以制作饼图，如图10-47所示。结合生意参谋的数据统计和客服的人工统计，可以综合判断店铺或单品的质量和服务问题，有针对性地进行优化。商品优化会在下一章详细讲解，这里主要讲解服务优化。

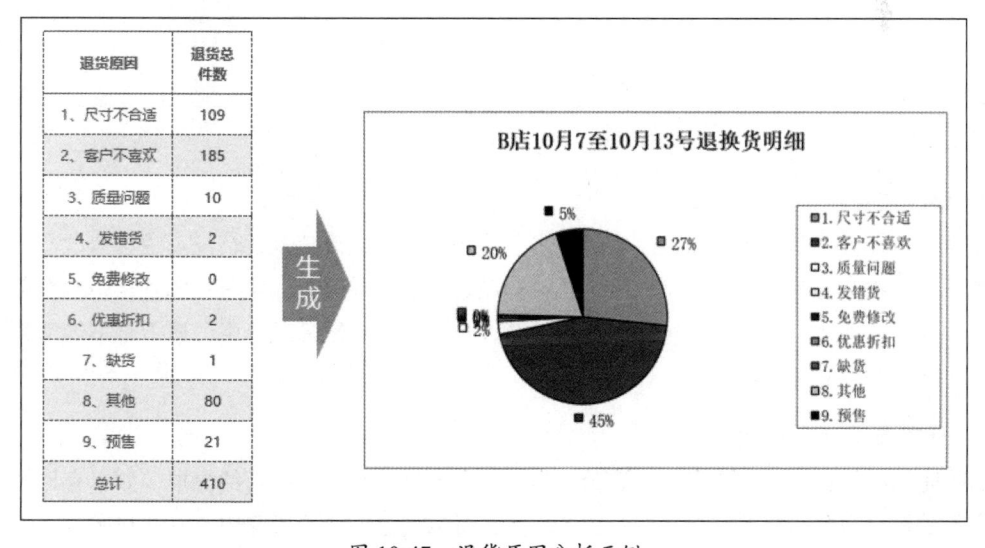

图 10-47 退货原因分析示例

10.6.3 售后服务优化

1. 降低 30 天的投诉率

1)找到风险商品

如果最近 30 天投诉率高于同行均值,店铺服务做得不够好,直接影响店铺综合权重及商品排名,严重的直接删除商品并且扣分,影响商品成交。主要注意两点:非品牌或者没有品牌授权的商品一定不能使用品牌词或者品牌 LOGO,否则可能会被投诉售假,售假投诉成立 3 次以上会被永久封店。广告法违禁词及功效词不要乱用,可以通过店铺体检检测店铺是否存在这方面违规,规避这些原因导致的投诉。

可以通过路径"卖家中心→商品管理→体检中心→营销商品合规工具→进入工作台"进行自检,如图 10-48 所示,来对所有商品进行授权和违禁词的质检,如果发现问题尽早处理,避免被人投诉或者被系统检测出来。

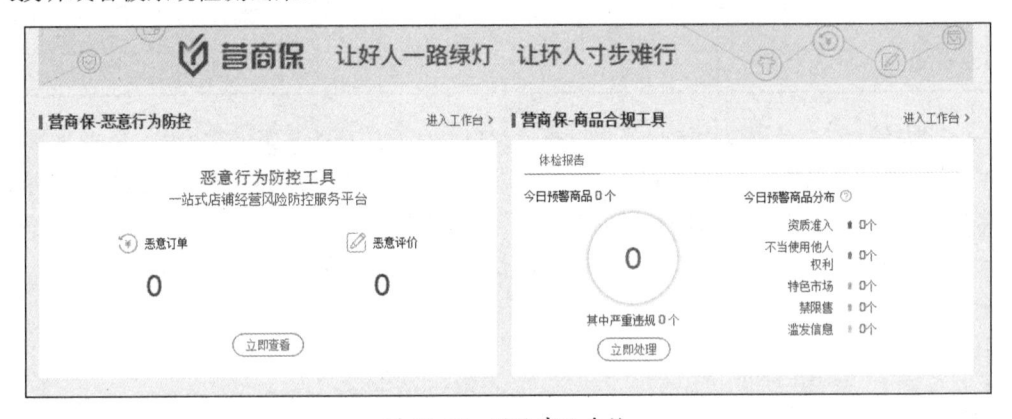

图 10-48 风险商品自检

2)整改风险商品

在"体检报告"和"风险商品"中找到出现违规和可能出现违规的情况后进行修改。一般在风险商品列表中,会有"风险类型",对风险商品进行整改。另外,给客户的承诺一定要兑现,比如按时发货,承诺送的赠品一定要随货物发给客户。在售后服务过程中,遇上有不满情绪的客户一定要服务态度好,积极沟通处理好问题,不要让客户有投诉的想法。

2. 降低退款完结时长

退款完结时长也是平台重点考核店铺的指标。动态评分里有 30 天的数据,如果有比较差的售后服务数据,需要 30 天后才能被系统过滤掉。可以通过路径"卖家中心→客户服务→退款管理",按临近超时排序,找到需要处理的退款订单,如图 10-49 所示。

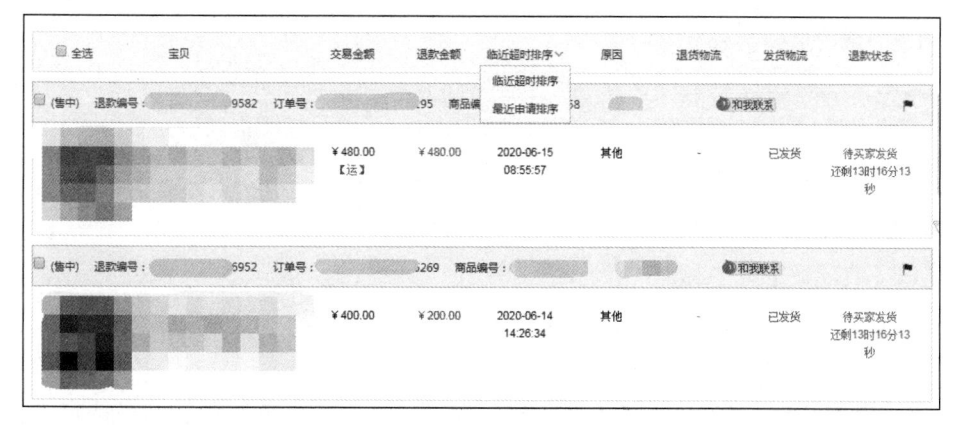

图 10-49　退款订单排序

1）手动处理退款的订单

在图 10-49 所示的页面中把正在退款的订单提取出来，联系第一个客户，如果在短时间内客户无回复，就直接同意退款。

2）设置自动退款

设置自动退款可以大大缩短退款时间。如图 10-50 所示，通过路径"千牛卖家中心→搜索客户服务→客户服务平台"，在自动化退款策略里可以优先查看小二制定的策略，选择对应的行业模板判断是否适合自己的店铺。如果该策略适合，即可套用，当客户申请退款的时候达到自动退款的系统判定标准，系统就会退款给客户。也可以通过路径"自动化退款→策略配置→添加策略"，进行自定义策略添加。另外，系统也提供了一些推荐，比如目前其他同类型商家所使用的高频的策略模板可供自定义时参考。

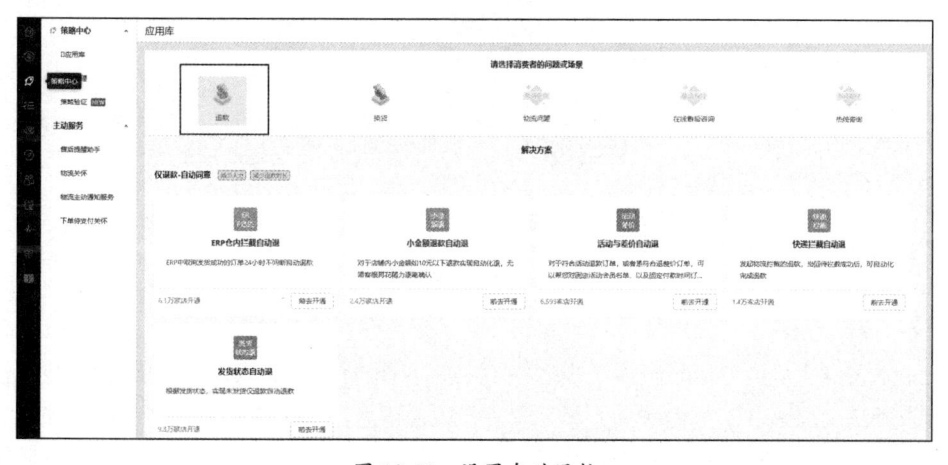

图 10-50　设置自动退款

3）创建专属的退款子账号

在设置自动退款的过程中可以设置一个专属的自动退款的子账号来进行退款操作人的设置。这个子账号就不再做其他操作，在后期可以通过这个子账号的数据表现查看自动退款的数据统计，方便后期对自动退款的一些策略进行优化。

3．优化售后流程

1）整理不良的评论

对于客服聊天过程中发现的不良评论要及时进行备案，并且分类，做好表格的统计。该工作主要分成3步。

（1）制作检查不良评价表。评价主要是指在售后聊天过程中，客户对不良评价的一些数据的收集。

（2）把不良评价按照质量问题、物流问题、商家态度问题和其他问题等进行分类。

（3）把制作好的分析表的结果做成对应的图表交给客服的管理部门。

2）标准化的售后流程

标准化的售后流程可以分成6个步骤：联系买家、核实情况、安抚致歉、协调方案、跟进处理、备案登记。通过这6步，制作售后客服在处理售后问题时的SOP（标准流程），每进行一步，就对这一步进行勾选确认，保证6步不留任何漏洞，从程序上保证售后的过程是标准化的，如图10-51所示。

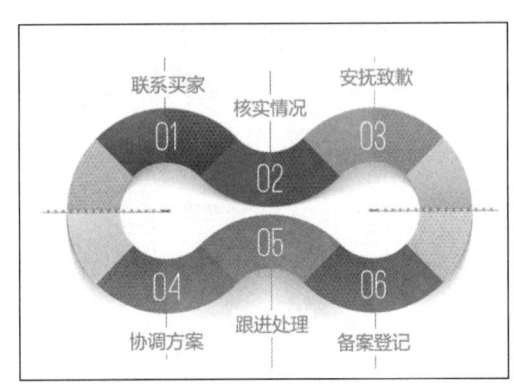

图10-51　标准化售后流程

3）统一售后话术

售后话术按照售后沟通流程分成7步：①自报家门；②简明扼要地说明来电或者沟通的原因；③倾听客户不满的原因；④提出解决方案；⑤进行积极协商；⑥如果不成功，就提出其他方案，再次跳回④；⑦通话结束，表达歉意。

在沟通过程中也要注意 7 个沟通技巧：快速反应态度好、认真倾听表诚意、安抚解释有技巧、诚恳道歉求谅解、补救建议要坚决、执行措施要及时、及时跟进求反馈。

10.7 本章小结

通过对本章的学习，我们了解到了客户管理的重要性，包括如何给客户分层以及分层管理的工具，如何对客户进行管理以及管理的工具，如何对评价和售后数据进行对应的维护。

第 11 章

商品管理

在商家运营的过程中,销售的商品需要不断根据消费的需求进行优化,主要从商品的体验、属性和包裹3个方面,不断适应消费者的新需求和新变化,因此对商品的管理主要集中在商品的外延,而非商品的功能上。

学习目标:通过对本章的学习,掌握分析商品需求的方法,完成需求测试;并学会正确调整优化商品服务和体验的工具及方法。

本章提要:
- 商品需求定位
- 商品体验优化
- 商品属性优化
- 商品包裹优化

11.1 商品需求定位

商品需求定位首先需要收集商品的需求数据,并对数据进行分析、得出结论,然后通过流量渠道进行测试。

11.1.1 商品需求收集

1. 从行业数据收集

1)从行业大盘数据收集

行业需求可以通过在"生意参谋"中查阅行业的整体消费者画像获得,路径为"生意参谋→市场→行业客群→属性画像",如图11-1所示,可查看人群的性别、年龄、职业、地域等。可以在行业的整体消费画像基础上叠加客户属性,从而找到更加细分的人群颗粒。

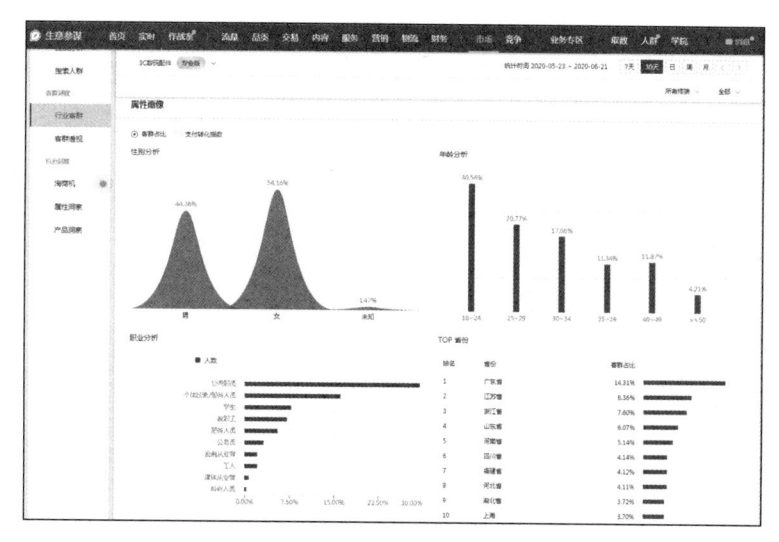

图 11-1 某行业的大盘人群数据

2）从行业搜索行为收集

客户搜索行为，特别是在电商平台的搜索行为，会非常精确地表现出客户对于商品的需求。在一般情况下，可以反向通过电商平台的搜索数据去了解需求情况。其中搜索某一个商品的人群共性特征可以通过路径"生意参谋→市场→搜索人群"看到，如图 11-2 所示。某一个具体关键词的搜索人群的性别、年龄、地域和购买偏好，从搜索人群画像可以进一步细化人群的特征，将搜索到的人群画像和行业画像进行叠加，可以缩小人群的颗粒度。

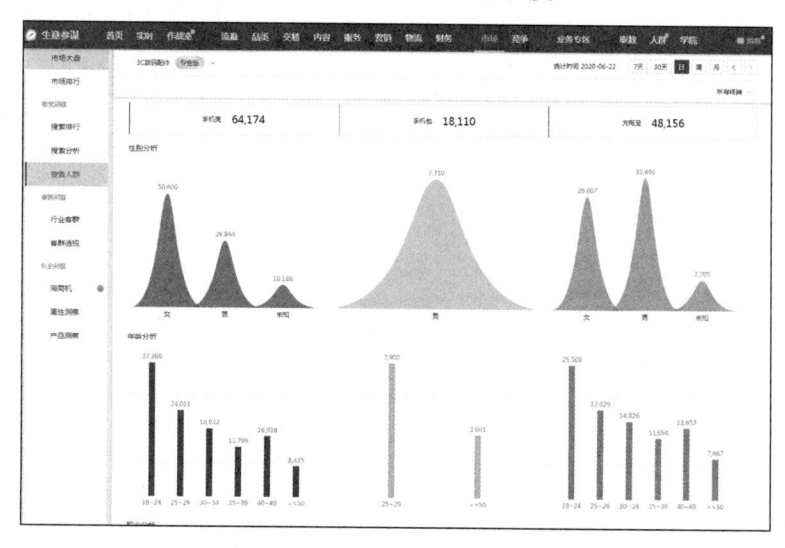

图 11-2 某关键词的搜索人群数据

只分析行业人群数据对于商品分析来说还不够精准，因为某一行业会涵盖多种商品，商品同样针对不同特征的人群。在分析具体的搜索关键词时，比如男装行业，搜索关键词是"绅士"，对应的人群喜好可能跟男装大盘需求有所区别，将对应人群的数据与需求数据进行叠加，并取得它们的最大公约数，就能够分析"绅士"关键词下的人群大致需求。

2. 从购买场景收集

网店是重要的购买场景，也是收集客户信息的主要通道。2013年的"双11"，海尔和天猫共同推出了一款定制电冰箱，这个电冰箱在容积大小、调温方式、门板材质、外观图案等方面提供柔性的定制生产，可以同时满足500多个型号。客户可以在海尔的天猫旗舰店里勾选冰箱对应的属性，选择属于自己的定制电冰箱。天猫旗舰店收集的数据会发送到海尔的生产基地，通过全自动流水线进行个性化生产。值得注意的是，网店不仅仅是做销售的场景，还是一个收集数据的重要入口。因此在运营网店时要注意客户对商品属性的选择。

还有一些其他的线上购买场景可以从互动中收集客户的需求，比如以前的批发市场——杭州的四季青、广州的十三行等，现在逐渐演变为直播电商基地，因为在直播过程中的互动会收集到客户对商品的需求，并通过主播反馈给批发市场背后的制造型企业。

3. 从客户反馈收集

客户反馈有3类：评论、问大家、客服聊天记录。

客户对于商品最关心的需求点都会出现在反馈当中。除了商家自己的客户反馈，同行商品的客户反馈也具有参考价值，且评论和问大家都属于公开信息。商家只能采集自己客服的聊天记录，可以通过路径"卖家中心→店铺管理→子账号管理→聊天记录"，提取到最近3个月所有客服的聊天记录，因为系统后台聊天记录的存档期是3个月，包括聊天记录在内的客户反馈信息可以通过Excel表格进行收集。

4. 从同行数据收集

除了对同行的客户反馈进行高频词的分析，还可以通过同行的主图和详情页来收集商品的需求，找到优质的同行竞品，对主图和详情页进行分析。

1）分析主图

在商品的主图中会包含商家对商品的理解。优质同行对商品一定做过深入的研究，他的主图中表达出来的商品卖点一定也是他对需求的分析结果，可以对优质同行的主图中表达的卖点进行收集。

2）分析详情页

在分析详情页时，可以将同行的详情页内容转换成Excel表格进行记录，根据手机屏幕的高度来定义表格的行数。例如用 Excel 的一行代表手机半屏的高度，如果一个需求点在详情页用了一整个手机屏幕来表达则用 Excel 两行来表示，如果一个需求点用了一屏半来表达则用表格里三行，依此类推。可以将同行所做的详情页转换成表格的一个列，相同的卖点用统一的颜色来表示，如图 11-3 所示是对 7 个同行的详情页进行数据收集的结果。

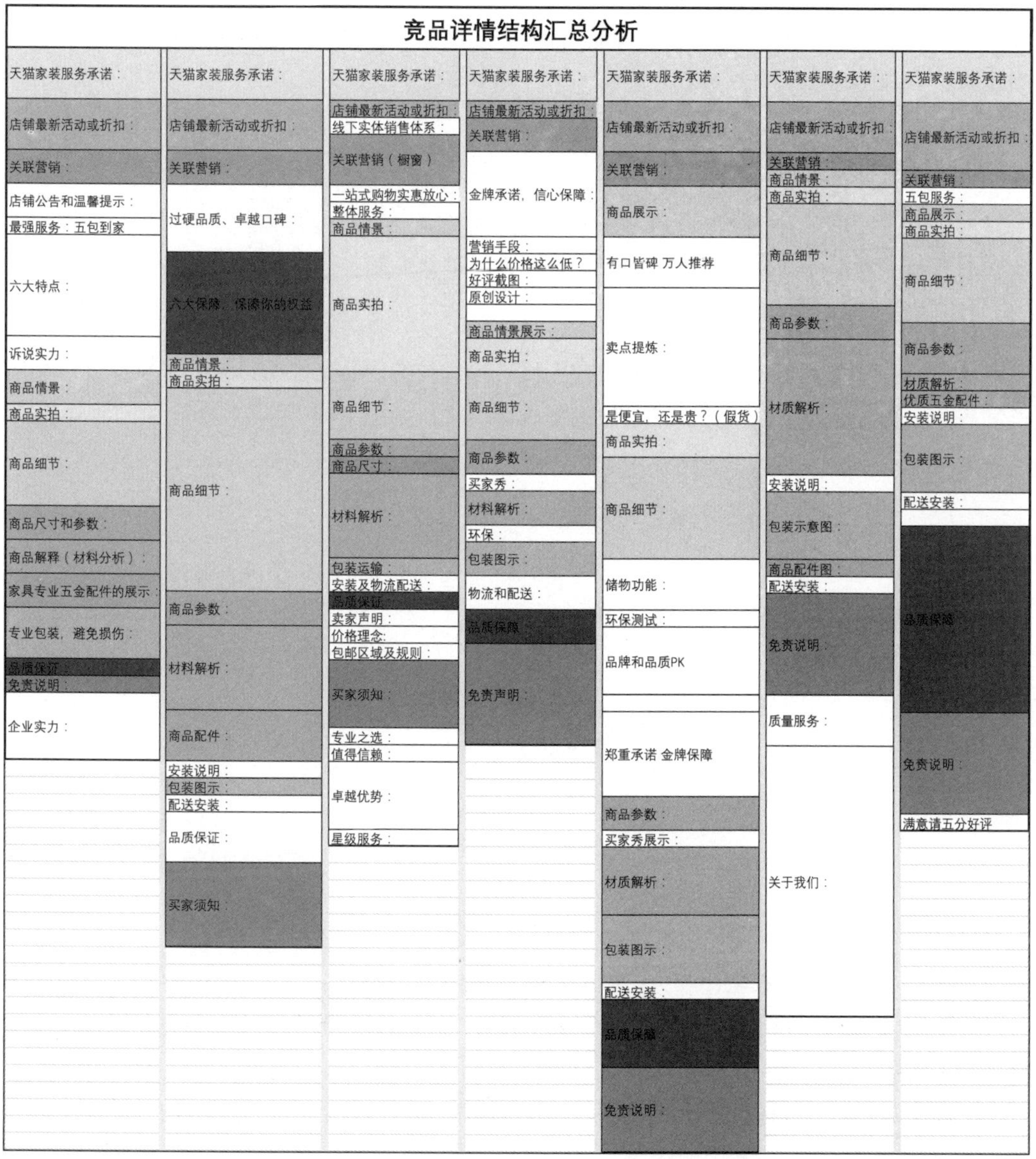

图 11-3　同行详情页数据收集（截图）

通过分析多个同行的详情页需求点的分布，可以把出现较多的商品需求信息进行统一和整理，形成同行商品需求信息表。

5. 商品需求确定

根据前面 4 点所讲的行业、购买场景、客户反馈和同行的需求数据收集，再综合商品本身的定位，可以重叠分析出当前商品的热点需求，把热点需求做成基础客户模型表，相对准确的消费者画像有助于推广的降本增效。

11.1.2 商品需求分析

对商品的需求数据进行收集以后，还要对商品的需求进行分析和处理。主要的分析方法有：人群数据叠加、客户反馈分析、重点客户调查和客户形象刻画。

1. 人群数据叠加

商品的人群画像主要是根据商品的成交人群进行画像的，而画像的每一个维度都可以与店铺人群和行业人群做叠加，根据叠加结果做人群画像优化，如图 11-4 所示。

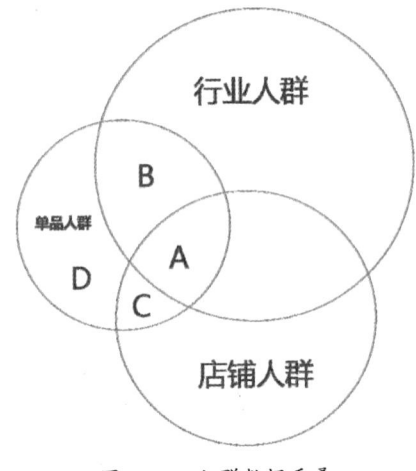

图 11-4　人群数据重叠

（1）如果 A 区域人群数量比较大，则说明单品人群比较精准，人群画像可以确立，无须优化。

（2）如果 A 区域比较小，C 区域比较大，则需要考虑对商品的人群画像进行调整，尽量参考店铺成交人群。

（3）如果 A、C 区域都比较小而 B 区域很大，则需要考虑将店铺成交的人群做调整，同步调整单品人群。

叠加的方法如下：把3种人群的数据做成表格形成，把处在同一个数据区间的人群数据列举出来，就可以找到共性人群A，以及可以拓展的人群B和C。通过数据的叠加找到人群画像的基本属性：性别、年龄、地域和支付层级，参见本书教学资料中的《人群数据叠加表示例》。

2．客户反馈分析

客户反馈采集的信息可以通过高频词分析来进行数据分析。在第10章已经讲过获取高频词的方法，这里不再重复。

3．重点客户调查

重点客户可以根据第10章"客户管理"中的客户分层管理找到，也可以通过查看评论区进行筛选。评论区中的客户评论如果以下特征全都具备，则可以定义为重点客户。

（1）客户级别比较高。

（2）评论质量比较高。

（3）互动的积极性比较高。

若客户具备这3个特征就可以将其提取出来，并且对该客户做一对一的调研。筛选具备这3个特征的客户的步骤如下。

（1）筛选有图的评论，最好带有客户自拍。

（2）在有图的评论里找到文字比较多的评论。

（3）在长评论中筛选出关键词或专业词汇较多的评论。

根据以上3步筛选出的客户就属于重点客户，或者称为KOL（意见领袖）。对于重点客户应该一对一进行采访调研，分析商品的核心需求点。

4．客户形象刻画

通过对数据的叠加、客户的反馈和重点客户的调查，最终能够找到商品真实的人群画像。网上销售的商品需要有特定人群购买，找到相对个性化的人群，通过数据对该人群进行画像。

举例：收集到的人群数据如下。

（1）女性。

（2）年龄为18~29岁。

（3）地域为江浙沪地区。

（4）爱美的女生。

（5）爱吃零食。

（6）居家主妇。

根据以上人群数据可以刻画出客户的具体形象：孕妇和年轻的宝妈，子女在两岁以下。

11.1.3 商品需求测试

对商品需求数据分析的结果需要在销售的过程中进行测试，测试的渠道有两个，一是通过内容渠道，比如通过图文、短视频、直播向目标客户投放相应内容；二是购买渠道测试，比如搜索、直通车等，向目标客户直接投放商品。通过测试目标客户对投放的内容或商品是否敏感，来判断需求分析是否精准。

1．内容渠道测试

例如，需求分析的结果人群是孕妇和宝妈，而商品是柠檬，则可以通过内容渠道测试孕妇是柠檬的需求人群是否准确，在具体操作时可以推送与柠檬相关的内容给孕妇人群和宝妈人群经常使用的内容渠道。比如拍摄制作蜂蜜柠檬茶的短视频，并将其投放到抖音、淘宝等短视频频道的孕妇人群当中，查看该人群对该内容的点赞、评论、转发、引导进店和收藏加购多不多，如果数据比较好，则说明人群测试是成功的，需求分析是准确的。如果数据不够好，则可能有两个原因：一是内容本身质量比较差；二是需求分析不准确。

2．购买渠道测试

通过付费购买广告位，将广告投放到购买人群中进行测试，比如利用直通车、钻石展位等工具，可以把商品链接进行人群的定向投放，也就是定向展示给某些特定的人群，并测试该人群对该商品的点击率、转化率、投入产出比等指标。如果数据比较好，则说明需求分析是准确的，如果数据不好，那么也有两个原因：一是商品呈现的质量比较差，不能引起客户的兴趣；二是需求分析不准确。

11.2 商品体验优化

2015年淘宝的"38扫码节"是一个有里程碑意义的活动，该活动承诺，如果在2015年3月8日这一天，通过淘宝APP在线下拍摄商品的照片或者扫描商品的二维码，找到淘宝同款商品，淘宝店铺则会以当天查询的该商品价格的半价进行销售，上限是100元。

该活动从上午9点开始，10点就迎来了38万名客户的参与，一个小时的销售量就相当于125个大型超市。这次活动也对线下的零售业造成了非常大的冲击，虽然当天很多线下的门店也迎来大批消费人群，但客户到店以后只是试穿、试用、试吃，拍摄了照片就离开了。

"38扫码节"活动的本质是一次将客户对商品的体验从与商品的交流当中剥离的过程。线上交易跟线下交易的区别之一是线上交易只能看到商品的图片、文字、视频等，但无法真实体验到商品，而线下交易的体验很好，但在交易的过程中并没有把体验剥离出来单独收费。"38扫码节"

成功地利用线下体验免费的特点,再结合线上的低成本的交易,使这次活动取得成功。

通过这次线上交易与线下交易结合的方式,也展示了商品的体验在交易中的重要性。

11.2.1 商品体验概述

1. 商品体验概念

商品体验是客户在购买和使用商品的过程中建立起来的一种纯主观的感受,好的商品体验会使客户感到舒适,因此无论是线上还是线下的商品体验,都应当遵循客户的浏览、购买和使用逻辑来设计。商品体验设计是否优秀,也看客户是否按照设计逻辑进行体验。优秀的商品体验来自商品的需求分析,例如商品的详情页设计也是商品的体验之一,若按照客户浏览该商品的先后顺序来设计详情页,那么客户在浏览详情页的时候体验就会很好。线上销售的商品比线下销售的商品更加注重体验部分的提升。

2. 线上商品体验组成

1)体验诉求升级

客户对线上的商品诉求和线下商品的诉求不太一样,客户对线下商品的诉求以功能为主,体验只占了很小的一部分,主要考察的是商品的性价比、基本功能、耐用性等。对于线上商品的体验诉求会更多一些。如图 11-5 所示为线下与线上客户诉求。

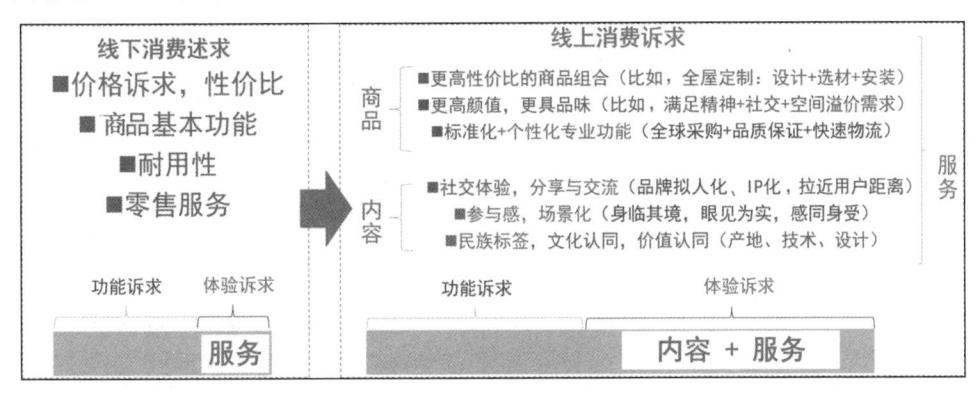

图 11-5 线下与线上客户诉求

商品体验诉求包含客户对内容的诉求和对服务的诉求。线下所销售的商品大多是为了覆盖社区的,而社区的人群比较随机,因此商品会设计得更加通用化,这使商品很少加载内容或文创的体验,为满足通用性需求,功能诉求占比很大。而线上人群是按照属性来分类的,且颗粒度越来越小,所以客户在线上的需求变得更加个性化,个性化需求促使商品在内容和服务的体验感进行优化,因此线上的商品更注重体验的诉求。

2）体验被割裂

另外一个重要原因是线上和线下的体验完整度不同。线下体验是完整的，而线上的体验是被割裂的。在线下购买商品，一手交钱、一手交货，客户先体验再付费购买。而在电商的环境下，购买商品是先付款再体验，即客户看过商品的图片、视频后，只能通过想象来判断商品的真实形态，在收到商品后，再将这个商品跟自己的想象进行对比，这时商品的体验才会发挥更大的作用。如果商品超出了客户的想象，则体验非常好，会给客户带来惊喜。如果商品低于客户的想象预期，则商品的体验很差。

线上商品的体验相当于把体验分割为两部分，一部分是在线上的体验，另一部分是在线下的体验。线上体验成本更低，比较方便客户搜索和货比三家，对于商家来说线上体验的载体（图文、短视频等）边际成本很低，更利于大规模传播。而线下店铺商品体验的边际成本非常高，需要铺货成本、场所租金、水电费、雇佣员工费用等。但线下的体验更好、更完整，线上的体验只能通过视觉和听觉来想象，而线下的体验还能加上触觉、味觉和嗅觉等亲身感受。

3．电商体验的提升

1）电商线上体验提升

电商线上提升主要基于内容的设计，通过3个渠道：图文、短视频、直播。

大部分的电商平台都具备以上3个渠道的相关功能，以淘宝为例，平台内主要对应的是订阅、逛逛和淘宝直播。这些渠道内容会增加客户在线上购物时的体验感：图片能够看到实物，比纯粹的文字要直观得多；短视频不但是动态内容还加载了声音，体验高于图片；直播能够面对面进行互动，主播还能帮助客户在现场做一些试吃、试用和试穿的动作，让客户身临其境，体验感比短视频更好。所以线上体验的提升就是从文字提升到图片，从图片提升到短视频，从短视频提升到直播。

2）电商线下体验提升

电商线下体验提升主要依托3个方向：提升持续的功能体验、包裹的惊喜感、活动的优惠。根据消费需求数据分析可以不断优化商品本身功能性的设计，这部分比较困难，但是可以在商品上加载更多附件，比如在包装、材料上下一些功夫，或者在配件和赠品上下一些功夫。

11.2.2　线上体验设计

1．图文体验优化

在进行图文体验优化前，应先了解当前的图文质量。以淘宝为例，可以通过路径"生意参谋→内容→内容效果→图文"进行查看，如图11-6所示，可以通过4个维度进行分析：渠道分析、单条分析、商品分析、达人分析。

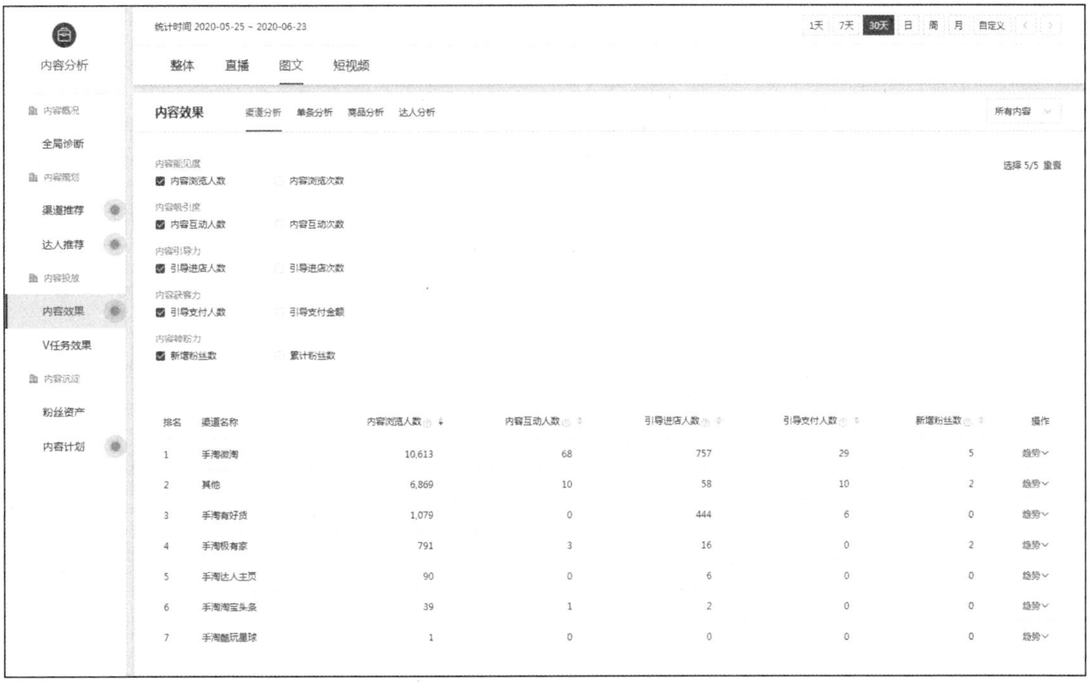

图 11-6　图文数据分析

图文的数据分析主要查看商品分析和单条分析，商品分析是指某一个商品通过图文引来的阅读量及阅读人群的收藏加购数和转化率。单条分析是指某一个单条的图文内容引发的商品的收藏加购数和转化率。

对于单个商品可以从对商品的分析当中查看到内容浏览的人数、内容互动人数、引导进店人数、引导支付人数和新增粉丝数。重点关注内容浏览转化率，公式如下。

内容浏览转化率=引导支付人数/内容浏览人数

如果内容浏览转化率比较高的商品对应的图文内容的单条分析数据也比较好，则可以固定此条图文的风格，定期发送给对应的客户。如果转化率比较差，则从以下两个方面去改进。

第一是对商品本身做一些改进。

第二是对图文的风格和图文内容做一些改进，尽量贴近消费人群，然后再做一次测试。

以淘宝为例，图文优化主要是优化订阅频道。例如上新时可以对上新的商品进行功能性和知识性的描述，同时加一些上新的优惠，以提升客户的线上体验，根据需求分析找到竞店、竞品，查看优质的竞店和竞品相关的订阅图文，并进行参考和学习。

2. 短视频体验优化

在对短视频做优化以前,需要先对短视频的数据进行收集和分析。以淘宝为例,通过路径"生意参谋→内容→内容效果→短视频",可以查看和图文数据维度一致的一系列数据。另外,通过路径"生意参谋→业务专区→淘宝短视频"还可以看到更为丰富的短视频数据,包括整体概况、渠道概况、单条效果、商品效果。整体概况是全店短视频数据的指标,可以做一定的参考,但最主要的是看单条效果,如图11-7所示,单条短视频的有效播放次数、有效播放人数、转粉率、进店率、30天引导进店人数等,都是营销类短视频的重要数据指标。在短视频的数据里需要重点关注渠道概况和单条效果,因为短视频展示的渠道比较多,不同的短视频在不同的渠道里表现也会有所不同,因此要找到它们之间的关系,特别是哪个短视频在哪个渠道里的转粉率、进店率比较高,数据比较好,经过测试之后可以固定短视频的打法,创作出更多优质的短视频。

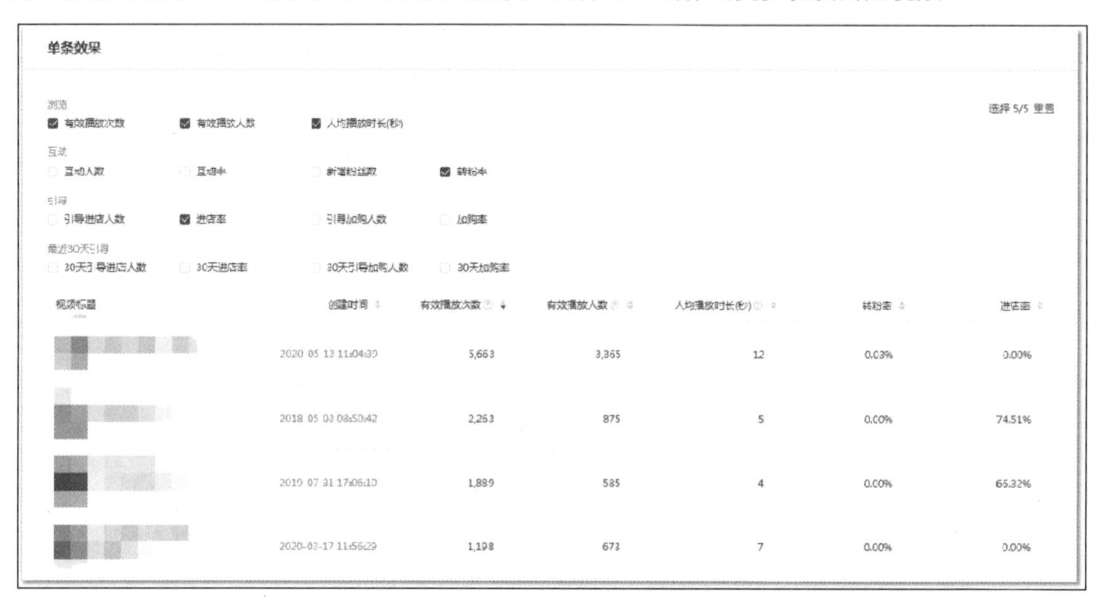

图 11-7 单条短视频数据

3. 直播体验优化

在进行直播体验优化前,应先了解当前的直播质量。以淘宝为例,通过路径"生意参谋→内容→内容效果→直播",可以看到数据分析和单条分析,找到在直播当中转化率比较高的商品,也找到转化率比较高的直播内容,根据商品的人群属性去优化直播的内容,以及优化商品本身。直播部分在第7章做过比较详细的描述,因此在这里略微带过。

11.2.3 线下体验设计

线下体验的优化主要集中在商品本身、包裹的个性化升级和活动策划上。线下体验的设计无论是从哪方面,都对应了商品的需求数据分析结果,使商品在到达客户手中时,超越客户的预期。

1. 商品优化

1)针对性的开发

如果商家本身也是制造企业,或者是可以对商品进行调整的个体经营户,则可以针对特定人群的需求对商品做设计开发。如图 11-8 所示为某爽身粉产品,由某农产品网红店,根据粉丝人群的特征和需求开发出来。这种西北比较传统的土方,刚好贴合了某些客户的特征,因此销量很好。商品针对性的开发,对于中小微企业甚至创业的大学生都有值得借鉴之处,也可以针对目前的客户把几个商品组合成一个新的商品销售,这也是一种商品针对性的开发。

图 11-8 爽身粉产品

2)呈现可信任的状态

我们以银耳为例,干银耳销售的价格区间比较大,高单价的商品往往比较难以销售,主要原因是客户担心高价银耳是通过某些工业方式加工的,比如漂白、熏蒸等。针对这样的顾虑和消费需求,某些银耳的商家在商品的状态上做了优化,使其呈现了更加可信的状态。如图 11-9 所示为鲜银耳,用连着菌包或者是木头的鲜银耳的状态来代替干银耳的状态,可以极好地解决商品需求中的信任问题。而商家也省掉了采摘、烘干和打包的过程,还能以高溢价销售。这种高溢价并不是来自商品的功能,而是来自商品的体验。

图 11-9　鲜银耳

3）场景优化

根据客户的需求分析，了解客户的生活场景，根据不同的场景来改造商品的用途。如图 11-10 所示为亲子蘑菇。平菇是一种常见的农产品，很少会在网络销售，因为商品附加值低，很难盈利。所以按照通用的消费场景，会将平菇当作蔬菜进行销售。某网店的消费人群以幼儿园家庭为主，根据人群的消费需求，再加上平菇对生长环境要求低、出芽率高的特点，将平菇转换为亲子蘑菇或互动蘑菇的名称，作为小朋友观察植物生长的商品，一下子大受欢迎。而平菇也卖出了原本 10 倍的溢价，主要的原因并不是平菇变值钱了，而是平菇被改造了之后体现出的体验价值升高。

图 11-10　亲子蘑菇

2. 商品周边优化

除了商品本身从体验上提升以外，还可以从商品的周边提升。作为网络销售的商品，最可以提升体验感的就是商品的包裹。包裹的体验提升可以从 4 个方面入手：跨界组合、差异化、场景配件和文创性赠品。

1）跨界组合

将不同类目的包装方式进行跨界组合，会产生意想不到的体验效果。比如，某网红龙虾店的包裹上涂有"防伪涂层"，一般防伪图层会出现在奢侈品或者 3C 数码商品里，在食品类目几乎见不到防伪涂层，且小龙虾本身不属于高附加值商品，因此大家普遍认为防伪涂层是没有必要的。但当客户抠开防伪涂层时，里面就三个字"是真的"，如图 11-11 所示，这个包裹会让客户产生很大的体验冲击。另外防伪涂层一般是严肃的，而"是真的"三个字明显是调侃娱乐，把"娱乐"和"严肃"进行跨界使用，这也能够制造出来很好的线下体验。

图 11-11　跨界组合包裹

2）差异化

做与同行不一样的包裹，并且按照客户的需求进行个性化包裹的改造，也能提升线下的体验感。比如，某坚果品牌在上线第一年就拿到了当年"双 11"坚果类目销售的第一名，在巅峰时期销量比第二名、第三名和第四名加在一起的总销量还多，这主要在于体验感的提升。该坚果品牌从包装材质上就与其他坚果品牌不同，其他坚果品牌在当时都会使用塑料袋包装，而该坚果品牌会使用牛皮纸袋包装，并放大自己 LOGO 的印刷，其他的坚果品牌在包裹上都使用白纸箱，该坚果品牌使用印有品牌 LOGO 的快递包装箱，其他坚果品牌的快递单都使用快递公司的通用快递单，该品牌使用印有 LOGO 的定制快递单。从包裹的各个细节都做到与同行不同，大大提升了客户开箱时的体验感。

3）场景配件

同样以上面的坚果品牌为例，其除了在包裹上做到与众不同外，在包裹内还放入了一些实用的配件，比如在包装箱外加了开箱器、里面还附赠了果壳袋、开壳器、封口夹和湿巾纸等。这一系列配件都考虑到了客户的消费场景需求。该坚果品牌的人群定位是年轻女性，消费的场景可能会是公司、女生寝室、教室，或者是户外游玩场合，如何在大庭广众下把吃坚果这个过程变得好看和优雅是该品牌的主要诉求。开箱器可以让开箱变得更方便，果壳袋可以让吃坚果的垃圾有回收处，开壳器会使开壳的过程变得优雅，湿巾纸和封口夹也会使得整个吃坚果的过程看起来完美，因此该品牌坚果特别受女孩子的喜欢。

4）文创性赠品

文创性的赠品可以进一步提升商品的内容属性。比如四川的某特产零食品牌，在自己的包裹里就加入了一些原创的卡通连环画《教你学说四川话》。这套连环画每周更新一页，放在当周销售的包裹当中，并且需要消费满 180 元才能获赠。这种附赠《教你学说四川话》的文创性的商品是非常受欢迎的，因此有许多客户为了凑够"教你学说四川话"的卡片，会每周在该品牌消费超过 180 元。

3．活动优化

活动优化主要有两个方面：一是用会员卡长期绑定客户，增加客户消费频次，并让客户产生品牌记忆；二是搭配套餐，增加消费金额。

1）会员卡

使用会员卡不但可以对客户进行等级的分层，而且可以给优质客户提供更优的体验。会员卡可以让优质客户感到被认同、被尊重，在商品体验中让客户有被重视的感觉，客户的黏性也会增强。比如淘宝的 88 会员的等级设置，给客户黄金、白银不同等级的身份。

2）搭配套餐

搭配套餐不但可以提升客户的消费金额，而且会提升客户的体验感。做搭配套餐有固定的方式，一般将 4 种类型的商品进行搭配：引流款、体验款、利润款和赠品及老客户款，如图 11-12 所示。

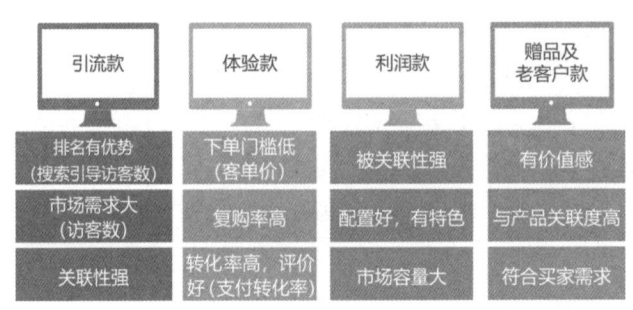

图 11-12 搭配套餐组合

引流款的主要作用是给整个套餐引流，让更多的人通过引流款看到这个套餐。从两个数据筛选可以快速找到引流款：第一个是排名有优势的商品，第二个是市场需求比较大的商品。

体验款是培养客户使用习惯的产品，比如新产品或知名度不高的商品。从数据角度需要筛选客单价较低但支付转化率较高的商品。

利润款需要和前面的引流款有很强的关联性，它的定价略高，可以通过利润款为整个套餐提供利润。

赠品及老客户款的作用是给整个套餐提升价值感。

11.3 商品属性优化

商品的属性在本节特指商品在线上销售时可人工编辑的属性，包括商品的基础属性、筛选属性和支付属性。优化商品属性是日常运营维护的重要工作，不断优化商品的属性，使之完全契合消费需求，才能使商品具有更好的转化率。

11.3.1 基础属性优化

1. 商品设置表单

基础属性设置是编辑商品的基本内容。以淘宝为例，可以在发布宝贝和编辑宝贝页面中对商品进行设置，通过路径"卖家中心→宝贝管理→发布新宝贝/出售中的宝贝→编辑宝贝"，进入商品编辑表单，如图11-13所示。在表单中编辑商品的基础属性，需要做到3点：商品类目精准、商品内容翔实和商品价格合理。

2. 商品类目精准

类目精准的主要作用是保证搜索和推荐时系统能快速找到该商品。以搜索为例，搜索的工作分成3个步骤：挖掘、评分、排序。搜索在挖掘时会按照商品的类目进行，越精准的类目越先被挖掘到。

例如，在搜索框里输入"苹果"两个字，搜索引擎会把商品库中标题包含"苹果"的商品挖掘出来。然后根据销量、人群的相关性、好评度、转化率、点击率等一系列数据对该商品进行评估，最后按照先后顺序来进行排序和展现。

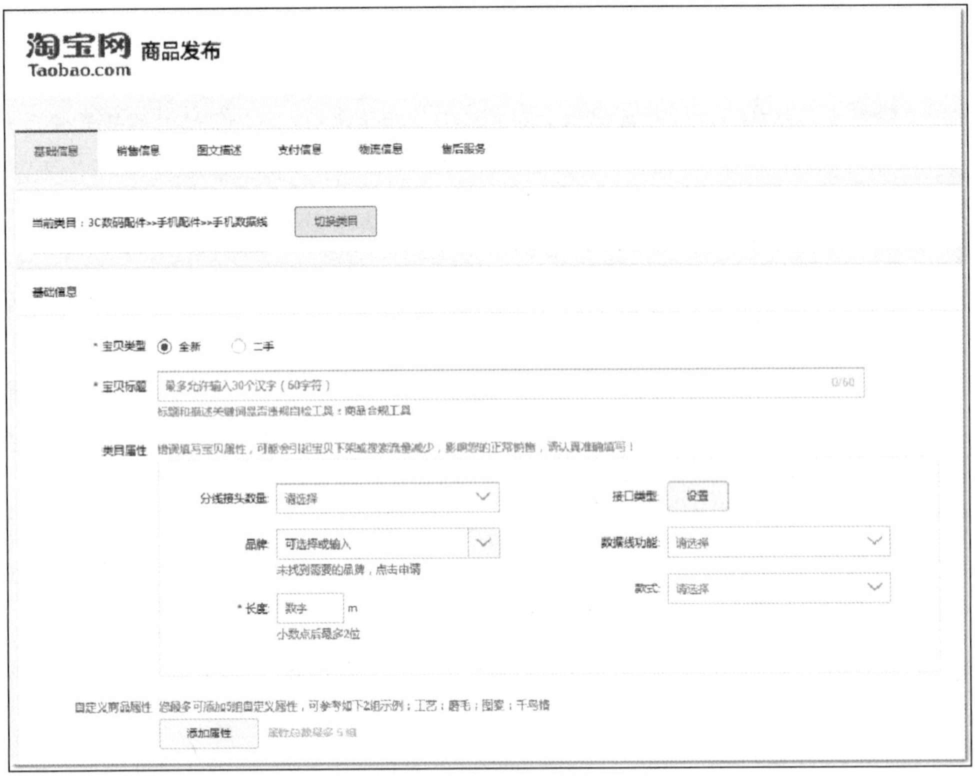

图 11-13 商品编辑表单

类目精准主要应对挖掘过程，搜索引擎在"挖掘"商品时会一边挖掘一边评分再一边排序，因此商品一定要放到合适的类目当中才会被优先挖掘、优先评分、优先排序。在推荐渠道也是相同的原理。当搜索引擎挖掘"苹果"时，首先会进入 3C 数码配件类目中挖掘，因为在这个类目中标题包含"苹果"的商品数量是最多的，其次才进入生鲜水果的类目中挖掘，因为生鲜类目中标题包含"苹果"的数量排名第二。

类目精准的优化过程是在发布商品之前或之后通过编辑商品的类目，使之优先展现的过程。除非商品跟可选类目矛盾，否则选择商品数最多的类目，此优化为"类目的精准"。

3．商品内容翔实

系统会优先推荐内容翔实的商品，以淘宝为例，在编辑商品的表单页时，尽量把所有的内容填写完毕，除非该项内容确实没有信息，比如 ISO 编号或者生产许可证编号。

表单中的项目有些是标星号的必填项，如果标星号的必填内容没有填写，则商品不能上传。但有些没标星号的非必填项目也非常重要，重点提示以下两个项目。

1）主图视频

有视频和没视频对于商品的完整度是不一样的，有视频的商品系统会认为呈现内容更丰富、更有代入感，会优先推荐。只要有主图视频，则商品就能拿到内容翔实的相关分数。

2）手机的详情页

在发布商品时有两个详情页需要编辑，一是 PC 端详情页，二是移动端详情页。打星号的是 PC 端详情页，即使移动端详情页没有编辑，也不影响上传信息，并且客户在用手机浏览商品时，同样可以通过手机查看到 PC 端详情页的缩小版，因此有商家觉得没必要编辑移动端详情页。但是目前大部分商品 90%以上流量来自移动端，如果不编辑移动端详情页，则会让系统误认为你不重视移动端流量，而不优先推荐。以淘宝后台为例，在编辑好了 PC 端的详情页之后，在移动端详情页里面有"一键导入电脑端的详情页"功能，只要做了这个动作，就表示有移动端详情页。

4．商品价格合理

价格也是商品的重要属性之一，其会影响点击率，也会影响到引流的精准度，因为在线上人群区分的重要指标是价格。价格并非越低越好，价格越低，表示流量品质越差。应将价格设置到符合当前商品的客户需求更为合理，对价格的设置要通过不断测试后确定。

1）价格测试的幅度

通过调整价格并观测商品转化率的变化来测试价格的合理性。例如，某商品根据消费人群特征初始设计 100 元售价，在销售了一个星期以后，会得到商品的转化率；第二个星期可以将价格进行 5%左右的微调，比如涨价 5 元，并观察转化率的变化，如果转化率下降，则将价格反向调整，如果转化率上升，则继续正向调整价格，以此类推，最终调整到一个最合适的销售价格。5%的调整幅度是基于淘宝系统和淘宝买家客户的经验值。

2）价格调整的频次

频繁地调整价格肯定是不合理的，如果商品调整频次过大，系统会认为商品不稳定。因此在测试价格的时候要注意调整的频次。

3）价格调整的方式

在做价格调整时，建议使用折扣工具来进行操作，而不是直接在后台更改价格。原因有两点，第一避免系统认为商品价格波动大，如果通过折扣工具来对价格进行调整，则系统会认为商品价格稳定，只是活动比较多。第二对于消费看心理也会起到一定作用，当使用折扣工具进行价格调整时，客户会理解为折扣力度改变而非价格改变。

11.3.2 筛选属性优化

在搜索结果中会见到一些筛选项，筛选项用于帮助客户进行商品筛选。这种筛选具有排他性，即客户在勾选了某一个属性以后，搜索结果中不具备该属性的商品就会全部消失，所以这种筛选的属性很大程度影响商品的曝光率。要对筛选属性做优化，主要的工作是将具备的筛选属性全部设置好。

以淘宝为例，如图11-14所示为筛选属性，以下6个筛选属性是普通商家都具备的：包邮、急速发货、淘金币抵钱、7+天内退货、赠送运费险和公益宝贝。

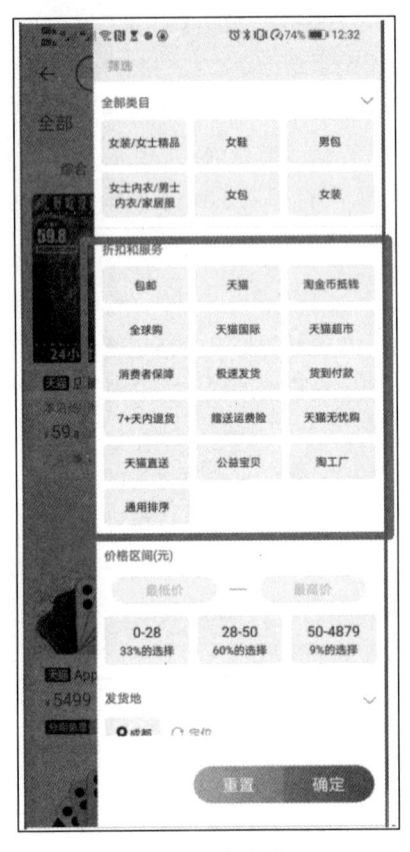

图11-14　筛选属性

1. 包邮、急速发货设置

包邮和急速发货的设置主要依托淘宝后台运费模板的设置，可以通过路径"卖家中心→物流管理→物流工具→新增运费模板/修改现有模板"进行设置，如图11-15所示，在模板的新增和修改过程中，可以选择发货的区域，在对应区域中选择邮费为0，则该区域为包邮。

在发货实效中设置发货时间4小时以内则具备"急速发货"属性，在现实中要实现4小时发货完毕，也可以设置菜鸟平台自动打印运单，并且上传运单号来实现。

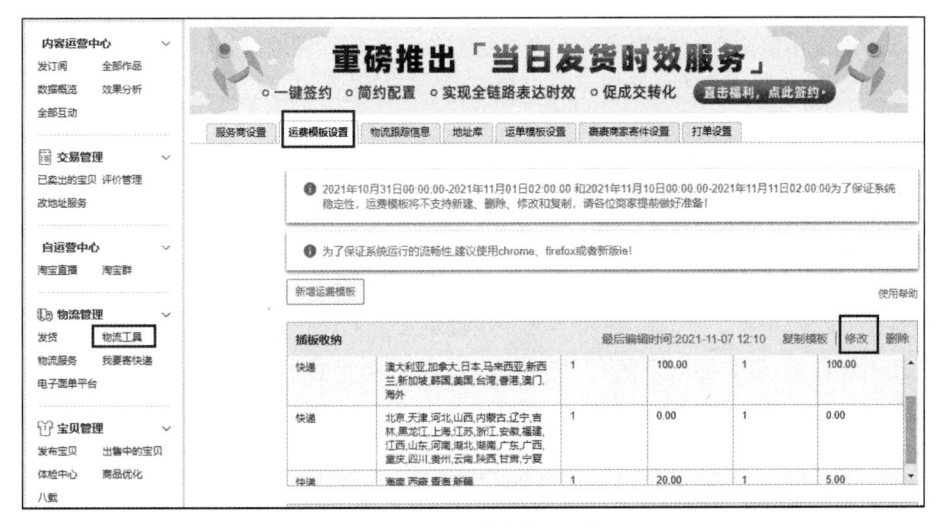

图 11-15　运费模板设置

2. 淘金币抵钱设置

淘金币是客户比较重视的筛选属性，淘金币属于淘宝网的虚拟积分，在淘金币平台上客户可以用淘金币冲抵折扣、兑换抽奖等。商家可以通过淘金币抵折扣这个活动来增加商品的转化率，并通过淘金币奖励来获得更多客户的签到、收藏、评论等动作。淘金币抵钱设置路径为"卖家中心→营销中心→淘金币"，如图 11-16 所示。淘金币抵钱设置主要分成 3 个步骤：①开通淘金币；②赚淘金币；③花淘金币。

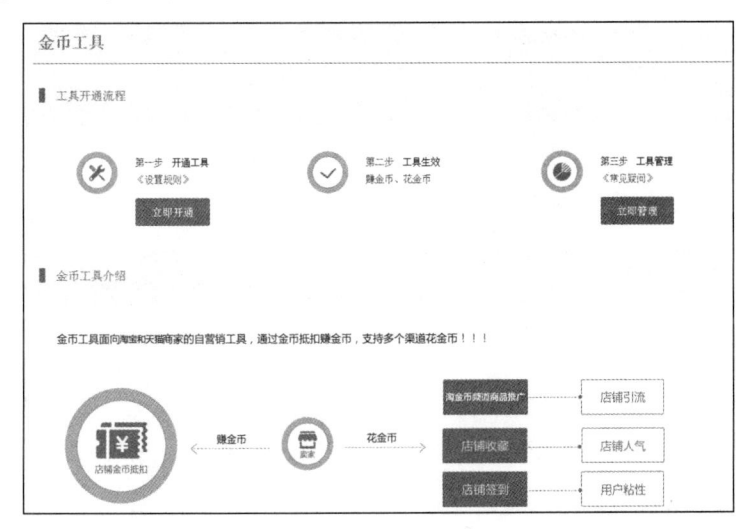

图 11-16　设置淘金币

在开通了淘金币账户后,店铺里的淘金币金额为 0,可以通过设置"淘金币抵钱"来"赚淘金币",在卖家淘金币余额足够多时(比如在 2000 个以上)可以设置"花淘金币",用于店铺引流、客户收藏和签到。

3. 7+天内退货设置

《消费者权益保护法》中明确规定,消费者在收到商品后 7 日内有权退货,且无须说明理由。但无理由退货的商品亦有边界,比如消费者定做的商品、鲜活易腐商品、消费者拆封的音像制品、计算机软件、交付的报纸、期刊等商品不在无条件退货之列。作为淘宝商家还可以加大承诺,比如 8 天无理由退换货,最多可以设置 15 天无理由退换货,当设置了加大承诺以后,商品会打"7+"服务的标志。因此"7+"服务也是重要的筛选属性。

在"7+"服务设置以后也要如实履约。经验证明加大承诺并不会增加太多的售后成本,反而会提升转化率。

"7+"服务可以通过路径"卖家中心→淘宝服务→加入服务→'7+'退货承诺"设置,如图 11-17 所示,在加入时需选择两项:对应的商品和承诺的天数。天数无论是 8 天还是 15 天,都算"7+"服务达标,在筛选属性中并无明显区别。

图 11-17　进入"7+"服务设置

4. 赠送运费险设置

运费险也是客户重视的筛选属性。卖家版的运费险设置会为每个订单都支付额外的保险费,客户一旦发生退货，大部分运费就由保险公司承担，这样大大降低了客户购买商品的风险，并可以有效提升商品的转化率。设置运费险路径为"卖家中心→淘宝服务→加入服务→卖家运费险"，第一次加入运费险的时候还需要签订一个卖家运费险的代扣协议。若同意协议，那么每成交一单，保险公司就会自动从商家支付宝账户上扣除一笔运费险的投保金额。

5. 公益宝贝设置

某些淘宝商品在主图下有红心标志，此标志代表该商品是公益宝贝。每销售一单公益宝贝，就会给对应的公益项目捐一笔钱。虽然很少有客户会通过公益宝贝进行商品的筛选，但平台会对公益宝贝增加推荐力度。可以通过路径"卖家中心→宝贝管理→出售宝贝"设置公益宝贝。

如图 11-18 所示，在公益宝贝的设置中选择对应的公益计划和捐献金额就可以了。后台有儿童关怀、教育发展、疾病灾害、脱贫济困、淘小学计划等多个公益栏目，且在每一个栏目下还有很多公益的计划，比如童伴计划、乡村儿童书益站、辽宁贫困孤独症儿童救助等，这些救助活动也会实时更新和增加。选中任意一个即可加入公益宝贝。选择捐赠的金额：第一种是按比例，即每一笔交易捐赠整个交易金额的 0.3%以上；第二种是固定金额，即每一笔交易至少捐赠 2 分钱，丰俭由人。

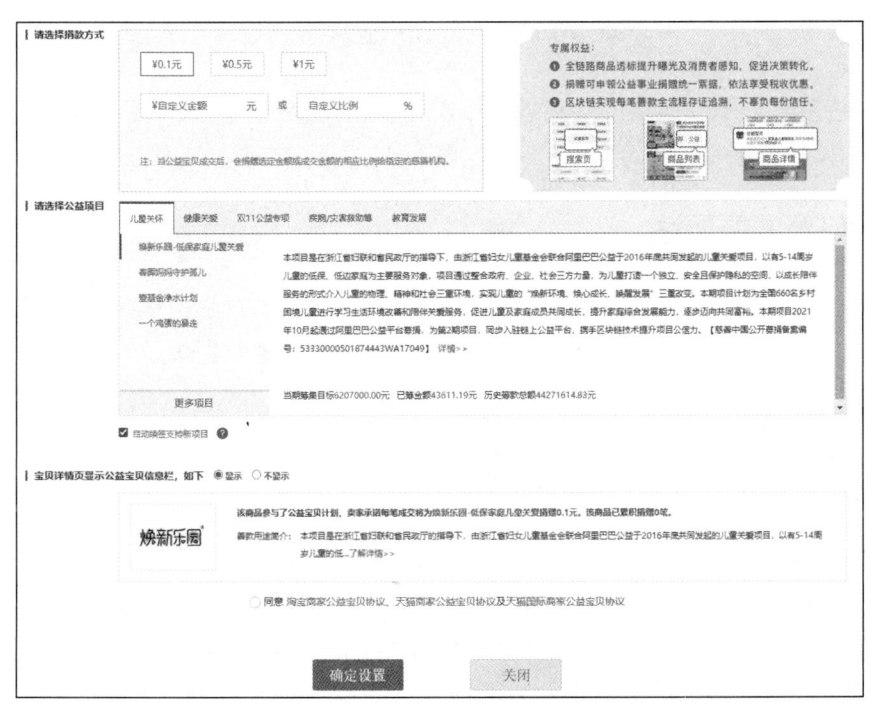

图 11-18 加入公益宝贝计划

11.3.3　支付属性优化

1．支付服务概述

在客户购买商品时有多种可支付的选项，最主要的选项是支付宝和支付宝的花呗，另外还可以选择银行卡和信用卡支付。如果商家开通了信用卡或花呗会大大提升商品的转化率，因为现在很多客户习惯使用信用卡或花呗消费。但两个服务并非默认开通，需要商家在淘宝的服务市场里找到对应的支付功能开通。

2．支付服务开通

淘宝服务市场可以通过路径"千牛卖家中心→店铺服务→我订购的应用"进入，在搜索框内输入"支付"进行搜索，可以找到信用卡支付和花呗两项服务。这两项服务都是免费开通的，跟订购其他服务的流程一样，只是付款过程只需选择零元即可。在这两项服务开通以后，客户选择通过花呗或者信用卡支付时，就不需要支付额外1%的手续费，这笔手续费在商家的货款中扣除，可以大幅提升支付转化率。

11.4　商品包裹优化

商品包裹是线上销售时商品的主要组成部分。优秀的包裹不但可以降低商品的损耗和售后风险，还能提升客户的体验感和客单价。提升包裹质量，需要从包装材料及包裹方式两方面入手。

11.4.1　包裹的重要性

1．增加记忆点

好的包裹可以增强客户对商品的记忆，好的记忆才会引发客户复购。

2．提升客单价

好的包装可以提升商品的观感，从而提升商品售价，第 10 章关于商品体验诉求内容也讲到了包裹的重要性。

3．解决破损顾虑

如图 11-19 所示，通过对全网客户调查，客户没有在网上购买商品的原因有很多，其中排在最前面的 4 个原因是时效性、新鲜度、真实性和包装标准。新鲜度是担心商品不新鲜、不卫生；包装的标准是担心物流的过程中对商品造成了破损。包装是网购当中非常重要的点，如果没有解决好商品包裹问题，会影响客户的复购。

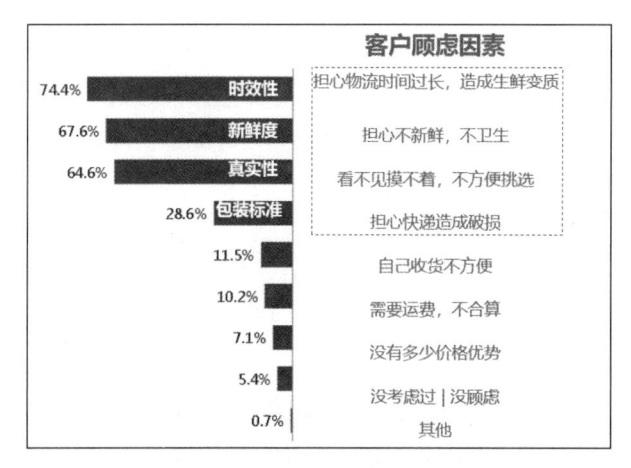

图 11-19 客户顾虑因素排序

包装材料的要求做到 4 点：防震、抗压、保鲜和保温。包装材料的选择非常重要，易破损的商品需要考虑防震的问题及抗压的问题。对于食物，特别是生鲜类的商品要注意它的保鲜和保温的问题。

11.4.2 包装材料的类型和来源

在网上销售的商品要经过一定的距离运输才能达到客户的手中。尤其是长距离的运输，对于商品的抗压性和破损性要求比较高，如果包装材料选择不当，商品到达客户时就会出现破损、干瘪等现象，大大增加售后的工作量和难度，也很可能会拉低店铺和商品的评分。因此应该严格甄别不同的商品使用的包装材料。

1．包材类型

目前常见的包装材料有以下 8 种。

（1）纸箱：这是大部分商品都会选择的包装材料。

（2）泡沫箱：主要用于保鲜和保温的商品。

（3）牛皮纸袋：主要运送文件或者小件物品，以及文件袋。

（4）编织袋：主要运送比较抗压，也比较抗震的商品，比如服装。

（5）自封袋：寄送一些小型的物品，包装起来比较快。自封袋通常是塑料袋。

（6）无纺布袋。

（7）木箱。

（8）铁制包装。

下面重点介绍几种包材类型、附件、包材来源。

2. 纸箱

需要从两个方面了解纸箱：一是纸箱的材质，二是纸箱的规格。纸箱是目前运用最广泛的包装制品。按照材料的不同，纸箱分为瓦楞纸箱和蜂窝纸板箱等。纸箱有各种规格和型号，常用的有三层纸箱和五层纸箱，以及比较少用的七层纸箱，各层分为里纸、瓦楞纸、蜂窝纸、新纸和面纸等。包装纸箱作为现在物流当中不可缺少的一部分，承载着容装、保护商品、美观的重要职责。

如图 11-20 所示，瓦楞纸箱是常见的包装纸箱，它广泛应用于网络商品的包装当中。瓦楞纸箱的中间有一层瓦楞纸，按照波浪的形状撑起这个纸箱，它的主要特点是具备一定的抗震性和抗压的能力，且它重量轻。

图 11-20 瓦楞纸箱

还有一种纸箱是蜂窝纸箱，如图 11-21 所示，这种纸箱中间是由蜂窝形状的纸隔断的，它的强度比瓦楞纸箱高很多，并且隔热性也比较好，主要应用在一些附加值比较高的商品上，因为蜂窝纸箱本身价格相对来讲比较高，而且其重量比瓦楞纸箱更重。

图 11-21 蜂窝纸箱

常见的纸箱规格如表 11-1 所示，纸箱按照需求的不同可以分为标准纸箱和定制纸箱。

表 11-1　纸箱规格表

型　　号	尺寸（长×宽×高）/mm	三层优质价/元	五层优质价/元	用途参考
12#	130×80×80	0.19	0.30	小饰品、化妆品等
11#	145×85×105	0.23	0.38	小饰品、化妆品等
10#	175×95×115	0.31	0.45	化妆品、CD、饰品等
9#	195×105×135	0.39	0.58	化妆品、CD、饰品等
8#	210×110×140	0.43	0.62	3C 数码配件等
7#	230×130×160	0.58	0.83	3C 数码配件等
6#	260×150×180	0.71	1.05	化妆品、饰品、内衣、食品
5#	290×170×190	0.83	1.32	鞋包、食品、衣服
4#	350×190×230	1.30	1.80	鞋包、食品、衣服
3#	430×210×270	1.68	2.45	鞋包、食品、衣服
2#	530×230×290	—	3.30	箱包等较大件物品
1#	530×290×370	—	4.30	箱包等较大件物品
特大号	600×400×500	—	7.00	搬家、大件物品

3．塑料袋

塑料袋可以用于无须纸盒包装的商品或者套在纸箱外面起到防水、防污的作用，规格如下。

（1）小号：17×30cm、20×32cm、25×35cm。

（2）中号：25×39cm、28×40cm、28×42cm、31×45cm。

（3）大号：38×52cm、40×55cm。

（4）特大号：45×60cm、55×60cm、55×70cm。　45×65cm、50×65cm。

塑料袋价格便宜、防水、防污、韧性好，但不抗压。

4．泡沫箱

泡沫箱的材质轻、有缓冲作用、保温，常用于生鲜或需要冷藏的商品，优点是质轻、导热系数低、可以任意开模、规格多样。缺点是易燃、硬度低。

5．附件

除了外包装材料以外，在做包裹的时候，还会用到一些附件，同样是包裹不可或缺的一部分。

1）胶带

胶带是打包必备用品，选择质优价廉的胶带也是商家需要考虑的一个问题。目前市面上的胶带主要有透明胶带、警示语胶带和定制胶带等。按照宽度来分，目前市场上常用的胶带宽度有 4.8cm、

4.5cm、6.0cm等。选择胶带要考虑胶带的黏性、耐温性、保持力、有无残胶、材料的质量、有无卷边现象、掩蔽效果、抗拉强度、长度、挺度、颜色、耐候性、耐溶性、光滑程度、尺寸精确度和内聚力等。

2）防震材料

防震材料分为4种：气泡膜、泡沫板、珍珠棉和气泡袋。根据不同的需求，也为了避免商品在运输过程中出现损坏情形，需要配合使用一定的防震材料。

3）保温材料

为了避免冷鲜商品在运输过程中出现变质，需要配合使用保温材料。目前常用的保温料有冰袋和铝箔袋，冰袋可以帮助商品降温，铝箔袋可以阻断热传递。

6．包装材料来源

采购包装材料主要有3个途径：1688、淘宝和线下。

1）1688采购

1688是阿里旗下的B2C的批发平台，通过1688可以找到对应的包装材料供应商。在1688选择包装材料的时候要注意以下几点。

第一，要看清楚包装材料的材质、规格、重量及三者组合之后的价格，不同的"材质+规格+重量"的价格区间在同一种纸箱上可能会差别比较大。

第二，要查看供货商店铺的DSR数据，防止出现售后的风险时不能及时解决。在包装材料选择好以后，因为每次的进货量都比较大，所以如果出现质量问题，退换货就相当麻烦。DSR评分比较高的供货商店铺，说明购买过其包装材料的其他商家对于该店铺的商品和服务是比较满意的，如果DSR比较低，则采购风险相对高。

第三，查看供货商的图片拍摄质量。一般来说，图片拍摄质量比较高的供货商是比较有供货实力的厂家，特别是当整个店铺的图片风格都一致时，说明所有商品的图片都是由同一个团队来拍摄、编辑的，也能从侧面反映这个供货商的供应链实力。如果店铺里所有的图片风格不一样，则说明该供货商并不是源头厂家。

第四，查看厂家介绍里有无工厂介绍，同时网上查询该工厂其他信息，比如招聘等。另外还需查看厂家的规模和员工数量。

第五，尽量选择有1688牛头标志的供货商。

2）淘宝采购

在采购量较小时，也可以通过淘宝采购。相比1688，淘宝采购的售后和客服做得更好。因为1688厂家的主要精力在生产上，线上客户的服务相对比较冷淡，特别是当有一些个性化的需求时，对于小批量的商家不会尽心去满足，而淘宝在个性化服务上会做得更好。

在淘宝上选择包装材料时同样也要注意筛选对应的供货商，淘宝的售后和评价体系也更为完善。在淘宝采购的时候要注意以下几点。

第一，留意淘宝的价格，因为淘宝包邮比较多，在包邮和不包邮的商品当中进行筛选的时候，一定要看清楚它的价格是包邮的还是不包邮的，避免只看商品价格没有看邮费。

第二，淘宝活动相对来讲会比较多，可以在活动期间进行采购，比如在大促期间或者活动频道里进行囤货。

第三，在淘宝里还可以选择运费险，使售后更有保障。

3）线下采购

线下采购有3个地方：厂家、批发市场、废品回收。在采购量比较大且对包装材料要求比较高的时候可以直接联系厂家，比如在 1688 上获取的厂家信息。批发市场的优点是所见即所得，也可以小批量拿货，一次性匹配多种包装材料。如果对包装材料要求不高又预算有限，则可以自己去收集一些包装箱，比如通过废品回收处、快递物流点等进行收集。

11.4.3　包裹的包装方法

1. 普通商品

1）服装鞋帽类

衣服、皮包、鞋子类商品在包装时可以用不同种类的纸张（牛皮纸、白纸等）单独包好，以防止脏污，如果要用报纸的话，里面还应加一层塑料袋。在邮寄衣服时，可先用塑料袋装好，然后装入防水、防染色的包裹袋中；也可用布袋邮寄，但宜用白色棉布或其他干净且整洁的布。对于形状不规则的商品，如皮包等，可先用胶带封好口，然后用纸包住手提袋并贴胶带固定，以减少磨损。

2）图书音像类

书刊类商品的包装方法：首先，用塑料袋套好，以免理货或者包装的时候弄脏，同时能起到防潮的作用；其次，用报纸中夹带的铜版纸或气泡膜做第二层包装，以避免书刊在运输过程中被损坏，最外层用牛皮纸、胶带进行包装，如图 11-22 所示。

图 11-22　图书音像类商品包装方法

2. 易碎品

1）罐装易碎制品

易变形和易碎商品包括瓷器、玻璃饰品、CD、茶具、字画、工艺笔等，对于这类商品，在包装时要多用些报纸、泡沫塑料、泡绵或者泡沫网，因为这些东西质量轻，可以缓冲撞击。另外，一般易碎、怕压的商品四周都应用填充物进行充分填充，也可以将商品放入气柱袋中，再用纸箱包装。

2）贵重的精密电子商品

贵重的精密电子商品包括手机、液晶显示器、硬盘等，在对这类怕震动的商品进行包装时，可以先用泡绵、气泡布、防静电袋等包装材料进行包裹，再用瓦楞纸在商品边角或者容易磨损的地方加强保护，并且用填充物（如报纸、海绵或者防震气泡布等有弹力的材料）将纸箱的空隙填满，这些填充物可以阻隔及支撑商品，吸收撞击力，避免物品在纸箱中摇晃受损。

3）生鲜商品

生鲜商品分为常温和冷藏。常温生鲜商品需要用泡沫袋或网袋进行单独包裹，以防止破损，或者用碎泡沫进行包装箱填充。冷藏生鲜商品需要用冰袋降温、铝箔袋隔热、泡沫箱保温，并用纸箱保护泡沫箱，以防破损。

4）液体商品

邮政管理对液体商品有专门的包裹办法：先用棉花裹好，然后用胶带缠好。在包裹时一定要封好割口处，可以先用透明胶带使劲绕上几圈，然后用棉花整个包住，可以包厚一点，最后包一层塑料袋，这样即使液体漏出来也会被棉花吸收，并有塑料袋做最后的保护，不会流到纸盒外面而污染其他包裹，如图11-23所示。

图11-23 液体商品包裹

3．包裹测试

如果包裹出现问题，则很可能会连带出现售后问题，使 DSR 快速变绿，特别是在出货量比较大时，对于包装的品控就要求特别高。因此在新品销售之前需要对商品的包裹进行测试，测试主要有以下 3 个方面。

（1）测试时效。

（2）测试破损率。

（3）测试保鲜度。

可以将测试包裹寄到测试地，通过物流信息和收货人拆包检验，并记录下数据。从而选择最优的包裹方案，即在保证商品无损的情况下最便宜的方案。

如图 11-24 所示，这是一个包裹测试的表格。

测试时间	2015.08.11			
编号	1	2	3	4
快递	韵达快递	韵达快递	顺丰优速	韵达快递
快递单号	1000518453981	1000518453979	906208682886	1000518453978
快递到货时间	2015.08.12	2015.08.12	2015.08.12	2015.08.14
区域	上海	上海	上海	北京
防震物材	减去碎纸，隔热膜（减少成本15.5元）	延用去年原包装附件（少去隔热膜，减少成本13.5元）	减去碎纸，隔热膜（减少成本2.5元）	减去隔热膜（减少成本14.5元）
结果图片				
测试结果	掉了十几粒，两三粒破裂	完好	完好	坏了
测试结论	1、原包装及原运输方式为最优方案 2、为减少成本，隔热膜可直接剔除（节省0.5元） 3、除江浙沪等周边区域，外围较远区域选用顺丰 4、江浙沪范围及周边普通物流36小时可达区域，可选用普通快递（节省13.5元左右）			

图 11-24　包裹测试表示例（截图）

第一，对同样的商品做包裹测试时，会选择不同的快递公司，测试它在某一个地点的时效性。

第二，选择不同的包装材料测试到达目的地以后的效果。

整个测试的过程用表格记录下来，通过时效和破损记录来选择最优方案。包裹测试的结果也会记录在表格当中，并且进行周期性的测试。如果在售后客服记录的原因表格里有破损相关问题，就要重新来做周期性的包裹测试。特别是在遇到极端天气情况时，也需要做对应的包裹测试。

11.5 本章小结

通过本章的学习，我们了解到商品管理在运营过程中的重要性和方法。掌握了获取商品的定位3部曲：收集数据、分析数据和需求测试。在商品需求确立后，需要从3个方面对商品进行优化：体验、属性和包裹。其中体验包括商品本身的功能性体验和线上、线下的内容服务型体验。属性包括基础属性、筛选属性和支付属性；包裹优化需要了解包裹的重要性和包材的类型及来源，以及包裹的包装方法。

第 12 章

发货管理

在网店的运营过程中,发货是必不可少的环节。发货的管理水平会直接影响客户对网店的动态评分。有效管理发货需要运用数字化的管理工具,掌握工具的使用、操作的流程、异常的处理和发货后的后续维护,是发货管理的主要工作。

学习目标:通过对本章的学习,了解发货工具并使用发货工具进行发货和运单的管理;掌握异常物流的跟踪和处理,以及物流关怀的方法。

本章提要:
- 发货工具介绍
- 发货和运单打印
- 异常物流跟踪
- 物流关怀

12.1 发货工具介绍

在客户付款以后,商家需要及时发货。传统手工处理运单耗时耗力,而且极易出错。使用专业的发货工具进行订单和运单之间的无缝衔接,可以提升发货效率,降低错误率,从而提升网店的好评率。

12.1.1 菜鸟平台开通

1. 菜鸟的优点

1)商家发货的痛点

电商商家在发货阶段会遇到以下 4 种问题:①容易出错,因为手工打单很难避免输入引发的错误；②合作快递公司比较单一，特别是小商家没有话语权，只能筛选一到两个快递公司进行合作，但是每个快递都有短板区域；③时效性比较差，揽件时间由快递员决定，很难做到一天两发或者一天三发；④在前3种问题出现后，会导致网店的DSR评分下降。

创业初期的中小微网店或大学生网店在单量很少且不稳定、团队成员有限的情况下，很难自己对接到优质的快递服务，要解决以上几个问题，先要认识选择快递发货的几点误区。

2）选择快递的误区

（1）误以为便宜的快递一定节省成本。运费低看似降低了物流的成本，但是更大的可能性是降低了物流的品质，导致的低评价会间接增大运营成本。

（2）误以为贵的快递一定好。同等价格下物流的品质未必一致，因此最贵未必最好，而快递成本过高会直接影响销售的利润。

（3）合作快递过多。合作快递太多时，会降低单一快递公司的单量，很难在物流渠道上降低成本，同时，在管理多个快递时，容易出现信息不同步、库存错乱等问题。

正确认识以上几个误区，应该综合考虑发货的成本和品质。对于成熟商家，单量稳定，有专门的仓储和物流的团队，内部协调一致能够做到数字化管理。但初创团队为了降低成本和出错的风险，选择菜鸟发货可以有效地在效率和成本中找到合理的平衡点。

3）菜鸟的优势

使用菜鸟发货，商家只需要点击"菜鸟发货"按钮，菜鸟就会综合物流的大数据给每个包裹匹配最优的快递。它会从时效、成本、服务、客户画像等多维度进行综合评估，为每一单实时计算出最优选项，解决选择快递时的误区和难点，实现一键发货和降本增效。

菜鸟比快递大客户价格略贵，但比零售便宜，并可以省去初期选择、管理和时间等成本，对于中小微网店和大学生网店是比较好的选择。它能帮助商家提升包裹的时效性和服务质量。

2. 菜鸟开通流程

1）服务入口

菜鸟本质上是阿里提供给商家的服务，淘宝、天猫商家可以在服务市场找到菜鸟，服务本身免费，但是需要签约菜鸟的服务协议，并完成支付零元的付费过程。可以通过路径"千牛卖家中心→店铺服务→我订购的服务"，进入服务市场。搜索"菜鸟智能发货引擎"进入如图12-1所示的页面以后点击"立即购买"按钮即可，菜鸟发货的基本功能是完全免费的。

图 12-1　菜鸟智能发货引擎购买入口

2）服务开通

勾选同意菜鸟智能发货引擎订购协议和服务市场协议以后，点击"同意并付款"按钮，即完成菜鸟的订购。订购完成后就可以通过路径"千牛卖家中心→物流管理→菜鸟发货平台"正常使用菜鸟发货了。

3）电子面单

如果需要做到极速发货，则需要在客户付款后，立刻自动打印快递单并在后台上传单号，通过菜鸟的电子面单功能可以实现以上目的。电子面单是由菜鸟网络和快递公司联合向商家提供的通过热敏纸打印物流订单的服务。商家可以在卖家中心申请开通服务，菜鸟会把服务申请传递给快递公司，快递公司通过审核以后给商家提供电子面单的热敏打印纸。

在开通电子面单服务后，所有已发生订单就可以在菜鸟后台进行自动化的发货操作和运单打印。由于菜鸟是整合快递的平台，本身不是快递公司，不提供快递单，所以需要当地的快递公司提供电子面单服务。

通过菜鸟平台可以快速对接离自己发货点最近的几家可提供电子面单服务的快递网点，通过申请可获得多家快递公司的电子面单。发货时由菜鸟综合判断每笔订单使用哪一家快递公司的面单。

使用电子面单服务后，快递公司只需要在 24 小时以内到发货点揽件，客户就能够看到物流信息，客户体验会有很大提升，从而大大提升 DSR。

通过路径"千牛卖家中心→物流管理→电子面单平台→我的服务商"进入，点击"开通新的服务商"按钮，如图 12-2 所示。这里可见周边可提供服务的快递公司网点，可与自己熟悉的或比较近的网点提交电子面单的申请，通过申请以后即可签约，使用电子面单服务。

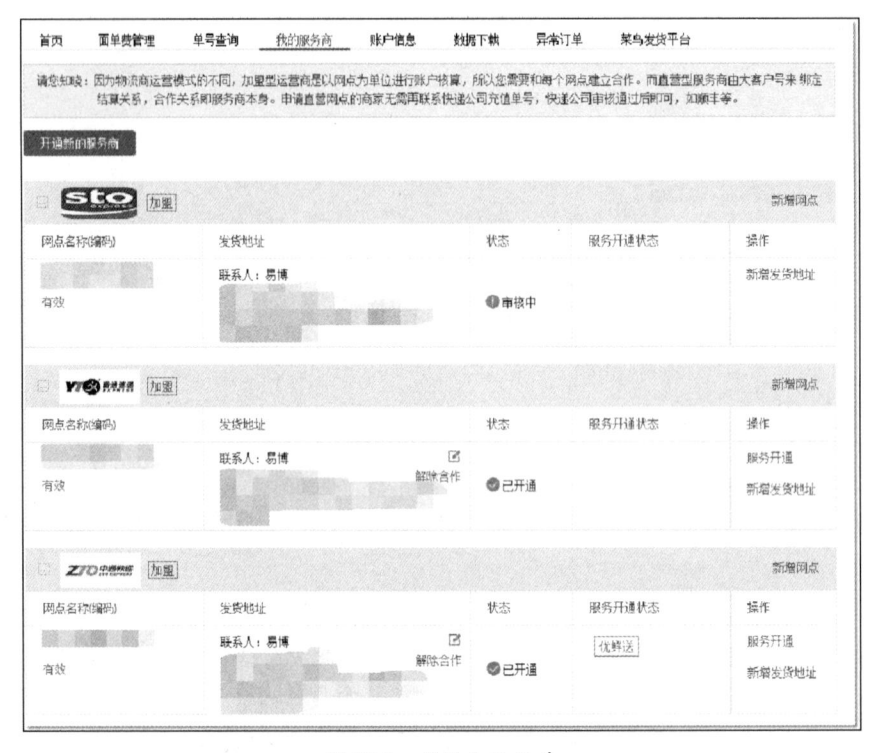

图 12-2 签约电子面单

4）无忧退

商家无忧退服务是菜鸟联合天猫、淘宝为商家提供的一种售后服务的解决方案。商家可以免费加入，网店内通过上网取件退回的包裹可以享受菜鸟的异常监控、实时保证、货物丢失/损坏和在线咨询等服务。

无忧退最大的优点是客户退货时可以选择菜鸟无忧退，菜鸟提供上门取件，并且提前打印退货面单，省去商家收到货验货的环节，核验通过后可以秒退款给客户，大大提升退款的时效性，从而提升客户满意度。

12.1.2 商家寄件流程

由于菜鸟后台与淘宝的发货后台完全打通，开通了菜鸟服务后，寄件过程非常方便。

1．寄件基本设置

1）订单同步

淘系订单寄件会自动同步订单信息，方便对所有的订单进行筛选，并分成 4 类：未处理的全新订单、待发货且快递单已经打印的订单、完成面单打印且已经发货的订单和已完成订单。

2）常用地址设置

通过菜鸟发货前需要对自动发货进行寄件地址的设置。在菜鸟发货平台可以设置常用地址，方法是在新建地址里创建寄件地址和退货收件人的两个地址。

从团队管理角度出发，寄件和售后工作往往是分别管理，因此在自动发货设置里，要设两个地址，设置过程与平时寄快递时填写收寄人地址类似。

3）支付设置

自动发货时需要自动支付快递服务的费用。签订支付宝代扣服务后可以在系统后台自动扣款，提升发货的效率。可以通过路径"千牛卖家中心→物流管理→菜鸟发货平台→设置→寄件设置→支付方式设置"进行设置，如图12-3所示。首次使用自动发货时必须完成支付设置。进入支付页面后，点击"支付设置"按钮，进入支付宝的绑定界面。使用手机打开支付宝，扫描对应的二维码，点击"确认"按钮登录，在经过认证并且通过协议以后，即完成支付宝的签约。

图 12-3　支付方式设置

2．寄件发货流程

1）裹裹寄件

通过路径"千牛卖家中心→发货管理→菜鸟发货平台→淘系订单处理→未处理的订单"，选中需要发货的订单，点击"呼叫裹裹寄件"按钮，就可以进行一键发货，如图12-4所示。

图 12-4 一键发货入口

2）运单设置

在发货过程中可以手工设置寄件信息和退货信息。

运单的打印方式，在没有电子面单时推荐让快递员打印，快递员会携带打印好的运单上门取件。使用电子面单后可以自行打印，避免出错。如勾选寄件后自动完成发货，商家无须操作就可以实现自动发货。

3）发货成功

发货后系统会弹出提示框，显示成功发货多少单信息，即表示发货成功。在待发货有快递单或者已完成订单中可以查看运单信息，菜鸟发货的订购单会在后台显示菜鸟的标志。

4）取消包裹

如果需终止发货，可以在发货过程中点击"取消发货"按钮，后台可以到菜鸟中查看处理终止进度，该进度仅商家可见。包裹一旦取消操作是不可逆的，必须在取消成功以后才可以重新发货。

3. 非淘系订单发货

菜鸟在淘宝后台可以非常流畅地处理淘宝、天猫的订单，同时还可以处理非淘系订单。商家如果在其他平台有发货需要，同样可以在淘宝后台使用菜鸟服务进行发货。如发非淘系订单则需要人工录入订单的信息，通过路径"千牛卖家中心→发货管理→菜鸟发货平台→自由打印界面→寄件支持"，如图 12-5 所示，并通过订单批量导入、单个录入或二维码录入 3 种方式导入非淘系订单。录入的订单会进入到未处理订单的列表中。

图 12-5　导入非淘系订单

在批量导入订单时，需要下载菜鸟的专用模板，按照 Excel 的提示录入订单信息，然后点击"上传文件"按钮，批量上传完毕。在熟悉了菜鸟的模板文件后，可以使用格式转换软件（可以通过网络搜索获取）把其他平台的订单一键转化成菜鸟的模板格式，进行一键导入。

在使用二维码录入时可以通过扫描二维码方式，通过手机完成订单信息的录入，该二维码长期有效，因此可以把运单二维码提供给客户，由客户自行上传寄件信息。这种方式特别适合微商发货。

12.1.3　运单管理

运单产生以后，中途有可能会出现运单的各种状态，针对不同运单的状态，可以对它进行管理。

1．补打面单和发货单

如果出现运单或发货单丢失或打印失败的情况，可以在菜鸟发货平台补打，通过路径"千牛卖家中心→发货管理→菜鸟发货平台→淘系订单处理/录入订单处理"，选中订单后选择再次打印发货单或补打面单即可。发货单主要有两个作用：仓库拣货、客户核对商品。

2．分享运单

如果客户对于物流信息有疑问，特别是在非淘系平台发货时，可以在菜鸟中用二维码分享运单。通过路径"千牛卖家中心→发货管理→菜鸟发货平台→包裹状况"，选中订单，即可分享对应的运单二维码，如图12-6所示。客户扫描该二维码，就可以快速查看运单的信息。

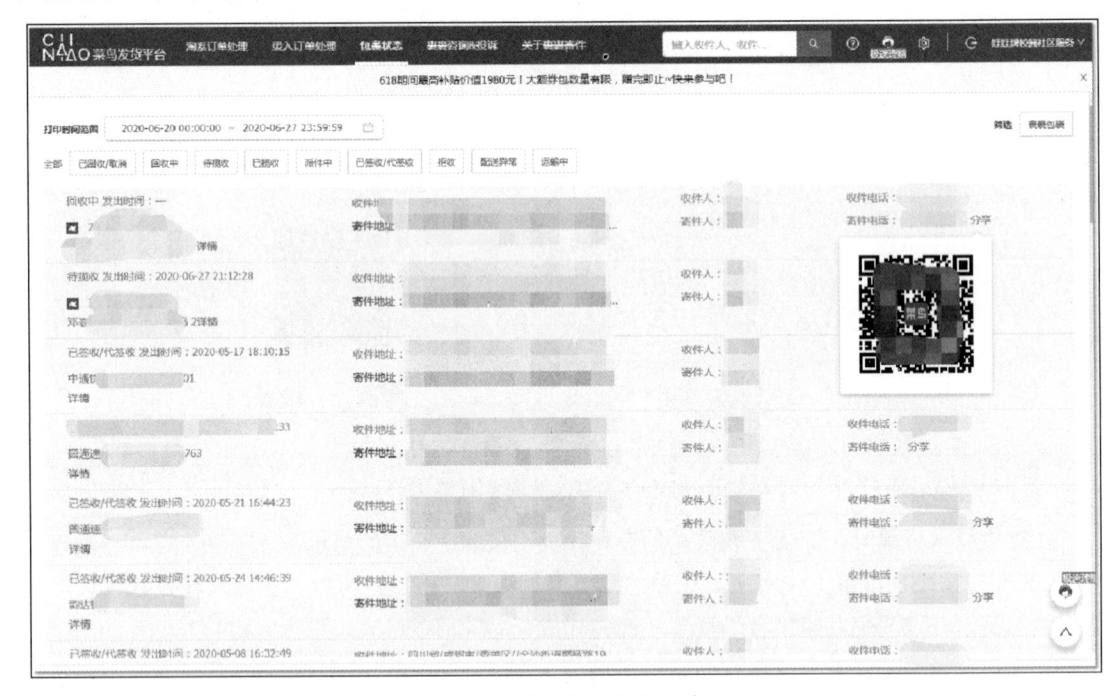

12-6　通过二维码分享运单

3．导出运单

当需要对运单进行综合分析或数据存档时，或者是在需要集中发送运单跟财务进行结算和对照的时候，可以在菜鸟平台里轻松地导出运单表。通过路径"千牛卖家中心→发货管理→菜鸟发货平台→包裹状态"导出对账单，在弹出的包裹详情对话框中，点击"导出 Excel"按钮，如图12-7所示，就可以将选中时段的运单信息全部以Excel表格的方式导出。

4．查询价格

发货前可以预先查询菜鸟的发货价格。菜鸟平台的发货价格是实时动态的报价，根据当前的单量以及运送的地点、范围、货物的规格和重量，快速地计算出运单的价格。通过路径"千牛卖家中心→发货管理→菜鸟发货平台→裹裹几件发货→寄件价格查询"，进入价格查询页面，选择对应的发货区域及件数、规格和重量，就可以看到发货价格。

图 12-7　导出运单信息

菜鸟的价格优势在于它不只跟一家公司合作，价格会根据运单所选择的特征给予动态匹配快递公司和物流的路线。

12.2　发货和运单打印

及时发货并上传运单号不但可以提升网店评分，更是平台商家应遵守的规定。发货分为自主发货和代发货，其使用的工具和方法有所不同。

12.2.1　自主发货管理

1. 发货规则

1）发货时限

淘宝规定商家应该在承诺的时间内及时发货，如发货超时违背承诺导致的客户投诉，有可能面临商品价格 30%的先行赔付。避免超时的方式有两种：一是尽可能提升发货时效性，例如设置自动发货；二是根据实际情况设置合理的发货时效承诺。通过路径"千牛卖家中心→物流管理→

物流工具→运费模板",在新建运费模板和修改运费模板中设置发货的时限,选项包括 4 小时、8 小时、12 小时、16 小时、24 小时、48 小时和 72 小时以及更多。此时限是指客户付款后承诺上传运单号并且点击发货的实效。发货时限考验网店的综合运营能力,特别是数字化管理的能力,优秀的网店借助打单发货工具和与快递公司的良好合作可以做到及时发货。在设置发货时限的时候,要根据网店的实际情况,既不冒进避免犯规,也尽量缩短时限,提升客户体验。

2) 运送方式

卖家后台有 4 种运送方式:快递、EMS、平邮、保障速递(物流宝)。

目前快递市场上主要的公司有申通、圆通、中通、韵达、百世快递、顺丰等。这些快递公司在绝大部分地区都已经有了自己的服务网点。快递是目前电商卖家选择的主要物流配送方式,从效率和费用来看也是性价比最高的选项。

EMS 是中国邮政集团公司直属全资公司,主要经营国际、国内 EMS 特快专递业务。它是我国速递服务的最早供应商和速递行业的最大运营商。EMS 相对快递公司来说最大的优点是国内所有地方都能派送到,而且快递的丢失率也很低;但是 EMS 价格较高,派送效率不稳定,有些地区 EMS 的速度相对快递公司要慢很多。

平邮是邮政中一项寄送信与包裹业务的总称,包括普通的寄信(平信)和普通的包裹,寄送速度不快。一般为 7~30 天,但是价格较便宜。平邮不像快递那样送货上门,邮递员会事先将通知单发送至客户的家庭信箱,客户需要凭通知单和收件人身份证去指定的邮局领取包裹。目前,电商基本不采用平邮模式,不仅慢还很不方便。另外,平邮的自动收货时间是 30 天,而快递和 EMS 是 10 天,也就是说资金回笼的周期也会很长。

2. 发货入口

千牛卖家后台可以从两个地方进行发货处理:已卖出的宝贝和物流管理。

1) 已卖出的宝贝

给需要发货的订单进行发货,可以从"已卖出的宝贝"进入路径"千牛卖家中心→交易管理→已卖出的宝贝→等待发货",如图 12-8 所示。在需要发货的订单上,找到发货按钮并点击进入。

2) 物流管理

还有一种发货入口是通过物流管理,路径是"千牛卖家中心→物流管理→发货",如图 12-9 所示。从物流管理进入的发货界面比从宝贝管理进入的界面更专业。这里更推荐从物流管理进入,在物流管理发货界面里可以批量处理。

图 12-8　通过已卖出的宝贝进行发货

图 12-9　通过物流管理发货界面

3. 发货流程

1）发货方式

在发货页面中有4种发货方式：在线下单、自己联系物流、官方寄件和无须物流，除了在线下单以外，其他3个都是一键完成的。

2）在线下单

在线下单发货，是在线选择快递公司并确认要运送的订单，然后等待快递公司上门收件。在线下单的优点是可以批量操作，也可以批量预先打印物流面单后提前发货，然后等待快递揽件；缺点是快递价格比较贵，一般在线下单时，快递公司都是按照散户定价。确定在线下单后，在卖家端会形成物流进度，即等待快递上门，如果有预打印的快递单号，可以在快递上门揽件之前完成发货，如果没有则需要等到快递员上门后才能完成发货操作。需要注意的是，在快递员上门之前，都可以点击"取消订单"按钮来终止在线下单的快递服务。在线下单方式目前很少被采用。

3）一键发货

一键发货分为自己联系物流、官方寄件和无须物流3种寄件方式。（1）自己联系物流：自己手动上传运单号，这种方式比较容易出错。（2）官方寄件：通过菜鸟发货系统进行发货，操作简单，价格相对便宜，比较适合新手。（3）无须物流：和客户线下交易，或者卖家自己送货时使用。

目前大部分卖家都会使用一些发货工具进行批量发货。

4）发货成功

发货完成后，订单的状态会从"等待发货"变更为"已发货"。此时，在订单后台可以查看物流进度。如果选择快递或EMS，客户收货后如果不点击"确认收货"按钮，则会在10天后由系统自动确认。如果10天内客户都没有收到货物，客户可以手动点击"延长收货时间"按钮。

12.2.2 代发货管理

1. 一件发货模式

有一种发货模式不需要商家自己发货，而是由供货商进行发货，这种模式称为一件代发。以货源平台1688为例，因为淘宝后台与1688是打通的，所以通过1688可以将商品一键铺货到淘宝店，商家可以通过1688和淘宝的后台来共同完成一件代发的发货。

2. 发货流程

1）设置收货地址

1688一件代发商品在发货前需要设置默认收货地址，通过路径"我的阿里→买家中心→收货地址管理→新增收货地址/修改现有地址"进入，如图12-10所示。收货地址是指产生订单后，1688批发商会将商品代发到的地址，这个默认地址一般是淘宝店卖家的地址。而当实际一件代发时，需要手动一键调整到真实的客户收货地址。

图 12-10 设置收货地址

新建的收货地址主要是用于熟客，或者是反复购买的客户，他的地址可能会经常使用，可以在 1688 后台对他的地址进行设置。

2）拉取淘宝订单

1688 一件代发在淘宝店产生订单后，需要淘宝商家登录 1688 淘管家进行发货操作，而不是在淘宝后台。通过路径"1688 淘管家→淘宝拉回订单"，如图 12-11 所示，点击"普通下单"按钮即可。

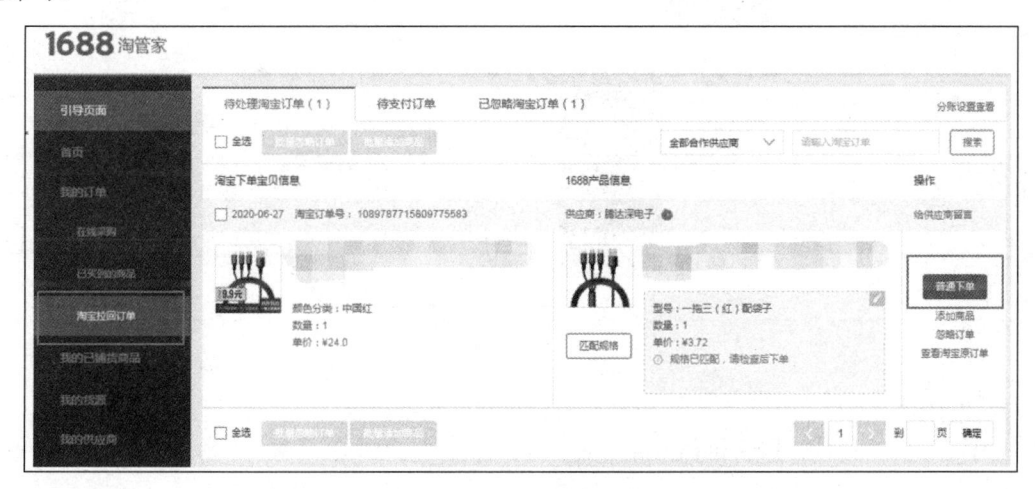

图 12-11 拉取淘宝订单

3）1688 下单发货

1688 一件代发的本质是产生淘宝订单后，淘宝卖家以买家身份从 1688 供货商下单购买，只不过商品直接发到淘宝客户那里。因此，在 1688 淘管家进行的普通发货实际是一个下单购买的过程。在 1688 订单页面一键修改收货地址为淘宝客户地址，然后付款下单。

确定发货之后就只需要等待 1688 供货商进行发货，供货商发货以后，淘宝会自动将发货信息同步到淘宝后台。对于客户来讲，他就能够看到订单的状态和物流的进度。

12.2.3 面单打印

1. 数字运单

1）安装打印组件

通过菜鸟发货平台可以打印数字面单，这种面单在打印之前需要安装打印组件。打印组件的下载可以点击菜鸟后台打印面单处的提示下载，或者在菜鸟官方网站下载。打印组件安装流程如图 12-12 所示。

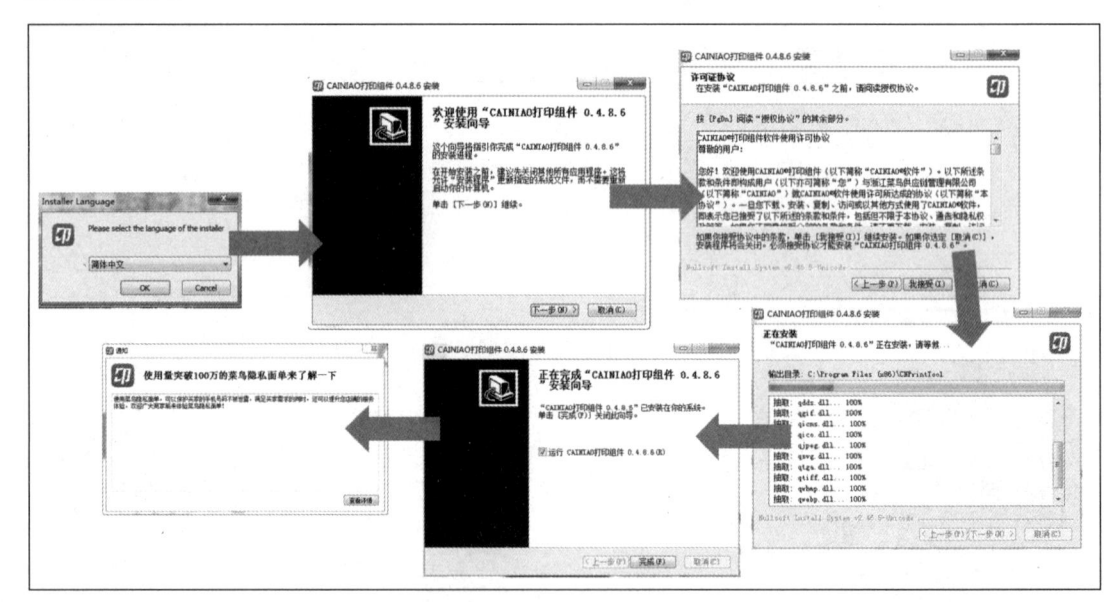

图 12-12　打印组件安装流程

2）设置打印信息

数字面单在打印之前可以进行个性化的内容设置，除了快递公司要求的必须内容外，商家可以在面单上设置商品的显示方式和内容、备注等。目前，很多网店的快递面单实际上还起到了拣货单的作用。通过路径"菜鸟发货平台→设置→面单自定义区域设置"进行基础信息设置，如图 12-13 所示。数字面单的好处是，在揽收前可以随意修改，而不会浪费运单号，大大节约了运营成本。

图 12-13 设置电子面单基本信息

3）打印流程

通过"菜鸟发货平台→淘系订单管理→选中订单→打印面单"可以打印数字面单。打印时可以更改默认打印机，打印完成后，会在打印组件内形成打印日志。菜鸟后台可以设置为运单打印后自动发货，从而大大提升发货时效，但需要预先购买"数字面单"服务。

2．数字发货单

在网店商品 SKU 比较多，商品类别比较复杂的网店，也可以单独打印订单的发货单，路径为"菜鸟发货平台→设置→发货单模板设置"，如图 12-14 所示。在对发货单的内容和布局进行设置后，可以在运单打印时附带发货单，方便仓储人员拣货。

图 12-14　设置发货单模板

通过菜鸟发货平台打印发货单时，通过路径"菜鸟发货平台→淘系订单管理→选中订单→更多→打印发货单"，可以在已设定的多个模板中选择，同时可以修改打印机设置。运单打印一般使用热敏打印机，而发货单使用普通打印机，需要手动切换。

12.3　异常物流跟踪

订单在运送过程中，难免会出现各种各样的问题。由于物流的风险不可控，也成为网店日常运营中需要随时应对随机事件的环节。掌握好异常物流的跟踪，有助于更好更快地控制住风险，提升服务质量。

12.3.1　网店物流状态监控

1. DSR 物流指标

衡量网店的物流水平，最直观的数据就是 DSR 当中的物流指标。这个数据如果低于行业平均值，会拉低整个网店的权重，同时这个数据也是全网公开数据，会影响到已经到店流量的转化。

DSR 当中最不可控的也是物流指标，因此，如果 DSR 中的物流指标变差，则需要追踪到问题订单，及时地做相应的补救。

2．物流概况

通过生意参谋可以分不同维度看到整个网店的物流状态，包括物流单量、实效性、异常和体验。

1）物流单量

通过路径"生意参谋→物流→物流概况→单量概况"（见图 12-15）可以查看物流订单的总量和目前发货、揽收和签收的订单量，以及一段时间内物流的数据变化。如果揽件数量变多而签收数量变少，则可能是揽件速度变慢，就要从打单、拣货等环节查找问题。

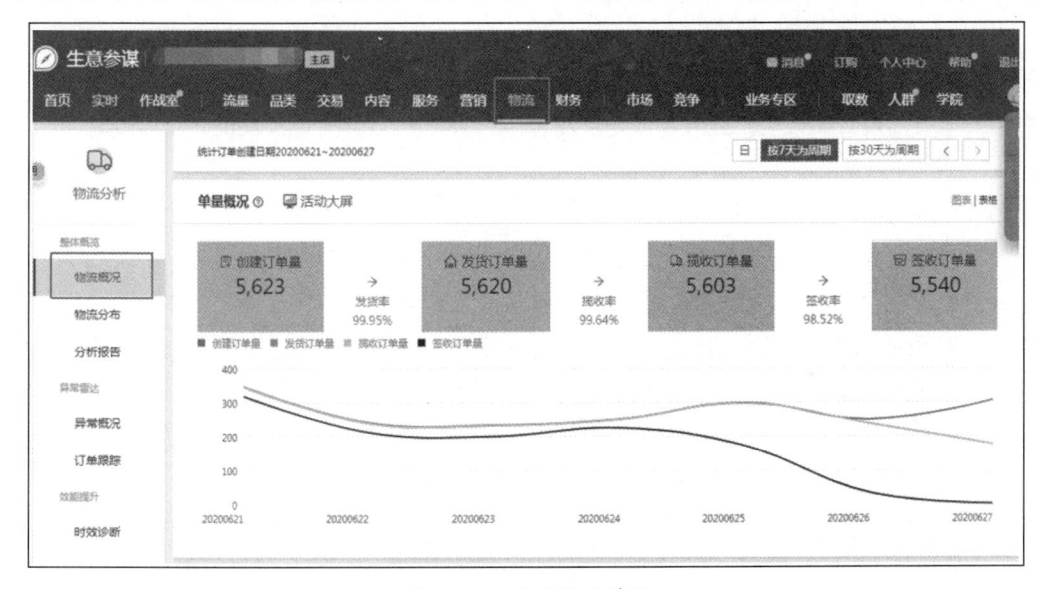

图 12-15　查看物流单量

2）时效体验

通过路径"生意参谋→物流→物流概况"（见图 12-16），可以查看到货时长、及时揽收率等。商家一般期望到货时长是平稳下降的，而及时揽收率呈现平稳上升的态势，切忌到货时长和及时揽收率波动太大。如果到货时长出现波动，则说明在选择快递路线和快递公司的时候出现了一些问题，及时揽收率波动大则说明团队管理出现问题。理想状态是这两个数据总体上趋于平稳，并且在不断优化的过程中。

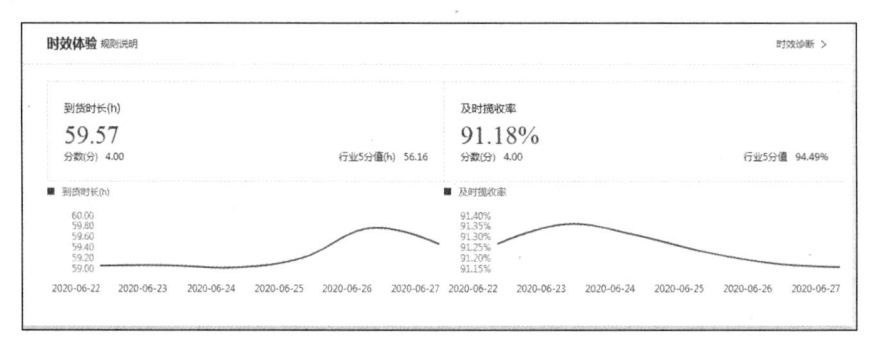

图 12-16　查看物流时效体验

3）物流异常

通过路径"生意参谋→物流→物流概况→物流异常"，可以查看某一时间段内发货、揽收、物流中和签收超时的运单数量，也可以及时掌握当前出现异常包裹的总数量。异常情况多数是包裹在某一环节停留时间过长，或者是经历的路径不合理。如果遇到有异常包裹需要及时跟踪和处理。

4）物流体验

如果 DSR 的物流评分差，需要查看具体原因，是由于退款退货的数量过多，还是由于物流原因提高了退货退款率。具体数据可以通过路径"生意参谋→物流→物流概况→物流体验"找到，如图 12-17 所示。同时系统也给出了行业的优秀水平和平均水平作为参考，理想状态下物流体验应该高于行业的平均水平，能够接近或者超过行业的优秀水平。

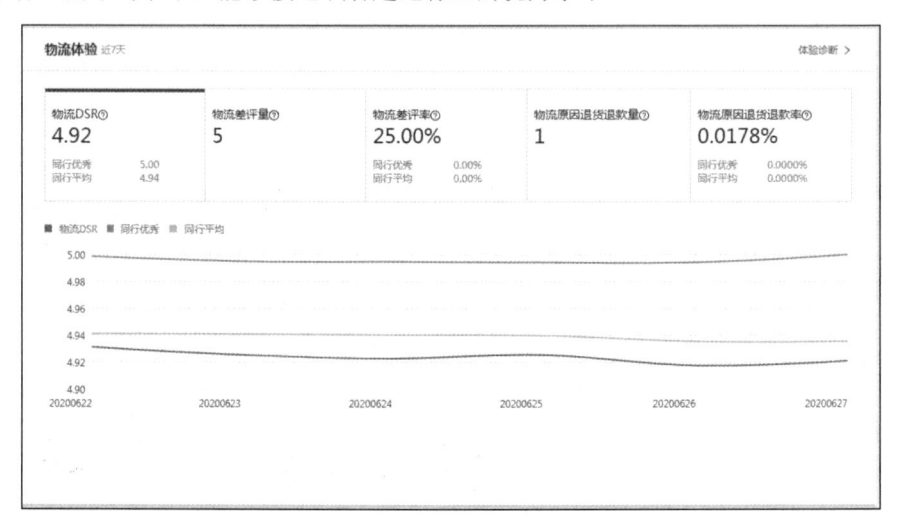

图 12-17　查看物流体验

3. 物流分布

通过查看物流分布对应的数据，可以了解在整个发货过程中，不同区域和目的地的相关信息，并和物流公司一起找到比较优化的组合。

1）发货地和快递分布

这两个分布的数据可以通过路径"生意参谋→物流→物流概况→发货地分布/快递分布查看"，如图 12-18 所示，可以看到主要的快递目的地和各个快递公司对应的单量，不同的目的地都有优选的快递路径。跟踪物流公司和地域的关系，同时也可以利用菜鸟这样的发货工具，通过大数据对地域和快递公司，包括快递的性价比进行最优的匹配。

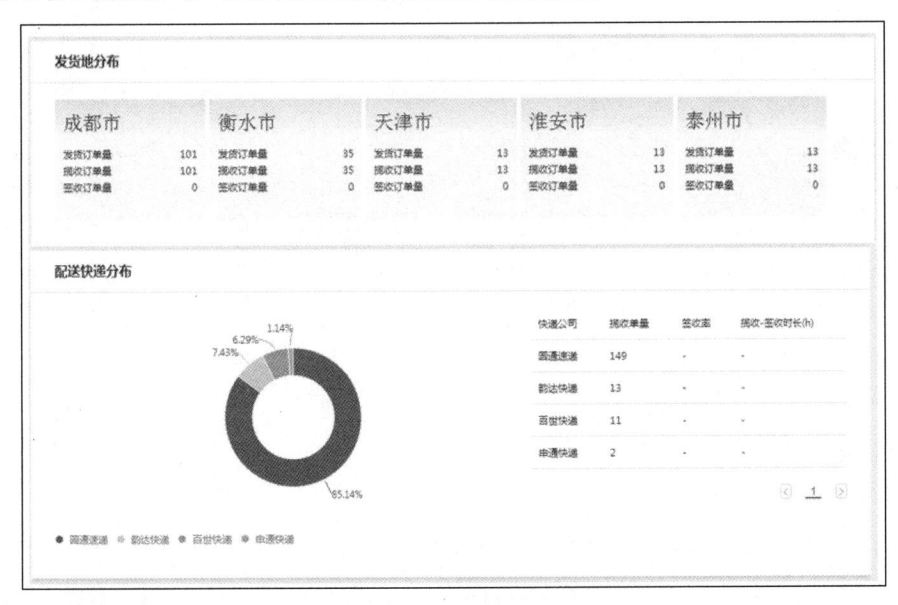

图 12-18　发货地和快递分布

2）发货地的分布详情

这个数据可以通过路径"生意参谋→物流→物流分布"查看，如图 12-19 所示。可以选中不同快递公司看到该快递公司在不同地域中的表现。

如果出现物流问题，则可以以分地域方式查看物流公司和对应的指标进行重叠，找到是哪一个地方，哪一个物流公司的哪一个数据出现的问题，然后针对性地进行优化。

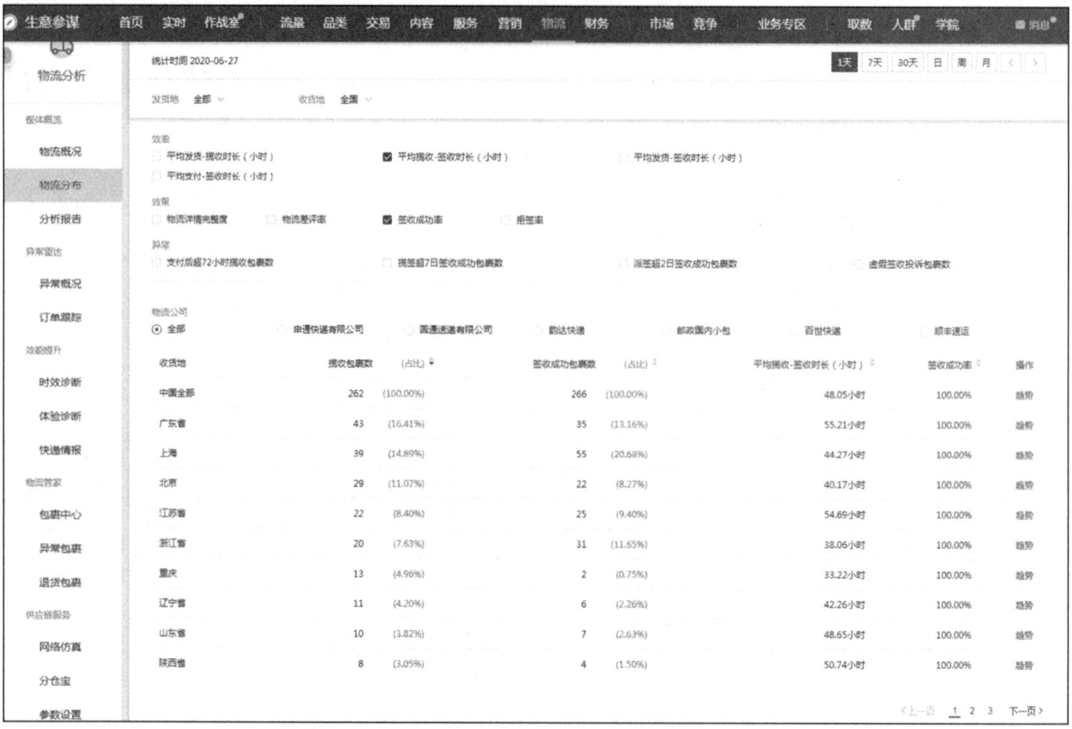

图 12-19　发货地分布详情

4．网店整体优化

1）优化发货操作

在发货操作中，揽收时效与卖家发货操作相关度很高。如果已签约电子面单服务且有合作的快递预留面单，则可以先打印面单再捡货，同时点击"确认发货"按钮，这样可以大幅缩短揽收时长。如未签约电子面单，则不能过度承诺发货时限，需要客户降低预期及物流不满意度。如需自动发货，除了菜鸟以外，在服务市场里搜索"发货"，并以人气排序，可以看到很多优质的第三方发货服务。

2）优化物流合作

和物流公司的合作需要更加灵活和优化。每一家物流公司都有自己优势的区域，在"生意参谋→物流→物流分布"当中，勾选"平均发货→签收时长"进行升序排列，就能够找到在每一个区域内物流时间最短的快递公司。这样就可以大致制作快递公司的合作表，这个表可以帮助商家判断在某一个区域里选择哪一家快递公司，结合菜鸟的大数据运算可以方便找到不同的快递合作公司，比如说要开通电子面单，就可以根据自己制作的表格找到对应的快递公司进行签约。

第 12 章　发货管理

3）优化客服话术

在客户询单咨询网店物流问题时，要有统一的客服话术进行回复，清楚明确礼貌地讲清楚网店的发货时间及不同区域的收货时间。遇到大促或者突发极端天气时，还应在话术中加上对应的说明来降低客户的预期。

在客户进行售中物流查询时，就不能用统一话术进行回复了，要根据每个客户的不同情况，先收集问题，再查看数据，最后进行不同版本的回复。因此需要规范客服在售中的操作流程、数据查看流程，并规定在不同数据阈值内的回复话术。

12.3.2　异常包裹数据采集

通过状态数据可以查看网店包裹的异常情况。网店物流优化，主要集中在异常包裹的及时知道和及早预防上，通过数据能够筛选出异常包裹。

1. 状态数据

网店的整体优化需要追踪问题包裹。通过路径"生意参谋→物流管家→包裹中心"，可以分时段、分公司、分状态、分地域查看网店包裹状态，如图 12-20 所示。

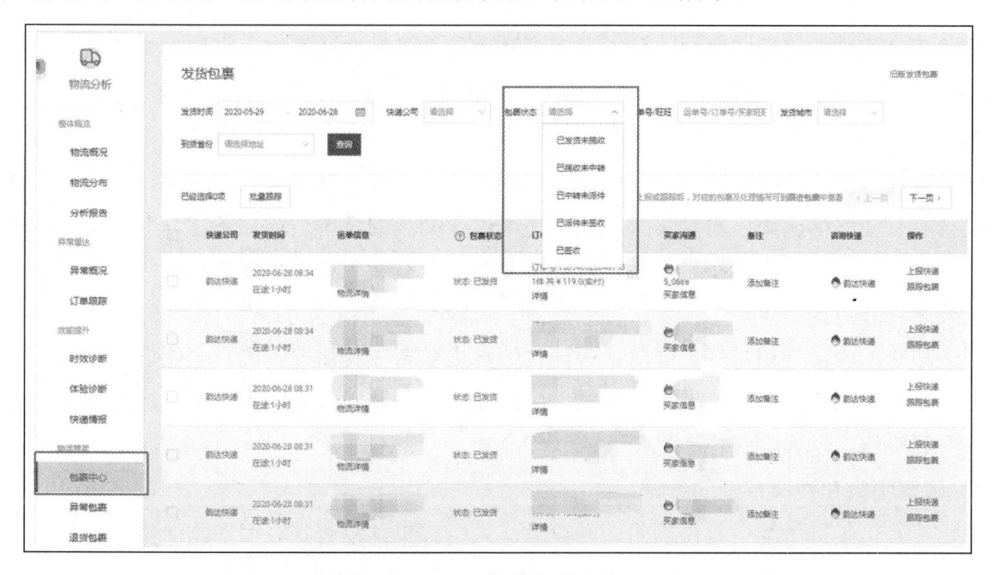

图 12-20　查看包裹状态

2. 异常包裹数据

对于异常包裹，需要重点盯防。通过路径"生意参谋→物流管家→异常包裹"查看异常包裹数据，如图 12-21 所示，并可以分公司、时间和超时程度进行筛选。

图 12-21 查看异常包裹数据

1）揽收超时

找到揽收超时的包裹数据，研究其共性并针对性地进行优化。查看揽收超时综合排序，排查超时严重的订单，看这些订单是由哪些发货员发货的，是哪几台打印机打印的，分析人员和设备，找到问题共性，进行优化。

2）中转超时

中转超时是异常中最麻烦的一种，因为中转大部分是在快递网点，它们大多是以加盟为合作方式。在不同的区域里，快递点的负责人属于不同的业务外包公司，包裹传递环节有可能不顺畅。

对于中转超时订单，优化的顺序要经过 3 步：①尽量安抚客户，表明积极处理的态度及适当进行让利安抚情绪；②如客户很难安抚，则要联络快递公司进行实时反馈进度，并且尽可能协调物流；③所有问题都现场体验及实时处理。还可以在物流的订单页添加备注，并写下处理这个问题的根源以及解决的方案，作为售后团队进行复盘、总结和优化的重要素材。

3）派签超时

派送超时的异常是相对好处理的。该异常情况大致有 3 种情况：客户电话联络不上、客户地址问题、特殊原因无法收货等。商家尽到提醒的职责就足够了，提醒客户可以通过除了电话以外的其他方式联络，比如旺旺、手机短信等。

4）虚假签收和快递反馈的异常

虚假签收是很有可能引发投诉的一种异常，是指客户并没有签收但在物流信息里出现签收的情况。这虽然不是商家的问题，但客户情绪可能会不稳定，并将怒火发泄给商家，导致 DSR 评分降低。如果有虚假签收的情况，需第一时间跟进，协助客户联系派送快递员，了解具体的情况。如果出现商品丢失的情况，在货物价值不大的情况下，应第一时间解决问题，如重新发货或进行经济补偿。

3. 异常包裹跟踪

异常包裹数据采集出来后,可以放入异常包裹的信息采集表,如图 12-22 所示。对每一个问题进行妥善处理并且备注跟进的人员、采取的动作、完结的时间,以及客户最后的满意度,这个表格方便商家查找对应的问题,并进行复盘总结优化。

快递公司	发货时间	运单号	停滞时长	订单信息	订单金额	买家沟通	快递反馈原因	备注	跟进人员	跟进动作	完结时间
******速运	2020/6/20 18:15	******872359589	在途:206小时	******7748110000	1件 共¥88.0(实付)			商家备注:*****			
******快运	2020/6/20 18:15	******696900	在途:292小时	******774387498	14件 共¥609.0(实付)			商家备注:*****			
******快运	2020/6/20 18:15	******76348	在途:211小时	******7883234475	2件 共¥172.0(实付)			商家备注:*****			
******速运	2020/6/20 18:15	******387567500	在途:235小时	******779056738475	10件 共¥180.0(实付)			商家备注:*****			

图 12-22 异常包裹信息表示例(截图)

12.3.3 高风险包裹跟踪

生意参谋可以直接查到异常包裹,但这些包裹都是已经出问题的运单。通过其他的路径也可以追踪到数据没有反映出来的问题订单。

1. 异常数据

1)签收超时

通过路径"卖家中心→交易管理→已卖出的宝贝",对订单做一些筛选,选择 4 天还处于"未完成"状态的订单,把这些订单导出,后续做一些客户的关怀和维护。将"4 天未签收"作为超时的阈值,来源于客户服务的经验。可以重点关注咨询物流进度的客户,要对他们进行预先的关怀和维护。这种根据经验判断超时的包裹,是不会在系统异常中显示的,所以需要自己处理。

2)物流差评

如果 DSR 物流分低,很难追踪到打差评的客户。可以从留言当中排查对应的问题,如从留言中查找关键词:快递、物流、包裹、签收等。重点关注这个客户,查看订单的相关信息,并进一步对客户进行回访,主要目的为:第一是维护跟客户之间的关系,希望能够让这个客户进行第二次购买;第二是方便总结,在物流的哪个环节出现了什么问题,以后去复盘优化。

3)客服聊天数据

在客服聊天过程中,如果客户提及对物流的不满,客服除了常规的安抚动作,还应该记录下该订单的信息。网店需要保持聊天记录存档的习惯，客服主管通过主账号登录卖家中心，可以在"卖家中心→店铺管理→子账号管理→聊天记录"中获取记录，筛选对应的时间段和客服人员，进行存档，并对物流相关关键词进行查找并判断，属于客服漏报的物流信息，由客服主管补填。

2. 高风险包裹跟踪

制作高风险包裹跟踪表，其表的格式和异常包裹几乎一致。异常包裹是已经出现问题，并且数据呈现异常的包裹，而高风险包裹表格里的物流订单是还没有在后台成为异常包裹，但认为它有可能成为异常包裹的包裹，对其做重点记录，方便后期对客户进行关怀，以及自己对物流和售后体验进行提升。

12.4 物流关怀

跟踪收集到物流异常信息后，对异常订单进行客户关怀是处理物流问题的关键这样可以降低DSR评分偏低的风险，以及避免出现违规和差评。

12.4.1 日常物流关怀

1. 日常物流关怀的 4 个阶段

日常物流关怀在整个物流的过程中会分成 4 个阶段：发货、同城、签收和回访。每个阶段都是对客户进行关心的最好节点，主动做好日常物流关怀，客户的体验就会有很大的提升，特别是对于新客户，可以提升他的忠诚度和复购率。

2. 日常物流关怀工具

日常物流关怀最主要的触达手段是短信息，因为短信息与电话相比可以避免对客户产生可能的骚扰，相比旺旺又有比较高的打开率和触达率，所以选择群发短信是日常物流管理的主要手段。

在客户运营平台开通群发功能。通过路径"卖家中心→营销中心→客户运营平台→工具箱→短信管理→短信功能申请"即可付费开通短信群发功能，如图12-23所示。配合客户运营平台的人群圈定功能，把最近需要管理的客户圈定出来，对处于不同阶段的客户发送不同阶段的关怀信息。

图 12-23　通过客户运营平台群发短信

通过购买时间对人群进行大致的分类，按照不同天数之前下单的客户，在不同的时间节点上将他们大致分于不同的物流状态上，对这些不同的人群进行不同物流状态的设置和关怀。人群分类在第 10 章中已经做过详细讲解，这里不再赘述。

3．各阶段工作

1）发货关怀

发货关怀是在发货当天或者是交易的当天就进行短信沟通，话术的要求是只关怀并不促销。可以发送带调侃或者是有比较鲜明网店特色的发货提示给客户，主要目的是表达自己对客户物流的重视，在发货后第一时间就通知客户。

话术举例如下。

启奏陛下：臣已派镖局（顺丰大镖局）护送宝贝，镖号 SF123456789。如不遇劫匪，不日可抵王宫（成都市青羊区）。【易博老师旗舰店】谢主隆恩！

2）同城关怀

同城关怀是指包裹到达客户所在城市时进行的短信触达。在圈定人群的时候可以根据物流经验圈定不同区域的不同时间客户，比如圈定江浙沪客户在发货后的第二到第三天进行。提醒客户保持通信的畅通和查看快递柜的信息。

话术举例如下。

启奏陛下：宝贝已送达（成都市青羊区），请吾王明察，注意近日包裹即将送往。望主圣签。【易博老师旗舰店】谢主隆恩！

3）签收关怀

签收关怀是指商品签收以后对客户的关怀，根据区域圈定不同时间的客户，一般的时间节点是在发货后的第四到第五天，提醒他签收。主要目的是筛选出对商品或物流不满的人群，并引导回复，从而进行预先干预。

话术举例如下。

启奏陛下：宝贝已被签收，请吾王明察，以免奸臣盗扣。如满意请赐臣全5分好评圣旨，臣将再献购物优惠券。如有任何问题请旺旺降旨。【易博老师旗舰店】谢主隆恩！

4）物流的回访

回访是在商品签收后10天左右，主要作用是询问客户的满意程度，并且注重客户的反馈，促进服务提升，并触发客户购买记忆，引发复购。对客户做物流回访，收集对于商品和服务的意见和建议，并且触发客户再次下单。

话术举例如下。

启奏陛下：吾王吉祥。您曾在易博老师旗舰店钦点过宝贝，体验可好？敬请吾王多巡查，臣将随时恭候圣驾。【易博老师旗舰店】谢主隆恩！

12.4.2 异常物流关怀

如果出现异常物流，则需额外追加关怀。异常物流极易引发差评风险。由于物流环节存在一定的出错概率，出现异常无法避免，所以异常关怀是售后客服的日常工作之一。由于异常物流客户很难使用常规数据方法进行预先圈定，因此对于异常物流关怀一般不使用短信群发，而是采用一对一的关怀方式。物流异常分成以下几种：揽收异常、中转异常、签收异常、超时异常、负面评价和物流抱怨。下面针对以上异常情况的物流关怀进行介绍。

1．揽收异常关怀

当出现揽收超时情况时，最大可能性是商家仓储管理出现了问题，捡货慢或是运单处理效率低，最容易出现在订单爆发时，比如"双11"大促。因此揽收异常的客户关怀主要以安抚为主。

话术举例如下。

亲，非常抱歉，本店大促期间出现爆仓，库管小哥哥正在加班加点为大家配货。我们会按照下单的先后顺序依次发出，应该很快就到您了呢！请您耐心等待一下哟！

2．中转异常关怀

中转异常的关怀，相对比较麻烦，由于目前货物在途的物流干预很困难，因此对于客户产生的负面影响很难挽回，对于中转异常客户关怀，第一是道歉，第二是给出处理的方案，第三是取得原谅。因此对应的关怀文案也围绕这三几个方面进行撰写。

话术举例如下。

亲，我们正在关注您的包裹，它似乎停在武汉中转，我们已经积极联系了快递公司，会加快处理。购物给您造成不便我们非常难过，也非常抱歉，特送您一个 5 元无门槛优惠券，欢迎您在下次购物时使用哦！

3. 签收异常关怀

签收异常大部分情况是客户自身的原因造成的，虽然被差评和投诉的概率低，但也需要表达关心关怀。发送温馨提示，增加客户对我们的好感，提升记忆度和复购，也避免在客户发现问题的时候，认为商家没有尽到提醒的义务。

话术举例如下。

亲，我们正在关注您的包裹，它似乎派送了两天都没有送到您手上，我们联系了快递公司，说是您出差不在家。包裹已经放入菜鸟驿站，回家后记得第一时间去取哦！

4. 超时异常关怀

超时异常通常是风险订单，需要通过主动筛选机制，经过经验的阈值判断客户是否属于差评高风险。比如发现某订单 3 天前下单的物流未送达，根据客户所在区域的经验值判断，3 天是抵达签收的正常时限，此时就要对客户进行关怀。超时异常关怀主要分成 3 步。

（1）测试。通过短信关怀和提问，找到可能的问题客户。

话术举例如下。

亲，我是易博老师旗舰店的客服苏苏，我们注意到您的包裹还在路上，希望您给它一点时间，耐心等待，有任何问题的话都可以在旺旺或者短信里找到我。

这条短信息的主要目的其实是试探客户的状态。

（2）收集反馈信息，并进行筛选，找出问题客户。如果客户不回复或者是给一个比较礼貌的回复，基本上可以确定这个客户给负面评价的风险比较低；而如果客户的回复评价很低或者比较负能量则需要要预先对他进行干预。

（3）对可能低评价反馈的客户进行预防性的安抚。首先把安抚优惠券和红包发送到客户账户，之后再发安抚短信息。安抚的短信息主要是分成 3 个方面：问题的来源、解决的方案、取得谅解。

话术举例如下。

亲，非常抱歉，由于您是我们非常重视的客户，虽然不是我们的原因，但让您的购物过程产生不愉快，我们也非常难过。因此我们刚刚给您的旺旺里发送了 5 元红包，已经直接到账了，恳请您的谅解，祝您生活愉快！

5. 负面评价和物流抱怨关怀

如果物流出现负面的评价和抱怨需要进行补救型关怀。通过评价或客服聊天，发现客户对于物流的不满情绪需要第一时间进行解释和安抚。

首先，解释问题所在，讲清楚运单出现问题的原因，如天气、社会突发事件或其他原因导致。由于是一对一聊天，记录对其他客户不可见，因此解释问题时可以更多解释为物流公司的原因。其次，需要安抚好客户，给出补偿方案。最后，需要上报问题，方便运营团队给出解决的策略。

12.5 本章小结

通过本章的学习，掌握了发货的工具和流程，菜鸟平台的开通、设置和使用，通过菜鸟平台实现自动化的物流公司选择，后台自动打单发货，以及运单和货单的自动化打印；掌握了物流数据的收集跟踪方法，以及分析物流问题的数字表格工具；掌握了日常物流关怀和出现异常时对客户进行关怀的方法和话术。